미디어 언어의 텍스트화용론

Textpragmatics of Media Language

지은이 이성만

독일 트리어 대학교 독어독문학부에서 박사 학위를 받았다. 현재 배재대학교 하워드대학 독일어문화학과에서 독어학 일반과 독일어 교육을 가르치고 있다. 주요 연구 분야는 화용론, 텍스트언어학, 외국어교육론이다.
leesm@pcu.ac.kr

미디어 언어의 텍스트화용론

©이성만, 2012

1판 1쇄 발행 ‖ 2012년 10월 30일
1판 2쇄 발행 ‖ 2013년 07월 30일

지은이 ‖ 이 성 만
펴낸이 ‖ 양 정 섭

펴낸곳 ‖ 도서출판 경진
     등　록 ‖ 제2010-000004호
     주　소 ‖ 경기도 광명시 소하동 1272번지 우림필유 101-212
     블로그 ‖ http://kyungjinmunhwa.tistory.com
     이메일 ‖ mykorea01@naver.com

공급처 ‖ (주)글로벌콘텐츠출판그룹
     대　표 ‖ 홍정표
     기획·마케팅 ‖ 이용기
     편집 ‖ 노경민 배소정 최민지
     디자인 ‖ 김미미
     경영지원 ‖ 안선영
     주　소 ‖ 서울특별시 강동구 천중로 196 정일빌딩 401호
     전　화 ‖ 02-488-3280
     팩　스 ‖ 02-488-3281

값 25,000원
ISBN 978-89-5996-181-8 93700

미디어 언어의 텍스트화용론

이성만 지음

2013
문화체육관광부
우수학술도서

이 저서는 2007년 정부(교육인적자원부)의 재원으로
한국학술진흥재단의 지원을 받아 수행된 연구임(KRF-2007-812-A00235).

♫일러두기

1. 서지 정보는 본문에서는 부르거(2005)의 형식으로, 각주에서는 Burger(2005)의 형식으로 표시하고 그에 대한 자세한 서지 사항은 참고문헌에서 찾아보도록 하였다.
2. 이 책에서 사용된 약어들은 다음과 같다.

FAZ	Frankfurter Allgemeine Zeitung
FR	Frankfurter Rundschau
NZZ	Neue Zürcher Zeitung
SZ	Süddeutsche Zeitung
ARD	독일 제1공영 텔레비전 방송
ZDF	독일 제2공영 텔레비전 방송
SF DRS	스위스 독일어/레토로만스어 텔레비전 방송
BILD	독일에서 발간되는 가두판매 일간지
Die Welt	독일에서 발간되는 구독 일간지
Die Zeit	독일에서 발간되는 주간신문
Der Spiegel	독일에서 발간되는 시사주간지

S	Sprecher 화자(S1, S2, …), Satz 문장(S_1, S_2, …)
H	Hörer 청자(H1, H2, …)
p	Proposition 명제(p_1, p_2, …)

CDU	Christlich-Demokratische Union Deutschlands(기독교민주연합)
CSU	Christlich-Soziale Union in Bayern e.V.(기독교사회연합)
BRD	Bundesrepublik Deutschland 독일연방공화국(구 서독)
DDR	Deutsche Demokratische Republik 독일민주주의공화국(구 동독)

머리말

　우리는 다양한 기술 혁신을 통해 끊임없이 언어와의 새로운 만남, 더 정확히 말하면 '멀티미디어' 텍스트의 생산이 가능한 시대에 살고 있다. 우리가 살고 있는 시대는 말하자면, 사회와 문화의 변화로 텍스트 종류들이 바뀌면서 견고함을 잃어버리기도 하는, 테마나 담론도 배타성을 잃어버리고 다른 것들과 다종다양하게 뒤섞일 수 있는, 미디어로 전달된 텍스트 종류들이 부단한 현대화와 상호 경쟁의 압력을 받는, 사회 구조가 바뀌면서 새로운 커뮤니케이션 형태나 텍스트 종류들이 생성되는, 문자 텍스트와 구두 텍스트의 엄격한 구분이 어렵고 다양한 전이형태들이 양산되는 그런 시대이다.

　이런 모든 시대적인 현상들은 언어학적 관찰의 보고라 할 수 있다. 이 책은 바로 이런 언어, 특히 미디어 텍스트 특유의 국면들을 다루면서 전통적인 매스미디어들의 언어, 곧 인쇄 미디어와 방송 미디어 분야의 언어뿐 아니라, 하이퍼미디어 분야의 커뮤니케이션 형태, 그리고 언어와 영상의 상호작용 관계를 언론학이나 사회학의 관점이 아닌 화용언어학의 관점에서 조명하였다.

　이 책은 이런 화용언어학적 텍스트 분석, 간단히 말해서 '텍스트화용론'의 관점에서 미디어 텍스트에 독특한 언어학적 국면들을 다양한 분석 층위들과 관련해서 조명하였다. 특히 매스미디어에서의 언어적인 현상, 영상의 의미와 기능, 그리고 언어-영상 복합체의 문제를 집중적으로 분석하였다. 주목할 것은 그동안 미디어 텍스트 분석에서 소홀히 다루었던 언어와 영상과의 관계, 그리고 미디어 텍스트 내부의 관계 및 미디어 텍스트들 간의 상호 관계이다. 특히 첫 번째 주제는 그동안 주로 광고언어의 기호학적 분석에서 주목을 받았지만, 미디어 텍스트, 예컨대 신문 텍스트와 텔레비전 텍스트에서의 문제는 특별한 관심을 끌지 못했다. 물론 광고는 저널리즘 텍스트들에도 다양한 방식으로 영향을 미치고 있는 것은 사실이다.

또한 이 책은 이런 전통적인 매스미디어들의 언어 문제와 관련된 텍스트 종류들에만 매달리지 않고 이른바 블로그 같은 뉴미디어 커뮤니케이션 형태들(편지, 이메일, 채팅, SMS, 전화 등)도 다루면서 텍스트 유형화 작업도 병행하였다. 그런 점에서 이 책은 기존의 연구 방법과 범위를 넘어서고 있다.

이 책은 필자의 순수 독창적인 학술 작품은 아니다. 이 분야를 깊이 있게 연구한 선행 연구자들의 업적들이 없었다면 이런 학술적인 시도는 처음부터 불가능했을 것이다. 특히 스위스 취리히 대학교 교수 하랄트 부르거(Harald Burger)의 학술 저서, 곧 『Sprache der Massenmedien 매스미디어의 언어』(1984/1990)과 『Mediensprache: Eine Einführung in Sprache und Kommunikationsformen der Massenmedien미디어 언어: 매스미디어의 언어와 커뮤니케이션 형태 입문』(2005)은 미디어 텍스트를 언어학적으로 분석할 수 있는 방법론을 제시하였다는 점에서 이 책의 탄생에 결정적인 역할을 하였다. 그밖에도 이 책을 쓰는 과정에서 필자는 수많은 학술적인 업적들의 도움을 받았다. 특히 Brinker(1997), Heinemann/Viehweger(1991), Stöckl(2004), Sandig(1986; 2006), Renner(2007), Nord(2009), Fandrych/Thurmair(2011), 고영근(1999), 고영근 외(2001), 박여성(2008) 등은 이론적인 토대를 구축하는 데 중요한 단서를 제공하였을 뿐 아니라 구체적인 분석 사례들도 참고할 수 있는 기회를 주었다.

분석 자료로는 기본적으로 독일어권을 중심으로 한 인쇄 미디어 (Der Spiegel, FAZ, Die Welt, Bild)와 방송 미디어(ARD, ZDF, N-TV) 그리고 관련 전자미디어 코퍼스를 이용하였다. 필요한 경우, 예컨대 비교 분석이 요구되는 경우에는 한국의 일간지(조선일보, 동아일보)와 주간지(주간조선, 시사저널), 방송(YTN) 및 관련 인터넷 코퍼스를 이용하였다. 특히 관련 기사 및 사진 그리고 만평 등은 텍스트 분석에 유용하게 사용되었다. 이 자리를 빌려 감사드린다.

필자의 지식이 일천한 관계로 내·외적인 오류나 문제점들이 이 책의 곳곳에서 발견될 수 있을 것이다. 이런 오류나 문제점들에 대한 독자들의 지적과 비판을 환영하며, 겸허하게 받아들여 새로운 도약의 발판으로 삼고 싶다.

이 책은 한국연구재단의 〈2007년도 인문저술지원사업〉이 지원을 받아 저술되었다. 큰 기회를 준 한국학술진흥재단(현 한국연구재단)에 감사드린다. 도서출판 경진의 노경민 대리의 출판 추천과 양정섭 대표의 출판 수락이 없었다면 이런 머리말을 쓸 기회조차 없었을 것이다. 그리고 이렇게 아름답고 그럴듯한 책으로 꾸미느라 온갖 정성을 다한 편집부에게도 감사드린다.

아무튼, 초라한 이 책이 언어학적 관점에서 미디어 언어를 연구하는, 매스미디어의 언어와 문화를 언어학적으로 연구할 수 있는 촉진제가 되기를 바라는 마음 간절하다.

2012년 8월 31일
연자봉 연구실에서
이 성 만

차 례

서론

: 내용과 방법

　정보화·세계화를 거론하지 않더라도 우리는 이미 국내외의 다양한 미디어 정보의 홍수 시대에서 생활하고 있다. 종이에서 전자에 이르기까지 필요한 정보를 표현하고 수용할 수 있는 수단은 다양하다. 이때 정보의 표현 및 전달과 수용에는 필연적으로 언어 능력의 문제가 수반된다. 바로 이 언어 능력의 문제는 다양한 미디어들이 제공하는 정보들을 올바로 표현하고 전달하는 일에서뿐 아니라, 미디어 커뮤니케이션 시대를 살아가는 우리가 성공적인 언어 커뮤니케이션을 위해 언어를 이해하고 수용하는 일에도 필요한 기본적인 전제 조건이기도 한다.

　언어는 — 영상과 더불어 — 여전히 미디어 커뮤니케이션에서 중요한 표현 수단이자 전달 수단이다. 그동안 정보 전달에서 언어의 자질, 사용 그리고 수용에 관해서는 많은 연구가 있었다. 이를 통하여 우리는 예나 지금이나 매체(예컨대 미디어 커뮤니케이션에는 '미디어 텍스트'), 의도 그리고 — 간접적으로나마 — 커뮤니케이션 흐름에서의 잠재 효과에 관한 중요한 정보를 기대할 수 있다. 언어는 새로운 미디어 테크놀로지를 통하여 여타 전달 기술들과의 끊임없는 경쟁에서 제약적이고 변형적인 조건들의 토대가 되고 있는 것도 사실이다. 그럼에도 언어는 이런 맥락에서도 여전히 커뮤니케이션 과정에서 필수적인 두 가지 '휴먼적인 요소들', 곧 생산자와 수용자 간의 기본적인 상호소통 수단임에는 이론의 여지가 없다. 미디어를 통하여 만들어진 커뮤니케이션, 곧 미디어 커뮤니케이션 환경에서 전부가 언어인 것은 아니지만, 언어 없이는 그 어떤 것도 존재할 수 없는 것 또한 사실이다.

'미디어 언어'도 언어의 이런 일반적이고도 특수한 기능과 무관하지 않다. 언어학 분야에서도 이른바 '화용론적 전환'을 거치면서 미디어 언어를 바라보는 시각도 획기적으로 바뀌게 되었는데, 그런 전환은 한 마디로 "미디어 언어에서 미디어 커뮤니케이션으로"(부허, 1999: 213)라는 표현으로 집약될 수 있을 것이다. 이 말은 언어학적 미디어 연구의 핵심 분야들이 무엇이어야 하고 또 무엇일 수 있는가를 암시하는 이정표 구실을 한다.

이것을 언어 연구의 역사와 연결시키면, 문법과 어휘는 1970년대부터 커뮤니케이션에서 언어 표현의 사용 분야로 확장되었다. 이런 화용론적 전환은 미디어 언어를 언어학적으로 연구하는 데 광범위한 영향을 미쳤다. 하나는 새로운 시각에서 언어 사용 이론의 화용론적 토대에 기초한 커뮤니케이션 개념이 개발된 것이다. 그에 따라서 미디어 텍스트는 '복합적인 행위 관계'로 간주되고, 사회학, 언론학, 커뮤니케이션학의 미디어 연구에서 통용되고 있는 '정보나 내용의 전달 그릇'으로 치부되지는 않는다. 특히 대화적 커뮤니케이션 형태 분석은 '확대 화행론(또는 화용론)에 기초한 텍스트언어학적 방안(간단히, 텍스트화용론적 방안)'을 통하여 결정적인 전기를 맞게 되었다. 다른 하나는 확대 화행론에 기초한 텍스트언어학적 고찰 방식이 어휘, 구문, 텍스트 종류, 미디어 언어의 역사에 관한 연구 결과를 기능적 관점에서 통합할 수 있는 가능성을 열었다는 점이다. 초기에는 여전히 미디어 텍스트에서 언어 표현의 문맥 자유적인 위상, 곧 텍스트 내부에서 언어 표현이 갖는 문법적인 위상이 전면에 놓였다면 — 예컨대 라디오 텍스트와 신문 텍스트의 결합적 대체 분석(하르베크, 1968a/b), 신문 논평의 시제 형태 기술(바인리히, 1966), 헤드라인(표제)의 통사 분석(잔디히, 1971), 간접화법의 도입 형태 목록화(예거, 1968) 등 —, 화용론에 기초한 언어학적 미디어 연구는 언어 표현의 형태와 기능 간에 성립하는, 미디어 특징적인 관계를 체계적으로 분석하는 일을 주요 과제로 삼았다. 미디어 언어의 텍스트화용론적 접근의 또 다른 성과는 구조적인 고찰 방식의 확립이다. 구체적인 미디어 텍스트들을 구조주의 언어학에서 말하는 랑그와 파롤의 구분에서 유추하여 미디어 커뮤니케이션의 규칙적이고 체계적인 구조 자질의 표현으로 기술하는 것이다. 이런 구조적인 기술의 토대는 분석철학에서 말하는 '규칙' 개념과 언어철학에서 개발된 '커뮤니케이션 격률' 개념이다.

언어 표현들의 사용 양태는 다양하다 못해 이질적이기까지 하다. 언어는 미디어 커뮤니케이션에서 문어로서뿐 아니라 구어로서, 자유롭게 작성된 언어로서, 아니면 완전히 또는 부분적으로 미리 작성된 언어로서 사용된다. 미디어 특징적인 언어 사용의 체계성은 언어 표현의 층위에서는 얻을 수 없다. 체계화할 수 있는 것은 미디어적인 언어 사용의 조건과 미디어 커뮤니케이션의 기본 구조이다.

언어 일반과 미디어 언어에 관한 이러한 인식에 기초하여, 이 책은 다음의 세 가지 목표에 집중한다.

첫째, 미디어 언어의 사용 체계를 밝히는 작업은 기존의 구조주의적 방안을 넘어 화용론에 기초한 텍스트언어학적 접근법을 도입할 때 가능함을 제시한다(제1장과 제2장). 이를 위한 전제조건으로서 이 책은 미디어 커뮤니케이션은 다음의 세 가지 관점에서 특성화될 수 있다는 사실에서 출발한다. 하나는, 미디어 커뮤니케이션은 커뮤니케이션의 제도적인 형태, 곧 미디어의 제도적인 조건의 지배를 받는다는 점이다. 다른 하나는, 미디어 커뮤니케이션은 미디어로 전달된 커뮤니케이션이라는 점이다. 즉, 기고 텍스트(기고문)들은 미디어에서 제시된다. 마지막으로, 미디어 커뮤니케이션은 직접적인 일상 커뮤니케이션보다 세력이 더 크고, 접근 규칙이 다른 공공 커뮤니케이션 형태, 곧 저널리즘이다. 저널리즘은 미디어 커뮤니케이션의 특수한 형태로서, 사회적 기능뿐 아니라 이 기능을 실현하는 독특한 수단들도 있다. 이런 맥락에서 미디어 커뮤니케이션은 기호에 기댄 사회적 행위의 한 형태로 이해될 수 있다. 슈미트와 추어슈티게(2000)는 커뮤니케이션학의 핵심 문제들을 개정할 필요가 있다고 보고 커뮤니케이션 개념의 일반적인 윤곽을 그리고 있다. 켈러(1995)의 기호론의 핵심은 일상 커뮤니케이션을 겨냥하여 언어와 기호를 사용하는 것이다. 켈러는 기호학적, 언어학적 관점에서 의사소통 행위를 연구한다. 브링커(1997)의 언어학적 텍스트 분석도 오스틴(1962)과 서얼(1969)로 대표되는 화행론에 기초한 언어학의 '화용론적 전환'이 텍스트의 언어학적 이해를 어떻게 변화시켰는지를 보여주고 있다. 이 책은 이 세 가지 기본 이론들에 근거하여 거시텍스트로서 미디어 텍스트를 언어학적으로 분석할 수 있는 범위와 방법을 제시한다.

둘째, 이런 기본 이론들에 입각한 분석 방법에 따라 미디어 텍스트의 독특한 언어학적 양상들을 부각시키고, 텍스트의 내·외적 커뮤니케이션 관계, 곧 미디어 커뮤니케이션 관계를 체계화한다. 논의의 핵심 대상은 신문, 라디오, 텔레비전, 인터넷 등의 '매스미디어들'이다.

먼저 미디어 텍스트의 유형들을 체계화하기 위하여 미디어의 실현 공간으로서 커뮤니케이션의 유형화를 시도한다(제3장). 출발점은 텍스트가 특정 매체에서의 의사소통적 실현, 상황, 의도에 따라 유형화될 수 있다는 테제이다. 상황과 관련된 상황 유형학은 행위들을 유형화하고 텍스트 종류들을 하위 유형화할 수 있다. 이를 위해서는 사회적, 이론적, 심미적, 문화적, 매체적 등등의 행위 상황 같은 상황 유형들을 구분할 필요가 있다. 예를 들어 매체적 행위 상황과 관련시키면, 저널리즘 고유의 텍스트 종류들, 특히 보고(서술, 예: 단신, 뉴스, 날씨보고, 르포, 인터뷰, 다큐, 연속극 등)와 논평(대결, 예: 피처, 사설, 논평, 만평, 칼럼, 서평, 비평 등), 기술(공지, 예: 프로그램 예고/취소/소개, 안내방송 등)을 겨냥한 텍스트 종류들이 만들어진다. 행위와 관련된 행위 유형학은 의도에 기초한다. 의도는 세 가지 성분, 곧 주체가 행위 대상, 행위 파트너 그리고 행위 목적과 맺는 관계를 포함한다. 다시 말해서 행위 생산자와 행위 파트너 간의 사회적/관계적 차원, 행위 대상과 행위 목적 간의 시간적/과정적 차원 그리고 주체-객체(대상) 관계를 파악하는 사실적 차원에 근거하면 텍스트 종류에 상응하는 행위 유형들을 세분할 수 있다.

이런 일반적인 미디어 텍스트 유형학에 근거하여 제4장에서는 인쇄 미디어 텍스트, 특히 신문 특유의 텍스트 종류들을 몇 가지 관점과 주제를 중심으로 조명한다. 먼저 독일어권의 텍스트유형학의 발전사를 요약하면서 신문 텍스트의 유형화에 필요한 기준을 찾는다. 실제에 기초한 언론학자의 분류 기준과 이론에 기초한 언어학자의 분류 기준의 접점을 찾아서, 신문 텍스트를 정보 강조형과 의견 강조형으로 나누어 신문 특유의 텍스트성(예, 텍스트 기능, 텍스트 구조), 텍스트 내부의 커뮤니케이션 관계(예, 표제-리드-본문 관계, 본문-영상 관계), 텍스트 모형 혼합, 하이퍼텍스트성 등의 문제를 조명한다.

제5장에서는 먼저 매스미디어에서의 문어성과 구어성 문제를 텍스트화용론의 관점에서 설명하면서, 방송 미디어 텍스트의 유형학을 이끌어낸다. 라디오 방송의 다양한 텍스트들을 정보 강조형과 의견 강조형으로 나누어 라디오 방송 텍스트 특유의 자질을 찾아 나선다. 특히 뉴스와 르포, 인터뷰를 중심으로 분석하면서 신문, 라디오, 텔레비전, 온라인에서 이들의 실현 방식에서 나타나는 공통점과 차이점을 다양한 분석 층위에서 접근한다. 나아가서, 미디어 텍스트, 특히 신문, 라디오, 텔레비전 특유의 텍스트 종류들인 뉴스, 보고, 르포 등에서 나타나는 서사체narrative 경향 또는 이야기체Storytelling 현상을 집중적으로 분석한다.

그동안 텍스트언어학에서 부차적인 문제로 다루었던 분야가 미디어 텍스트에서의 언어와 영상과의 관계이다. 주로 광고 텍스트에서 언어와 영상과의 관계가 기호학의 관점에서 연구되었고(예, 오장근, 1999; 2005), 신문 텍스트나 텔레비전 텍스트에서 언어와 영상 관계를 집중적으로 조명한 경우는 근래의 독일어권을 중심으로 한 연구 업적들(예, 부허, 1986; 슈퇴클, 2004)이 대부분이고, 국내에서는 주목할 만한 업적을 찾기 어렵다. 부허(1986)는 화용론의 관점에서, 슈퇴클(2004)은 브링커(1997)의 텍스트언어학적 분석 방법을 확장하여 매스미디어에서 언어와 영상과의 상호 텍스트적 관계를 분석할 수 있는 언어학적-기호학적 모델을 제시하였다.

　　제7장은 미디어 텍스트의 상호 텍스트성 문제를 본격적으로 조명한다. 먼저 텍스트와 상호 텍스트성의 관계를 '텍스트 개념을 위해 상호 텍스트적인 현상들을 주제로 삼을 수 있을까?' '있다면, 이 현상들을 구체적으로 파악하는 방법은 무엇인가?'라는 두 가지 질문에서 출발한다. '텍스트를 자율적이고 종결된 일회적인 단자單子'로 본 텍스트언어학의 초창기 분석 방안에서는 상호 텍스트성이 특별한 역할을 하지 못했다. 그러나 '화용적, 인지적 전환'이 일어나면서 상호 텍스트성에 대한 논의가 본격화되었다. 이런 경향을 몇 가지 중요한 텍스트 개념 및 텍스트 이해, 미디어의 상호 텍스트적 현상 등과 관련해서 집중적으로 분석한다.

　　제8장에서는 이른바 '뉴미디어' 시대의 미디어 텍스트들을 분석한다. 먼저 온라인 미디어의 특성을 다섯 가지로 나누어 밝힌다. 이어서 그 중 하나인 하이퍼텍스트성과 관련해서 분석 차원을 사례 분석을 통하여 제시한다. 또한 인터넷의 온라인 신문과 온라인 잡지의 텍스트뿐 아니라 인터넷 특유의 커뮤니케이션 형태들, 특히 채팅, 이메일, SMS, 블로그 그리고 자동응답기 전화대화 등에도 주목한다. 아울러 이런 온라인 커뮤니케이션 형태들과 전통적인 텍스트 종류들과의 공통점과 차이점을 밝히는 작업도 병행한다.

마지막으로 제9장은 미디어 텍스트를 언어학적으로 분석하고 응용할 수 있는 방안을 찾아 나선다. 특히 언어(외국어) 교육과 관련해서 이 방안을 적용할 수 있는 가능성을 제시한다. 이때 문화 간(상호문화) 커뮤니케이션 문제도 고려할 필요가 있음을 구체적인 사례 분석 및 적용을 통하여 제시한다.

　　셋째, 이 책이 추구하는 궁극적인 목표로서 미디어 언어를 언어학적으로 분석할 수 있는 장치, 곧 미디어언어학의 이론과 방법을 체계화하는 일이다. 미디어 언어에 관한 그동안의 연구 성과들을 반추해 보면, 여전히 미디어 텍스트를 언어학적으로 분석할 수 있는 이론적인 틀이 체계화되지 않고 있는 실정이다. 그래서 방법론적 관점에서 작금의 언어학적 방법, 예컨대 구조의미론, 텍스트문체론, 텍스트언어학, 기호학, 비판언어학 등의 방법들이 연구 목적에 맞게 다양하게 응용되고 있다.1) 이에, 이 책은 최근에 부각되고 있는 통합적인 언어학적 미디어 분석의 방법으로서 '미디어언어학'을 위한 테제를 설정하는 시도도 병행할 것이다. 이를 위해 이 책은 다양한 방법론들을 자세히 검토하여 미디어 텍스트를 언어학적으로 분석할 수 있는 틀을 개발함으로써, 한편으로 미디어 언어의 올바른 생산과 수용을 위한 토대를 마련하고, 다른 한편으로 언어 간 또는 문화 간 미디어 커뮤니케이션에 적용될 수 있는 기본 원칙이 무엇인가를 밝히는 일에도 게을리 하지 않을 것이다.

---

　1) 특히 이성만(2002), 오장근(2005), 박여성(2007), 장소원(2011), Brinker(1997), van Dijk(1988), Fairclough(1995), Bucher(1999), Burger(2005), Sandig(2006) 참조.

제1장 미디어 커뮤니케이션
: 기본 의미와 구성 요소

1. 미디어 커뮤니케이션 장르 '저널리즘'

미디어 커뮤니케이션의 특정 형태가 미디어 커뮤니케이션 장르이다. 이 미디어 커뮤니케이션 장르들 가운데 하나가 저널리즘이다. 저널리즘(또는 언론)은 미디어에서 볼 수 있는 유일한 커뮤니케이션 장르는 아니다. 예컨대 신문, 잡지, 라디오, 텔레비전뿐 아니라 인터넷에서도 발견된다. 신문은 뉴스와 논평 외에 선전과 광고, 외국어 강좌와 연재소설도 포함하고 있다. 이런 구성체들이나 이와 같은 형태들은 모든 미디어에서 두루 발견된다.

이런 미디어 커뮤니케이션 장르에 관한 연구들은 저널리즘과 미디어 커뮤니케이션의 다른 형태들 간에 성립하는 공통점과 차이점에 주목하고 있음을 전제한 것이다. 미디어 커뮤니케이션 장르는 저널리즘적인 것과 비非저널리즘적인 것을 혼합한 것이다.

저널리즘 개념은 일상 언어에서는 세 가지로 사용되고 있다. 저널리즘은 저널리즘 텍스트(언론 텍스트), 곧 저널리즘 기고 텍스트들의 집합과 관련이 있을 수 있다. 저널리즘은 한편으로 이 인지 구성체의 생산을, 다른 한편으로 사회적 기능을 가진 제도화된 사회 체계를 뜻할 수 있다.

이런 세 가지 일상적인 사용 개념들 간의 내적 관계는 저널리즘과 저널리스트와의 환유적인 관계 때문에 생기는 것이다. 따라서 저널리즘은 저널리스트에 의해 '만들어진' 것이다. 생산자, 생산, 산출물 간의 유사한 환유적인 관계는 의사소통 활동을 지칭하는 다른 개념들에서도 존재한다. 예컨대 음악가와 음악, 화가와 그림, 문학가와 문학 사이의 관계에서도 발견된다.

이와 관련해서 나타날 수 있는 개념 공백은 미디어 커뮤니케이션 장르 및 '커뮤니케이션 형태'(뒤어샤이트, 2005) 개념으로 메울 수 있을 것이다. 즉 일상어에서는 미디어 개념이 신문, 잡지와 서적, 라디오와 텔레비전뿐 아니라 영화와 연극 같은 다양한 미디어들을 고려하듯이, 저널리즘, 문학, 광고, 오락을 아우를 수 있는 공통적인 상위 개념은 없다. 슈미트와 추어슈티게(2000)는 이런 개념 공백을 "커뮤니케이션의 제도화된 거시형태"(앞의 책: 177)라는 표현으로 메운다. 우리의 의도에 맞게 변형시키면, 커뮤니케이션 장르는 '매스미디어로 전달된 커뮤니케이션의 제도화된 거시형태'라 할 수 있다. 역사적으로 보면, 먼저 문학과 저널리즘의 커뮤니케이션 장르가 등장하고 나중에 선전과 광고가 등장한다. 문학 커뮤니케이션 참여자는 문학 텍스트가 고유의, 곧 문학적 세계를 구성한다고 배웠다(앞의 책: 178). 이런 식으로 문학은 사회에 사회적인 가치, 규범, 인생 설계가 시험되는 기호학적 실험 행위의 문화 공간을 제공한다. 문학과는 달리, 저널리즘은 사실에 입각한, 사회의 '진실한' 정보 전달에 힘쓴다. 따라서 '허구성/진실성' 대립 관계는 이 두 커뮤니케이션 장르의 관계를 밝히는 중요한 요소이다. 저널리즘과 선전의 관계를 비교하면 '흥미 유관형' 보도 ↔ '흥미 무관형' 보도라는 대립 관계가 결정적인 대립을 이룬다. 저널리즘과 마찬가지로 선전은 진실성을 핵심 원칙으로 보기 때문이다. 그러나 저널리즘은 보도할 때 미지의 흥미에 연연할 필요는 없다. 저널리즘은 보도할 내용을 자율적으로 결정한다. 선전은 이런 자율성이 없고, 당파적이며, 개별적인 흥미나 관심의 저촉을 받는다(슈미트와 추어슈티게, 2000: 179). 광고도 똑같이 흥미에 집착한다. 광고는 입장의 이런 당파성을 선전과 공유한다. 그러나 선전과는 달리 광고는 자기 수용자들을 원하는 세계로 끌어들이기 위하여 허구적인 언술들을 이용하여 광고한 상품을 구매하도록 부추긴다. 그러니까 허구성/진실성 대립 관계는 문학과 저널리즘의 관계처럼 광고를 선전과 분리시킨다. 이런 4가지 커뮤니케이션 형태들의 관계를 도식화하면 [그림 1]과 같다.

저널리즘(언론)을 미디어에 기대어 규정하지 않고 개별 커뮤니케이션 장르의 틀에서 규정하려면 [그림 1]의 도식에 의지할 필요가 있다. 각 자질 범주가 고유의 의미론적 축을 정해주기 때문이다. 따라서 커뮤니케이션 장르 체계는 선형적으로는 배열될 수 없고 다차원적으로만 명시될 수 있다.

분명한 것은 다양한 의미론적 축을 형성할 때 불투명한 개념들도 사용된다는 점이다. '흥미 무관형'/'흥미 유관형' 대립쌍의 예가 그렇다. 그래서 정당지를 저널리즘으로 볼 것인지 아니면 선전물로 볼 것인지를 결정하는 것은 우리가 어디까지 정당지가 흥미에 치우치지 않고 본연의 임무를 다하는 것으로 인정하느냐에 따라 달라진다. 누구나 의자와 소파의 차이를 알고 있다. 그렇지만 여기에도 이 가구를 의

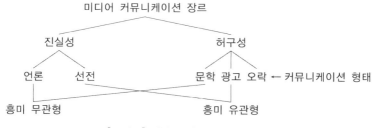

[그림 1] 미디어 커뮤니케이션 장르

자로, 저 가구를 소파로 지칭하는 이유나 근거를 대기가 곤란한 중간 지대가 있기 마련이다.

2. 미디어와 미디어 커뮤니케이션

여러 형태의 미디어 커뮤니케이션들에서 보이는 공통점은 개별 커뮤니케이션 장르들을 모든 미디어들에서 똑같이 만날 수 있다는 것이다. 그래서 커뮤니케이션 장르들과 미디어들은 서로 독립적인 단위들이라 할 수 있을 것이다. 그렇지만 개별 커뮤니케이션 장르의 다양한 미디어적 변이형들 간에는 뚜렷한 차이점도 없지 않다. 예컨대 텔레비전의 뉴스 텍스트는 신문의 그것과는 다르게 구상된 것이다. 분명한 것은 커뮤니케이션 장르들이 미디어가 바뀌면서 엄청난 변화를 겪고 있다는 점이다. 이는 커뮤니케이션 장르의 생산 정황뿐 아니라 구성 및 표현 가능성들과도 무관하지 않다. 슈미트와 추어슈티게(2000)의 말을 빌리면, 커뮤니케이션 장르와 미디어, 곧 "미디어와 커뮤니케이션은 서로 뗄 수 없는 관계에 있다"(앞의 책: 212)는 주장에서 이런 사실을 확인할 수 있다.

미디어 변환이 갖는 이론적, 실천적 문제는 지금까지 거의 주목을 받지 못했다. 그러나 이론적인 토대는 문예학이나 영화학의 기호학적 지식에서 찾을 수 있을 것이다. 하나는 영화가 문학 원전의 주제 내용을 적절히 재현할 수 있는 방법이 무엇이냐는 것이다. 다른 하나는 시청각적 매체에 기대어 문학적 서술 기법을 적절히 재현할 수 있는 방법이 무엇이냐는 것이다. 이 두 가지 질문은 문학 텍스트의 미디어 변환 문제가 언어와 영상의 서로 다른 기호 특질로 환원될 수 있다는 공통적인 가정에서 출발한다.

이렇게 가정하면 커뮤니케이션 장르와 미디어와의 일반적인 관계가 설명될 수 있다. 즉, 모든 형태의 미디어 커뮤니케이션은 기호에 의존한다는 것이다. 그러나 모든 형태의 미디어 커뮤니케이션이 사용하는 기호가 어떤 것인지는 중요하지 않다. 개별 커뮤니케이션 장르는 적어도 원칙적으로는 미디어가 제공하는 모든 기호, 곧 언어뿐 아니라 영상도 사용할 수 있다. 물론 기호 특질이 다르면 표현 가능성도 달라진다.

이런 관계는 기존의 커뮤니케이션 이론에서 통용되던 미디어 개념, 곧 기술적, 제도적 측면만 고려한 미디어 개념으로는 불가능하다. 인쇄 미디어와 전자·영상 미디어의 표현 가능성이 다른 이유는 이들을 생산하고 유포하는 기법이 다르다는 기술적인 차이점에서 찾을 수 있다. 인쇄 미디어에도 영상, 예컨대 사진이 있듯이, 텔레비전에도 문자 정보가 있다. 말하자면 영상은 종류가 다른 인쇄용 잉크가 아니라 종류가 다른 기호 특성에 따라 표현을 달리 하는 것이다.

개별 미디어가 갖는 이런 다양한 표현 가능성을 고려한 미디어 개념은 기호 국면을 포함할 때 다음의 요구 조건들을 충족시킬 수 있다 (슈미트와 추어슈티게, 2000).

"'미디어'는 일련의 중요한 개념과 국면들을 다루기 쉽게 묶는 집합 개념들 중 하나이다. […] 우리 생각으로는 '미디어'는 다음의 4가지 성분 층위들을 묶어준다.

- 커뮤니케이션 도구. 이것은 커뮤니케이션에 이용되는 물질적인 기호, 특히 자연언어를 말한다.
- 미디어 기법. 이것은 미디어 상품들을 예컨대 서적, 영화 또는 이메일 형태로 산출하거나 유포하거나 이용하도록 투입된다.
- 기관 시설 및 조직(출판사나 텔레비전 방송국). 이것은 미디어 기법을 관리하고 출자하고 정치적, 법률적으로 대표하기 위하여 육성된다.
- 미디어 상품 자체. 이것은 앞에서 든 모든 요인들이 협력하여 발생한다.

이런 요인들의 협력은 4가지 성분들 중 어느 하나도 간과될 수 없는 체계적인, 자기조직적인 협력에 다름 아니다."(앞의 책: 170).

강조되어야 할 것은 슈미트와 추어슈티게가 전통 기호학의 기호 개념이 아니라 새로운 기호 개념을 사용하고 있다는 점이다. 그들은 기호를 의미가 포장되는 컨테이너가 아니라 커뮤니케이션 참여자들이 자신의 생각과 의도를 암시하는 커뮤니케이션 도구로 이해하면서, "커뮤니케이션을 커뮤니케이션 도구와 광의의 미디어 상품을 이용한 행위"(앞의 책: 147)로 보고 있다.

3. 미디어 변형과 미디어 변환

이렇게 미디어 개념을 확장하면, 미디어와 커뮤니케이션 형태를 동시에 변화시키는 미디어 변형tranformation과 미디어 변환transfer을 구분할 수 있다. 이 두 과정은 원칙적으로 함께 나타날 수 있는데, 저널리즘뿐 아니라 다른 모든 커뮤니케이션 형태에도 광범위한 효과가 있다. 미디어 변형에서는 미디어의 기법이나 제도 관계가 바뀐다. 미디어 변환은 미디어 기고 텍스트와 커뮤니케이션 장르를 다른 기호로 작업하는 새로운 미디어에 전달하는 경우이다.

제도까지 바뀌면서 나타나는 미디어 변형의 예로는 1989년 이후 동유럽에 언론의 자유를 허용한 경우 또는 독일의 이원적인 방송 법규를 확립한 경우가 있다. 기술이 바뀌면서 나타난 미디어 변형의 예가 미디어의 디지털화이다. 미디어 변환의 예로는 문학의 영화화, 단편과 소설의 연극화, 라디오와 텔레비전을 저널리즘의 목적에 맞게 실용화하는 경우를 들 수 있다.

온라인 저널리즘의 발달은 미디어 변형이라 할 수 있다. 여기서는 기술적, 제도적 조건들은 근본적으로 바뀌었지만 기호학적 조건들은 바뀌지 않았다. 예나 지금이나 온라인 저널리즘은 문자가 지배적이다. 커뮤니케이션학과 언론학이 미디어 변형 문제에 천착하고 있다면, 문예학과 매체학(미디어 과학)은 미디어 변환에는 주목하지만 미디어 변형에는 관심이 없다.

4. 미디어 커뮤니케이션의 구성 요소들

4.1. 미디어 커뮤니케이션과 매스커뮤니케이션

여러 미디어들을 범주에 따라 간추리면, 이메일 같은 개인 미디어와 신문과 영화 같은 다중 미디어로 나눌 수 있다. 이 두 개념은 말레츠케(1979)가 제안한 매스커뮤니케이션 개념 정의에 기초한 것이다.

"매스커뮤니케이션은 언술들이 공공적으로, 기술적인 유포 수단을 통하여, 간접적으로, 그리고 일방향적으로 분산된 시청자 층에게 전달되는 커뮤니케이션 형태라고 이해된다."(앞의 책: 32)

이에 따르면, 대면 커뮤니케이션은 기술적인 유포 수단이 없는 커뮤니케이션으로서, 미디어로 전달된 커뮤니케이션 형태와 구분될 수 있다. 이런 커뮤니케이션 형태는 공공적이고 분산된 수신자 층과 관련된 것인가에 따라 세분될 수 있다. 편지나 전화 같은 개인미디어는 사적 커뮤니케이션에, 매스미디어는 공공 커뮤니케이션에 이용된다.[1] 미디어 커뮤니케이션은 매스미디어에 의한 공공 커뮤니케이션

---

[1] 말레츠케의 정의는 연극과 집회 연설을 배제한 것이었다. 이 둘은 매스커뮤니케이션의 초기 형태라 할 수 있다. 이 두 커뮤니케이션 형태는 공적이기는 하지만 기법을 전제하지 않는다. 이들의 관중은 익명적이기는 하지만 분산된 것은 아니다. 관중과 연사 및 배우 간의 피드백이 가능하다. 이런 공백은 매스커뮤니케이션 개념의 이면에도 완전한 개념 체계가 숨어 있음을 보인 예라 할 수 있다.

이라 할 수 있는데, 바로 이것이 매스커뮤니케이션인 것이다.

이처럼 미디어 커뮤니케이션을 매스커뮤니케이션이라고 보면, 미디어 커뮤니케이션은 경제적, 사회적, 법률적, 정치적으로 포함된 글로벌 관계들을 파악할 수 있다. 그러나 이런 시각은 구체적으로는 매스미디어에서의 의사소통 행위를 결정하는 요인들은 고려하지 않는다. 이런 요인들은 미디어 커뮤니케이션을 체계적으로 일상적인 대화 상황에서의 대면 커뮤니케이션과 비교할 때 드러난다. 이와 관련해서 부허(1999)는 세 가지 자질 복합체를 제시한다.

"미디어 커뮤니케이션은 [대면 커뮤니케이션과는 달리] 세 가지 관점에서 특징적이다. 즉, 미디어 커뮤니케이션은 미디어 기관의 조건들을 따르는 커뮤니케이션의 제도적인 형태이다. 둘째로 이것은 미디어로 전달된 커뮤니케이션이다. 다시 말해서 기고 텍스트들이 미디어에서 제시되는 것이다. 그리고 마지막으로 이것은 세력 범위가 비교적 넓고 직접적인 일상 커뮤니케이션과는 접근 용도가 다른 공공 커뮤니케이션의 한 형태이다." (앞의 책: 214)

그럼에도 부허는 미디어 커뮤니케이션 개념을 커뮤니케이션학에서 통용되는 좁은 의미로 보면서 미디어 커뮤니케이션과 저널리즘을 동일한 개념으로 본다. 그렇지만 부허의 이런 주장은 우리가 미디어 커뮤니케이션 개념을 넓은 의미로 이해하더라도 원칙적으로 틀린 말은 아니다.

4.2. 언어학적 미디어 텍스트 분석의 방향

미디어 이론은 오늘날 철학에서부터 언어학에 이르기까지 극히 다양한 분야의 이론가들이 자주 이용하는 이론이다. 미디어는 기본적으로 커뮤니케이션의 '중개자'라 할 수 있다. 특정 미디어에서 정보를 중개하기 위해서는 정보 저장도 더해진다. 그러면 미디어는 우리 신체의 확장, 곧 우리 지각의 확장이라고도 할 수 있다. '일차' 미디어는 예컨대 물리적으로 소식을 한 장소에서 다른 장소로 운반하는 심부름꾼이다. 정보전달이 기술적인 수단을 거쳐 일어나는 것은 필기구나 컴퓨터 같은 '이차' 미디어이다. 단순한 기계적인 중개 국면을 넘어서는 자질들을 가진 매스미디어는 '삼차' 미디어인 것이다.[2] 이른바 '뉴미디어'는 '고전적인' 매스미디어와 관련해서만 개념 정의가 명확해질 수 있는 것이다.

생산자와 수용자의 시각은 뚜렷이 구별된다. 미디어 텍스트를 언어학적으로 연구하기 위해서는 분석자가 어떤 시각에서 고찰할 것인가를 명확히 할 필요가 있다. 그래서 여기서는 먼저 커뮤니케이션학에서 사용되는 몇 가지 용어들, 곧 텍스트, 생산자, 수용자, 커뮤니케이션 방향 등등을 살펴보기로 한다.

4.2.1. 텍스트와 콘텍스트

'미디어 속의 텍스트'[3]는 일상적인 대면 커뮤니케이션에서의 개별 말차례보다 조직 면에서 훨씬 더 복잡하다. 이런 텍스트의 구성은 제도화된 모형, 곧 텍스트 종류를 지향한다. 통상적으로 문학 텍스트에서는 이것을 문학 장르라 하고, 영화에서는 간단히 장르라 하고, 저널리즘에서는 저널리즘 서술 형태라고 한다. 동시에 공통 커뮤니케이션 상황이 해체되고 화자와 청자의 공통 상황 맥락도 파기되면서 미디어에 의해 결정된 수용 맥락과 지식 맥락으로 대체된다.

미디어는 한편으로 우리가 미디어로 전달된 정보를 수용하는 상황

---

2) 예컨대 신문은 생산할 때에만 기계적인 보조 수단이 필요한 반면에, 전자 미디어는 생산할 때뿐 아니라 수용할 때에도 기계적인 보조 수단을 전제한다.
3) 여기서 말하는 텍스트는 언어로만 작성된 텍스트뿐 아니라 그림과 영화 같은 비언어적인 요소도 포괄하는 넓은 개념이다. 이에 대한 자세한 논의는 제3장 참조.

을 결정한다. 신문과 서적은 시간과 여유가 있으면 어디서든 읽을 수 있다. 인터넷도 이와 유사하다. 라디오는 주로 자동차 안에서 듣는다. 그런 의미에서 자동차 운전자는 라디오 프로그램의 가장 중요한 목표 집단이다. 텔레비전은 필요한 수신기가 있는 가정에서 주로 시청한다. 텔레비전에서 방영되지 않는 영화를 보려면 영화관에 가야 한다.

다른 한편으로 미디어는 적절한 정보 수용에 필요한 지식도 결정한다. 대면 커뮤니케이션과는 달리, 수용자가 커뮤니케이션 사건을 자신의 지식 전제에 맞게 통제할 수 없기 때문이다. 또한 미디어는 수용자 개개인의 선지식을 고려할 수 없다. 미디어는 각 목표 집단의 평균 지식을 지향한다. 그래서 대부분의 정보들이 일부 수용자에게는 매번 잉여적이거나 과잉적일 수 있고, 또 다른 수용자는 이런 정보들을 받아들일 만한 선지식이 부족하거나 채울 수 없을 수도 있다. 이런 문제점을 최소화하기 위하여 주기적·비주기적 미디어 커뮤니케이션 형태들은 두 가지 상보적인 전략을 추구한다. 주기적 미디어 커뮤니케이션은 수용자들이 최신 지식을 가졌다고 보기 때문에 필요한 지식 프레임을 새로 준비하지 않는다. 이들에게 중요한 것은 잉여정보를 피하는 것이다. 비주기적 미디어 커뮤니케이션은 이와는 달리 수용자들에게 필요한 정보를 제공할 필요가 있다. 그래서 문학 텍스트와 영화는 대부분 해설이 따르지만, 뉴스 방송과 시리즈물은 가끔 현재의 행위 맥락과 관련된 뚜렷한 배경 지식만 제공한다.

4.2.2. 생산자와 수용자

일상 커뮤니케이션과 미디어 커뮤니케이션의 두 번째 차이는 화자역할의 실현에 있다.

부허(2000)는 이와 관련해서 '다중저자 층Mehrfachautorenschaft'(앞의 책: 263) 개념을 설정한다. 즉, "미디어 텍스트는 원저자를 고려할 때 다층위적"(앞의 책)이라는 것이다. 다층위적이란 미디어 텍스트가 여러 번

손질을 거친다는, 예컨대 일간지의 편집 체제나 방송 아나운서의 구미에 맞는 화법에 맞춰진다는 뜻이다.

이런 다중저자 층은 기획 단계에서 커뮤니케이션 장르마다 나름의 특성이 있다. 예를 들어 영화와 연극에서는 배우가 특히 중요하지만, 저널리즘은 기관, 곧 신문사와 방송사가 전면에 배치된다.

기자가 자기 기사에 성명을 병기하는 문제는 신문의 종류와 텍스트 종류에 따라 다르다. 성명을 병기한 기사도 전부나 일부가 이 저자의 것이라고 할 수는 없다. 기자는 여러 가지로 제도나 기관에 연루되어 있어서 자율성에 제약이 따른다. 그러니까 기자가 무엇을 어떻게 쓸 것인지는 자기 뜻대로 되는 것이 아니다. 그러므로 매스미디어에서 말하는 텍스트 생산자로서의 '저자'는 언어학이나 문예학에서 말하는 '저자' 개념과는 차이가 있다.

라디오와 텔레비전의 생산자는 다르다. 여기서는 텍스트 저작자와 텍스트 발표자가 동일하지 않다. 독일 ARD의 〈Tagesschau〉, 한국 KBS 1TV의 〈뉴스9〉가 대표적인 예들이다. 텍스트는 편집진이 생산한다. 생산의 관점에서 보면 이 편집진이 일차 생산자이다. 그러나 이 텍스트가 수신자에게 전달되는 것은 이차 생산자라 할 수 있는 화자를 거친다. 수신자의 관점에서는 이 순서가 뒤바뀐다. 곧, 수신자에게 일차적인 것은 화자이고 실제 생산자는 편집진인데, 알아차리지 못하는 경우가 흔하다.

'사회자' 진행 방송에서는 누가 '생산자'인지 말하기가 더 어렵다. 방송의 유형에 따라 사회자는 텍스트 저자 측에, 아니면 텍스트 제시자 측에 더 가깝다. 사회자는 상황에 따라 현장 진술들을 받아들이고, 인터뷰를 이끌고, 미리 준비한 방송 자료들을 보여주는 등의 행위를 하기 때문에 다른 생산자의 텍스트로 '제공'하는 것이다. 수신자가 보거나 듣는 것은 생산자들, 곧 한 명의 핵심 생산자와 여러 명의 '주변 생산자들'이 만든 그물망이다. 생산자의 눈으로 보면 이 그물망은 '핵심 생산자'라 할 수 있는 편집진이다.

이처럼 매스커뮤니케이션에서는 누가 생산자인지 말하기 어려운데, 더 어려운 것은 생산자가 실제로 누구와 커뮤니케이션을 하느냐 하는 물음이다. 그래서 저널리즘에서는 수용자 또는 수신자가 "분산된 시청자 층^{disperses Publikum}"(쿤칙과 치펠, 2001: 50)이란 용어로 설명한다. '분산된'이란 '미디어 시청자 층이 시·공간적으로 떨어진 다수의 사람들로 구성되어 있다'는 뜻이다. 이 말은 시청자 층을 이루는 개인들이 미디어를 향하고 있다는 점만 제외하면 이들 간에 공통점을 찾을 수 없다는 뜻이다. 듀얼 방송 시스템의 도입은 이용 습관에 양적으로나 질적으로 중요한 변화를 가져왔다. 정보에 관심이 더 많은 사람은 공익방송을 선호한다. 반면에 정보보다는 오락에 더 관심을 가진 사람은 사설방송을 찾는다. 수용자와 관련해서 중요한 것은 수용자의 동기와 생산자가 수용자와 맺는 관계를 구분하는 것이다. 신문을 읽는 사람, 방송을 듣거나 보는 사람, 미디어 산출물을 우연히 아니면 극히 의식적으로나 의도적으로 인식하는 사람이 '실제' 수용자이다. 그러나 생산자가 암시적으로나 명시적으로 겨냥한 수용자 집단은 '의도된 수용자'라 할 수 있다. 언어학적 관점에서 보면, 의도된 수용자는 생산자가 자기 산출물, 곧 미디어 텍스트를 이렇게 구성하고 저렇게 구성하지 않은 이유가 무엇이냐는 질문에 관심이 있는 수취인이다. 반면에 실제 수용자는 미디어 습득에 종사하는 수취인이다.

4.2.3. 커뮤니케이션 방향

기자의 눈으로 보면, 매스커뮤니케이션의 주된 딜레마는 매스커뮤니케이션이 원칙적으로 한 방향으로 수행된다는 것이다(일방향적 커뮤니케이션). 수용자는 직접 반응해서 커뮤니케이션의 성패에 영향을 미칠 수는 없다. 이 말은 생산자에게는 직접적인 피드백이 없고, 생산 순간에는 텍스트가 어떻게 수용될 지 알 길이 없다는 뜻이다. 그러나 '동반 프로그램'이 발달하면서 수용자를 파트너로서 동반하면서 마치 수용자가 극히 사적이고 개인적으로 출석해 있는 것처럼 수용자에게 말을 거는 사회자의 모습을 만들었다(부르거, 2005: 11). '기생 사회적 parasozial'이라 불리는 이런 허구 형태의 직접 커뮤니케이션은 라디오 프로그램에서 지배적인데, 텔레비전 프로그램에도 영향을 미쳤다. 홀리 외(2001: 59)에 따르면, 수용자는 텔레비전 프로그램에 대하여 마치 수용자가 텔레비전 배우들의 말을 듣고 이해할 수 있는 듯이 반응한다. 이것은 동반 프로그램에만 적용되지 않고 오락 프로그램과 연속극에도 적용된다.

미디어들은 또한 다양한 방식으로 기술적인 제약을 극복하고 적어도 쌍방향적 커뮤니케이션의 대용품들을 개발하고자 했다. 현재 상황에서는 뉴미디어를 제공하거나 뉴미디어를 매스미디어의 기생 현상으로 만들 수 있다는 점에서 전통적인 방식이 확장된다는 특징이 있다. 여기서는 가장 일반적인 방식과 뉴미디어로 나타난 방식을 살펴보겠다.

(1) 인쇄 미디어: 신문

신문 텍스트는 생산 상황과 수용 상황 간에 시·공간적인 단절을 보이는데, 일반적으로 문어 텍스트에 특징적이다. 그래서 오래전부터 문어성에 특징적인 독자 반응의 가능성이 '독자편지'의 형태로 주어졌다.[4] 이 전통적인 형태는 시간이 지나면서 대부분의 신문에서 〈독자마당〉, 〈포럼〉, 〈독자투고〉 같은 지면으로 확장·변형되었다. 오늘날에는 독자편지를 이메일로도 보낼 수 있다.[5]

(2) 방송 미디어: 라디오와 텔레비전

여기서는 수용자가 대리인을 통해서만 커뮤니케이션 상황에 진입

---

4) '독자편지'의 구조와 기능에 대한 논의는 이성만(1998ㄱ) 참조..
5) 예컨대 독일의 일간지에서는 전통적인 우편을 두 가지 서로 다른 상징 기호로 이메일과 구분한다(펜은 '우편'을, 컴퓨터마우스는 '이메일'을 상징한다).

할 수 있는데, 다섯 가지 가능성을 생각할 수 있다.

첫째, 수용자가 스튜디오나 오락 방송 공간의 시청자로 등장하는 경우이다. 규모가 큰 버라이어티 쇼에서는 시청자가 특히 피드백을 명시하고 박수치고 웃는 기능이 있다. 여러 오락 방송들에서는 수용자 역할의 이런 단순 반작용적인 특성을 타파하고 적어도 일부 수용자들을 능동적인 공연자들로 끌어들이려고도 한다. 그런 예가 독일의 〈Wetten, dass⋯!〉 프로그램의 '방청객 맞추기 코너'이다. 시청자는 이런 참여를 통해 많은 동기 부여를 받을 수 있다. 이런 능동적인 방식은 객석에 있는 수용자들도 끌어들임으로써 새로운 행위 영역과 커뮤니케이션 영역을 구축할 수 있다.

둘째, 수신자가 전화, 이메일 같은 부차적인 미디어로 방송에 참여하는 경우이다. 〈전화상담〉 같은 방송은 특히 라디오에서는 방송 편성에 거의 필수적인 요소가 되었다. 오늘날 전화대화는 관례화되었는데, 철저히 의사소통의 모순성을 보인다. 즉, 전화대화가 '프로그램에 따라' 작동해야 하는 것이다. 전화대화는 짧아야 하고 고도로 관례화되어 있어야 하고, 되도록 의사소통적인 '친밀감'을 보여주어야 한다.

셋째, 새로운 차원의 수용자 참여는 이른바 〈리얼TV〉(예, KBS 2TV의 '인간극장') 같은 방송에서 가능한데, 아마추어 참여자가 스스로 '연기'하거나 자신의 일상을 매스미디어 시청자에게 '사건'으로서 제공한다.

넷째, 전자 '방명록'이나 '댓글'[6]은 뉴미디어이다. 전통적인, 대개 사적인 방명록과는 달리 전자 방명록은 다음의 특징이 있다(부르거, 2005: 15).

- 기본적으로 공적이다.
- '주인'은 인터넷 사이트를 이용할 줄 알아야 한다.
- '손님'은 이 모임에 초대받은 사람으로서 '배회자'이다.

---

6) 텍스트 종류로서 '댓글'의 형식과 기능에 대해서는 조국현(2007) 참조.

- 커뮤니케이션 형태는 복합적이다. 글쓴이는 주인을 향하지만, 명시적으로 다른 글쓴이를 향할 수도 있다. 암시적으로는 방명록의 모든 잠재 독자를 향할 수도 있다.
- 인터넷의 다른 커뮤니케이션 형태들처럼 방명록도 '구어적' 문체 규범의 경향을 보이기도 한다.

다섯째, 방송 시청자는 예컨대 피드백만 제공해야 하는 '스튜디오' 시청자로서, 이메일·팩스·전화·전화 설문조사 편으로, 아니면 홈페이지와 방명록을 거쳐서 능동적으로 참여하는 경우이다.

4.2.4. 시·공간적 정세

신문 텍스트는 앞에서 지적하였듯이 생산 상황과 수용 상황에서 시·공간적인 단절을 보이는데, 문어 텍스트에 특징적이다. 오프라인 미디어에서는 텍스트의 생산, 인쇄, 공급, 읽기에 이르는 과정에서 시간적인 간격을 축소할 수 있는 길은 거의 없다. 이와는 달리, 온라인 미디어, 예컨대 신문의 온라인 판은 인쇄판에 비해 정보를 짧은 시간 안에 '업데이트'할 수 있는 장점이 있다.

전자 미디어에서는 이런 관계가 더 복잡하다. 여기서는 일반적으로 생산자와 수용자의 공간이 다르다. 이런 엄밀한 분리는 수용자의 '대리인'이 등장하는 방송에서는 상징적으로 무의미하다. 예컨대 텔레비전의 시청자 전화 장면에서 '전화'는 자주 음성만 들리는 시청자를 대신하는 '대용품'으로 등장한다. 이처럼 어느 정도 간단한 공간 관계와는 달리, 가능한 시간 관계는 더 복잡하다. 일견 '송출'과 수용의 동시성은 확고한 것 같지만, 수용자 측의 수용은 녹음 수단 때문에 방송 시점과는 멀어진다. 생산자 측에서 보면 다섯 가지 시간 관계를 가정할 수 있다.

첫째, 텍스트가 어느 시점에서 생산되어 그 보다 늦은 시점에서 그대로 방송되는 경우이다. 예를 들어 라이브 방송이 아닌 정규 방송에서는 생산과 수용 간에 불연속성이 나타난다.

둘째, 텍스트가 동시적으로, 곧 라이브로 송출되면서 생산되는 경우이다. 뉴스 방송에서의 라이브 인터뷰가 그렇다. 수용자의 시각에서는 시간적으로 생산과 수용이 동시적이다.

셋째, 라이브 상황에서 녹화하여 나중에 방송하는 경우로서, 'live on tape'라고 한다.

넷째, 라이브와 비 라이브가 혼용된 경우로서, 영상은 미리 녹화되고 텍스트는 라이브로 말해지는 경우이다. 이것은 뉴스 방송이나 스포츠 방송에서 흔하다.

다섯째, 텍스트가 글로 쓴 것으로서 미리 생산된 것일 수 있고 수용과 동시에 낭독되는 경우인데, 라디오 뉴스나 텔레비전 뉴스 방송에서 화자 뉴스(독일 ARD의 8시 뉴스인 〈Tagesschau〉)가 그렇다. 이런 경우는 저널리즘에서는 '라이브'로 보고 있다. 하지만 언어학적 관점에서 구어성과 문어성 문제로 논란이 되고 있는 전자 미디어를 고려하면 시사하는 바가 적지 않다.

제2장 미디어 텍스트화용론
: 개념과 방법

앞장에서 지적하였듯이, 저널리즘이 미디어 커뮤니케이션을 제도화한 형태라면, 일상 커뮤니케이션의 화자–청자 상황은 좋은 비교 대상이 될 수 있다. 이런 생각은 연구자의 관점을 결정하는 것이기에 연구의 전체적인 흐름에 중요하다.

대면 커뮤니케이션 모델은 복합적인 체계로서 기호, 기본 행위, 화·청자 협동 관계의 세 가지 요인 다발들로 구성된 커뮤니케이션을 기술한다. 이 모델에 가장 중요한 이론적인 토대는 켈러(1995)의 통합 기호 모델, 서얼(1969)의 언어적 의사소통 행위의 세 층위 모델, 그라이스(1975)의 협동 원칙이다. 이 커뮤니케이션 모델의 기본 생각은 한 요인이 변화하면 이 체계 맥락에 포함된 모든 요인들도 변화한다는 것이다.

먼저 세 번째 요인을 보면, 여러 명이 동시에 효과적인 커뮤니케이션을 할 때 중요한 것은 커뮤니케이션 도구의 변화와 화·청자 관계의 확대일 것이다. 기호의 변화는 다양한 미디어 개발로 이어진다. 구어는 문자로 대체되는데, 이 문자는 다시 기술적인 수단에 기대어 재생산된다. 화·청자 관계의 확대는 강연장이나 연극장 같은 다양한 커뮤니케이션 건축물로 이어진다. 이런 모든 개발은 다시 서로 연결된다. 이를테면 영화관은 영화라는 미디어를 연극장의 수용 상황과 연결시킨다.

대면 상황의 양측 변형은 화·청자 간의 기본 관계를 변화시킨다. 이들 간의 대화는 독화가 되며, 이들의 담화는 텍스트가 된다. 따라서 화자와 청자는 협동 관계 방식을 더 이상 상황적으로 합의할 수 없고 일반적으로 규정할 필요가 있다. 그래서 규약화된 독특한 화자−청자 협동 형태가 만들어지는데, 그 가운데 하나가 미디어 커뮤니케이션을 제도화한 저널리즘이다. 대면 커뮤니케이션 모델은 변형을 거치면서 저널리즘을 라디오, 텔레비전, 인터넷 등의 미디어 변환으로 확장하는 문제에 해답을 줄 수 있다. 다시 말해서 이런 논의의 목적은 새로운 대상 분야들을 기존 이론들에 포함시키고 또 기존 이론들을 확장하여 새로운 대상들에 적용할 수 있는 가능성을 찾는 것이다. 이런 의미에서 여기서는 대면 커뮤니케이션을 저널리즘과 다른 모든 커뮤니케이션 형태들의 '패러다임'으로 간주하겠다.

1. 미디어 커뮤니케이션의 도구

커뮤니케이션은 그동안 반복적으로 송신자에서 수신자로 흘러가는 일종의 정보 흐름으로 간주되었다. 특징은 새넌과 위버의 커뮤니케이션 모델에서처럼 라스웰 공식에서도 보이는 '커뮤니케이션 통로' 개념이다. 이와는 달리, 근래의 방안들은 커뮤니케이션 참여자들의 상호작용을 강조한다. 이들은 커뮤니케이션을 '능동적인 창의적 구성'이라고 본다(슐츠, 1993: 34). 이와 병행해서 커뮤니케이션을 할 때 정보가 전달된다는 생각도 사라졌다. 과거의 패러다임이 통로로 흘러가는 기호와 신호의 내용물을 양동이가 운반하듯이 정보를 운반하는 일종의 컨테이너로 이해하였다면, 근래의 패러다임은 이들을 커뮤니케이션 도구, 곧 커뮤니케이션 참여자들이 서로 전달하려는 것을 서로 신호하는 일종의 도구로 이해한다. 의사소통 행위 개념이 이 두 가지 새로운 방안들을 서로 접목시키고 있다.

1.1. 켈러의 기호론: 기호를 이용한 사회적 행위

슈미트와 추어슈티게(2000)에 따르면, 행위 이론에 기초한 커뮤니케이션학의 토대는 행위 개념이다.

"행위는 행동이나 반응과는 달리 무엇을 하거나 하게 할 수 있는, 그렇게 하여 목적을 추구할 수 있는 그 무엇이어서 성공하거나 실패할 수 있는 그 무엇이다. […] 행위는 사회적으로 규칙화된 행위 스키마의 틀에서 수행된다. 행위는 진의 관계에 좌우된다. […] 행위는 진의를 지원하는 상황에서 수행되며, 외부에서 관찰 가능한, 행위자가 수행한 작업이다."(앞의 책: 146f)

이 행위 개념에 따르면 커뮤니케이션은 인간 행위의 독특한 형태이다. 커뮤니케이션은 기호를 이용한 사회적인 행위라는 뜻이다.

"커뮤니케이션은 '커뮤니케이션 도구'에 기댄, 그리고 광의의 미디어 상품을 이용한 행위이다. '커뮤니케이션 도구'는 예컨대 자연언어뿐 아니라 점자나 행위 참여자들이 커뮤니케이션을 위해 사용하는 깃발언어 같은 기호 체계이다. 이때 마련된 발화들을 '미디어 상품'이라고 하는데, 텍스트, 라디오 방송, 텔레비전 방송 등이 바로 그것이다."(앞의 책: 147)

그러니까 이런 의사소통 행위 개념은 사회학의 핵심 개념을 언어학과 텍스트 과학의 핵심 개념과 연결시키는 고리 역할을 한다. 이 개념은 행위와 기호의 관계를 파악하고 있다는 점에서 학제적인 텍스트

과학의 토대로서, 저널리즘의 언어적 국면뿐 아니라 사회적 국면도 고려한 것이다. 또한 이 개념은 미디어 커뮤니케이션의 다양한 문제들을 커뮤니케이션학에 기대어 해결할 수 있는 가능성을 열어주고, 또 언어학적, 기호학적 연구를 통해서도 해답을 찾을 수 있는 실마리가 되고 있다. 텍스트언어학과 기호학의 근래의 방안들에서도 이 개념이 기본적으로 중요하기 때문이다.

텍스트언어학은 텍스트를 더 이상 언어 기호의 연속체로만 보지 않고 "생산자가 커뮤니케이션 과정에서 특정한 방식으로 수용자에게 영향을 끼치려는"(브링커, 1997: 83) 수단으로 본다. "이런 영향 시도가 목표 지향적인 활동을 나타내기 때문에 우리는 이런 시도를 더 자세히 언어적 행위라고 규정하였다."(앞의 책) 이 언어적 행위는 사회적 행위의 특수한 형태이다. 언어적 행위는 "언어 기호 체계에 근거한"(앞의 책: 83) 의사소통 행위이다. 언어적 행위를 기술하는 기본 이론이 텍스트화용론과 연결되는 '화행론'이다.

켈러(1995)의 기호론의 출발점은 기호와 의사소통 행위의 관계이다. 기호는 인간이 지각 가능한 사물을 의사소통 목적을 위한 도구로 사용하여 생기는 것이다.

"[…] 기호의 생성과 변화에 중요한 사건 장소는 두뇌의 내부가 아니라 사용 상황이다. 기호는 커뮤니케이션에 투입되는 과정에서 생성되고 변화되는 것이다."(앞의 책: 104)

여기서 켈러는 커뮤니케이션을 "다른 사람에게 열린 방식으로 그 무엇을 인식시키려는 의도로 수행되는 모든 의도적인 행동"(앞의 책: 104)으로 이해한다. 그러나 커뮤니케이션 개념은 언제나 이런 의미에서 의사소통 행위로 이해되는 것은 아니다. 문제는 그런 비의도적인 커뮤니케이션 개념을 어디까지 사회적 커뮤니케이션 관계에 적용할 수 있느냐 하는 것이다.

1.2. 바츨라빅의 메타소통 원칙: 행동으로서의 커뮤니케이션

비의도적인 커뮤니케이션 개념에 주목한 이론이 바츨라빅(1980)의 커뮤니케이션 이론이다. 바츨라빅은 커뮤니케이션을 행위가 아니라 행동으로 본다. 그러나 행동은 행위와는 달리 우리가 무엇을 하거나 하게 할 수 없는 그 무엇이다. 우리는 항상 그 어떤 식으로든 행동한다.[1] 따라서 바츨라빅은 '모든 행동은 대인적인 상황에서 커뮤니케이션이다'는 가정에서 출발한다. 이것은 커뮤니케이션을 이해하는 그의 관점을 개념으로 보인 것이자 동시에 그의 원칙의 타당성에 필요한 부차적인 의미도 암시한다. 의사소통 행위는 대인적인 상황을 전제하며, 일정한 틀과 관련되어 있다는 것이다.

언어학적 대화 분석에서 보듯이(브링커와 자거, 2001: 12), 이 틀은 대화에서는 대화 참여자들이 대화를 시작할 때 함께 설정하고 끝낼 때 함께 종결한다. 그러니까 언어적 커뮤니케이션에 적용되는 것은 커뮤니케이션 참여자들이 커뮤니케이션 상황을 비 커뮤니케이션 상황과 구분하는 것이다.

켈러와 바츨라빅의 커뮤니케이션 개념을 비교해보면 이런 불일치점을 설명하는 중요한 단서를 찾을 수 있다. 켈러는 커뮤니케이션 사건에서 화자의 행동과 청자의 행동을 나눌 필요가 있다고 주장한다. 바츨라빅은 이런 구분 없이 통틀어서 모든 행동은 '전달의 특성'이 있다고 함으로써 전달의 특성이 있는 커뮤니케이션과 화자와 청자 간의 관계 사이에 어떤 맥락 관계가 성립하는지는 열어두고 있다. 이런 관계는 대칭적인 것이 아니라 비대칭적이고 상보적인 것이기 때문이다. 그래서 이 두 참여자들 가운데 한 사람에게 전달의 특성이 있는 행동은 상대방에게는 무의미할 수도 있다.

---

1) 이런 관계는 바츨라빅의 메타소통 원칙의 배경이 되고 있다. "모든 행동이 대인적인 상황에서 전달의 특성이 있는 것, 즉 커뮤니케이션이라고 받아들인다면 결과적으로 우리는 [⋯] 커뮤니케이션을 할 수 없는 것이 아니다."(Watzlawik, 1980: 51)

말하자면, 청자는 화자가 무엇을 하거나 하게 하는 모든 것을 해석할 수 있으므로, 청자에게는 모든 행동이 전달의 특성을 갖는다. 청자가 해석하는 것은 자신의 책무에 지나지 않는다. 그래서 화자는 자신이 해석의 대상이라는 점에서만 중요하다. 이것이 곧 커뮤니케이션의 상호작용인 것은 아니다. 커뮤니케이션은 청자가 해석하는 것에 대해 화자가 어떤 행동을 취할 때 비로소 이런 일방향적 관계에서 발생하는 것이다. 이렇게 하여 화자의 행동이 의사소통 행위가 되는 것이다. 화자의 행동이 청자에 대한 기호 전달로서 의도된 것이기 때문이다. 그래서 켈러(1995)는 해석과 커뮤니케이션의 이런 연관성을 "의사소통 참여자는 상대방의 해석 능력을 자기에게 유리하게 활용하는 것"(앞의 책: 113)이라고 이해한다. 바츨라빅의 메타소통 원칙은 화자와 청자 간의 커뮤니케이션이 아니라 이 커뮤니케이션에 앞선 사태, 곧 화자의 해석과 청자에 대한 화자의 행동과 관련이 있다.

1.3. 커뮤니케이션 도구

1.3.1. 뷜러의 오르가논 모델

다양한 의사소통 행위 이론들의 핵심은 커뮤니케이션 도구 개념이다. 이것은 언어를 인간 커뮤니케이션의 도구로 보는 언어 관점과 무관하지 않다.[2] 언어가 오르가논organon, 곧 화자가 청자와 세상의 사물에 관해 의견을 교환하는 도구라는 생각을 정리한 것이 이른바 뷜러(1934: 53)의 '오르가논 모델'([그림 2])[3]이다.

---

2) 이런 생각이 처음 피력된 곳이 플라톤의 대화록 〈Kratylos〉이다. 방직바디가 뭔가를 짜기 위한 도구이듯이, 단어도 다른 사람에게 뭔가를 가르치기 위한, 사물을 명명하고 구분하기 위한 도구라는 것이다. 그래서 뷜러는 이렇게 피력한다: "나는 플라톤이 〈Kratylos〉에서 언어는 다른 사람에게 사물에 관해 뭔가를 전달하기 위한 오르가논이라고 제시한 것을 플라톤의 멋진 책략이었다고 생각한다."(Bühler, 1934: 51)
3) Habermas(1981: 372)는 커뮤니케이션 이론을 명시적으로 뷜러의 오르가논 모델에 기대

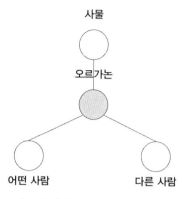

사물

오르가논

어떤 사람   다른 사람

[그림 2] 뷜러의 오르가논 모델

[그림 2]는 개별 요인들이 어떻게 하나의 삼각형으로 모이는가를 보인 것인데, 그 중심에 소리로 알아볼 수 있는 언어 기호 현상이 위치한다.

뷜러는 이 요인들 간의 관계를 단순한 인과 관계로 보지 않는다. 언어적 커뮤니케이션은 화자가 야기한 음파 현상에 대한 수신자의 자극 제약적인 반응 이상이라는 것이다. 그에게 발화 사건은 인간의 여타 유의적인 행동과 연결된 행위이다(앞의 책: 56). 뷜러는 송신자와 수신자를 가변적인 국면에서 언어 기호를 해석하는 정신적인 체계로 본다.

"[언어 기호]는 대상과 사태에 편입되면 상징이고, 자신의 주관성을 표현하는 송신자에 의존하면 징후(표지)이고, 다른 교통 신호처럼 자신의 외적 또는 내적 행동을 제어하는 청자에 대한 호소이면 신호이다."(앞의 책: 55)

따라서 오르가논 모델은 이 책에 중요한 두 가지 가정을 암시하고 있다. 하나는 커뮤니케이션이 송신자와 수신자의 관계가 아니라 화

고 있다. Jakobson(1960: 123)의 언어 커뮤니케이션 기능 모델은 뷜러와 직결되고 있다. Watzlawik(1980: 53ff)도 뷜러와 관련이 있다. 오르가논 모델이 텍스트언어학에 미친 영향에 대한 비판적인 논의는 Brinker(1997: 100~104) 참조.

자, 청자, 기호 그리고 사물 간의 4항 관계라는 것이다. 다른 하나는 기호가 커뮤니케이션 도구라면, 기호는 기호학적 연구들이 제한하는 기호의 표상 국면에서는 연구될 수 없다는 것이다.

따라서 오르가논 모델은 커뮤니케이션 장르인 저널리즘을 구성하는 세 가지 자질들의 내적 관계를 밝힐 수 있는 출발점이다. 이 자질들이 이 모델의 세 가지 차원과 관련이 있을 수 있기 때문이다. 신빙성은 기호와 사물 간의 서술 기능과 관련이 있다. 독립성은 '생산자'4) 의 위상과 관련이 있다. 그리고 시의성/관여성은 언어 기호가 '다른 사람', 곧 수용자에 대해 갖는 유의적 의미와 관련이 있다. 그러므로 저널리즘의 자질들은 역사적인 우연성이 아니라 의사소통 행위의 본질적인 차원들을 명시하는 조건들이다.

1.3.2. 언어와 영상

인간 커뮤니케이션의 핵심 도구는 당연히 구어이다. 구어는 인간에게 주어진 천성적인 것이며, 다른 많은 기호 체계들, 예컨대 문자, 수신호, 논리학의 형식언어 등에 직접적인 전형이기도 하다. 구어 외에 대면 상황에서는 제스처와 표정술, 몸짓과 근접학도 커뮤니케이션 목적에 이용된다. 이런 커뮤니케이션 상황에서 사용되는 모든 언어적, 비언어적 커뮤니케이션 수단들은 인간의 신체, 예컨대 발성기관, 얼굴 근육, 수족 등에 기대어서만 생성된다.

영상, 예컨대 그림에 기댄 커뮤니케이션도 인간의 일반 능력이다. 영상은 인간의 역사와 공존하는 것이다. 그러나 우리가 영상을 커뮤니케이션 수단으로 본다면, "우리의 언어처럼 우리에게 주어진 수단이 아니라 필요에 따라 만들어야 하는 수단이다. 따라서 영상의 가용성은

---

4) 여기서 말하는 생산자 또는 뷜러가 말하는 '한 사람(einer)'은 '다중독자 층(Mehrfachautorenschaft)' 개념(Bucher, 1999: 216)을 빌리면 신문사, 방송사 외에 신문기자나 방송기자라 할 수 있다.

우리 언어의 가용성보다 훨씬 제한적이다"(무켄하우프트, 1986: 156).

영상은 미디어와 결부된 커뮤니케이션 도구이다. 영상에 기대어 커뮤니케이션을 할 수 있으려면 일반적인 의미에서 미디어, 곧 필기구와 종이, 붓과 캔버스, 끌과 돌 같은 것이 필요하다. 따라서 사진과 여타 산출 기술들이 발명되면서 이런 시각적인 커뮤니케이션 도구들의 사회문화적인 의미가 근본적으로 바뀌게 되었다. 영상이 과거에는 교회와 성城의 전유물이었다면 오늘날에는 우리의 일상적인 구성요소가 된 것이다.

이런 커뮤니케이션 도구들은 모두 사용 면에서 중복되고 중첩된다. 인간은 말하면서 조음하고 표정술로 진술을 지원하기도 한다. 이때 인간은 대상을 가리키면서 영상을 보여준다. 이런 모든 것은 너무나 익숙한 것이어서 이런 커뮤니케이션 도구들이 우리의 의사소통 의도의 성공에 얼마나 중요한지를 깨닫지 못한다. 그래서 커뮤니케이션 도구는 특정 의사소통 목적을 위해 그것을 사용할 필요가 있을 때에만 의식하게 된다. 구체적으로 언어와 영상이 우리의 커뮤니케이션 가능성에 어떤 영향을 미치는지 살펴볼 필요가 있다. 다양한 저장 미디어와 휴대 미디어들이 인간 커뮤니케이션의 시·공간적인 경계를 바꾸듯이, 서로 다른 기호 체계 때문에 의사소통적인 표현 가능성의 경계도 바뀌기 때문이다.[5]

---

[5] 예를 들어 '철수는 일하러 20분 동안 대전으로 간다.'는 문장을 텔레비전 텍스트에서 어떻게 재현할 것인지를 생각해보자. 통상적인 텔레비전 영상, 곧 철수가 자기 차에 어떻게 승차하는지를 보여주는 태도들, 여행에 관한 영상과 그에 관한 오프-논평(철수가 매일 20분 동안 대전의 작업장으로 가는 여정) 등에 초점을 맞출 수 있다. 이것은 필름에 담길 문장을 영상으로 표현한 것이 아니라 영상과 단어들로 표현한 것이다. 이와는 달리, 이 사건을 무성영화에서처럼 되도록 중간타이틀 없이 보여준다면, 구상적인 표현 능력의 한계를 알 수 있게 된다. 즉, 고유명사 '철수'와 '대전', 시간 정보인 '20분간', 그 어느 것도 구상적으로 나타낼 수 없다. 또한 철수가 기차나 오토바이를 이용할 수도 있는 대전에 승용차를 타고 가는 경우도 특이할 수 있다. 동사 '간다'는 추상적으로, 그가 어떤 교통수단을 이용하는지 그 어떤 정보도 담고 있지 않다. 그러니까 커뮤니케이션 도구로서의 언어는 철수가 어떤 교통수단을 사용하는지 열어놓을 수 있지만, 영상은 그렇지 못하다. 더 어려운 것은 이 여행의 목적을 영상으로 표현하는 것이다. 이것은 집을 떠나 일터에 도착하는 놀이 행위가 요구된다. 철수의 일터가 사무실이냐 정비공장이냐에 따라 철수는 복

2. 미디어 커뮤니케이션과 기호

2.1. 기호학적 토대

기호학은 그동안 기호와 그 지칭 대상과의 관계를 어떻게 설명하느냐에 따라 기호를 다양한 시각으로 바라보았는데, 소쉬르는 2항 기호 모델을, 퍼스는 3항 기호 모델을 제안하였다. 이 두 모델은 언어학과 기호학을 넘어 문화학 전반에도 중요한 역할을 하고 있다.

2항 기호 개념은 기호와 그 지칭 대상과의 관계를 2항 관계로 본다. 한 단어의 의미는 각 언어에서 그 단어가 차지하는 위치에 따라 나타난다.6) 이런 기호 개념은 구조주의에서 핵심적인 역할을 하였다. 그러나 분명한 것은 인간 언어의 패러다임에 초점을 맞춘 기호 개념은 영상 미디어 분석에는 제한적으로만 적용될 수 있다는 점이다.7)

2항 기호 개념은 3항 기호 개념으로 교체되었다(안정오, 2003). 이들 개념은 언어가 아니라 기호를 형성하고 해석할 수 있는 인간의 능력을 논의의 중심에 둔다. 3항 기호 개념은 기호를 지시 표현(기호체), 지시 대상(기호 내용), 해석체(기호 사용자)의 3항 관계로 이해한다. 이것은 해석체(기호 사용자의 정신적 표상)가 기호 표현을 지시 대상과 연결하는 것이다. 지표 기호에서는 기호와 지시 대상 간에 인과 관계가, 도상 기호에서는 기호와 지시 대상 간에 유사 관계가, 자의적(상징적) 기호에서는 규약 관계가 성립한다. 퍼스의 이런 3항 기호 모델을 도식화한 것이 [그림 3]이다.

장을 달리 해야 하고, 차편도 달리 해야 한다. 이런 정보들도 커뮤니케이션 수단으로서 언어를 이용하면 전혀 필요가 없다. 영상은 한편으로 수천 가지 말 이상의 말을 담고 있지만, 다른 한편으로 영상만으로는 성명, 목표, 의도 같은 극히 기본적인 사태들도 표현하기 어려울 수가 있는 것이다.

6) 장기 놀이에 비교하면, 개별 장기 말들의 의미는 장기놀이 체계에서 갖는 이들의 진가에 좌우되고 개별 외형과는 무관하다.

7) Knilli(1971), Metz(1973) 참조. 이 두 기호 모델이 영화학의 탄생에 미친 영향과 실제 영화 분석에의 적용에 대해서는 Kanzog(1991: 21ff) 참조.

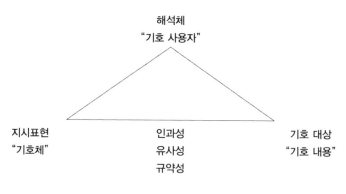

해석체
"기호 사용자"

지시표현　　　　　인과성　　　　　기호 대상
"기호체"　　　　　유사성　　　　　"기호 내용"
　　　　　　　　　규약성

[그림 3] 퍼스의 3항 기호 모델

켈러의 통합 기호 모델은 이 3항 기호 개념에서 실마리를 찾는다. 그는 3항 관계에서 출발하고는 있지만, 전달 단위를 기호 사용자의 정신적 표상이 아니라 기호 사용자의 기호 사용에서 찾고 있다. 그래서 켈러는 표상적 기호관이 아니라 도구적 기호관을 대표한다.

이 3항 모델은 기호학의 대상도 결정한다. 모리스(1938: 23f)는 기호가 대상과 해석체와의 관계를 고려하지 않고 기호(매체)가 다른 기호 (매체)와 맺는 관계를 통사론적 차원으로 규정하고 그 연구를 통사론이라 부른다. 예시적인 적용 분야가 자연언어와 인공언어의 문법구조이다. 기호 매체가 지시 대상과 맺는 관계가 의미론적 차원인데, 그 연구가 의미론이다. 그래서 의미론의 핵심 대상은 기호와 기호 대상간의 일치 관계로 소급되는 진리 개념이다. 예컨대 문장 S는 S의 단어들 간의 관계들이 이 단어들의 지시 대상들 간에 성립하는 관계들과 일치할 때 참이다. 의미론의 또 다른 중요한 대상은 핵심 의미와 주변 의미, 곧 외연체Denotat와 내포체Konnotat의 구분이다. 외연체는 한 언어의 모든 사용자가 알고 있는 지시 대상이다. 이와는 달리 내포체는 특정 맥락과 사용 방식에 국한되어 있는데, 그 변화는 유동적이다. 마지막으로 기호 매체가 해석체와 맺는 관계가 화용론적 차원인데, 이를 연구하는 분야가 화용론이다. 모리스에 따르면(앞의 책: 52), 화용론은 기호 과정에서 출현하는 모든 심리학적, 생물학적, 사회학적 현상들을 연구한다. 이로써 화용론은 기호학적 문제제기와 커뮤니케이션학적 문제제기가 서로 접목될 수 있는 접점이다.

'한 기호는 어떤 다른 것을 위해 존재한다'는 메타포를 이해하는 방법에 따라 기호학의 두 가지 기본 연구 방향을 구분할 수 있는데, 표상적 기호관과 도구적 기호관이 그것이다.

표상적 기호관은 언어 기호의 의미를 이 기호가 맺고 있는 언어외적 사물과 표상에서 찾는다. 이에 따르면, 영상 의미도 표상적으로 이해될 수 있다. 예컨대 그려진 영상, 곧 그림의 의미는 이 그림이 가리키는 것이다. 언어 영상의 의미는 그것이 나에게서 일깨워지는 표상이다.

> "커뮤니케이션을 한다는 말은 상대방에게 생각과 개념과 관념 따위를 전하기 위하여 그에게 생각, 개념, 관념의 대체물을 제공하는 것이다. '너는 내 생각에 직접 접근할 수 없으므로 내가 나의 생각을 대신할 기호를 써서 너에게 접근 방도를 마련해 준다.' 이 같은 각본에서는 의사소통 참여자들이 관찰 대상에서 빠져있고 기호의 개념 정립에서도 중심 역할을 하지 못한다. 그러나 표상적 기호관은 커다란 의문 하나를 안고 살아야 한다. 즉 기호는 어떤 특성 때문에 생각을 대신할 수 있을까? '기호는 생각을 상징함으로써 생각을 대신한다.'는 대답은 대답이 아니다. 비슷한 질문을 다시 반복하게 하기 때문이다."(켈러, 1995: 71)

도구적 기호관은 언어 기호의 의미를 기호의 올바른 사용에서 찾는다. 언어 및 기호 사용자는 이 기호를 자기가 이해할 수 있을 정도로 사용할 수 있다. 단어의 의미는 "그 언어에서 단어의 사용이다"(비트겐슈타인, 1977: 41). 도구적 기호관에서 기호의 의미는 의사소통되는 것이 아니라 의사소통하는 것을 가능하게 하는 것이다.

"기호가 어떤 것 — 그것이 대상이든 관념이든, 개념이든 진리치이든 상관 없다 — 을 대신하고 어떤 것을 표시하고 어떤 것을 지칭한다고 하더라도, 그 기호가 무엇을 대신하고 표시하고 지칭하는 지를 기호의 어떤 특성 때 문에 우리가 알아낼 수 있는지를 묻지 않을 수 없다. 언어를 써서 의사소 통할 때 우리는 상대방을 특정 해석을 하게 하려는 의도로 말을 한다. 이 의도로 말을 한다는 것은 이 말을 통하여 무엇인가를 뜻한다는 말이다. 그 러니까 의미라는 개념은 화자가 어떻게 해서 자신의 뜻한 바를 청자에게 알릴 수 있느냐에 대하여 설명할 수 있어야 한다."(켈러, 1995: 61)

표상적 기호관과 도구적 기호관이 서로 양립할 수 있다는 주장은 영상 미디어 커뮤니케이션 연구에 중요하다. 이를 위해서는 표상적 기호관과 도구적 기호관을 모두 끌어들여야 하기 때문이다. 그래서 텔레비전 텍스트의 본문–영상 관계는 표상 이론, 곧 지시의미론에 기 댈 때 효과적으로 이해할 수 있다. 이와는 달리, 미디어 텍스트 종류 들, 곧 "저널리즘 서술 형태들"(뤼거, 1995)의 미디어 변환을 설명하기 위해서는 화용론에 기댈 필요가 있다. 그런 미디어 변환은 신문 미디 어로 할 수 있는 것과 동일한 의사소통 기능을 텔레비전 미디어로도 할 수 있다는 것을 전제하기 때문이다.

2.2. 켈러의 통합 기호 모델

언어 기호는 "커뮤니케이션, 분류, 표상"(켈러, 1995: 102)에 이용된 다. 커뮤니케이션 국면은 화자와 청자가 언어 기호를 이용하여 지식 과 정보를 교환한다는 것이다. 분류 국면은 인간이 언어 기호를 이용 하여 개념을 형성하고 인간이 살고 있는 세계를 구성하고 조직하는 것과 무관하지 않다. 표상 국면은 기호 사용자가 지각 가능한 언어 기 호를 이용하여 사태를 표상할 수 있다는 것이다.[8]
켈러는 언어 기호의 이런 세 가지 사용 기능이 모든 대상을 기호로 해석할 수 있는 인간의 능력이라고 본다. 이 능력은 기호 사용의 다양한 기능들을 선행하는데, 사태를 표상하기는 하지만 의사소통 기능이 없는 기호가 있다는 점에서 그렇다. 의사가 피부 반점과 다른 병의 징후를 홍역으로 해석한 것은 이 기호를 해석한 것이다. 그러나 의사가 홍역과 커뮤니케이션을, 아니면 홍역이 의사와 커뮤니케이션을 하는 것은 아니다.

통합 기호 모델은 이 세 가지 요인들 중 첫 번째인 대면 커뮤니케이션의 복합 체계를 구성하는 요인을 기술한다. 중요한 것은 나머지 두 요인들과 상관없이 이 기호 모델을 서술하기는 어렵다는 점이다. 표상적, 분류적 기능을 언급하기 위해서는 기호 사용자가 이 기호들로 수행하는 행위를 언급해야 한다. 화자와 청자의 협동 관계를 거론하지 않고는 의사소통 기능을 다룰 수 없다. 따라서 이 기호 모델은 나머지 두 요인들의 서술에 필요한 틀이다.

2.2.1. 기호의 표상적 기능

기호는 기호 사용자가 해석하는, 직접 지각할 수 있는 사물이므로, 기호는 기호 사용자가 직접 지각할 수 없는 사태를 표상한다. 이 사태는 시·공간적인 거리 때문에 당장 지각될 수 없는 물리적인 대상일 수 있지만, 원칙적으로 의미 있게 지각될 수 없는 인지 구성체일 수도 있다.

기호 사용자의 기호 해석은 해석자가 "체계적인 또는 체계적으로 가정된 관계들에 입각하여 추론"(켈러, 1995: 113)하는 독특한 추론 행위이다. 따라서 우리가 기호로 사용하려는 모든 대상은 두 가지 요구 사항을 충족해야 한다. 이 대상은 지각과 해석이 가능해야 한다. 이

---

8) Keller(1995: 29f)는 플라톤이 〈Kratylos〉에서 말하는 견해를 따르고 있는데, 단어는 다른 사람에게 뭔가를 가르치기 위한(커뮤니케이션), 사물을 서로 구분하고(분류) 명명하기 위한(표상) 도구이다.

두 가지가 이들 대상의 일차적 기능일 필요는 없다. 자동차는 일차적으로 이동 수단이지 기호(예, 신분 상징을 위한 기호)는 아니다.

켈러는 기호가 기호 사용자에 의해 해석되는 체계적인 관계를 기호의 의미로 본다. 의미는 "해석자가 그의 추론의 토대로 이용하는"(앞의 책: 113) 것이다. 따라서 우리는 기호의 의미를 엄밀히 의미된 것, 곧 이 기호의 지시 대상과 구분할 필요가 있다.

그렇다면 기호 해석의 토대가 되는 체계적인 관계는 무엇일까? 켈러에 따르면, "우리가 해석에 이용하는 상관관계에는 인과성, 유사성 또는 규칙에 입각한 관계들이 있다. 달리 말하면, 우리는 인과적, 연상적 규칙에 따라 추론을 할 수 있다."(앞의 책: 113f)

인과적 추론은 누군가가 피부의 특정 반점을 홍역으로 해석하거나 누군가가 바람이 없는 데도 움직이는 풀줄기를 동물의 움직임을 암시하는 것으로 해석하는 경우이다. 연상적 추론은 줄무늬가 있는 돼지 그림의 표지가 접시 위에 놓인 것을 회교도들의 식사의 기호로 해석하는 경우이다. 그리고 '안녕'을 작별인사로 해석하는 사람은 분명 이 단어의 사용에 필요한 사용 규칙을 알고 이로부터 이런 추론을 하기 위하여 이 규칙을 이용한다.

이 세 가지 기본 해석 방법이 징후적, 도상적, 상징적 방식이다. 인과적 추론에 기대어 해석되는 기호가 징후이고, 유추에 기댄 연상적 추론에 의해 해석되는 기호가 도상이다. 규칙에 기초한 추론을 통해 해석되는 기호는 상징[9]이다(앞의 책: 114).

켈러는 다양한 기호 종류들을 이들의 지시 관계의 종류가 아니라 해석 방법에 따라 정의함으로써 구분하기 어려운 문제, 곧 다수의 기호들을 한 범주에 할당할 수 없는 문제를 피해간다. 그 한 예가 사진이 산출 방식에 따라 표지(켈러의 '징후'에 해당)로, 아니면 도상으로 분

---

[9] '상징' 개념은 수백 년 동안의 정신사적 논의에 따라 다양한 의미로 사용되고 있다. 그래서 여기서는 그것을 대신할 수 있는 경우에는 항상 언어 기호라는 표현을 사용하겠다.

류될 수 있느냐 하는 질문이다. 말하자면 지시 대상과 기호와의 물리적인 연관성 기준은 모든 기호에 적용 가능한 일반성이 있어서 구분 자질로는 부적합하다.

켈러는 자신의 방안으로 동일한 기호체를 다수의 기호 유형에 할당할 수 있는 이유가 무엇인지를 설명할 수도 있다고 본다. 켈러의 제안에 따르면, "세 가지 기호 유형들의 구분은 '이들의 해석 방법'을 통해서만 정의되고 있다. 한 수신자에게는 도상인 것이 다른 수신자에게는 상징일 수 있다. 화자는 자신의 관점으로는 기호를 상징으로 사용하지만, 청자로부터는 도상으로 해석된다."(켈러, 1995: 117). 그러니까 카메라맨이 영화 촬영에 따라 자기 동료의 기술적인 장비를 이용한 경우는 이 영상을 징후로 사용한 것이다. 그러나 이 영상의 내용에 집중한 것은 동일한 촬영을 도상 기호로 이용한 것이다.

징후는 인과적 추론에 따라 해석되는 기호이다. 켈러는 아주 넓은 의미의 인과성 개념을 사용한다. 켈러에 따르면(앞의 책: 121), 징후적 추론은 원인과 효과의 관계, 부분과 전체의 관계 또는 수단과 목적의 관계에 의지하기 때문이다. 예컨대 의사는 피부의 고름 주머니가 홍역 때문인지 아니면 다른 병 때문인지를 감정할 수 있다. 실개천은 지역사정에 밝은 사람에게 계곡으로 난 길을 가르쳐 준다. 그러나 이런 예들은 징후가 기호학적 또는 의사소통적 목적을 위해 만들어지는 사물이 아님을 명시한 것으로서, 누군가가 기호로 해석할 때에만 기호가 되는 것이다.

도상은 '화자'가 이 사물들이 다른 사태들과 더불어 갖는 유사성 때문에 청자가 연상적 추론을 위해 사용하는 자연물이나 인공물이므로, 징후와는 달리 의사소통 맥락에 들어있다. 도상은 '화자'가 이것을 기호로 사용하므로 기호가 된다.

도상 기호의 유사성은 음성 방식, 그림 방식 또는 몸짓 방식일 수도 있고 또 간접적일 수도 있다. 중요한 것은 이 도상이 수신자에게 '화자'가 이 기호를 의사소통 목적을 위해 사용하여 의도하는 연상을 불러일으킨다는 점이다. 메뉴접시에 줄을 그어서 삭제한 돼지고기가 있는 스티커는 이 음식과 그려진 동물 간의 유사성을 주장하는 것은 아니다. 이 스티커는 이 음식이 돼지고기를 포함하고 있지 않음을 뜻한다. 항공기 승객이 이 꼬리표를 집으로 가져가서 자기 아이들의 방문에 붙여 놓았다면 그것은 또 다른 연상적 추론을 불러일으킨다.

도상은 이처럼 다의적인 커뮤니케이션 도구이다. 도상의 전달 의미는 모호하여서 사용되는 상황에 따라 달라질 수 있다. 이런 사실은 그 언술들을 아무도 이해하지 못하는 문자 없는 문화의 전승 그림들에서 찾을 수 있다.

상징은 그의 사용 규칙에 따라 해석해야 하는 기호이다. 우리가 기호 사용자로서 이 규칙을 알고 있다면, 기호 생산자가 자신의 기호로 무엇을 의도하고 있는지를 정확하게 추론할 수 있다. 따라서 상징은 도상적 기호보다 더 능률적인 커뮤니케이션 수단이다. 상징 기호의 가장 중요한 체계, 곧 자연언어는 교통신호 체계와는 달리 따로 배울 필요가 없다. 아이들은 언어 규칙의 사용을 학교에서 배우는 것이 아니라 이 언어를 말하고 사용하는 법을 배우면서 알게 된다. 한 언어의 규칙은 "공동의 실제 경험과 그것에 대한 신뢰와 상호 연관된 기대 속에 있기"(앞의 책: 133) 때문이다.

2.2.2. 기호의 분류적 기능

언어 기호는 이런 표상적 기능 외에 분류적 기능도 있다. 언어 기호에 기대어 기호 사용자는 개념을 사용할 수 있다. 바로 이 개념이 인지 구성체인데, 이것에 기대어 기호 사용자는 다양한 기호들의 지시 대상들을 여러 집합으로 구분할 수 있다. 예컨대 전자 카메라는 아날로그식이냐 디지털식이냐에 따라 구분된다. 수학적으로 말하면, 이것은 아날로그 기술로 작동하는 카메라는 아날로그 카메라의 집합에 속하고, 디지털 코드에 기대어 사진을 찍는 카메라는 디지털 카메라의 집합에 속한다는 뜻이다. 형식 논리학에서는 이런 집합을 외연의미라한다. 이 집합을 규정하는 개념이 이 표현의 내포의미이다.

따라서 언어 표현의 외연의미는 그의 내포의미에 좌우된다. 외연의미와 내포의미의 이런 협력 관계에 근거해서 우리는 기호 사용자가 언어 표현을 새로운 사용 상황에서 정확하게 사용할 수 있는 이유를 설명할 수 있다. 한 표현의 외연의미는 바뀔 수 있기 때문이다. 그러나 내포의미는 동일하게 남아있기 때문에 기호 사용자는 한 표현이 어떤 대상을 지시하는가를 정확히 결정할 수 있다.10)

개념은 언어와 관련된 인지적 단위이다. 개념은 "언어의 사용 규칙에 상응하는 정신적 대응물이며 일반적으로 이 사용 규칙에 의해 만들어지는 것이다"(켈러, 1995: 77).11) 개별 사용 규칙들이 언어 표현들의 사용을 다양한 방식으로 조직하기 때문에 언어 표현들로 만들어진 개념과 분류도 다양한 구조를 갖는다. 그래서 켈러는 각 언어 사용의 종류에 초점을 맞춘 개념 분류를 제안한다(앞의 책: 86~102).

지시 대상의 기능을 고려한 사용 규칙은 경계가 불투명한 개념을 낳는다. 예컨대 신문, 잡지, 연감은 주기적으로 출간되는 출판물들인데, 그 기능은 시사적인 사건 전개들을 보고하는 것이다. 여기서 신문은 가장 시사적이기 때문에 나머지 두 출판물들보다 짧은 간격으로 출간된다. 그러나 신문이 잡지가 되지 않도록 어떤 간격으로 출간되어야 하는지를 명확히 제시할 수는 없다. 마찬가지로 며칠 지난 후에 정보가 시의성을 잃었는지를 뚜렷이 결정하기란 거의 불가능하다.

'새'나 '물고기'처럼 그 용법을 전형적인 예들에 근거해서 배우는 단어는 원형prototype 구조를 가진 개념이 있다. 전형적인 새는 언제나

---

10) 내포의미와 외연의미의 이런 협력 관계는 내용 분석에도 이용된다. 우리는 텍스트 변형들을 분류하기 위하여 표상적 언어 사용자의 언어 능력에 의지한다. 이로써 선별된 수용자 그룹의 분류 행동을 올바로 파악할 수는 있지만, 이런 분류를 가져오는 텍스트 내적 구조를 분석하기는 어렵다.

11) Schmidt/Zurstige(2000: 157)는 개념을 스키마로 이해한다. 심리학에서는 다양한 스키마 개념들을 사용하고 있기 때문에 여기서는 '스키마(Schemata)' 개념을 사용하지 않겠다.

지빠귀나 종달새와 같은 모습을 하고 닭이나 펭귄의 모습은 아니다. 전형적인 물고기는 지느러미가 있으며 물에서 산다. 그래서 고래는 물고기가 아님에도 'Walfisch'라고 할 수 있다.

가족 유사성 개념은 원형보다 더 많은 지시 대상들이 사용하는 사용 규칙에 근거할 수 있다. 놀이는 축구 같은 팀 경기, 복권 같은 도박, 아니면 모래로 케이크 만들기 같은 아이들 놀이일 수도 있다.

기호학은 '기호'라는 개념의 중의성과 관련해서 타입type과 토큰token을 구분한다. '기호'는 한편으로 개별 기호의 사례, 곧 '토큰'이라 할 수 있는데, 이는 기호를 타입, 곧 이 기호 사례에 따라 표시되는 범주로 이해할 수 있는 것과 같다. 그래서 기호 e, E와 E는 개별 기호 사례들로서, 각각은 모두 타입 'E'를 나타낸다. 그러니까 기호 타입들은 여러 부류의 기호 사례들의 집합들로 구성된 상위 단계의 부류들이다.[12]

사례와 타입의 이런 관계는 상상 외로 텔레비전 저널리즘에 중요하다. 사진 미디어처럼 텔레비전은 세부적인 정확성에 근거하여 항상 기호 사례들만 생성하기 때문이다. 사진 미디어는 타입을 거의 형성할 수 없어서 타입을 제시하기가 어렵다. 반면에 스케치나 캐리커처는 그렇지 않다. 사진 미디어에서는 타입화가 우회적으로만 가능하다. 사진을 강조해서 추상적으로 구성하거나 '타입', 곧 관례에 따라 우리가 보여주려는 것에 전형적인 인물과 상황을 촬영해야 하기 때문이다.

한편, 저널리스트는 개인적인 사건을 보도할 수 없고, 일반적인 관계와 발전, 예컨대 경제 상황이나 노동시장에 관한 정보를 주어야 한다. 신문 기자와 라디오 기자에게는 이런 것이 어렵지 않다. 언어의 일반적이고 추상적인 개념 형성에 기댈 수 있기 때문이다. 그렇지만

---

12) 여기에서 징후가 일부만 분류 도구로 사용되는 근거를 찾을 수 있다. 징후는 언제나 기호 사례이므로, 분류 시 타입으로 사용되는 징후는 징후라는 성질을 잃어버린다. 그러면 이 징후는 도상이 되는 것이다.

텔레비전 기자는 그렇게 할 수가 없어서 항상 시청자들이 특정 사건의 다큐와 일반적인 사태의 삽화를 뚜렷이 구분할 수 있도록 영상을 어떻게 구성할 것인지를 고민해야 한다.

언어 기호와 도상 기호의 이런 분류적 기능에 기초한 것이 의미론적 질서이다. 이것은 텍스트, 언어, 문화에 의해 구축되는 것이다. 기호는 언제나 개별 텍스트의 구체적인 맥락, 언어나 문화 체계의 추상적인 관계 속에 들어있다. 그래서 각각의 텍스트, 각각의 언어, 각각의 문화는 모두 중복과 중첩이 가능한 의미론적 질서를 발전시킨다. 언어의 이런 의미론적 질서를 언어학은 '어휘장' 의미론과 내용 의미론에서 다루고 있다. 텍스트와 문화의 의미론적 질서는 텍스트 기호학과 문화 기호학의 대상이다.[13]

중요한 것은 서사 텍스트의 기능 방식에 필요한 의미론적 질서의 의미이다. 서사 텍스트의 핵심, 곧 사건은 그런 질서의 위반에 의미를 두기 때문이다. 따라서 이야기는 질서의 위반과 재생산을 묘사하는 것이다. 이런 전범에 따르면 언론 보도의 대상인 사건은 문화적 질서의 위반과 변화라 할 수 있다.

이런 의미론적 질서는 한편으로 언어적, 문화적 구성체이다. 이는 기능적 관계에 기초한 질서에서 특히 중요하다. 이 기능적 관계는 사물의 세계와 무관한 독자적인 사회 현실을 만들어내기 때문이다. 그러나 겉보기에 자연적인 질서 모두가 문화와 무관한 것은 아니다. 이런 질서는 비교 대상으로서 각 언어 공동체와 문화 공동체가 선택한 대상들에 의존하기 때문이다. 다른 한편으로 원형 구조를 가진 개념은 언어적, 문화적 질서가 단순한 구성체가 아니라는 뜻이다. 그래서 "적응이란 개념은 우리 인간이 언어나 인지와는 무관한 현실을 받아들이고 있음을 전제로 한다. 우리의 인지 형태가 진화적 적응의 결과라면 인지가 적응했을 무엇인가가 있어야 한다. 또 분류의 기능을 가

---

13) Lotmann(1972), Titzmann(2003) 참조.

진 우리의 언어가 진화적 적응의 결과라면 언어가 적응했을 무엇인가가 있어야 한다. […] 그러나 언어는 말발굽이 초원에 적응하듯이 사물의 세계에만 적응하는 것이 아니라 가치 판단이 큰 비중을 차지하는 사회적 현실에도 적응한다. […] 우리가 빨강과 초록을 구분하는 것은 우리의 인지 기관에 대한 적응이고, 계획적 살인과 우발적 살인을 구분하는 것은 우리의 법률적 가치 판단에 대한 적응이며, 의자와 등받이 없는 의자를 구분하는 것은 우리의 일상생활에 대한 적응이다"(켈러, 1995: 76f). 따라서 미디어가 서술하는 질서도 순수한 미디어 구성체가 아니다. 미디어는 우리 문화의 질서에 적응하고, 우리의 문화적 질서는 다시 미디어를 모범으로 하는 것이다.

2.2.3. 기호의 의사소통 기능

켈러의 통합적 기호 개념은 기호가 표상적 기능과 분류적 기능 외에 의사소통 기능도 실현한다는 점에서 출발한다. 따라서 이 기호 개념은 의사소통 행위 개념의 기호학적 대립 개념이다. 우리가 기호를 커뮤니케이션 도구라고 본다면 기호가 어떻게 커뮤니케이션 도구로서 사용되는가도 보여주어야 하기 때문이다. 이는 전통적인 기호학적 질문을 넘어서는 해석의 문제이다.

켈러의 중심 생각은 우리는 기호 해석 능력이 있어서 기호를 커뮤니케이션 목적의 도구로 사용할 수 있다는 것이다. 그래서 "기호는 […] 의사소통의 관점에서 보면 직접 인지할 수 있는 것에서 직접 인지할 수 없는 것을 추론하기 위한 도구이다. 이것은 해석자의 시각에서 본 것이다. 화자의 입장에서 보면, 기호는 화자가 해석자에게 어떤 영향을 주려 하는가를 알아내게끔 유도하고자 화자가 해석자에게 제공하는 인지 가능한 사물 표출의 유형이다. 일차적인 것은 해석 능력이다. 의사소통 능력은 이 해석의 능력을 체계적으로 이용한다. 의사소통하는 사람은 상대방의 해석 능력을 자신에게 유리하도록 활용하

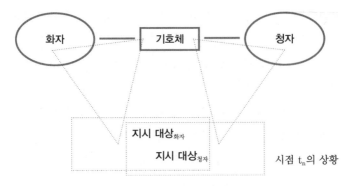

[그림 4] 켈러가 본 기호의 기능

는 것이다"(켈러, 1995: 113). 이 정의를 도식화하면 기호의 표상적 기능
과 의사소통 기능과의 관계를 조망할 수 있다.[14]

화자와 청자의 의사소통 관계는 [그림 4]에 따르면 동일한 기호를
가진 2개의 기호 삼각형으로 구성되어 있다.[15] 화자와 청자는 공통된
기호를 이용한다. 이는 이에 근거하여 지각할 수 없는 사태, 곧 지시
대상을 추론하기 위함이다. 화자는 청자를 향해 이 기호를 만들어낸
다. 청자는 이 기호를 지각하고 나름대로 해석한다.

[그림 4]에서 지각할 수 있는 요인들은 실선으로, 지각할 수 없는
요인들은 점선으로 나타내었다. 의사소통 행위의 행위자들은 원으로
표시하였다. '화자'와 '청자' 개념은 커뮤니케이션이 해석적 추론에 기
댄 의미론적 내용의 능동적인 구성체임을 뜻한다. 화자 측의 실선은
화자의 발화행위를 대변하고, 청자 측의 실선은 지각 행위를 대변한다.

이 모델에는 시간이 표시되어 있어서 개별 커뮤니케이션 상황의 정
태적 관계도 기술 가능하고, 시간 표시에 기대어 시간적으로 진행하
는 커뮤니케이션 과정도 재현할 수 있다. 왜냐하면 이 모델에서는 이
과정의 매 시점 t_n에 대하여 그때그때의 커뮤니케이션 상황을 파악할

---

14) Renner(2007: 130)도 참조.
15) [그림 4]에서 두 개의 삼각형은 그 구조에서 3원적 기호체와 일치하기는 하지만, 화자와
청자의 의사소통 관계를 더 간단히 나타내기 위하여 비스듬하게 표시되었다.

수 있기 때문이다. 이는 특히 화·청자 관계의 교대에 적용되므로 이런 교대를 나타내는 도식상의 피드백 곡선은 불필요하다.

[그림 4]에서는 커뮤니케이션이 하나의 기호를 공통으로 이용한 것으로 간주되고 있어서 이 기호에 기대어 지시 대상을 동일하게 추론할 수 있다. 기호는 화자와 청자가 이 기호체로부터 동일한 추론을 이끌어내지 못하더라도 의사소통 기능은 실현할 수 있다. 왜냐하면 화자가 기호로 지시하는 지시 대상은 청자가 이 기호와 연결시키는 지시 대상일 필요는 없기 때문이다. 의사소통 행위는 각 의사소통 행위의 목적이 달성되도록 화자와 청자가 의견 일치를 보이면 성공하는 것이다.

대면 커뮤니케이션에서는 화자와 청자의 기호가 공동의 상황에서 사용되고 해석된다. 여러 형태의 미디어 커뮤니케이션이 보여주고 있듯이, 화자와 청자 사이에 직접적인 시·공간적 공동체가 성립할 필요는 없다. 그런 기호는 일반적으로 단순 기호가 아니라 다층적으로 구성된 기호 복합체이다.16)

기호의 의사소통 기능은 제시적 기능을 형성하지만 완전히 일치하는 것은 아니다. 오히려 두 기능 사이에는 두 가지 점에서 뚜렷한 비대칭 관계를 보인다. 하나는 "지문, 폭풍우를 암시하는 구름 또는 홍역의 반점처럼 의사소통의 혐의가 전혀 없는 사건들도 해석은 가능하다."(앞의 책: 107). 다른 하나는 "모든 의사소통 행위는 이를테면 목소리의 상태, 필체, 음성의 강약, 사투리의 억양 등과 같이 의사소통의 대상이 아닌 부수적인 현상들이 수반되는데, 이것들은 해석자에게 해

---

16) 이처럼 기호를 공통적으로 사용한다는 생각은 커뮤니케이션이 기호나 기호 복합체가 송신자로부터 수신자로 넘겨지는 것이라고 이해한 섀넌과 위버의 커뮤니케이션 모델과 근본적으로 다른 점이다. 이 기호 복합체, 곧 메시지는 기술적인 수단에 의해 개개의 신호들로 변환되어 통로를 통하여 전달된다. 이때 Shannen/Weaver(1949: 3)는 범주적으로 모든 의미론적 국면들을 배제한다. 메시지도 여전히 정보의 의미론적 내용과 일치하지는 않는다. 그러나 이 용어는 의미론적 내용이 아니라 통사론적 내용, 곧 전달되어야 할 기호 복합체를 구성하는 기호 집합을 뜻한다. 이 모델은 기호의 미디어 변환을 제시하고는 있으나, 화자와 청자의 의사소통적 행위는 제시하지 않고 있다(Schmidt/Zurstige, 2000: 63f).

석의 대상이 될 수 있다."(켈러, 1995: 107).

예컨대 텔레비전은 매일 이런 비대칭 관계를 수없이 제공한다. 텔레비전 카메라는 앵글에 비친 모든 것을 촬영하기 때문이다. 그래서 텔레비전 영상들은 주제로서 전달하려는 사태들뿐 아니라 항상 의사소통되지 않은 수많은 부수적인 현상들도 제공하는데, 이 부수적인 현상들은 수용자에게는 해석적인 노력의 대상이 될 수 있다. 이를테면 텔레비전 시청자는 야구 중계의 라이브 영상들을 득점 상황뿐 아니라 스타디움의 날씨에 관한 정보를 얻는 데에도 이용할 수 있다. 또한 정치가의 진술에서 그의 정치적인 목표를 귀납적으로 추리할 수도 있고 또 그의 패션 취향과 신체 상태도 추론해 낼 수 있다. 야구 감독들은 우연히 영상에 비친 문자판과 광고판들이 전체 장면을 장악할 수 있다는 사실도 알고 있다. 스포츠 중계에서 광고가 상용되는 이유도 여기에 있다.

기호는 화자와 청자가 지각할 수 있는 사물들을 함께 기호로서 사용할 수 있기 때문에 커뮤니케이션 도구로 이용될 수 있다. 열린 문제는 화자와 청자가 함께 사용한 기호를 동일한 의미로 사용하고 또 해석한다고 어떻게 보장할 수 있느냐 하는 것이다. 의사소통적 기호 기능과 표상적 기호 기능의 비대칭 관계에서 알 수 있듯이, 청자가 사물을 정확히 화자가 기호로서 전달한 그 기호의 의미로 해석하고 있음을 결코 보장할 수는 없다.

우리는 화자로서 말한 기호가 의도된 만큼 청자가 해석한다고 얼마나 확신할 수 있을까? 우리는 청자로서 화자의 발화를 화자가 이 발화를 이해했으면 하는 만큼 이해한다고 어떻게 알 수 있을까? 이런 질문들에 대한 켈러의 대답은 고무적이다. "나는 네가 나를 올바로 해석하리라고 확신할 수도 없고, 내가 너를 올바로 이해하리라고 확신할 수도 없다. 그저 실제 상황에서 모든 게 잘 되는 한, 우리는 서로를 옳게 이해했다고 믿을 뿐이다. 그 밖의 기준은 없다. 확인하는 질문이 위험을 불식시키지는 못한다"(켈러, 1995: 133).

기호가 커뮤니케이션에서 성공적으로 사용되기 위해서는 화자와 청자 간의 긴밀한 협력 관계가 전제되어야 한다. 화자와 청자는 사용된 기호를 공통된 방식으로 해석해야 한다. 실제로 그런 것인지는 의사소통적으로 사용된 기호에 기대어 한 마디로 단정할 수는 없다. 이를 위해서는 새로운, 더 강한 기준이 필요하다. 그것은 커뮤니케이션 실제에서 이 커뮤니케이션 수단을 올바로 사용하는 것이다. 이런 의미에서 대화 연구도 언어의 '지표성Indexikalität', 곧 언어 발화의 시의적인 상황 관계를 커뮤니케이션이 성공하는 데 꼭 필요한 전제 조건으로 본다. "언어 발화의 원칙적인 모호성을 행위에 맞게 해소하고자 대화 파트너는 끊임없이 자기 발화를 현재의 상황과 연계시키려 한다. 그때그때의 상황적, 맥락적 '여건들'[…]과의 지속적인 관계는 커뮤니케이션의 진의를 결정하고 또 일상적인 관점에 충분하도록 발화를 명시한다"(브링커와 자거, 2001: 120).

2.2.4. 기호 사용과 진의

이런 성공적인 커뮤니케이션 실제 외에도 두 가지 새로운 개념이 더 필요한데, '기호사용'과 '진의'가 그것이다. 기호는 커뮤니케이션 도구로 이용되며, 기호를 이용하여 의사소통 행위가 수행된다. 그러나 기호 사용과 진의 개념은 이 기호의 도움으로 수행되는 의사소통 행위의 층위에 있다. "기호의 의미를 이용하여 해석자는 기호 사용의 진의를 찾아내려 한다"(켈러, 1995: 130).

일상적인 언어 사용에서는 진의sense와 의미meaning 개념이 거의 구별되지 않고 동의어로 사용되기도 한다. 그러나 이들 간에 범주적인 차이가 있다는 것은 그 진의를 파악하지 않고 의미를 이해하는 언어 발화에서 나타난다. "발화의 진의는 그 발화의 목적이고, 단어의 의미는 그 단어의 사용 규칙이다. 망치를 어떻게 쓰는지를 아는 것은 그 망치의 의미를 아는 것이다. 망치로 벽에 구멍을 내는 이유를 이해하는 것은 망치를 동원하는 진의, 즉 이 행위의 진의를 아는 것이다"(켈러, 1995: 132).

의미와 진의는 물론 긴밀한 관련을 맺고 있다. A가 B에게 창문을 닫아달라고 부탁한다면, B가 이 부탁을 실현하는 경우는 B가 언어 발화 '창문'의 의미를 알고 있을 때뿐이다. 이 말은 B가 A가 사용하는 상황에서 이 단어에 상황적인 지시 대상을 할당할 수 있을 만큼 B가 이 단어를 해석할 수 있어야 한다는 뜻이다. B는 A의 의도를 이 의도 가 관련된 그때그때의 대상도 인식할 때에만 올바로 인식할 수 있기 때문이다. 이렇게만 B는 부탁에 따르면서 상황에 따라 발코니 문일 수도 있지만 열린 창문을 닫을 수 있다.

그러니까 청자는 기호 사용의 진의를 이해하기 위하여 두 번 해석 해야 한다. 청자는 사용된 기호를 해석하고 이 기호의 사용을 그때그 때의 상황에서 해석해야 한다. 이를 위해 "화자가 말한 것은 무엇일 까?"(말해진 발화의 해석)라는 질문과 "화자는 이것을 왜 말했을까?"(이 발화가 주어진 조건에서 수행되었다는 사실의 해석)라는 질문에 대한 대답도 찾아야 한다(앞의 책: 201).

첫 번째 질문에 대답하려면 청자는 언어 발화에서는 상징적 해석 방법에, 도상 기호에서는 도상적 해석 방법에 의지해야 한다. 청자는 언어 기호는 그 사용 규칙에 근거하여, 영상은 그 유사성에 근거하여 해석해야 한다. 두 번째 질문에 대답하려면 청자는 징후적 추론을 해 야 한다. 청자가 수단에서 목적을 이끌어내어야 하는 경우가 그렇다. 이를 위해 청자는 화자가 주어진 상황에서 특정 기호를 사용한다는 사태를 이 기호를 사용하여 특정 목적을 달성하려는 화자의 의도를 보여주는 징후로 보아야 한다.

B는 자기가 창문을 닫아달라는 부탁의 진의를 이해했을 때에만 자 기가 A의 이 부탁을 그때그때의 상황에서 따를 수 있을 만큼 부탁의 단어 음성을 해석할 수 있다. 이는 화자가 이 부탁을 더 이상 명시적 으로 말할 필요가 없고 "여긴 정말 추워!"라고 단정하기에 충분할 정 도로 확장될 수 있다.

커뮤니케이션을 할 수 있는 능력은 인간의 해석 능력을 두 배로 이용하는 것이다. 이것은 기호를 의사소통 수단으로 사용할 수 있게 하며, 재귀적인 방식으로 이 기호의 의사소통적 사용을 청자가 화자의 의도를 추론할 수 있도록 하는 징후적 기호로서 이용한 것이다.

앞의 예에 따르면, 기호의 이런 유연한 해석은 개념 없이는 불가능하다. 우리는 언어 표현들을 곧장 구체적인 사물과 관련시키기 때문에, 열린 발코니 문을 열린 창문과 동일시할 수는 없다. 이는 우리가 '열린 창문'과 연결시키는 인지 구성체를 언어 표현의 구체적인 사용 상황에서 열린 발코니 문에도 적용시킬 수 있기 때문에 가능한 것이다. [그림 5]는 기호와 기호 사용의 이런 협력 관계, 곧 이들에 관한 청자 측의 해석을 도식화한 것이다.[17]

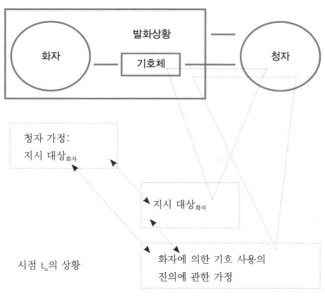

[그림 5] 기호와 기호 사용의 협력 관계

---

17) 화자와 청자는 원으로, 기호는 실선 네모로 표시하였다. 발화 상황을 더 큰 네모로 나타낸 것은 이것이 청자에게도 기호로 이용된다는 뜻이다. 지시 대상의 경우에 간단히 내포적 지시 대상과 외연적 지시 대상을 구분하지 않았다. 원래 이 모든 지시 대상들에서 다시

2.2.5. 기호 형성과 기호 변화

기호 사용과 기호 및 진의와 의미의 상관관계를 켈러는 언어 기호의 형성과 기호의 변화에서 찾고 있다. 기호는 의사소통적인 노력의 결과물이지 그런 노력의 전제 조건은 아니기 때문이다.[18] 우리는 방금 들은 강연에 대한 평가를 암시하고자 하품으로 가장할 수 있다. 이런 식으로 징후로부터 상응하는 연상적 추론을 자기 청자에게서 이끌어내고자 사용하는 것이 도상이 된다. 다른 징후들은 의식적으로 연출되어서 상징 기호로 발전된다. 예컨대 자신의 권력과 능력을 암시하는 고급 자동차가 그렇다.

도구적 기호관은 기호 형성의 이런 기제를 쉽게 설명할 수 있다. "한 유형의 기호가 다른 유형의 기호로 변하는 것, 예컨대 도상에서 상징으로 바뀌는 변화는 선택된 추론 과정의 변화이다"(켈러, 1995: 117). 징후에서 도상으로 변할 때 인과적 추론은 연상적 추론에 의해 바뀐다. 도상에서 상징으로 변할 때에는 연상적 추론이 규칙에 입각한 추론에 의해 대체된다. 이는 도상이 동일한 의사소통 목적을 위해 사용될 때에도 그렇다.[19]

이것으로 기호 변화의 이런 과정이 끝난 것은 아니다. 징후적 해석 과정은 도상적 해석 과정처럼 이 상징 기호가 그의 일반 의미에서 진의가 밝혀지지 않을 만큼 사용되는 경우에는 다시 상징 기호로 응용될 수 있기 때문이다. 환유를 이해하기 위해서는 징후적 추론을 적용해야 한다. 은유를 이해하기 위해서는 도상적 추론을 적용해야 한다.

내포의미와 외연의미를 구분할 필요가 있을 것이다. 외연의미는 기호 사용자에 의해 내포의미에 근거하여 정해지기 때문이다.

18) "기호는 의사소통 목적을 달성시키려는 우리들의 노력 속에서 생겨난다"(Keller, 1995: 10).

19) "동일한 수수께끼를 여러 번 접하는 사람은 얼마 후에는 그것을 더 이상 알아맞힐 필요가 없게 된다. 바로 해답을 알기 때문이다. 반복되는 연상적 추론은 시간이 흐르면서 반드시 규칙에 입각한 추론으로 건너뛴다"(Keller, 1995: 168).

그러나 그런 비유적인 기호 사용들은 다시 굳어져서 그 기원을 알 수 없는 일상적인 언어 표현이 된다.

기호 변화의 이런 과정은 인간의 커뮤니케이션 도구들이 인간의 생활 형편의 변화에 대응하기에 충분한 능력이 있음을 입증하는 것이다. 현대 커뮤니케이션 기술과 정보 기술의 급속한 발전은 이런 식의 변화가 인간의 커뮤니케이션 능력에 얼마나 큰 요구를 하고 있는지를 보여주는 단적인 예에 불과하다.

저널리즘에서 기호 변화의 기제들은 끊임없는 도전이다. 물론 기자는 독자의 호응을 얻으려면 구체적이고도 명확한 언어를 사용해야 한다. 그래서 기자는 한편으로 사물의 논점을 끌어들이려고 늘 환유와 은유를 사용하고자 한다. 다른 한편으로 항상 시간의 압박을 받기 때문에 '빙산의 일각'처럼 이미 상투어로 굳어진 경우에도 적절한 표현을 사용하는 경향이 있다.[20]

3. 미디어 커뮤니케이션과 행위

의사소통 행위 개념은 커뮤니케이션이 기호에 기댄 사회적 행위라는 점에서 출발한다. 이런 생각은 오스틴이 기초를 세우고 서얼이 계승·발전시킨 화행론의 영향을 받았다. 우리가 기호를 일종의 도구로 본다면 이 메타포로 기호론과 화행론의 관계도 설정 가능하다. 기호학은 기호, 곧 커뮤니케이션 도구가 구성된 원칙을 연구한다. 화행론은 이 커뮤니케이션 도구를 사용하는 방법을 연구한다. 따라서 화행론은 언어적 현상과 사회적 현상의 상관관계를 밝히는 토대가 된다.

---

20) 예를 들어 텔레비전 저널리즘에서는 이른바 표준 뉴스 영상물들의 문제가 더해진다. 이런 예가 국가 방문, 기자회견, 데모, 사건사고에서 반복적으로 사용되는 동일한 영상들이다. 그렇게 하는 이유는 한편으로 이런 상황들이 극히 유사하다는 점 때문이고, 다른 한편으로 뉴스 방송을 위한 생산 시간과 방송 시간이 부족하기 때문에 다른 녹화물을 생산하고 사용할 수 있는 여유가 거의 없기 때문이다.

화행론은 언어를 순수 형식 체계가 아니라 "문법 체계가 포함된 사회나 집단의 전체 언어 행위 체계"(브링커와 자거, 2001: 58)이다.

화행론은 물론 기호 자체의 사용뿐 아니라 언어 기호의 사용도 연구한다. 화행론의 대상은 화행speech act이다. 이것은 언어 기호, 더 정확히 말해 구어 문장에 기대어 수행되는 기본적인 의사소통 행위이다. 따라서 여기서는 화행론을 라디오, 텔레비전, 인터넷 같은 시(청)각 및 온라인 커뮤니케이션의 텍스트화용론적 이해에 적용할 수 있도록 확장시켜 논의하겠다.

3.1. 오스틴의 화행론

행위를 '우리가 행하거나 행하게 할 수 있는 것, 그것으로 목적을 추구하고, 그래서 성공하거나 실패할 수 있는' 것으로 이해하면, 화자는 언어 기호를 발화하여 한 번에 여러 가지 행위들을 수행하는 것이다.

화자는 우선 발화 자체의 이런 행위를 수행한다. 언어 기호를 만들어낼 수 있는 것은 개인의 음성적, 문법적 능력에 의존해서 성공하거나 실패할 수 있는 목적 지향적인 행위이다. 동시에 화자는 해석적 추론을 이 기호와 연결시키고, 청자에게 동일한 추론을 하도록 자극하려 한다. 나아가서 화자는 자신의 발화로 또 다른 행위를 수행한다. 화자는 약속하고 소망하고 주장하고, 그 밖의 다른 많은 행위들을 할 수 있다. 약속, 소망 같은 행위들이 화행론의 핵심 대상이다.

철수가 영희에게 "내일 오겠다."고 말한다면 이 발화로 영희에게 자기가 내일 올 것이라는 것을 전달하거나 약속할 수도 있고, 경고하거나 협박할 수도 있다. 철수가 이 문장으로 어떤 행위를 수행하는지는 이 문장을 말하는 상황에 좌우된다. 오해를 피하기 위하여 철수는 수행동사에 기대어 명시적으로 자기가 이렇게 말해서 어떤 행위를 수행하고 있는지를 제시할 수도 있다: "내일 오기로 약속하마."

화행론의 발전은 이런 수행동사에 대한 연구에서 시작한다. 오스틴의 화행론의 핵심범주는 '화행'이다. 화행은 발화, 기능, 효과와 관련된 국면에 따라 구분되고 그에 맞게 3가지 상이한 부분 행위 모형들이 기술될 수 있는 복합적인 구성체이다.

발화행위locution는 음성phonetic, 내용rhetic, 문법phatic 층위에서 말을 생산하는 것이다. 이것은 우리가 화자로서 나란히 수행하는 분리된 3개의 행위가 아니다. 이들이 함께 하나의 발화행위를 구성하는 것이다. 이해의 편의를 위하여 복잡한 발화행위를 3개의 부분 행위들로 나눈 것이다. 이런 접근법은 순전히 경험에 의존한 것이다. 언어 사용의 메타언어적 기능을 강조하여 발화 사건의 표현 측면하고만 관련시키고 싶으면 발화행위의 부분 행위들을 각각 유리시킬 수 있다. 예컨대 어떤 발화를 이해하지 못한 화자가 반복하는 대화재현 행위에서 내용적 행위가 아닌 문법적 행위만 수행하는 것이 그렇다. 내용적 행위가 필연적으로 배제되어 있어야 하는, 우리가 전혀 이해하지 못한 행위 반복은 대화에서는 대개 설명과 해설의 부탁으로 간주된다.[21]

발화는 언제나 발화행위의 수행 또는 사건 이상이다. 우리는 무엇을 말할 뿐 아니라 질문, 주장, 부탁 같은 화행을 수행한다. 이처럼 우리가 무엇을 말하면서 수행하는 화행이 발화수반행위illocution이다. 이것은 원칙적으로 발화행위의 토대가 되는 명제에 비해 유동적이다. 그러나 상이한 발화수반행위를 가진 상이한 발화행위들이 동일한 명제내용을 가질 수 있다. 발화수반행위는 'in-doing-acts'로 나타낼 수 있다. 이 모형에 따라 '화자는 명제 p를 발화하면서 행위 h를 수행한다.' 또는 다른 각도에서 '화자는 발화행위를 수행하면서 발화수반행위를 수행한다.'라고 말한다. 간단히 'He said to me p'와 'He urged or advised or ordered me p'로 나타낼 수 있다. 여기서 분명해지는 것은

---

21) 오스틴은 외래어 단어의 음성 모방을 든다: "We may read a Latin sentence without knowing the meaning of the words"(1962: 97).

오스틴이 발화행위의 구성성분인 의미와 발화수반행위의 구성성분인 기능, 예컨대 URGING, ADVISING, ORDERING 등을 구분하고 있다는 점이다. 이런 기능이 화행의 발화수반력illocutionary force이다. 따라서 발화수반행위를 수행한다는 말은 하나의 명제에 하나의 발화수반력을 할당한다는 뜻이다. 그러니까 발화수반'력force'과 발화수반'행위act'는 용어상 차이가 있다. 예컨대 'I promise you no one here will hear about this'는 화자가 발화행위에서 실현된 명제 p(no one here will hear about this)에 발화수반력 PROMISE를 할당하면서 발화수반행위 PROMISE that p를 수행한 것이라는 뜻이다.

영어에서는 발화행위에서 명제를 문장 형식과 문법적phatic으로 연결하기 위하여 3가지 기본 형식, 곧 평서문, 의문문, 명령문을 이용한다. 이와 대립하는 것이 수천 개의 화행 유형들이다(앞의 책: 150). 그래서 이런 의문이 생긴다. 청자는 특정 발화행위가 어떤 발화수반력으로 발화되는지를 무엇에서 인식하는 것일까? 일반적으로 청자는 여러 요인들, 예컨대 상위 소통 목적, 상황 맥락, 언어 맥락, 주제 등에 따라서 입장을 취할 것이다. 나아가서 문장 형식도 이에 해당되는 다양한 언어적 '표지indicator'에 기댈 수 있다.

발화행위처럼 발화수반행위는 자체의 목적이 있다. 발화수반행위는 화행만을 구성하지 않는다. 누가 p인지 질문하거나 p를 부탁하거나 p를 경고할 때 질문, 부탁 또는 경고를 위해 하는 것이 아니라 자신의 행위로 어떤 효과를 달성하기 위해, 즉 수신자가 의도된 의미에서 언어적 또는 비언어적으로 반응하도록 하기 위해 구성한다. 오스틴은 이런 행위를 발화효과행위perlocution라고 한다. 발화효과행위를 오스틴은 'by-doing acts', 곧 '무엇을 말하여 어떤 효과를 성취하려는' 목적을 가진 행위이다(앞의 책: 122).

발화효과행위는 근본적으로 발화행위 및 발화수반행위와 구분된다. 이것은 화자가 아니라 청자가 대비하는 효과를 겨냥한 것이라는 점에서 특별한 종류의 행위이다. 화자는 이 효과에 대한 절대적인 통제력이 없다. 효과 자체는 행위가 아니다. 그러나 무엇을 야기하려는 화자의 시도는 행위이다. 우리는 발화로 청자를 설득하려는 시도를 할 수는 있지만 '우리가 발화하여' 일종의 '설득 행위'를 '수행'할 수는 없다. 청자는 관련 상대방으로서 우리 노력의 결과로서 설득되었거나 되지 않았다고 느낀다. 그에게 우리의 발화 효과적 의도를 인식시키고 의도된 효과를 승인하는 것이다. 청자는 우리가 자기에게 우리의 발화로 설득시키거나, 모욕하거나 기분 좋게 하고자 하기는 하지만 설득이나 모욕을 당했다거나 기분 좋게 되었다고 느끼지 않는 것을 인식할 수 있다. 의도된 효과를 달성하는 것이 화자의 권한 밖에 있으므로 어긋나는 효과를 가져 오는 경우도 배제될 수 없다.

아무튼 발화효과행위를 기술하기 위해서는 필연적으로 화자 측과 청자 측을 구분해야 할 것이다. 마찬가지로 두 가지 다른 기술 관점, 곧 동시in actu-기술과 나중post festum-기술을 구분하는 것이 중요하다.

'동시' 관점에서 발화의 발화효과행위는 발화 효과를 달성하려는 시도가 의도된 것이라는 점에서만 항상 화자의 행위이다. 발화행위를 통하여 화자는 특정 효과를 달성하고자 한다. 능동문 'jemand erschreckt[누가 놀란다]'는 동시-기술에서는 수동문 'von jemandem erschreckt werden[누구에 의해 놀라게 된다]'과 동일한 행위이다. 나중-시각에서는 추구된 효과가 나타났는지를 결정할 수 있다. 추구된 효과가 나타나야 한다면, 우리는 화자가 발화효과행위(경악하기, 모욕하기, 화내기 등)를 성공적으로 수행하였다고 회상하면서 말할 수 있다. 오스틴의 예 'By saying I would shoot him I alarmed him'는 그렇게만 이해될 수 있다. "I alarmed him"으로 오스틴은 이미 달성된 목적, 즉 실제로 청자에게 발화(예, *I will shoot her*)의 결과로서 드러난 발화 효과를 들고 있다.

발화수반행위의 성공여부는 이 행위가 수행되는 발화가 올바른 상황에서도 수행되느냐에 달렸다. 이는 수행동사가 없는 발화뿐 아니라 명시적 수행발화에도 적용된다. 달리기가 달린 것이라면 더 이상 내기를 할 수 없다. 그것을 지키지 않겠다는 의도로 주어지는 약속은 무가치하다. "Ich verurteile Sie hiermit zu einer Strafe von [⋯] [본인은 이로써 피고에게 ⋯의 형을 선고합니다]"라는 문장 발화는 이 발화를 법관이 적법한 재판에서 실행할 때에만 구속력 있는 판결로 간주된다. 누가 이 문장을 달리 말하거나 법관이 법정에서가 아니라 아침식사 중에 한다면 이것은 가치 있는 판결이 아니다.

해당 발화수반행위가 성공하도록 그때그때의 언어 발화가 수행될 수 있는 조건은 다소 엄격하게 규정되어 있다. 이는 그때그때의 발화로 수행되는 행위의 파괴력에 좌우된다. 그러나 일상어 "감사합니다!"는 감사받는 사람이 감사하는 사람으로부터 특별한 주목을 받았다는 것을 전제한 것이다. 그렇지 않으면 그의 행위는 성공하지 못하며, 그의 감사 발화는 오해를 불러서 거절이나 비방으로 해석된다(앞의 책: 31).

발화수반행위의 성공은 모든 기호 사용의 진의처럼 그때그때의 기호가 사용되는 상황에서 일어난다. 대개 이런 발화를 할 수 있는 상황은 다시 독특하게 제어된다. 그러니까 발화수반행위가 수행되는지는 이 행위가 일어나는 프레임에도 좌우된다. 이로써 언어 행위 분석은 일반적인 사회적 행위 연구를 넘어선다. 화행론은 고프맨Erving Goffman의 프레임 분석과 유기적인 접점을 이룬다(브링커와 자거, 2001: 128).

언어 행위의 규칙성은 수행발화에서 특히 잘 알 수 있다. 그러나 이것은 사태에 관해 정보를 제공하는 모든 발화에도 적용된다. 그런 단언 발화에서는 진리 여부가 중요하지만, 수행발화, 예컨대 약속에서는 이 발화로 수행되는 행위의 성공 여부가 중요하다. 따라서 "오늘 철수가 온다."라는 문장 발화는 발화수반행위가 수행되지 않은 것처럼 보인다. 그러나 이런 선언문 발화도 발화수반행위를 표현하는데, 주장이나 확언이나 알림일 수도 있다.

단언 발화는 수행 발화와 같은 식으로 설명될 수 있다. 화자는 이 발화로 수행하는 발화수반행위를 명시적으로 표현하는 동사를 이 단언발화 앞에 위치시킬 수 있다. "내일 철수가 온다." 대신에 "내가 주장하는 것은 철수가 내일 온다는 것이다."고 할 수 있다. 동시에 이런 언어 행위의 성공도 상황에 좌우된다. 예컨대 화자는 이 사태가 이미 일어났거나 막 일어나고 있을 때 사태를 확인할 수 있다. 화자는 사건이 아직 일어나지 않았을 경우에만 사건을 미리 알려줄 수 있다. 다만 주장은 사건의 시점에 좌우된다.

이런 모든 행위에 필요한 것은 화자가 자기 진술의 진리를 확신한다는 것이다. 그렇지 않으면 화자는 이 행위를 경솔하게 수행한 것이거나 속임수로 오용한 것이다. 그러나 속임수는 약속을 지키지 않겠다는 의도가 있는 약속이기도 하다.

3.2. 서얼의 화행론

화행론의 기본 가정은 언어 발화를 수행할 때 여러 행위들이 병행해서 수행된다는 것이다. 발화효과행위처럼 발화수반행위는 발화행위가 수행될 때에만 수행된다. 그러나 이 개별 행위 국면들은 신문 기사를 읽으면서 동시에 커피를 마시는 것처럼 병행해서 수행되지는 않는다. 이 국면들은 자동차가 출발할 때와 같이 여러 행위들이 병행해서 수행된다. 언어 행위의 수행은 오히려 우리가 다른 행위를 수행하면서, 예컨대 손을 올리거나 투표용지에 가위표를 하면서 수행하는 선택 행위와 비교될 수 있다. 이런 뜻에서 언어 행위는 세 층위에서 동시에 수행되는 것이다.

언어 행위의 이런 세 층위 모델과 기호 개념의 세 차원 간에는 내적인 관계가 명백하게 성립한다. 화행 전체는 기호와 기호 사용자의 독특한 관계를 기술하기 때문에 화용론의 대상이기는 하지만, 이와는 무관하게 세 화행들 각각은 하나의 독특한 기호 차원과 긴밀한 관련을 맺고 있다. 발화행위는 통사적 차원과, 명제행위는 의미적 차원과, 발화수반행위 및 발화효과행위는 화용적 차원과 관련이 있다.

화행론의 관점에서 이런 세 가지 상관성은 그때그때 행위들의 의도적인 대상들로 뒷받침될 수 있다. 이에 따라서 발화행위는 기호를 끌어들이는 언어 행위의 행위이다. 명제행위는 전체 화행의 의미적-주제적 관계를 보장한다. 그리고 발화수반행위 및 발화효과행위는 기호와 기호 사용자의 화용적 연관성을 부각시킨다(브링커와 자거, 2001: 58). [그림 6]은 모리스의 세 기호 차원들과 서얼의 세 층위 모델과의 상관성을 도식화한 것이다.

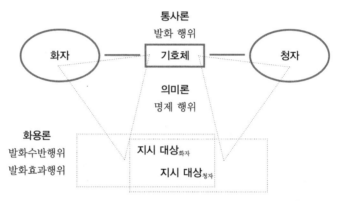

[그림 6] 모리스의 기호 차원과 서얼의 층위 모델의 상관관계

기호론은 이와는 달리 기호 사용자의 행위가 아니라 이 기호 사용자가 사용하는 기호를 지향한다. 기호 사용자가 (언어)기호를 만들어 낸다면 이 발화행위는 만들어진 기호가 통사적으로 정확히 형성되었을 때, 다시 말해서 각 언어의 음성학적, 형태론적, 문법적 규칙성을 실현할 때에만 성공하게 된다. 명제행위는 직접 지각할 수 있는 기호로부터 직접 지각할 수 없는 지시 대상을 해석적으로 추론한 것과 일치한다. 발화수반행위 및 발화효과행위는 2 종류의 기호 사용이라 할 수 있다.

화행론과 기호론의 이런 상관성에 따르면 화행론의 명칭에서 보듯이 우선 청자 행위가 아니라 화자 행위의 이론이다. 그러나 청자는 대화분석에서 보듯이 수동적인 기호 수용자가 아니라 능동적으로 커뮤니케이션 사건에 참여한다.

청자는 화자에 의해 만들어진 기호를 적절하게 지각해야 한다. 이는 이를테면 들은 것을 올바로 이해하지 못했거나 필체를 올바로 읽을 수 없었기 때문에 지각된 것을 다시 한 번 요약해야 할 경우에만 알게 되는 복합적인 과정이다. 화자처럼 청자도 명제행위를 수행해야 한다. "청자가 동일한 의미와 지시를 화자가 이를 통해 표현하고자 의도한 발화에 지정하는 것"(반다이크, 1980: 79)은 언어 커뮤니케이션의 진의이기 때문이다.

청자의 발화수반행위라고 할 수 있는 것은 청자가 화자를 향해 자기가 커뮤니케이션 사건에 참여하겠다고 암시하는 그런 특수한 행위이다. 이는 "맞아!", "그렇구나!" 같은 발화뿐 아니라 제스처와 눈짓일 수도 있다.22) 이런 청자 신호들을 대화 연구에서는 "명제 내용이 없는 발화수반행위"로 간주한다(브링커와 자거, 2001: 68). 또한 우리는 청자로서 인사에 반응하고 질문에 대답하는 등등의 의무가 있다(반다이크, 1980: 250). 이런 뜻에서 박수, 휘파람, 갈채 같은 것도 일부는 비언어적 수단으로 수행되는 발화수반행위라 할 수 있다.

화행론의 두 번째 제약은 구어에 국한한 점이다. 문어 발화에 기대어 구어 발화에 의한 것과 동일한 명제행위와 발화수반행위가 수행될 수 있기는 하지만, 발화행위 자체는 뚜렷이 구별된다. 구어 발화는 생산되면서 전달되지만, 글쓰기에서는 기호의 생산과 커뮤니케이션은 서로 분리된다. 문어 텍스트는 먼저 생산된 다음에 전달된다. 또한 대부분의 문어 발화는 유일한 행위로 생성되지는 않는다. 글쓰기는 계획, 집필, 수정의 단계적인 과정이다. 따라서 문어 텍스트의 저작은 명백한 과정의 성격이 있지만, 구어는 대화에서 협력을 거치면서 비

---

22) 이른바 이런 "back-channel-behavior"의 다양한 가능성에 대해서는 Henne/Rehbock(1995: 26f) 참조.

로소 과정의 성격을 갖게 된다.

각각의 청자 행위들을 구분하면 발화효과행위 개념도 더 정확하게 파악할 수 있다. 발화효과행위는 언어 발화의 영향과 관련이 있다. 그러나 청자가 수행하는 이런 모든 행위들도 일정한 의미에서 화자가 자기 청자 측에게 만들어내는 효과이다. 그렇다고 발화효과행위 개념이 그런 청자 행위로 축소되어서는 안 된다. 오스틴과 서얼이 패러다임으로서 끌어들이는 예들, 예컨대 설득, 경악 등은 이런 의미에서 청자 행위로 보기 힘든 효과들이다. 동시에 이런 예들도 누군가를 설득하는 화자가 깜짝 놀라게 하고 싶고 이런 목적을 되도록 확실하게 달성할 수 있도록 자기의 언어 발화를 계획할 수 있음을 보인 것이다. 그렇지만 화자는 언어 발화를 명시적으로 발화수반행위라고 알려주면서 발화수반행위를 수행할 수는 없다. 이것은 명시적 수행발화의 사례에 따라 항상 명시적으로 수행할 수 있는 발화수반행위와는 다른 중요한 차이점이다.23)

3.3. 명제행위와 진리문제

명제행위는 언어 발화의 의미적-주제적 대상관계를 산출한다. 명사, 동사, 형용사에서는 이런 대상관계가 그때그때의 개념에 의해 나타나고, 문장에서는 그의 명제에 의해 나타난다. 예컨대 (1)의 세 문장 발화로 세 가지 서로 다른 발화수반행위, 곧 질문, 명령, 전달이 수행되지만, 명제행위는 항상 동일하다.

(1) a. 철수는 내일 대전에 오니?

---

23) 예컨대 우리는 'X가 더 훌륭한 연방 트레이너이다'라고 명시적으로 자신의 견해를 밝힐 수 있다: "Ich behaupte, dass X ein besserer Bundestrainer wäre.[나는 X가 더 훌륭한 연방 트레이너라고 주장했다.]" 그러나 다음처럼 말하는 것은 무의미하다: "Ich überzeuge dich hiermit, dass X ein besserer Bundestrainer wäre.[나는 이로써 X가 더 훌륭한 연방 트레이너라는 것을 너에게 납득시킨다.]"

b. 철수는 내일 대전에 와야 해!

c. 철수는 내일 대전에 온다.

(1)의 명제는 '철수는 내일 대전에 온다.'는 문장이다. 이 사태를 확언하고 있는 (1c)를 이 명제와 동일시하면 안 된다. 문장은 기호인 반면 명제는 문장의 진술, 곧 인지적 구성체이기 때문이다. 저널리즘은 단신Meldung과 뉴스Nachricht의 차이에서 비교할 수 있는 구분을 하고 있다(볼프, 2006: 55). 하나는 신문에 난 텍스트이고, 다른 하나는 이 단신의 명제 또는 주제이다. 주제는 언어 발화의 핵심 명제로 정의되기 때문이다(브링커, 1997: 54f).

각 사용 상황 속의 개념이 언어적 표현의 외연의미를 결정하듯이, 명제는 문장의 외연의미를 결정한다. 명제는 문장의 내포의미이다. 명제에 좌우되는 것은 이 문장이 각 발화 상황에서 참이냐 거짓이냐 하는 진리이다. 화자가 '내일 철수가 대전에 온다.'는 문장을 3월 31일에 발화하고 철수가 4월 1일에 대전에 도착한다면 이 문장은 참이다. 그러나 철수가 4월 2일에야 대전에 오거나 이 문장이 이미 3월 30일에 발화된 것이라면 이 문장은 거짓이다. 이 예는 한 문장의 진리는 이 문장이 참됨을 증명하는 것, 다시 말해서 이 문장이 참이기도 한 것인지를 검증하는 것과는 다르다는 뜻이다. 앞의 예는 이 문장의 진리를 아직 확인할 수 없더라도 이 문장을 발화하는 시점에는 참일 수 있다.

참됨 증명의 또 다른 문제는 사용된 개념이 불명확하다는 것이다. '오는 것'을 잠깐 들리는 것으로 보는 사람과 정식으로 방문하는 것으로 생각하는 사람은 이 예문의 진리를 달리 판단할 수 있다. 기호학적으로 보면, 이 문제는 기호의 분류적 기능에서 그 원인을 찾을 수 있는데, 이는 어떤 사태를 '오다'라는 언어 기호로 지칭할 수 있느냐의 여부와 무관하지 않기 때문이다. 특히 위험한 것은 복잡한 사태를 토론할 때 상이한 개념들 간에 이런 문제가 발생하는 경우이다. 그런 토론에서 사용되는 개념에 흔하게 추가되는 것이 가치 척도의 차이 때문에 발생하는 평가이다. 그래서 겉보기에 동일한 대상들도 다르게 평가되는데, 의회나 언론의 찬반 논쟁이 단적인 예이다.

진리 개념의 이런 다양한 양상들 때문에 언어 표현의 진리가 다양하게 이해되었다. 일치 이론은 문장의 진리를 언어적 진술과 지시 대상의 일치에서 찾는다. 반대로 합의 이론은 문장의 진리를 의사소통 사건 참여자들이 어떤 사태에 대해 의견일치를 보이는 판단에서 찾는다.[24]

진리에 대한 일치론적 이해와 합의론적 이해의 구분은 정보와 의견을 구분하는 근거가 된다. 저널리즘의 정보 기능에서 중요한 것은 각 진술들의 사실 관계이다. 이와는 달리 저널리즘적 의견 형성은 특정 사태를 공분하기 위한 논쟁에 이용된다. 예컨대 스캔들이 나면 언제나 특정 행위가 비난받아 마땅한지 아닌지 심한 논쟁을 벌인다. 그래서 정보와 의견을 엄격히 구분하기란 쉽지 않다. 의견 중심 미디어 텍스트와 제보 중심 미디어 텍스트는 모두 보도에서 서로 다른 개념들을 사용해야 하기 때문이다. 그와 동시에 이런 텍스트는 이 텍스트가 사용하는 개념들을 통하여 이 텍스트가 보도하는 사태들을 일정한 문화 해석 모형에 넣고 특정 여론을 확인한다. 한 사회 공동체에서 보도 대상에 합의가 있다면 이것은 전혀 문제가 안 될 것이다.

명제 p에서 진술 p가 참일 때 역시 참인 또 다른 진술 p′, p″ 등등이 추론될 수 있는데, 이것이 진술의 함의이다. 예컨대 '철수는 내일 대전에 온다'라는 단언문에서 다음의 함의들이 추론될 수 있다.

(2) a. 내일 그 어떤 남자가 대전에 온다.
    b. 철수라는 남자가 있다.
    c. 철수는 오늘 대전에 없다.

---

24) 일치 이론의 대표적인 예가 타르스키(A. Tarski)의 지시의미론이고, 합의 이론의 대표자는 하버마스(Jürgen Habermas)이다.

(2a)와 (2b)의 약간 진부한 추론은 논리적 관계에 근거한 것이다. (2a)는 일반화이고, (2b)는 전제이다. 이것은 이들의 진리가 예문을 의미 있다고 할 수 있기 위한 논리적인 전제 조건을 이루는 진술이다. 그래서 '철수는 내일 대전에 오기는 하지만 철수는 없다.'라고 말할 수는 없다. 모든 발화수반행위들이 관련 명제가 참이라는 것을 전제하는 것은 아니다. 따라서 '철수는 내일 대전에 오는 거니?'라는 질문에서 곧장 철수라는 이 남자가 실제로도 존재한다는 논리적인 추론을 이끌어낼 수는 없다.

(2c)는 이와는 달리 이 발화가 들어있는 커뮤니케이션 관계에 근거한 추론이다.[25] 이 언술은 앞의 2 문장들보다 더 많은 정보를 보유한다. 물론 이 언술의 진리 주장은 논리적으로 이론의 여지가 없는 것은 아니다. 이 언술은 철수가 대전에 있다면 이미 오늘 들릴 것이라는 무언의 가정에 근거한 것이다.

함의의 목적 지향적인 사용은 뉴스나 표제처럼 많은 정보를 좁은 공간에 압축해야 하는 미디어 텍스트의 중요한 구성 수단이다. 이들 텍스트는 의미 공백, 곧 수용자가 자기의 지식을 보충해 넣어야 하는 정보 공백을 가지고 작업하는 경우가 흔하다. 이것은 다시 수용자가 올바른 추론을 이끌어낼 수 있음을 전제한다. 신문뉴스의 표제인 'Neue Enthüllungen? Hohlmeier droht CSU[새로운 폭로? 홀마이어가 기사당을 협박하다]'를 보자.[26] 'Neue Enthüllungen[새로운 폭로]'에서 폭로가 이미 있었음을 추론할 수 있다. 동시에 이 표제는 기대된 새로운 폭로가 옛 폭로처럼 CSU에게는 불쾌하다는 점을 함의하고 있다. 그렇지 않으면 홀마이어 — 분명 이와 관련이 있는 인물 — 는 CSU를 협박할 수 없을 것이기 때문이다. 바이에른 주 문화부 장관 모니카 홀마이어의 퇴진과 관련된 이 표제는 그러나 정보를 함의를 통

---

25) 이 진술은 그라이스가 말하는 함축(Implikatur)이다.
26) 인용: Münchner Abendzeitung, 2005.04.18.

해 어떻게 압축할 수 있는가를 보여줄 뿐 아니라, 독자가 정확한 추론을 이끌어내기 위해서는 이 퇴진에 관한 현재의 보도를 독자가 알고 있어야 한다는 점도 보여준다. 이 표제는 독자가 자기 지식으로 채우고 추가해야 할 의미공백을 더 많이 포함하고 있기 때문이다. 여기서는 옛 폭로가 무엇인지 그리고 새 폭로가 어떤 것일 수 있는지는 완전히 열려있다. 또한 홀마이어는 옛 폭로를 초래하지 않았고, 폭로의 대상이 아니었다. 표제는 여기서 퇴진한 장관의 가능한 복수를 노리고 있다. 의문부호는 그런 폭로가 존재하느냐의 여부가 전혀 불확실하다는 점을 암시한다. 이 모든 것을 독일 일간지 〈Abendzeitung〉의 기자는 이 표제를 올바로 이해하기 위해서는 독자가 필요한 지식을 이용한다는 점에 근거하고 있기 때문에 이렇게 압축할 수 있다. 2005년 4월 18일에 〈홀마이어 사건〉이 뮌헨에서 한동안 대중 커뮤니케이션의 주제였기 때문이다.

한편, 진리 개념이 언어 커뮤니케이션의 표상적 국면에 기본적이듯 이 규칙 개념은 언어 커뮤니케이션의 도구적 국면에 기본적이다. 이와 관련해서 서얼(1969: 34f)은 제어 규칙과 구성 규칙을 구분한다. 전자는 예법 모형에 따라 특정 행동을 제어하고, 후자는 특정 행동을 만들어낸다. 예컨대 축구에서 운동복을 정하거나 정해주는, 프리패스 때 상대 선수가 공에서 얼마나 떨어져 있어야 하느냐 하는 등등의 규칙은 모두 제어적이다. 반대로 축구 경기에서 공이 손과 접촉해서는 안 된다거나 상대 팀의 골문에 골을 많이 넣은 팀이 승리한다는 것을 결정하는 규칙들은 구성적이다.

서얼은 언어를 언어 발화의 사용을 조직하는 규칙 체계로 볼 수 있다는 점에 근거한다. 그래서 서얼은 "언어를 말하는 것은 규칙에 따른 행위를 수행하는 것이다"(앞의 책: 36f)고 말한다. 이 가정은 관련 동사를 사용한 발화수반행위를 스스로 설명한 것이다. 규칙에 기대어 개념을 형성할 수 있는 언어 능력은 재귀적으로 사용된 수행동사와 단언동사의 사용에 실제로 적용된다.

언어 규칙은 의식적으로 적용될 수 있는데, 꼭 그럴 필요는 없다. 언어를 유창하게 말한다는 것은 우리가 의식적인 적용을 무시할 수 있을 정도로 그 언어의 문법 규칙을 자동화했음을 전제한 것이다. 또한 언어 규칙의 정복이 이 규칙을 명시적으로 표현할 수 있다는 뜻은 아니다. 누가 특정 언어, 예컨대 한국어를 말한다면 그 때문에 한국어 문법을 표현할 수 있어야 할 필요는 없지만, 어떤 언어 발화에서든 그 언어 발화가 현행 규칙에 따라 올바로 형성되었는지를 판정할 수는 있다.

발화수반행위를 만들어내는 규칙은 물론 개별 언어 규칙이 아니다. 약속은 독일어나 영어 또는 한국어로 주어진 것인지의 여부와는 무관하게 지켜질 수 있다. 따라서 발화수반행위를 수행할 수 있는 능력은 언어 커뮤니케이션에 필요한 인간 능력의 일반적인 특성이라 할 수 있다.

발화수반행위가 수행되면 사실이 창조된다. 사람은 세례를 받으면 받은 이름을 지니게 된다. 결혼한 부부는 그렇지 않은 부부와는 다른 권리가 있다. 철수가 자신의 방문을 미리 알린다면 상황에 따라서는 이 방문을 세밀하게 준비하는 것은 의미가 있다.

저널리즘은 대개 그런 사실들에 관한 보도, 예컨대 장관의 임명과 해임, 고궁에서의 결혼, 판결, 의회 결정 등에 관한 보도로 먹고산다. 서얼은 언어 수단에 기대어 생성되는 사실들을 '제도적 사실institutional facts'이라 한다. 제도적 사실은 물리적 사실과는 달리 제도의 존재를 전제한다.[27]

물리적 사실과는 달리 제도적 사실은 특정 제도의 틀에서만 존재한다. 그래서 우리는 사람의 몸무게와 혈액형을 측정할 수 있는 것처럼

---

27) "제도적 사실은 말 그대로 사실, 곧 팩트(facts)이다. 그러나 제도적 사실의 존재는 무감각한(brute) 사실의 존재와는 달리 그 어떤 인간 제도의 존재를 전제한다. 그 어떤 형태의 행동이 스미스 군과 존스 양이 결혼하는 것을 구성하는 것은 주어진 결혼 제도일 뿐이다."(서얼, 1969: 51)

그렇게 물리적 방법으로 그 사람이 어떤 이름을 지니는지 점검할 수는 없다. 마찬가지로 그 사람의 사진을 보여주고 그 사람의 이름을 표현하기는 어렵다. 이를 위해서는 항상 그 사람의 이름도 명명해야 한다.

제도 자체는 이 제도의 틀에서 기호로 사용되는 개개 사물들이 대신하는 것을 결정하는 구성 규칙의 체계라 할 수 있다(서얼, 1969: 51). 예컨대 제도는 개별 동전과 지폐가 그 가치를 대신하는 화폐를 결정한다. 서얼은 언어가 그런 제도적인 사실들에 기대어 어떻게 한 언어 공동체의 사회적 현실을 생성하는가에 대한 나름의 이론적인 개념 연구를 확대 발전시킨다. 이때 근거가 되는 것은 언어가 구성 규칙에 기대어 그 개념들에 다양한 대상들이 인간이 사용할 때 갖는 기능들도 포함할 수 있다는 생각이다. 예를 들어 수공업자의 용구들은 물리적으로 보면 철과 목제로 된 대상에 지나지 않는다. 이 용구들은 반복적으로 특정 기능을 위해, 예컨대 못을 뽑기 위해, 널빤지를 톱으로 자르기 위해 사용될 때 비로소 도구가 된다. 이런 기능들은 이런 도구들의 사용과 이런 기능들을 지칭하는 개념을 만들어낸다. 금속 톱은 금속으로 구성되어 있기 때문이 아니라 금속을 톱으로 켜는 데 이용되기 때문에 그렇게 불리는 것이다. 이런 식으로 개념들은 사물만 모사하는 것이 아니라 이 사물이 그때그때의 언어 사용자를 위해 갖는 기능도 모사한다.

3.4. 발화수반행위와 텍스트 기능

텍스트언어학은 의사소통 행위가 문장과 텍스트의 층위와 갖는 관계를 설명하기 위하여 두 가지 이론적인 개념을 개발하였다. 발화수반행위 구조는 전체 텍스트의 전국적 발화수반행위가 위계적으로 개별 문장들의 발화수반행위들로 구성된다고 가정한다. 뤼거(1995)는 미디어 텍스트, 특히 신문 텍스트 연구에서 이 방안을 따르고 있다. 브링커가 주장하는 텍스트 기능 개념은 이와는 달리 텍스트들이 일종의 발화수반행위를 더 높은 단계에서 발전시킨다고 가정한다. "발화수반행위가 한 발화의 행위 특성을 결정하듯이, 텍스트 기능은 텍스트의 커뮤니케이션 양태, 다시 말해서 텍스트를 이용하여 생산자가 수용자에게 표현한 커뮤니케이션 접촉 방식을 결정한다."(브링커, 1997: 93) 용어의 지나친 복잡성을 피하기 위해 여기서는 문장과 텍스트의 층위에서의 발화수반행위를 예외 없이 발화수반행위라 지칭하겠다.

3.4.1. 저널리즘의 기본 화행

저널리즘의 기본이 되는 화행은 단언 또는 주장이다. 단언 화행은 다양한 형태의 전달과 확언이다. 전달에서는 화자가 지나간 또는 진행 중인 사태를 진술한다. 예고는 미래에 있을 사태와 관련이 있다. 확언과 주장은 당면한 사태들에서 추론한 것인데, 확언은 주장보다 근거제시를 할 필요가 더 적다(뤼거, 1995: 91f).

모든 발화수반행위에서처럼 단언 화행의 성공도 무엇보다 일정한 입·출력 조건에 좌우된다(서얼, 1969: 57). 화자와 청자는 단어의 기본 의미에서 서로 이해해야 한다. 이들은 서로 인지해야 하고, 동일한 언어 등등을 사용해야 한다. 기자에게는 이 말이 기자가 자신의 기고 텍스트를 명확하고 알기 쉽게 구성해야 한다는 뜻이다.

단언 수행에서 유의해야 할 첫 번째 규칙은 명제 내용 규칙이다. 이 규칙은 이 화행의 명제 내용을 이루는 명제가 어떤 요구 사항을 채워야 하는가를 결정한다. 그래서 우리는 이미 지나간 것을 예고할 수는 없다. 서얼에 따르면, 각 명제 p가 그 내용을 형성할 수 있는 것은 단언으로 간주된다(앞의 책: 66 참조). 이것은 변형될 수도 있다. 다양한 단언 화행들의 간단한 특성 설명에서 알 수 있듯이, 개별 단언들은 이들의 명제 내용이 서로 다른 조건들에 기대고 있다는 점에서 구분된다. 가능한 것은 단언을 명제 내용의 특성화에 따라 그 내부 성분이 결정되는 상위 범주로 볼 수 있다는 점이다.

두 번째 규칙 또는 규칙 그룹은 준비 규칙이다. 이 규칙은 화자가 자기가 말한 명제와 연결시켜야 하는 특정한 가정들을 제시한다. 약속을 하는 사람은 청자가 약속된 사태에 동의하였다는 것에 근거한다. 그렇지 않으면 그것은 약속이 아니라 협박이다. 단언에는 (3)의 준비 규칙이 적용된다(서얼, 1969: 66).

(3) a. S는 p의 진리에 대한 증거(이유 등)가 있다.
     b. H가 p를 알고 있다는 사실이 S와 H 두 사람에게 분명하지 않다.

세 번째 규칙은 성실 규칙이다. 예컨대 우리는 부탁받은 것이 실제로 수행되기를 바랄 때에만 부탁을 할 수 있다. 단언의 경우, 이 성실 규칙은 'S는 p를 믿고 있다.'는 조건이 필요하다. 이 규칙은 매우 단순한 것 같지만 결과는 광범위하다. 우리는 숙명적으로 거짓인 것으로 알고 있는 사태를 믿을 수는 없지만 거짓인 사실을 믿고 참이라고 간주할 수 있기 때문이다. 우리는 잘못 생각할 수도 있는 것이다(앞의 책: 65).

라디오나 텔레비전 같은 미디어에는 이런 역설적인 관계가 특별한 무게를 갖는다. 인터뷰나 성명서에서 시청자는 항상 이 언술의 화자도 보면서(또는 화자의 말도 들으면서) 자기가 화자의 말을 성실한 것으로 보느냐의 여부를 결정하기 때문이다. 따라서 라디오나 텔레비전에서 중요한 것은 누가 말하는 것뿐 아니라 누가 보이는 모습이기도 하다. 기호학적으로 표현한다는 말은 수용자가 화자의 출현 방식을 화자의 신빙성 징후라고 해석한다는 뜻이다. 예컨대 텔레비전에서 무의미한 것이 믿을 만하게만 주장된다면 어떤 무의미한 것이라도 참인 것으로 등장한다. 다른 한편으로 텔레비전에 등장하는 정치가에게서 우리가 한층 더 주목하는 것은 부조리하게도 그 정치가가 뭔가를 말하는 방식이지 말하는 내용이 아니다.

네 번째 규칙은 단언의 핵심 규칙으로서 "본질 규칙", 곧 "p가 사건의 실상을 제시하는 것임을 화자가 청자에게 설득하려는 것으로 본다."(앞의 책: 66)는 것이다. 그러니까 단언 화행에 중요한 것은 단언의 발화로 수행된 진술 p가 사건의 실상과 일치하는 것이다. 이것은 기자가 자기 기고문의 진실 내용을 조사하여 왜 검증할 의무가 있는지를 보여주는 단적인 이유이다.

단언은 모든 발화수반행위처럼 명시적으로나 암시적으로 수행될 수 있다. 이렇게 말할 수 있다: "철수가 내일 온다."/"철수가 내일 온다는 사실을 알려드립니다." 등과 같은 설명적인 표현의 의미가 올바른 사용이기 때문에 여기서 말한 규칙들은 이런 설명적인 표현의 의미와 다를 바 없다. 이 표현은 이 규칙들에 맞게 사용될 때에만 올바로 사용되는 것이기 때문이다.

3.4.2. 텍스트의 의사소통 기능

보고와 조언, 약속과 금지, 질문과 대답, 즉 매우 많은, 꽤 다양한 발화수반행위들 및 텍스트의 의사소통 기능들, 곧 텍스트 기능들이 있다. 이들을 브링커(1997, 105ff)는 다섯 가지 그룹으로 나눈다.

(1) 단언(제보 기능): "생산자는 자신이 수용자에게 지식을 전달하고 싶어 한다는, 곧 무엇에 관하여 제보하고 싶어 한다고 수용자를 이해시킨다."(브링커, 1997: 105)

단언의 예로는 전달, 주장, 확언이 있다. 이 그룹의 텍스트 기능은 저널리즘 텍스트 종류들 중 뉴스, 보고, 르포에 특징적이다.

(2) 호소(호소 기능): "생산자는 어떤 사실에 대하여 일정한 입장을 받아들이고/거나(의견 감화), 일정한 행위를 수행하도록(행동 감화) 수용자의 마음을 움직이고 싶다고 수용자를 이해시킨다."(브링커, 1997: 108f)

호소의 예로는 명령, 요청, 조언(충고)이 있다. 호소적 텍스트는 광고에서 핵심적인 역할을 한다(앞의 책: 112~117). 저널리즘의 예로는 논평(뤼거, 1995: 125~147), 조언, 충고 등을 들 수 있다.

(3) 책무(책무 기능): "생산자는 수용자가 특정한 행위를 수행할 의무가 있음을 수용자에게 이해시킨다."(브링커, 1997: 117)

책무 기능이 있는 텍스트의 예로는 약속, 제안, 법률 텍스트가 있다. 이들은 사회적, 경제적, 법률적 관계 형성의 핵심 수단이다.

(4) 접촉(접촉 기능): "생산자는 자기가 문제 삼고 있는 것이 수용자와의 개인적인 관계(특히 개인적인 접촉(친교)을 만들고 유지하는 일)임을 수용자에게 이해시킨다."(앞의 책: 119)

이런 예로는 인사와 작별의 다양한 형태들이 있다. 신문 저널리즘에서 접촉 화행은 표제(헤드라인)와 편집에 특징적인 자질이다(뤼거, 1995: 79~88). 텔레비전에서는 다양한 형태의 무선방송 광고On-Air Promotion가 대표적인데, 영화 예고편Trailer과 (경품)광고Teaser를 들 수 있다. 텔레비전은 이런 접촉 지향적 의사소통 행위들이 커뮤니케이션 체계인 마케팅, 홍보 활동, 광고에서 특히 중요한 역할을 한다는 점에 근거한다.

(5) 선언(선언 기능): "생산자는 수용자에게 주어진 텍스트가 새로운 현실을 창조하고 있음을, 텍스트의 (성공적인) 발화가 일정한 사실을 도입하고 있다는 의미를 이해시킨다."(앞의 책: 120)

선언의 예로는 명명식, 유언장, 전권 위임장 같은 텍스트들이 있다. 이들은 서얼의 의미에서 제도적인 사실을 생성하기 때문에 특히 제도와 긴밀한 관련이 있다. 이와 더불어 특정 표현들이 어떻게 사

용될 수 있는가를 결정하는 정의도 선언적 의사소통 행위로 보아야
할 것이다.

 각 예들이 암시하듯이, 그때그때의 발화수반행위들은 서로 다른 텍
스트 종류들을 정의할 때 핵심적인 자질이다. 그러나 발화수반행위들
은 언어와 사회의 관계를 이해하고자 할 때 핵심 역할을 하기도 한다.
바로 이 발화수반행위들이 모든 사회적 행위들이 수행되는 커뮤니케
이션 도구를 이루기 때문이다. 이를 통해 개별 발화수반행위들이 다
양한 사회적 기능 체계와 갖는 독특한 친족 관계(유사성)를 밝힐 수 있
다. 개별 발화수반행위들은 서로 다른 행위 관계들을 이들의 중심에
두기 때문이다. 예컨대 저널리즘에서는 제보적 텍스트 기능을 가진
텍스트 종류들이, 광고에서는 호소적 텍스트 종류들이, 법률과 행정
분야에서는 선언과 책무가 지배적이다.

제3장 미디어 텍스트 유형학

　미디어 텍스트들을 체계적으로 유형화하기 위해서는 앞 장에서 논의한 의사소통 의도에 따른 행위의 종류를 기술하고, 이 행위가 들어간, 사회적으로 형성된 상황을 파악할 필요가 있다. 나아가서 의사소통 참여자가 자신의 발화로 하나 또는 그 이상의 수신자들을 공동 행위자로 커뮤니케이션에 끌어들이기 위하여 어떤 방법 및 수단을 이용하는가를 설명하는 것도 필요하다. 이 유형학적 단계에서 중요한 것이 미디어 커뮤니케이션의 유형으로서 커뮤니케이션의 다양한 방식과 형태들이다.

　커뮤니케이션의 방식과 형태를 더 정확하게 기술할 수 있는 방법은 무엇일까? 대부분의 커뮤니케이션 모델들은 행위 자체 및 커뮤니케이션 산출물을 자세히 규정하지 않고 있다. 섀넌과 위버로 대표되는 초기 모델들은 송신자에서 수신자로 전달된 단위를 '신호'로, 송신자와 수신자 사이의 영역을 '통로'로 표시한다.

　커뮤니케이션은 '정보 전달'이자 '진의 구성'이기도 하고, 송신자와 수신자, 화자와 청자의 역할은 교대될 수 있다. 다시 말해서 누구나 커뮤니케이션에서 원칙적으로 이 두 가지 역할을 할 수 있는 것이다. 그래서 의사소통 파트너들이 행위에서 실현한 단위와 이들 사이에서 발생하는 영역은 더 세분해서 이해할 필요가 있다. 신호는 행위 모델에서는 언어 행위, 사용 속의 언어, 텍스트 등으로 나타나고, 통로는 미디어(매체)로서 나타난다.

따라서 커뮤니케이션 형태는 커뮤니케이션 수단, 곧 언어 행위나 텍스트 그리고 그때그때의 커뮤니케이션 매체에 의해 정해질 수 있는 것이다.

1. 커뮤니케이션의 유형

1.1. 유형화의 기저

커뮤니케이션의 유형화 작업에는 언어적 행위가 중요하다. 그러므로 핵심 단위로서 이것을 자세히 규정할 필요가 있다. 물리적으로 경험 가능한 형태로 언어적 행위를 수행하는 데 중요한 것은 이 행위의 매체이다. 바로 이 언어적 행위를 포장하는 매체가 커뮤니케이션 유형화의 기저이다.

그동안 미디어와 관련해서 인쇄 미디어, 온라인 미디어, 멀티미디어, 미디어 능력, 미디어학 등에서 보듯이 다양한 개념들이 생겨났는데, 이들의 토대 역시 미디어 개념이다. 홀리(1997)에 따르면, 미디어는 "인간이 산출한 물질적인 생산/변형, 저장, 전송 장치이거나 언어적(그리고 비언어적) 기호를 분배하는 장치"(앞의 책: 69f)이다(합샤이트, 2000: 137도 참조). 홀리가 말하는 미디어는 이차 미디어이다. 이 이차 미디어는 수용 측면이 아니라 생산 측면에서 기술적 장치가 요구되는 특징이 있다. 미디어는 기호의 생산에도 이용되고 수용의 보조 수단으로도 기능할 수 있다. 예컨대 이메일 커뮤니케이션에는 송신자뿐 아니라 수신자도 기계적 장치(즉 네트워크 된 컴퓨터)를 필요로 하는데, 바로 이것이 삼차 미디어의 특징이다.[1]

그러면 미디어, 더 정확히 말해서 커뮤니케이션 미디어와 커뮤니케이션 형태는 구분 가능할까? 슈미츠(2004)에 따르면, "미디어(예, 라디오)는 커뮤니케이션 수단이다. 미디어의 기술적 조건들은 그때그때 정해진 커뮤니케이션 형태들(예, 라디오 방송)을 가져온다."(앞의 책: 57) 그러니까 커뮤니케이션 형태는 보조 수단을 거쳐 가능하게 되는 의사소통 정세이며, 보조 수단 없이 일어나는 그런 의사소통 정세이기도 하다. 후자는 대면 대화에 적용된다. 참여자들이 공존하므로 여기서는 커뮤니케이션 수단이 필요 없다. 이와는 달리 미디어 매개적 커뮤니케이션의 핵심 자질은 없는 것을 생생하게 그리는 것이다. 없는 것은 미디어를 거쳐 가까워지고, 의사소통 파트너들 간의 거리는 미디어를 통해 극복되는 것이다. 미디어에 기대어 공간적 거리를 극복하는 예가 전화이고(공시적 커뮤니케이션), 공간적, 시간적 거리를 극복하는 예가 자동응답기에 메시지를 남기는 것(비공시적 커뮤니케이션)이다. 전화는 구어적 원거리 커뮤니케이션뿐 아니라 문어적 원거리 커뮤니케이션에도 사용된다.[2] 뉴미디어, 네트워크 된 컴퓨터에서는 더 많은 커뮤니케이션 형태들이 있다. 이런 예로 모든 전통적인 형태의 원거리 커뮤니케이션(예, 편지쓰기, 팩스하기, 전화하기)과 새로운 것(예, 이메일하기, 채팅하기, 블로그하기)이 있다.

1.2. 커뮤니케이션 유형학

커뮤니케이션의 유형학은 언어적 행위의 커뮤니케이션에 중요한

---

[1] 미디어 유형에 대한 자세한 논의는 아래의 1.2.절 참조.
[2] 적어도 세 가지 형태의 개인 커뮤니케이션이 가능하다: ① 전화하기, ② 문자 보내기, ③ 문자 영상조합 보내기.

여러 미디어들의 구분에서 출발한다는 점에서 미디어 유형학이라 할 수 있다. 커뮤니케이션 유형학은 미디어들을 거쳐 같은 텍스트가 새로운 또는 변화된 출현 형태로 재탄생할 수 있을 때 중요한데, 몇 가지(예, 구어와 문어 커뮤니케이션, 여러 생산 및 가공 단계들, 녹음과 저장 방식 등)로 나누어 논의하겠다.

1.2.1. 구어 커뮤니케이션과 문어 커뮤니케이션

커뮤니케이션 유형학의 첫 번째 단계는 구어와 문어 커뮤니케이션의 구분이다. 먼저 이런 구분을 미디어에서 찾고 또 '미디어'라는 기준으로 축소하는 이유를 검토하겠다.

말하기와 글쓰기 교수법의 기원을 서술할 때 강조되는 것으로 예컨대 상황 구속성, 즉흥성, 언어 상세성과 구성의 다양성 같은 기준들이 있다.[3] 그러나 이런 기준들이 모든 경우에 다 적용될 수 있는 것은 아니다. 예컨대 문어 커뮤니케이션은 상황 구속적이면서(예, 교통 표지판) 무계획적일 수도 있으며(예, 자료 수집), 구어 커뮤니케이션도 상황 구속적이면서(예, 텔레비전 인사말) 계획적일 수도 있다(예, 법정 변호). 그런 점에서 구어-문어 대립은 논란의 여지가 있다.

주목해야 할 것은 구어-문어 대립이 두 가지 국면에서 만들어진다는 점이다. 이 두 가지 국면을 다음의 네 가지 현상들과 관련해서 살펴보자.

(a) 일부 사람들은 인쇄된 것처럼 말할 수 있는 능력이 있다.
(b) 말해진 것은 문자화, 곧 인쇄될 수 있고 또 인쇄된다.
(c) 많은 사람들은 말하듯이 글쓰기를 한다.
(d) 글로 쓴 것은 구두로 낭독되기도 한다.

---

3) Ulshöfer(1974: 9f), Hemberger(1986: 53) 참조.

이 네 가지 커뮤니케이션을 모두 '구어적' 또는 '문어적'이라고 할 수 있을까? 이런 불확실성은 두 가지 기준, 곧 표현 정도(인쇄된 것처럼, 말하듯이; 제시: 말해진 것, 글로 쓴 것)와 실현 양식 또는 미디어(말하다, 쓰다, 문자화하다, 인쇄하다, 구두로 낭독하다)에서 비롯한다.

첫 번째 기준은 언어를 기술하는 것인데, 두 가지 언어 문체, 곧 비공식적 구어성 문체와 공식적 문어성 문체를 구분한다. 두 번째 기준은 커뮤니케이션 사건의 물질적-기술적 측면을 기술하는 것인데, 커뮤니케이션 행위의 두 가지 양식, 곧 음성언어 커뮤니케이션 양식과 문자언어 커뮤니케이션 양식, 음성언어 미디어에서의 커뮤니케이션(소리 커뮤니케이션)과 문자 미디어에서의 커뮤니케이션(그림 커뮤니케이션)을 구분한다.[4] 이 두 기준들을 조합하면 [표 1]처럼 네 가지가 가능하다.

[표 1] 커뮤니케이션 양식과 언어 문체에 따른 구어와 문어의 구분

언어 문체 커뮤니케이션 양식	음성언어 커뮤니케이션 양식	문자언어 커뮤니케이션 양식
비공식적 구어성 (언어)문체	생산적: 말하기 말하기: "말을 하듯이"	생산적: 글쓰기: "글을 쓰듯이"
	재생산적: 말해진 것을 구두로 재현하기	재생산적: 말해진 것을 -문자로 쓰기 -인쇄하기
공식적 문어성 (언어)문체	생산적: 말하기: "인쇄된 것처럼" 말하기: "글을 쓰듯이"	생산적: 글쓰기 글쓰기: "인쇄된 것처럼" 글쓰기: "글을 쓰듯이"
	재생산적: 글로 쓴 것을 구두로 낭독하기	재생산적: 글로 쓴 것을 -받아쓰기, 인쇄하기

위에서는 커뮤니케이션 양식은 구어 커뮤니케이션과 문어 커뮤니케이션을 구분하는 일차 기준으로, 언어 문체는 이차 기준으로 설정하겠다. 이렇게 하여 두 단계가 구분되는데, 하인체(1979: 37)는 상위

---

4) 유사한 구분은 Koch/Oesterreicher(1985: 17~24) 참조.

단계에서 음성 발화와 문자 발화를, 하위 단계에서 문자 원경(문자 언어의 성격과는 거리가 있는) 음성 발화와 문자 근접(문자언어의 성격에 가까운) 음성 발화 및 음성 근접(구두 언어의 성격에 가까운) 문자 발화를 음성 원경(음성언어의 성격과 거리가 있는) 문자 발화를 구분한다.

언어 코드나 문체가 음성이나 문자 근접적으로 고정될 수 있기 때문에 하인체의 도표는 [그림 7]처럼 중간 단계의 문체 범주를 확장할 필요가 있다.

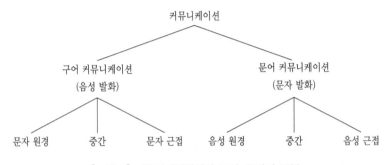

[그림 7] 커뮤니케이션에서 구어-문어의 구분

1.2.2. 커뮤니케이션의 생산 단계와 가공 단계

커뮤니케이션은 미디어적으로 '구어-문어'라는 순수 이분법보다 더 세분되어 있고 또 텍스트 생산에서 부분적으로 미디어의 경계를 넘어서는 다양한 생산 단계들 사이의 과도기적인 것도 있다. 논문과 원고, 원본과 사본이 문자 텍스트의 동일한 미디어 유형들에 머물러 있는 것이라면, 원고에서 낭독으로, 구술에서 속기록으로 넘어갈 때 미디어 유형들 간의 경계를 넘게 된다. 원칙적으로 텍스트는 모두 다른 미디어에서 실현될 수 있다. 그러니까 문자 텍스트의 '구어 형태', 구어 텍스트의 '문자 형태'가 존재하는 것이다. 따라서 텍스트가 구상된 미디어와 그 텍스트가 실현된 미디어는 구분할 필요가 있다. 순수 형태는 논문의 목표이고, 낭독은 원고의 목표이다.

또 다른 구분은 사본과 속기록의 예에서 알 수 있다. 사본은 원본을, 속기록은 구술을 모범으로 한 것이다. 여기서 원본과 구술은 원전 텍스트라 할 수 있다. 원본 자체가 사본이거나 필사본이든, 구술이 읽어준 것이든 상관없다. 이 두 가지 예는 원전과 복사물을 구분할 때 일차 텍스트 생산과 이차 텍스트 생산을 명시해준다. 생산 단계들 간의 세 번째 구분은 저장을 목적으로 하는 녹음과 문자 자료와 음성 자료를 나중에 재생하기 위한 녹음이다.

구어 텍스트의 저장 가능성에 맞게 조정되는 것이 문자 커뮤니케이션으로 처리하여 재생산할 수 있도록 고려한 음향 미디어의 일과성_過性이다. 따라서 구분되어야 할 것은 구어 텍스트의 녹음과 방송이다. 커뮤니케이션의 생산 및 가공 단계를 고려하면 미디어화 과정을 더 세분할 수 있다. 생산 및 재생산 단계의 숫자에 따라 새로운 세분 방향이 나타난다.

그동안 텍스트유형학 관련 방안들에서는 이런 구분이 구분 기준으로서 명시된 경우는 찾기 어렵다. 이 두 영역들 중 한 영역에만 집중하였거나,5) 구어 커뮤니케이션과 문어 커뮤니케이션의 텍스트 종류들을 뒤섞어 다루고 있다.6) 여기서는 이 두 가지 양식들이 공통적이면서도 구분할 필요가 있는 것으로 보겠다. 텍스트 종류들이 구어뿐 아니라 문어로도 실현될 수 있다는 점에서 공통적이고, 서로 다른 조건들을 전제하고 또 다양하게 실현된다는 점에서 구분할 필요가 있다.

---

5) 구어적 텍스트 종류들만 파악한 예로는 Steger(1967)가, 문어적 텍스트 종류들만 파악한 예로는 Ulshöfer(1974)가 있다.

6) 예로 Sandig(1972)와 Brinker(1997)가 있다. 텍스트유형학에 대한 개괄은 이성만(2009) 참조.

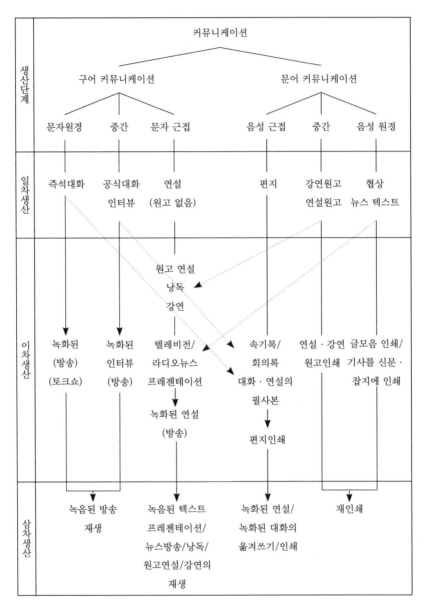

[그림 8] (재)생산 단계들에 따라 확장된 구어-문어 커뮤니케이션

1.2.3. 커뮤니케이션 유형들의 구분

전통적으로 구어 커뮤니케이션과 문어 커뮤니케이션은 뚜렷한 차이가 있는 두 가지 미디어들로서 [표 2]의 변별 자질들을 갖는다.

[표 2] 구어와 문어 커뮤니케이션의 변별 자질들

	구어적	문어적
-시공간적 근접	접촉	거리
-역할교대 가능	대화적	독화적
-통로/수신방식	음향적/청각적	광학적/시각적
-기계적 매체 투입	직접적	간접적/중개적
-영속성	일시적	지속적

그런데 전송 가능성과 녹음 가능성(구어 커뮤니케이션) 그리고 전자적 가공과 네트워킹(문어 커뮤니케이션) 및 원칙적인 매체 교체 가능성을 통해 나타나는 이런 중간 형태 및 하위 형태들을 고려하면 경계는 매우 유동적이다.

(1) 영속성 정도: 문어 커뮤니케이션의 장점은 미디어를 통해 보장된 텍스트의 지속성과 발송 가능성, 텍스트를 이용하여 원하는 대로 복제할 수 있는 가능성이다. 구어 커뮤니케이션에서는 미디어의 도입으로 일과성의 단점을 없앨 수 있다.
 • 전달 기술(케이블, 무선, 위성중계)로 공간적인 거리가 구어 커뮤니케이션에서도 극복될 수 있다(전화 대화, 라디오 방송, 텔레비전 방송, 인터넷 방송). 그리고 텍스트는 직접 중개된다. 여기서는 행위 상황이 중개된(방송된) 상황과 구분되어야 한다.
 • 음성 자료와 영상 자료의 녹음으로 시간적인 간극이 극복될 수 있다. 이것은 구어 텍스트가 저장되고 복제되고 또 일반적으로 사용될 수 있다는 뜻이다.
(2) 재생산 가능성: 문어 텍스트는 운반 미디어(종이, 합성수지, 인터넷 등)

에 고착되어 재생산될 수 있고, 구어 텍스트는 카세트, 비디오, 하드디스크, USB 같은 저장 미디어들에 녹음되어 보관될 수 있다. 이 두 가지 기본 유형들에 따라 원래의 생산 상황(원전 텍스트)과 재생산 상황(재생산된 텍스트)이 구분될 수 있다. 그러나 재생산은 커뮤니케이션의 기본 유형도 바꿀 수 있고, 구어 텍스트를 기억해서 재현하거나 녹음된 것을 재생할 수도 있고 또 문자화할 수도 있다.

이런 식으로 구어 커뮤니케이션과 문어 커뮤니케이션의 구분이 줄어들면서 차이가 거의 없는 다양한 중간 형태들이 나타나기도 한다. 이것을 앞에서 말한 기준들에 근거하여 명시하면 [표 3]과 같다.

[표 3] 구어와 문어 커뮤니케이션 유형의 구분

		구어적	문어적
-공간적 원근	-근:	대화	판서
	-원:	장거리 통화	편지, 서적
-시간적 원근	-근:	대화	전보, 팩스
	-원:	대화녹음	편지, 서적
-통로	-음향적	강연	낭독, 봉독
	-시각적:	필사	작문, 논문
-미디어 투입	-직접적:	대화	판서
	-간접적:	라디오/텔레비전/인터넷 방송	비디오 녹화 방송
-영속성	-일시적:	대화, 연설	(허공에 쓰기)
	-지속적:	녹음	작문

베버(1984: 114)는 이 두 커뮤니케이션 유형들을 비교하면서 극단적인 예들, 예컨대 구어 커뮤니케이션을 위한 대면 커뮤니케이션에서의 '친한 대화'와 (문어 커뮤니케이션을 위한) 익명의 산발적인 대중용 학술 논문에 근거하여 이상적인 대립 관계를 찾거나 확인하였다. 이런 대립 관계는 중간 형태들과 중개 및 복제 형태들을 같이 포함하게 되면 파괴된다.

구어 커뮤니케이션은 친한 대화에서는 직접적인 수정 가능성, 고도의 직접성, 의사소통적 유연성과 즉흥성을 포함한다. 반면에, 형식성과 관례성이 더 많은 상황(예, (법원)심리, 정치가 인터뷰 등)에서는 최종적인 결정과 구속적인 입장 표명을 위한 미디어(매체)이다. 또한 음성 자료, 라이브-녹화 또는 녹음은 수정 가능성하고는 무관하다. 음성 자료는 음성 녹화 방송의 성격이 있는데, 일부만 잘라내어 뒤섞을 수는 있지만 수정은 불가능하다.

이와는 달리, 문어 커뮤니케이션에서는 커뮤니케이션 사건들을 컴퓨터로 조절하고 의사소통 참여자들을 네트워크화 하여 커뮤니케이션의 직접성을 높일 수 있는 가능성들이 더 많다. 예컨대 스크린 텍스트를 이용하여 '문자 대화'를 유도하고 고정된 텍스트, 양식지를 빠르고도 흔적 없이 수정할 수 있는 가능성도 있다. 이 말은 이 두 커뮤니케이션 유형들의 우선순위, 순수 이분법, 그 어느 것도 없고, 양측에서 다른 매체의 조건과 가능성에 접근하려는 운동이 있다는 뜻이다.

- 구어 커뮤니케이션은 상황 구속성은 전송을 통하여, 재생산 불가능성은 녹음을 통하여 극복 가능하기 때문에, 문자 커뮤니케이션의 특성보다 명확성이 더 있고 최종성이 더 강하다.
- 문어 커뮤니케이션은 상황의 시간적인 와해, 시공간적 간격은 전자적 데이터 원거리 전송을 통하여 극복하고, 부족한 유연성과 수정 가능성은 전자적인 텍스트 가공을 통하여 극복하지만, 그 때문에 최종성과 구속력의 이미지는 잃게 된다.

이런 상호 접근 움직임은 — 구어와 문어 커뮤니케이션을 구별하기 위한 [그림 7]과 관련해서 — 문자 근접 구어적 텍스트 종류와 음성 근접 문어적 텍스트 종류 영역에 집중되고 있다. 그래서 우리가 주목해야 할 것은 이제 구어 및 문어 커뮤니케이션의 커뮤니케이션 유형들이 아니라 개별 미디어 사용자가 선택해야 하는 개별 커뮤니케이션 형태와 조건들이다.

1.2.4. 상황에서 커뮤니케이션 유형의 상황적 선택

텍스트 생산자는 누구나 생산 상황에서 커뮤니케이션의 어떤 유형, 어떤 양식을 선택할 것인지를 결정해야 한다. 커뮤니케이션 양식의 선택은 다음에서 설명할 의도적, 상황적 조건들에 좌우된다. 텍스트 생산자는 다음을 결정한 다음에 구어 또는 문어 양식 및 이들의 하위 형태들을 선택한다.[7]

- 수신자가 그 상황에 출석해 있고 직접적인 상호작용이 가능한지(수신자 출석). 파트너의 출석은 직접적 또는 매개적 상호작용의 선택을 결정한다.
- 생산자가 상호간의 진의 구성, 수신자의 동시적인 상호작용을 바라거나 피하고 싶은지(직접적 파트너 상호작용). 직접적 파트너 상호작용에 대한 바람은 근거리(접촉) 미디어(대체로 구어적)나 원거리 미디어(대체로 문어적)의 선택을 결정한다.
- 행위 정세가 즉각적인 답변을 요구하는 것인지 아니면 시간적인 여유가 있는지(행위 시간). 행위 시간은 즉흥적인 발화(대개 구어적으로만 가능)나 계획적인 발화(구어적 또는 문어적)의 선택을 결정한다.
- 생산자가 자기 발화의 내용 및 내용의 표현을 오랫동안 성찰하고 싶고 직접 커뮤니케이션을 감당할 수 있다고 생각하는지(계획 시간). 계획 시간의 필요성은 내용의 확정 정도 선택을 결정한다(주로 문어 형태로, 적어도 메모나 원고 형태로).
- 생산자가 수신자에게 보다 자세히 그리고 직접적인 대결과 선형적인 생각 피력과는 무관하게 커뮤니케이션 행위의 내용을 다룰 수 있는 기회를 주고자 하는지(수용 시간). 어림잡은 수용 시간은 단기 미디어(구어적)나 장기 미디어(문어적, 음성 녹음인 경우에만 구어가 가능)의 선택을 결정한다.

---

7) Kron(2002: 260f)도 참조.

- 생산자가 구속받고 있고, 자기 발화에 높은 타당성을 부여하고 싶은지 (구속력). 추구된 구속력은 단기 미디어(구어적, 물론 여기서는 임명, 세례 또는 서약에서와 같은 관례와 증인을 통하여 구속적인 커뮤니케이션 행위도 가능)나 장기 미디어(대개는 문어적)의 선택을 결정한다.
- 직접적 상호작용에 참여하지 않은 사람들도 커뮤니케이션 행위를 이해해야 하는지(그래서 상황적, 운율적 부분을 언어화된 형태로만 인지할 수 있는지 아니면 언어화된 형태로는 인지할 수 없는지)(추체험 가능성). 계획된 추체험 가능성은 암시성(오히려 구어적)이나 명시성(오히려 문어적, 그러나 양식에 좌우됨) 그리고 발화의 표현 정도를 결정한다(양식의 선택은 간접적으로만 이와 관련이 있다).
- 최종 언어 형태가 산출되어야 하는지(최종성). 의도된 최종성은 단기 미디어(구어적)나 장기 미디어(문어적)의 선택을 결정한다.
- 커뮤니케이션 행위가 보존되어야 하는지(저장성). 저장의 의도는 '송신 전용 미디어'(구어적)나 송신 미디어와 저장 미디어(문어적, 그러나 음성 녹음을 통해 구어적으로도 가능)가 사용되는지를 결정한다.
- 생산자가 일반적으로(언어습득과 문어성, 곧 사회의 문식성을 통하여), 습관적으로(루틴, 습관, 태도를 통하여) 그리고 현재('언어기관'의 사용 가능성: 텍스트 생산자의 심적 상태, 자기의 주변 여건) 관련 커뮤니케이션 양식을 실현할 수 있는지, 그리고 숙달하였듯이 그가 커뮤니케이션 양식을 실현하고 있는지(커뮤니케이션 양식의 숙달). 대개 구어적 양식이 문어적 양식보다 숙달하기가 더 좋다.

커뮤니케이션 양식의 선택은 (a) 개인적인 기회, 능력, 선호, 숙달, (b) 상황적인 기회, 조건, 필요, (c) 사실적, 내용적 필연성 등을 따른다.

1.3. 미디어의 유형

앞에서는 미디어에 근거하여 다양한 커뮤니케이션 유형들을 탐색하였다. 여기서는 세부적인 기준들에 근거하여 커뮤니케이션에서 이용할 수 있는 미디어 유형들을 살펴보기로 한다. 미디어 유형들은 미디어화할 수 있는 목록을 이룬다.

'구어-문어' 구분은 일차적인 구분이다. 이 구분은 커뮤니케이션을 위한 '기호 생산'과 관련이 있다. 언어는 커뮤니케이션의 일차 미디어이다.

직접적 커뮤니케이션에서 언어는 의사소통 파트너에게 기호를 전달하는 기능도 한다. 의사소통 파트너와 공간적, 시간적 또는 시공간적으로 분리된 간접적 커뮤니케이션에서는 기계적인 미디어들이 기호 전달을 위해 추가된다. 이런 미디어가 이차 미디어이다.

프로스(1976: 112ff)는 미디어를 커뮤니케이션에 필요한 기계 장치에 따라 세 가지로 구분한다.[8]

- 일차 미디어: 인간의 기본 접촉 수단(기계 없이)
- 이차 미디어: 상징 기록 수단으로서 녹음, 증식, 보급, 저장, 전달(기계 이용 생산)
- 삼차 미디어: 상징 왕래 수단(기계 이용 생산과 수용)

프로스(앞의 책: 117)는 삼차 미디어를 다시 일정日程 구속성에 따라 두 가지 미디어, 곧 라디오와 텔레비전 미디어 그리고 음성 기록 미디어와 영상 기록 미디어로 나눈다. 이런 구분은 일차 미디어와 이차 미디어와의 구분과 흡사하기 때문에 여기서는 프로스의 용어와 구별될 수 있는 추가 미디어 유형, 곧 사차 미디어로서 상징 저장 수단을 고려하면, 네 가지 미디어 유형들, 즉 기호 생산과 직접적 기호 송신 미

---

8) Dürscheid(2003)도 참조.

디어, 기호 생산과 기계적인 기호 송신과 기호 저장 미디어, 전자적 기호 송신 미디어, 전자적 기호 저장 미디어로 구분될 수 있다.

기계 미디어의 경우에 저장은 생산과 송신이 함께 된다(예, 편지를 쓸 때). 전자 미디어의 경우에는 송신과 저장이 미디어 기술적으로 분리된다(예, 텔레비전 방송과 그 방송의 녹화). 따라서 첫 번째 경우에는 하나의 미디어 유형만 정해지고, 두 번째 경우에는 두 개의 미디어 유형이 정해진다. 구분에 필요한 추가 기준은 전자적 송신 미디어의 경우에 프로스가 말한 전달 및 미디어 사용의 일정 구속성이다.

이런 미디어 유형학이 포괄성을 가지려면 보다 세부적일 필요가 있다. 그러면 앞에서 든 기준들인 '기계 장비'와 '일정 구속성' 외에 사용된 통로의 종류와 수(음향적, 시각적, 음향적–시각적), 텍스트와 관련된 미디어 기능(생산 매체, 송신/전달 매체, 저장 매체) 같은 또 다른 기준들을 포함해야 할 것이다. 이렇게 세분된 미디어(매체) 유형들을 도식화한 것이 [표 4]이다.

[표 4] 미디어 유형의 구분

접촉매체			통로	문어 커뮤니케이션 ⇩	구어(음성) 커뮤니케이션 ⇩	⇩	몸짓 커뮤니케이션 ⇩
				일방적 시각적	일방적 음향적	양방적 음향적+시각적	일방적 시각적
				문자(언어) 문자 매개적 접촉	음성언어 청각적 접촉	→ 시청각적 접촉	← 몸짓언어 시각적 접촉
직접소통	생산매체	생산전송	일차매체		보기접촉 없는 대화	대담	듣기접촉 없는 대화
	기계 – 기술 매체	송신과 음성매체	이차매체 –쌍방적	수신자 배석 편지 "문자 대화"			
			–일방적	편지, (파일)원고			
간접매체소통	전자 – 기계매체	전송매체	삼차매체 –양쪽	파일원고, 전신, 팩스, SMS, 이메일	전화, 아마추어 무선(장거리 전화)	영상전화 화상회의	–––
			–한쪽	스크린, 신문, 잡지	라디오	텔레비전	
	전송 · 음성매체	사차매체		문자기록장치 서적, 타자원고, 석판, 영상정보자료	음성기록장치 레코드판, 카세트테이프, USB, …	음성/영상기록장치 영화, CD, DVD, USB, …	영상기록장치 그림, 사진, 무성영화

마지막으로, 미디어 유형학은 다시 상황 유형학과의 연결도 가능하다. 음성 언어나 문자 언어의 선택으로 간주되는 것(즉, 미디어 유형학은 일반적으로 상황 의존적임)은 무조건 앞에서 세분한 미디어들에도 적용되는 것은 아니다. 이 미디어들의 이용은 상황(분산된 시청자, 송신자와 수신자 측의 기술적인 가능성)에 따라 정해지며 — 더 중요한 것은 —, 이 미디어들이 나름의 상황 유형들을 형성한다는 점이다.

2. 미디어 특유의 텍스트 종류들

구어와 문어 커뮤니케이션 사이의 긴장 영역을 세분하면 기존의 이분법이 텍스트에서 다양하게 미디어화 될 수 있어서 새로운 텍스트 종류들이 생겨날 수 있다(예, 신문 뉴스와 병행한 라디오 뉴스 및 텔레비전 뉴스).

[표 5] 다양한 미디어들에서 등가적인 텍스트 종류들

문자 텍스트 종류 (시각적)	듣기 텍스트 종류 (청각적)	수행-텍스트 종류 (시청각적)
내용색인	프로그램 소개 라디오 뉴스 라디오 논평	프로그램 개관 프로그램 알림 텔레비전 뉴스 텔레비전 논평
신문 뉴스 신문 논평		
드라마(텍스트)	라디오 드라마	연극(녹화) 텔레비전 연속극 영화

미디어의 다양성은 협의의 미디어 커뮤니케이션 분야에서 텍스트 종류들의 숫자에만 영향을 미친 것은 아니다. 그래서 일상 커뮤니케이션의 텍스트 종류들은 직접적 커뮤니케이션에서 뿐 아니라 다음에서도 나타난다.

• 문어적: 메모
• 원거리 구어적: 전화대화, 자동응답기 텍스트

• 원거리 문어적: 편지(이메일), 팩스, 문자 다중방송, 트위터, 카카오톡, …

이로써 많은 텍스트 종류들에는 텍스트 종류의 이름으로는 식별하기 어려운 미디어 특유의 실현 형태들도 있다. 유형학적 규정은 텍스트 종류의 명명 외에 매체에 대한 정보도 포함해야 한다. 예컨대 친구 초대는 일상 커뮤니케이션의 상황 유형에 대한 안내는 포함하지만, 팩스나 자동응답기에 저장된 메시지를 이용한 전달에 대한 안내는 포함하지 않는다. 이는 일상 커뮤니케이션에서는 거의 중요하지 않겠지만, 텍스트가 또 다른 커뮤니케이션 대상(메타커뮤니케이션)이 되거나 법률적인 상황 증거가 고려되어야 할 때에는 의미가 있다.

커뮤니케이션에서 각 텍스트가 실현한 형태가 그 텍스트의 커뮤니케이션 형태이다. 중요한 것은 텍스트 종류와 커뮤니케이션 형태를 구분하는 것이다. 논문, 기사, 방송, 사본(등본) 등은 텍스트 종류가 아니라 커뮤니케이션 형태이다.

[표 6] 문어와 구어 커뮤니케이션 형태의 분류

문어적 커뮤니케이션 형태		구어적 커뮤니케이션 형태	
기계적으로 매개된	전자적으로 매개된	직접적으로 매개된	전자적으로 매개된
편지 카드 기사, 서적/단행본 팸플릿, 플래카드 표, 간판, 레테르 기념비(비문) 그라피티, …	팩스 전보 문자 방송 텍스트 …	대화 담화 연설/강연 낭독 상연/공연 …	방송 카세트 카세트테이프 비디오카세트 레코드판 CD, DVD, USB, …

텍스트 종류가 커뮤니케이션 형태와 일치하는 경우도 흔하다. 텍스트 종류의 명칭으로 텍스트의 생성 형태를 나타내는 명칭(예, 논문, 초고, 원고)도 자주 사용된다. 이런 명칭은 대개는 간단하게 확인될 수 있는데, 텍스트를 표현하는 것이 아니라 텍스트의 완성(퇴고) 및 기술적

으로 실현되는 방식과 단계만 표현한다.

지금까지의 논의를 정리하면, 미디어 커뮤니케이션 유형학에서 바라보는 텍스트는 커뮤니케이션에서 텍스트의 실현에 관련된 것이다. 미디어 커뮤니케이션의 유형화 기저는 실현 미디어, 곧 매체이다. 일차 커뮤니케이션 유형으로 구어와 문어 커뮤니케이션을 구분하였다. 이차적으로는 이 두 유형, 곧 구어와 문어 커뮤니케이션의 생산 및 가공 단계(방송/녹화, 녹화, 사본/인쇄, 낭독)가 더해진다.

미디어에 근거한 커뮤니케이션 유형학 외에 순수 미디어 유형학도 있다. 이것은 기호 생산, 기호 전송, 기호 기록, 기호 왕래의 미디어들을 구분한다. 이 미디어 유형학에 기대면, 텍스트 종류뿐 아니라 실현된 텍스트의 커뮤니케이션 형태도 규정될 수 있다. 또한 미디어 특유의 텍스트 종류들, 예컨대 라디오 뉴스나 신문 논평 같은 것이 방송이나 신문기사 같은 커뮤니케이션 형태들과 뚜렷이 구분될 수 있다.

텍스트는 특정 매체에서 의사소통적인 실현, 상황, 의도에 따라 유형화될 수도 있다. 상황과 관련된 상황 유형학은 행위들을 유형화하고 텍스트 종류들을 하위 유형화할 수 있다. 이를 위해서는 사회적, 이론적, 심미적, 문화적, 매체적 등등의 행위 상황 같은 상황 유형들을 구분할 필요가 있다. 예를 들어 매체적 행위 상황의 경우에, 저널리즘 고유의 텍스트 종류들, 특히 보고(서술, 예: 단신, 뉴스, 날씨보고, 르포, 인터뷰, 다큐, 연속극 등)와 논평(대결, 예: 피처, 사설, 논평, 만평, 칼럼, 서평, 비평 등), 기술(공지, 예: 프로그램 예고/취소/소개, 안내방송 등)을 겨냥한 텍스트 종류들이 만들어진다. 행위와 관련된 행위 유형학은 의도에 기초한 것이다. 의도는 세 가지 성분, 곧 주체가 행위 대상, 행위 파트너 그리고 행위 목적과 맺는 관계를 포함한다. 다시 말해서 행위 생산자와 행위 파트너 간의 사회적/관계적 차원, 행위 대상과 행위 목적 간의 시간적/과정적 차원 그리고 주체-객체(대상) 관계를 파악하는 사실적 차원에 근거하면 텍스트 종류에 상응하는 행위 유형들을 세분할 수 있다. 예컨대 사실적 차원에서 텍스트 종류를 세분하기 위해서는 서얼이 말하는 '단어와 세계 간의 적합성 방향' 변수를 이용할 수 있을 것이다. 물론 이 변수는 텍스트로 확장하여 두 가지 관계 또는 일치 방향을 세계-텍스트와 텍스트-세계 방향으로 세분할 필요가 있다. 전자는 텍스트가 주어진 세계를 서술하는 경우이고(이론적 토대: 모사 이론), 후자는 텍스트가 아직 주어지지 않은 세계를 창조하는 경우이다(이론적 토대: 구성 이론).

이처럼 커뮤니케이션, 상황 그리고 행위의 유형학을 고려한 텍스트 유형학은 미디어 커뮤니케이션의 텍스트 장르들을 텍스트화용론의 틀에서 연구할 수 있는 기틀이 될 것이며, 나아가서 텍스트와 텍스트 간의 커뮤니케이션 관계, 곧 상호 텍스트성을 연구하는 데에도 중요한 역할을 할 수 있다.

제4장 인쇄 미디어

: 신문보도

앞 장에서는 미디어 커뮤니케이션에서 만날 수 있는 커뮤니케이션 형태들을 유형화하여 미디어 텍스트유형학의 토대를 구축하였다. 이 장에서는 이런 일반적인 미디어 텍스트유형학의 토대에 따라 인쇄 미디어 텍스트, 특히 신문 특유의 텍스트 종류들을 몇 가지 관점과 주제를 중심으로 조명하겠다.

텍스트 종류를 분류하는 문제는 텍스트 언어학이 궁극적으로 해결해야 할 핵심 과제라고 할 수 있다. 수많은 텍스트 종류들을 분류할 때 중요한 역할을 하는 것이 바로 여러 텍스트들 간의 차이점과 유사점에 관한 일상지식, 곧 상호 텍스트성intertextuality에 관한 지식일 것이다. 이것은 텍스트들끼리 서로 얽혀있는 전체적인 상호 관계의 활성화, 곧 우리가 어떤 텍스트를 사용할 때 가지고 있는 텍스트에 관한 지식을 활성화한다는 뜻이다. 그럼에도 개별 텍스트를 특정 그룹의 텍스트 종류에 배열할 때 나타나는 어려움은 적지 않다. 기존의 텍스트 언어학적 연구 결과에 기대면, 이러한 어려움은 크게 두 가지로 요약될 수 있는데, 하나는 텍스트 종류의 구분 기준이 다양하다는 점이고, 다른 하나는 구체적으로 실현된 텍스트에 나타난 텍스트 자질들이 뒤섞여 있다는 점이다.

그렇다면, '텍스트 종류Textsorte'와 '텍스트 유형Texttyp'의 개념은 서로 어떻게 다른 것일까?

텍스트유형학에서는 '텍스트 종류'라는 용어가 텍스트 이론에 따라 여러 가지 의미로 사용되고, 또한 텍스트 종류로 지칭된 현상도 다양하게 표현되고 있다. 예컨대 이젠베르크(1983)는 텍스트 유형을 "텍스트유형학의 틀에서 기술·정의된 텍스트의 출현 형태를 나타내는 이론적인 명칭"(앞의 책: 308)으로 이해하고, 텍스트 종류를 모든 텍스트들에 적합한 특성을 나타내는 명칭이 아니라 텍스트의 각각의 출현 형태를 지칭하는 명칭으로 이해한다. 그러나 그의 입장은 이러한 특성들이 텍스트유형학의 틀에서 이론적으로 파악될 수 있느냐, 그리고 어떤 식으로 파악될 수 있느냐는 문제와는 무관하다. 말하자면, 텍스트 종류는 일정한 원리에 따라 설정된 텍스트에 관한 이론과는 무관하다. 반면에 텍스트 유형은 그런 이론 체계에 따라 나타나는 것이다. 따라서 텍스트 종류는 구체적인 것이 아니며, 그것을 얻기 위한 기준들이 있는 것도 아니다. 말하자면 각각의 텍스트 유형은 하나의 텍스트 종류이지만, 각각의 텍스트 종류가 하나의 텍스트 유형인 것은 아니란 뜻이다. 이 책에서는 '텍스트 종류'를 다룬다. 이 용어는 익숙한 개념이기도 하고 이 책의 관심 분야를 제한시키는 데에도 도움이 되기 때문이다. 또한 텍스트 종류들의 구분이 의사소통 참여자들에게 중요하고, 여러 텍스트 종류들의 특성에 관한 지식이 그들의 일상지식의 구성 요소이기도 하기 때문이다. 따라서 여기서는 이젠베르크의 텍스트 종류 개념을 '모든 텍스트에 다 적용되지는 않는 일정한 특성들에 따라 다양하게 또는 구분의 필요에 따라 정의한 텍스트의 출현 형태'라는 일상 개념에 국한하기로 한다.

초기의 텍스트언어학적 연구 업적들은 대부분 일상적인 구분들을 분류의 출발점으로 삼았는데, 대표적인 예가 잔디히(1972)이다. 잔디히는 텍스트 종류를 그 사회를 통해 표준화된 복합적인 행위 스키마로 이해한다. 잔디히는 텍스트 및 텍스트 종류를 '커뮤니케이션의 단위'이자 순수 언어문화적인 현상으로 이해하고 있다.

한 텍스트 종류의 언어 외적인 조건들이 언어적 자료에 반영되어 있기는 하지만, 한 상황에서 특정 텍스트 종류에 적용될 규칙들은 언어적인 것만으로는 파악될 수 없다. 그래서 잔디히는 커뮤니케이션 상황에 관련된 사실들을 고려하고자 텍스트 종류를 자질 대립에 따라 구분할 것을 제안하면서, 언어적 국면뿐 아니라 비언어적 국면들도 포함시킨다. 이 방안에 따르면, 자질 [±구어성], [±즉흥성], [±독화성]은 위계구조에서 최상위에 위치한다. 이 자질들에 의하여 텍스트는 구어적/문어적, 즉흥적/비즉흥적, 독화적/대화적 텍스트로 나눠진다. 두 명 이상의 화자들이 참여하는 텍스트들도 대화적 텍스트가 된다. 이 세 가지 자질 대립에 의하면, 예컨대 신문 기사는 [+독화성,−구어성,−즉흥성]의 자질들을 갖는다. 잔디히도 자신의 자질 대립 지향 분류법이 갖는 약점을 인정한다.

잔디히의 분류에서 관심을 끄는 것은 일상적인 구분 기준들, 곧 대개는 무의식적인, 자국 문화의 문화 특징적인 텍스트 종류 지식이 적극적으로 반영된 점이다. 이런 지식을 설명하는 것이 초창기 텍스트 언어학의 주된 과제 중 하나였다. 1970년대에 '화용론적 전환'을 겪으면서 다른 공동체의 텍스트 문화를 배우고 기술하는 목적도 더해졌다. 텍스트 종류의 문화적인 특징을 분석할 때 텍스트 내적 요인들, 예컨대 문체적, 구조적 특성뿐 아니라 상황적, 기능적 국면들도 중요한 역할을 한다. 텍스트 종류를 이루는 중심 자질들이라 할 수 있는 문화적인 각인성, 곧 "문화성Interkulturalität"(픽스, 1999: 20)에 대한 관심은 텍스트언어학이 1990년대에 본격적으로 문화학 또는 문화학적 화용론1)과 접목되면서 어느 정도 윤곽을 드러내기 시작하였다. 그 중간 시기인 1980년대에는 화용론에 기초한 개별 문화의 텍스트 종류들을 분류하는 방안들이 제시되었다.

1. 행위로서의 텍스트 종류

화용론적 분류 방안들에 따르면, 텍스트와 텍스트 종류는 화행론의 핵심 개념인 발화수반행위에 따라 정의되고 있다. 곧, 텍스트는 화자의 발화수반적 부분 행위들의 총합으로, 텍스트 종류는 전형적인 발화수반행위들의 복합체로 이해되고 있다.

브링커(1997)는 화용론적 텍스트언어학의 대표자 중 한 사람으로서 텍스트 종류를 규정하기 위하여 맥락적, 구조적, 기능적 기준들을 도입한다. 그는 텍스트 기능이 텍스트 종류 부류를 구분하는 핵심 기준으로 간주됨을, 그러니까 여러 텍스트 종류들을 포함하는 하나의 범주로 간주될 필요가 있음을 강조한다. 서얼의 화행 분류에서 유추한 이 기준에 따르면 텍스트는 제보, 호소, 책무, 접촉, 선언의 5가지 텍스트 종류 부류들로 구분된다(앞의 책: 125ff). 이런 텍스트 종류 부류들은 맥락적, 구조적 기준들에 따라 계속 세분된다. 브링커는 (1) 의사소통 매체(대면 커뮤니케이션, 전화, 라디오, 텔레비전, 문자), (2) 커뮤니케이션 방향(독화/대화), (3) 시간적/공간적 접촉(음성적, 시각적, 공간적/시간적으로 유리된/직결된 등등), (4) 언어(구어/문어), (5) 행위 영역(사적, 공적) 등의 기준들을 제안한다. 구조적 기준으로서 브링커는 주제의 종류(예, 사건, 테제 등등), 주제전개 형태(기술형, 서사형, 설명형, 논증형), 실현 형태(사실 중심, 의견 중심, 설득 중심 등등), 문법적 응집성(시제, 접속 등등)을 사용한다.

브링커에게는 의도성, 곧 텍스트의 의사소통 기능이 텍스트 종류 분류의 핵심 역할을 한다면, 디발트(1991)는 상황성을 전면에 배치한

---

1) Klein(1993), 박여성(1997) 참조.

다. 디발트는 텍스트 종류를 기본 상황 모형에 기대어 생기는 텍스트에 기본적인 모형의 기능을 하는 상황 제약적인 단위로 이해한다(디발트, 1991: 1). 이 견해에 따르면 텍스트 종류는 의사소통 상황의 요인들에 따라 결정된다.[2]

최상위 층위는 [±대화적], [±대면적], [±구어적] 같은 자질들에 따라 정해지는 상황을 통해 특성화된다. 행위 영역은 [±사적], [±사회적 근접], [±자율적 역할 관계], [±자율적 주제 선택]의 자질들로 특성화된다. 브링커와는 달리, 디발트는 세 가지 텍스트 기능, 곧 접촉, 서술, 호소만을 구분한다. 주제 또는 담화 대상도 브링커의 경우와는 달리 맥락 제약성의 존재 여부가 중요한 것으로 간주되고 있어서 뚜렷한 역할을 하지 않는다. 이런 토대 위에서 디발트는 기본적인 텍스트 종류들로서 (1) 대화, (2) 전화대화 (3) 편지 (4) 구어 독화 (5) 문어 독화를 구분한다.

2. 인지모형으로서의 텍스트 종류

1990년대에는 텍스트언어학이 새로운 도약을 위해 내·외적으로 몸부림을 치던 시기였다. 내적으로는 텍스트 종류의 개념이 중요한 이론적인 범주로서 인정받았다. 텍스트 분류는 이제 텍스트언어학의 핵심 과제가 되었으며, 텍스트 종류가 경계가 명확한, 동질적인 부류가 아니라 이질적인, 원형적으로 구성된, 경계가 모호한 범주라는 데 의견일치를 보였다. 텍스트 종류를 이렇게 이해할 수 있는 배경에는 외적으로 심리학, 인지학 외에도 문화학/문화연구 등과 같은 인접 분야들에 대한 텍스트언어학의 관심이 큰 역할을 하였다. 이로써 텍스트

---

2) Diewald에 따르면 동일한 상황 유형에서 생산되는 텍스트들은 동일한 텍스트 종류에 속한다. 이처럼 기능이 아닌 상황을 핵심 기준으로 설정한 사례로는 Adamzik(2004)과 Gansel (2010)도 있다.

언어학은 새로운 단계로 진입하게 되었는데, '인지적 전환'(보그랑드와 드레슬러, 1981)과 '문화적 전환'(클라인, 1993; 크라우제, 2000)이라 불리는 경향들이 그것이다.

인지적 텍스트언어학은 텍스트를 지식과 사고에 관련해서 고찰하며, 이들의 토대가 되는 정신구조mental structure를 연구한다. 보그랑드와 드레슬러(1981)는 더 이상 표층신호들이 아니라 복합적인 텍스트 구조와 이와 연결된 의미들을 분석하는 텍스트 이해에서 출발한다. 보그랑드와 드레슬러의 이런 절차적 방안에서는 텍스트가 7가지 텍스트성 기준들(응결성, 응집성, 의도성, 용인성, 정보성, 상황성, 상호 텍스트성)을 충족시키는 텍스트의 모든 구성 자질들의 총합으로 이해된다. 그들에 따르면, 이 기준들을 이용할 때 텍스트가 비텍스트와 구분될 수 있다. 즉, 이 기준들 중 어느 하나라도 충족되지 못한 것으로 간주되면 그 텍스트는 의사소통적이지 못한 것이 된다. 따라서 의사소통적이지 못한 텍스트는 비텍스트로 간주된다.

이런 절차적 방안은 텍스트 종류의 정의에 어떤 성과를 가져왔을까? 출발점은 '상호 텍스트성' 기준이다. 나아가서 이들에게는 디발트(1991)처럼 텍스트 종류가 특히 상황 맥락에 제약을 받는다는 점이 중요하다. 이들은 또한 텍스트 종류가 엄격한 경계가 없음을 강조하면서, 그 근거로 "한 텍스트를 한 텍스트 종류에 할당하는 것은 표층적인 형태보다 의사소통에서 갖는 텍스트 기능에 더 좌우된다는 점"(앞의 책: 191)을 든다. 그들은 따라서 텍스트 종류를 "텍스트 현상들의 생산, 예상, 가공을 위한 일련의 발견법"(앞의 책: 193)으로 규정한다. 또한 그들은 수많은 텍스트들에서 여러 기능들이 뒤얽힌 혼합 현상도 찾을 수 있음을 지적한다.

보그랑드와 드레슬러(1981: 190f)는 이 기능에 따라 기술적, 서사적, 논증적 텍스트를 구분하면서, 적지 않은 텍스트에서 '기술적, 서사적, 논증적 텍스트'가 혼합되어 나타나고 있음을 지적한다. 텍스트 기능 개념은 커뮤니케이션에서 텍스트의 효과, 곧 상황을 변화시킨다는 의미에서 화자의 지배적 의도의 실현이라 할 수 있다. 이런 의미에서 텍스트 기능 개념은 '사용자 중심'(보그랑드와 드레슬러, 1981: 8)의 텍스트 유형을 구분하는 기준이 될 수 있다.[3] 이러한 텍스트 기능 국면에서 그들은 텍스트 유형을 크게 3가지로 구분한다.

- 서사적 텍스트(지배적 텍스트 기능: 오락 행위)
- 기술적 텍스트(지배적 텍스트 기능: 제보 행위)
- 논증적 텍스트(지배적 텍스트 기능: 설득 행위, 여론 영향)

반다이크(1980)는 '텍스트 종류는 인지적 모형kognitive Muster이다'라는 생각을 초시구조Superstruktur 개념으로 설명하면서, 이것을 다시 거시구조Makrostruktur와 구분한다. 거시구조의 의미론적 층위에서 응집성, 즉 텍스트의 토대가 되는 명제들의 의미론적 연결망은 중요한 역할을 한다. 그런 명제들은 한 텍스트의 의미 단위들을 이루는데, 시퀀스들로 배열된다. 그런 시퀀스들을 반다이크는 거시구조라 부른다. 그런 추상적인 의미론적 거시구조를 확인하기 위하여 이른바 거시규칙들이 이용되는데, 삭제, 선택, 일반화, 구성/통합 규칙이 그것이다. 이런 의미에서 거시 층위는 텍스트의 미시 층위에 근거하여 명제 형태로 추상화하여 얻어진다.

텍스트의 형식적 층위에서 반다이크는 텍스트 구성의 토대가 되는 전국적 구조를 특성화하기 위하여 '초시구조' 개념을 제안한다. 서사적 초시구조에는 '갈등'과 '해결' 같은 초시구조 범주들이 있는데, 서사텍스트의 핵심을 이룬다. 이 핵심을 반다이크는 사건이라 부르고, 사건이 벌어지는 상황, 곧 장소, 시간, 사정을 틀이라 지칭한다. 틀과

---

3) '사용자 중심'이라는 개념은 '텍스트 중심'이라는 개념의 반대 개념으로서 커뮤니케이션에서 텍스트 사용에 중심을 둔다는 뜻이다. 그렇다고 '사용자 중심'이라는 개념이 '텍스트 내적인, 곧 텍스트 구조적인 요소들'을 배제한다는 뜻은 아니며, 텍스트화용론적 요소들, 즉 텍스트의 생산과 수용의 과정이 지배적인 관심거리임을 뜻한다.

사건이 함께 에피소드를 형성한다. 일련의 에피소드를 그는 '서사 텍스트의 플롯'이라 한다. 사건 묘사 외에 서술자는 '평가' 범주를 이루는 사건을 평가한다. 플롯과 평가는 나름의 '이야기'를 형성한다. 이야기 외에 '윤리' 범주, 곧 교훈도 추가될 수 있다(반다이크, 1980: 142).

요컨대, 이런 '인지적 전환'에 따라서 이제 텍스트(종류)는 인지적 과정들의 산물이자 출발점이 되면서 이 과정들 자체가 연구의 주된 관심거리가 되었다. 텍스트(종류)의 이해와 생산의 과정에 대한 관심이 집중되면서 개인의 선지식, 의사소통적 행위 맥락뿐 아니라 문화적 국면 같은 요인들도 고려되고 있다. 이런 과정들에 대한 질문은 텍스트(종류) 자체의 본질과 정초에 대한 물음과도 맞물린다. '종이 위의 텍스트 종류'에 대립하는 것이 '머릿속의 텍스트 종류'이다. 인지적 관점에서 보면, '종이 위의 텍스트 종류'는 개별적인 '머릿속의 텍스트 종류'를 위한 단순한 자극일 뿐이다. 달리 말하면, 종이 위의 텍스트(종류)는 인지적 연산과 과정을 언어화한 것에 다름 아니다. 언어 과정 연구는 이런 질문들을 거의 성찰하지는 않지만 텍스트(종류)라는 연구 대상에 주목할 만한 보완적인 시각을 제공한다는 점에서 의미가 있다.

3. 다층위 모델로서의 텍스트 종류

'텍스트 종류'의 정의에 관한 지금까지의 논의에서 드러난 것은 텍스트 종류가 하나의 층위에서 또는 유일한 하나의 부류를 통해서는 정의될 수 없다는 점이다. 이를 위한 대안이 이른바 '다층위 모델'이다.4) 하이네만(2000a)은 텍스트 종류를 다양한 차원에 속하는 변수들

---

4) 특히 Heinemann/Viehweger(1991), Heinemann(2000a), Heinemann/Heinemann(2002)에 의해 체계적으로 개발되었다.

로 구성된 단위로 본다. 그러니까 텍스트 종류는 다양한 차원에서 원형적인 표상을 다층위적으로 할당하는 특성이 있다. 이에 따라서 하이네만(2000a)은 4층위, 곧 형식-문법적, 내용-주제적, 상황적, 기능적 층위를 구분하는 다층위 모델을 개발하였다. 이 4층위는 각 텍스트/텍스트 종류에 존재하기는 하지만 모든 텍스트 종류에서 언제나 동일한 비중을 차지하는 것은 아니다.

하이네만에게는 텍스트 종류가 하위 추상화 단계의 텍스트 집합이다. 다시 말하면, '텍스트 종류'는 비교적 많은 구분 기준들을 공통으로 갖는 반면에, '텍스트 종류 부류'는 비교적 적은 구분 기준들을 공통으로 갖는다. 텍스트 종류 부류의 개념 내용이 감소하면 할수록 그의 타당성 영역은 더 넓어진다. 이런 확장은 각 단계마다 나타난다. 하이네만은 하나의 텍스트 종류 부류가 확장되어 도달할 수 있는 최상위 단계를 '텍스트 유형'이라 부른다. 그러니까 텍스트 유형은 하나의 공통 분류 기준을 가진 텍스트 종류 부류이다. 하이네만은 이런 위계적인 단계를 [그림 9]처럼 제시한다.

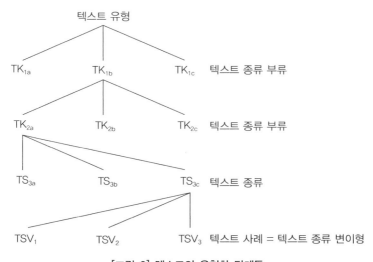

[그림 9] 텍스트의 유형화 단계들

도식에 따르면, 텍스트 종류들이 묶여져서 이 도식의 상위 층위인 텍스트 종류 부류에 이른다. 역으로, 텍스트 종류들이 하위분류되면 텍스트 사례, 곧 텍스트 종류 변이형들이 나타난다. 이 4 층위들에 근거하면, 특정 분류 기준들이 텍스트 종류의 기술에 얼마나 중요한가에 따라 텍스트 종류의 독특한 자질들이 파악될 수 있는데, 하이네만 (2000a)은 분류 기준들로서 커뮤니케이션 영역, 미디어, 의사소통 참여자들의 일상적인 활동 영역, 구체적인 주변 상황, 파트너의 수, 상호작용자의 사회적인 역할, 상호작용자의 친숙성 정도 등을 든다. 각 기준과 관련해서 텍스트 종류가 특성화된다. 하이네만은 자질들을 이용하여 각 구분 기준을 위한 '증거들'을 든다. 예컨대 '파트너의 수' 자질의 경우, 텍스트 종류는 (두 명의 파트너에 국한된) '동태적 커뮤니케이션' 자질을 가질 수 있다. 한 텍스트 종류의 모든 자질 총합은 하이네만에게는 이 특정 텍스트 종류의 특성에 해당한다. 그는 텍스트 종류의 자질 기술을 [그림 10]처럼 제시한다.

하이네만은 자질들을 기술할 때 고립된 자질들의 단순한 병렬을 지양하고자 한다. 텍스트 종류를 체계적으로 특성화하여 파악하는 유일한 길을 모색하고 있기 때문이다. 이런 체계적인 자질 통합을 통해서만 특정한 텍스트 사례들의 차이점과 유사점이 실제로 파악될 수 있

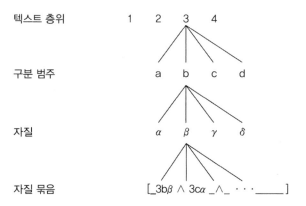

[그림 10] 텍스트 종류의 자질들에 따른 위계화

다는 것이다.

앞에서 든 세 가지 국면들, 곧 '4층위', '체계적 구분 기준', '자질' 외에 하이네만에게는 '텍스트 형성의 인지적 국면'도 중요하다. 이런 의미에서 텍스트 종류 사례는 인지적 과정과 의사소통적 경험의 결과물이다. 그런 과정과 경험을 아담칙(1995)은 "인지적 부피단위kognitive Größe"(앞의 책: 27)라 부르는데, 하이네만(2000a)의 '텍스트 모형Textmuster' 개념에 해당한다.

'텍스트 모형'은 언어적 결과물이 아니라 오히려 개인적인 저장물이라 할 수 있는 추상적인 모형과 같은 기능을 한다. 텍스트 모형은 언어적인 현상과 관련이 있기는 하지만 언어적으로 실현되는 것은 아니다. 그러나 이것은 상호작용 지식의 부분 집합으로서, 개별적으로 습득, 가공, 저장되기 때문에 양적으로나 질적으로 수집한 경험에 근거할 때 개인마다 다르다. 그런 점에서 예컨대 텍스트 모형 '소설'은 어린이에게는 문예학자의 경우와는 다르다는 점에서 출발해야 한다.

하이네만에 의하면, 텍스트 모형은 의사소통 참여자들의 상호작용 지식의 부분 집합이다. 이것은 사회적으로 한정된, 개인적으로 꾸며진 스키마/모형, 곧 복합적인 상호작용과 텍스트 전체에 관련된 스키마/모형의 기능을 한다. 이것은 개인의 의사소통적 경험에 기초하며, 특정한 커뮤니케이션 과제를 해결하기 위하여 특정 부류의 인지적 과정을 작동시키는 나침반으로서 활성화된다. 이처럼 "텍스트 층위에서의 루틴한 양식"(아담칙, 1995: 28)은 고정된, 판박이식의, 고도로 표준화된 텍스트 모형이라 할 수 있다(하이네만, 2000a: 24).[5]

텍스트 모형의 언어적 실현체인 텍스트 사례는 텍스트 종류에 할당된다. 텍스트 종류는 언어적-구조적 자질들에 따라 기술될 수 있다. 텍스트 모형은 귀납적으로 추론될 수 있으며, 텍스트 모형에 근거할

---

5) 이미 Heinemann/Viehweger(1991)는 텍스트 모형을 "전국적 텍스트 구조 모형의 축약, 그러니까 어떤 상호작용의 구도와 상관관계에 있는, 텍스트의 어떤 형식적 기본 현상의 축약"(앞의 책: 170)으로 이해한다.

때 비로소 텍스트 사례는 특정 텍스트 종류의 한 형태로서 생산되고 확인될 수 있다. 이 두 개념들 간의 이런 관계는 실천적인 성과를 갖는다. 예컨대 모국어 수업/외국어 수업에서 우리는 학생들의 '의사소통 능력' 신장을 겨냥하는데, 이는 '텍스트 모형 지식' 또는 '텍스트 종류 지식'[6]이 확장되고 강화됨으로써 구체화되어 나타나는 것이다. 결국 텍스트 종류의 개념을 규정할 때 의사소통 참여자의 이런 텍스트 종류 지식을 고려하고 있다는 점에서 이런 다층위적 접근법은 텍스트 종류 언어학에 중요하다. 대부분의 의사소통 참여자는 흔하게 나타나는 텍스트 종류들과 관련해서 일정한 텍스트 모형 지식을 이용한다. 특정 커뮤니케이션 과제를 해결할 때 의사소통 참여자의 경험들이 저장되고 특정 상황에서 텍스트 모형 지식으로서 활성화된다. 따라서 텍스트 종류는 하이네만과 피베거(1991)의 의미에서 "이상적/원형적 현상, 곧 (특정한 커뮤니케이션 공동체의 화자가 가지고 있는) 평균적인 경험에 기초하여 일반화한 것"이자 "특정한 상황에서 특수한 커뮤니케이션 과제를 해결하기 위한 전국적 모형"(앞의 책: 170)으로 이해될 수 있다. 이런 이유에서 하이네만과 피베거가 제시한 다층위적 유형화 모델은 의미가 있다. 전국적 텍스트 모형은 "다양한 층위의 유형들을 하나의 전체로 통합한 것, 곧 다양한 층위의 자질 유형들을 묶은 뭉치"(앞의 책: 171)로 이해될 수 있는 전제가 되기 때문이다.

---

6) Gläser(1990: 26)는 이것을 "텍스트 종류 능력"이라 부른다. Heinemann/Heinemann(2002: 155)은 텍스트 모형 지식과 텍스트 종류 지식을 구분하고는 있지만, 이들의 상호 제약성도 강조한다.

4. 신문 텍스트의 분류 기준과 유형학

4.1. 분류 기준

언론학에서 신문은 정보 전달, 여론 형성, 오락의 세 가지 저널리즘적 기능이 있다. 언어 층위에서 이 기능에 상응하는 것이 서술 형태들인데, 정보 강조형(예, 단신, 뉴스), 의견 강조형(예, 논평, 촌평), 오락 강조형(예, 피처, 르포) 서술 형태가 그것이다. 그러나 개별 텍스트들이 여러 저널리즘적 기능에 배치 또는 분류될 수 있기 때문에 많은 문제점을 내포하고 있다. 그래서 뤼거(1995: 46ff)는 신문 언어는 서술 형태로는 필요충분하게 기술될 수 없다고 보고, 신문 텍스트의 구성 양태에 영향을 미치는 몇 가지 특수한 제약 요인들을 포함할 필요가 있음을 제시한다. 이는 신문 언어의 구성 양태를 다른 실용 텍스트 종류들과 본질적으로 구별시키는 요인이기도 하다.

신문 텍스트 종류의 발전에 중요한 요인으로 등장한 것이 영업 방식에 따른 구독신문과 가판신문의 경쟁, 전자 미디어와의 경쟁이다. 가판신문은 구독신문이 아니라 노점 등에서 판매되기 때문에 잠재된 구매자의 이목을 끌어야 하는 신문이다. 또 다른 구분은 보급 지역에 따라 신문을 전국지, 지방지, 구역지로 나누고, 마지막으로 출간 방식에 따라 일간지와 주간지 또는 일요판 신문으로 나누는 것이다.[7] 최근에 생긴 새로운 유형으로 한국의 대학생들을 대상으로 하는 〈Focus〉 같은 무료신문Gratiszeitung이 있다.

독일어권뿐 아니라 한국에서도 구독신문의 수많은 텍스트 종류들이 경쟁 관계에 있다. 구독신문은 슈트라스너(2000)에 따르면 뉴스, 정치, 경제, 스포츠 분야에서 통신사에 의존해서 "언어적-문체적으로 통일적인 특성"(앞의 책: 137)을 보인다.[8] 스위스의 독일어권과 오스트

---

7) 신문의 일반 유형학에 대해서는 Straßner(1997a: 18f) 참조.

리아 신문도 정도의 차이는 있지만 이런 경향을 보인다. 오스트리아에서는 신문 문체가 가판신문과의 차이를 읽을 수 없을 정도의 동질화 현상을 보이는데, 최근에는 스위스에서도 이런 경향을 보인다.

신문 언어의 구성 양태에 영향을 미치는 또 다른 요인은 매스커뮤니케이션이 한 방향으로만 전개된다는 점("일방향 커뮤니케이션"(부르거, 2005: 34))이다. 수용자가 커뮤니케이션 과정의 흐름에 직접 영향력을 행사할 수 없다는 것이다. 다른 한편으로 신문 기사의 생산자는 전자(온라인) 미디어에서와는 달리 커뮤니케이션이 계획한 대로 진행되고 있는지도 알 수 없고 피드백을 얻을 수도 없다. 독자편지(독자투고)가 있지만, 시공간적인 차이 때문에 커뮤니케이션 과정에 직접 참여하기는 어렵다.

텍스트 기능 정의에서 중요한 것은 텍스트에 어떤 기능이 지배적이냐는 것이다. 일반 신문은 정보(제보) 기능이 지배적이지만, 가판신문에서는 오락 기능이 지배적이다. 그러나 신문(잡지 포함)의 온라인 판은 이 두 가지 기능을 함께 묶고 있다.

언어학의 관점에서 미디어 텍스트, 특히 신문 텍스트를 분류하고자 한 시도로는 뤼거(1995)와 부르거(2005)가 대표적이다.

부르거(2005)는 구조적, 기능적 기준에 따라 신문 텍스트 종류를 분류한다. 구조적 기준에 따라서는 일차적으로 독화 텍스트와 대화 텍스트를 구분한다. 옛날에는 독화 텍스트가 신문에서의 규칙이었고 대화 텍스트는 예외였는데, 오늘날에는 근본적으로 변했다. 표면적으로는 보수적 성향의 신문이라 할 수 있는 독일의 FAZ, 스위스의 NZZ 등은 신문의 인터뷰나 이 인터뷰에 기초한 텍스트는 이제 고정된 텍스트 종류에 속한다.

기능적 기준에 따르면, 신문 텍스트 종류는 기능적/행위 이론적 텍스트(종류)유형학의 특수한 경우라 할 수 있다. 텍스트 기능의 수에 따

---

8) 통신사의 언어는 통사적으로 심하게 압축된, 수용자에게 비친화적인 언어의 전통적인 자질을 답습하고 있다. 명사화 문체, 전치사구, 소유격 구문 등이 단적인 예이다.

라 다양한 제안들이 나타나기 때문이다. 예컨대 브링커(1997)는 다섯 가지 기능(제보, 호소, 책무, 접촉, 선언)을 구분하지만, 부르거는 책무와 선언 기능은 신문에서 별다른 역할을 하지 못하는 것으로 본다. 뤼거 (1995)는 '의도성' 개념에 근거하여 텍스트 부류를 텍스트 종류와 구분 한다. 그는 텍스트 부류를 정의하고자 도입한 텍스트 기능 기준에 따라 다섯 가지 텍스트 부류를 구분한다: 정보 강조형, 의견 강조형, 요구 강조형, 교육-지도형, 접촉 지향형 텍스트(앞의 책: 75). 이 텍스트 부류들에 이른바 텍스트의 '표준 모형'이라 할 수 있는 텍스트 종류를 배치한다. 부르거(2005: 203)는 뤼거가 구분한 모든 의도 부류들이 똑같이 신문 텍스트에 중요하거나 부류의 분류 기준으로 적합한 것이라고는 보지 않는다.

사진이나 표제 같은 요소들은 독자의 시선 끌기에 영향을 미치는데, 일반 구독신문에서는 제 1면의 일정 부분을 차지하지만, 가판신문에서는 제1면 전체를 장식하기도 한다. 그래서 본문은 의미를 상실하게 된다. "표제, 사진, 최소한의 본문으로만 구성된 텍스트는 […] 고유의 부류인 '접촉 지향형 텍스트'를 만들어내지 못하는 텍스트의 극단적인 경우라 할 수 있다."(앞의 책: 209). 요구 강조형 텍스트가 개인이나 집단에게 어떤 특정한 것에 대한 관심을 불러일으키는지는 모호하다. 그래서 부르거는 정보 강조형과 의견 강조형 텍스트 부류에만 동의한다.

뤼거가 말하는 정보 강조형 텍스트와 의견 강조형 설득 텍스트는 브링커가 말하는 정보 기능과 호소 기능을 가진 텍스트의 특수한 형태라 할 수 있다. 교육-지도형 텍스트는 호소 기능의 하위그룹에 넣을 수 있을 것이다. 브링커는 호소 기능에서 두 가지 국면을 구분한다. "생산자는 어떤 사실에 대하여 일정한 입장을 받아들이고/거나(의견 감화), 일정한 행위를 수행하도록(행동 감화) 수용자의 마음을 움직이고 싶다고 수용자를 이해시킨다."(브링커, 1997: 102). 분명한 것은 뤼거의 의견 강조형 설득 텍스트가 첫 번째 국면(의견 감화)과 관련될 수 있고, 교육-지도형 텍스트는 두 번째 국면(행동 감화)에 속할 수 있다는 점이다. 미디어 텍스트와 관련해서 '호소'의 두 가지 국면을 용어상 구분할 수 있는 것은 장점이겠지만, 아직 이와 관련된 용어는 도입되지 않고 있다.

뤼거가 구분한 다섯 가지 의도 부류는 똑같이 신문 텍스트에 중요한 것은 아니며, 부류를 이루는 기준으로는 적합하다고 할 수 없다. '접촉형 텍스트'가 고유의 텍스트 부류로 간주될 수 있는지는 의문의 여지가 있다. 신문 텍스트의 일정 요소들 — 사진, 제목(표제), 레이아웃의 문자 기호 수단 등등 — 이 "독자의 주목과 관심을 끄는"(뤼거, 1995: 79) 데 이용된다는 것은 맞는 말이다. 이런 수단은 구독신문에서는 특히 제1면에 적용되고, 가판신문에서는 전반적으로 적용된다. 가판신문의 제1면에는 이런 수단이 지배적이기 때문에 본문 텍스트는 최소화되는데, 일차적으로 다음 지면으로 계속 시선을 끄는 데 이용된다. 가판신문의 제1면에 제시되는 표제, 사진, 최소 본문으로만 구성된 이런 텍스트는 또 다른 종류의 텍스트로서 일종의 '텍스트 종류'인 셈이다. 이것은 기능상 텔레비전의 '예고편/예고 광고'와 뚜렷한 유사성을 보이는데, 규약화된 텍스트 종류의 요구 조건을 충족시키고 있다. '요구형 텍스트'에서 문제되는 것은 신문에 중요한 텍스트 부류인가 하는 점이다. 신문에서 독자에게 명시적으로 요구하는 텍스트는 거의 찾아볼 수 없다.[9] 그래서 신문에 중요한 텍스트 부류는 정보 강조형 텍스트와 의견 강조형 텍스트라 할 수 있으므로 이 부류에만 주목하겠다. 하위분류의 문제와 관련해서 용어의 문제에도 주목하겠다.

언론학자의 분류가 언어학자의 분류와 일치하는 경우는 극히 드물다. 이유는 분명하다. 언론학자의 분류는 실제에 기초한 기준들을 혼합하여 얻은 것임에 반해, 언어학자는 하나의 분류 기준(또는 몇 가지

---

9) 극단적인 예가 독일의 대표적 가판신문인 〈Bild〉지의 '논평'이다. 여기서는 독자가 특정 행위 방식을 요구받을 수는 있지만 그 요구가 텍스트 종류 '논평'의 고정 자질은 될 수 없다.

기준들)을 시종일관 고수한다. 언어학적 관점에서 신문텍스트의 분류 기준으로 제시된 것을 정리하면 다음과 같다.10)

- 텍스트 기능의 종류
- 주제 전개의 종류
- 내용적인 세부사항(텍스트는 어떤 '질문들'에 대답하는가: 누가, 어디서, 언제, 왜, …)
- 상호 텍스트적 텍스트 역사(텍스트 역사의 전형적인 흐름은 있는가? 저자는 있는가?)
- 공시적 상호 텍스트성(텍스트는 동일 신문에서 다른 텍스트와 관련을 맺고 있는가?)
- 텍스트의 형식 구조(관례적인 스키마는 있는가?)
- 텍스트가 쓰인 시각(시각을 읽어낼 수 있는가? 읽어낼 수 있다면 저자나 다른 사람의 시각은 있는가?)
- 저자는 텍스트에서 명시적으로 나타나는가?(그렇다면 어떤 역할로, 어떤 상황에서, 어떤 양상으로?)

정보 강조형 텍스트의 경우는 이 기준으로 '단신'과 '보고'를 어느 정도 명확하게 구분할 수 있다. '르포'는 정보 강조형 텍스트와 의견 강조형 텍스트의 특성을 두루 갖추고 있다. 르포의 강한 시각적인 특성은 필연적으로 기자의 '의견'이 녹아있기 때문이다. 전형적인 의견 강조형 텍스트 종류는 '논평'이다. 르포와 논평의 차이는 뚜렷하다.

이런 텍스트 종류들을 논의하기 전에 텍스트 종류의 또 다른 통상적인 하위 부류인 '경성뉴스'와 '연성뉴스'를 보자.11) 이런 구분은 일차적으로 내용 또는 분야에 따른 것이다. 뤼거(1995: 103)에 따르면,

---

10) 특히 Brinker(1997)와 Heinemann/Viehweger(1991), Heinemann/Heinemann(2002) 참조.
11) 신명선/박재영(2004: 43)은 이들을 분야에 따라 나누고 있다.

'경성뉴스'가 정치와 경제 같은 사회의 주요 주제 분야와 관련이 있다면, '연성뉴스'는 범죄, 재해, 사고 또는 이른바 '휴먼스토리' 분야의 주제를 다룬다. 이런 용어상의 차이 때문에 텔레비전에서는 용어상 세 범주를 구분한다.[12)]

- 하드뉴스(경성뉴스): 정치·경제 등을 대상으로 하는 뉴스 내용으로, 어느 정도 시간이 경과한 뒤에 영향이 나타남
- 스폿뉴스(범죄 등등): 라디오나 텔레비전 방송에서, 프로그램 진행을 잠시 멈추고 방영하는 아주 짧고 간단한 뉴스. '초점 뉴스'로 순화됨
- 소프트뉴스(휴먼스토리 같은 연성뉴스와 일치함): 연예나 스포츠 등을 대상으로 하는 뉴스 내용으로, 일반 대중에게 당장 영향을 미침

부르거(2005)는 용어상의 혼란을 피하기 위해 '단신'과 '보고'를 정보 강조형 신문 텍스트의 기본 텍스트 종류에 상응하는 용어로 사용하고 ― 이 텍스트 종류들의 구조적인 징후에서 알 수 있듯이 ―, 주제와 무관하게 '단신'과 '보고'로 지칭한다. '하드/스폿/소프트 뉴스' 등의 용어는 구조적 자질을 무시하고 일차적으로 내용만을 고려하면 의미가 있다.

4.2. 신문 텍스트의 종류

종류 \ 기준	분야	텍스트 기능	초점
기사	경성이슈	스트레이트기사	시의성 있는 사안의 정보 전달
		피처기사	사안의 해설에 치중
	연성이슈	스트레이트기사	시의성 있는 사안의 정보 전달
		피처기사	사안의 해설에 치중

12) 그러나 문제가 없는 것은 아니다. '뉴스(Nachricht)'는 내용이 정해진, 뉴스에 가치가 있는 새 소식이라는 이름으로 뿐 아니라 두 텍스트 종류의 상위 개념으로 사용된다. Lüger (1995: 95)는 오해가 있을 수 있지만 '경성뉴스'와 '연성뉴스'를 텍스트 종류의 명칭으로 계속 사용하기로 결정한다. 그러나 '연성뉴스'가 내용만으로는 정의될 수 없고 또 구조적, 언어적으로도 일관성을 찾기가 쉽지 않다.

가장 중요한 정보 강조형, 의견 강조형 텍스트 종류를 개관하면 [그림 11]과 같다.

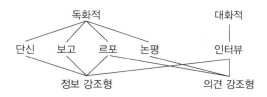

[그림 11] 신문텍스트 종류의 두 가지 유형

4.2.1. 단신

단신은 가장 기본적이고, 가장 짧고, 가장 간단한 텍스트 종류로서, 사태를 객관적으로[13] 전달하는 데 목적이 있다. 독자가 알 수 있는 것은 사건이 발생했고, 특정 상태가 일어났거나 일어날 것이라는 것뿐이다. 부허(1986: 82)에 따르면, 단신은 '무엇이 발생했고, 어디서, 언제, 어떻게, 어째서, 사건이 발생했고, 누가 사건에 연루되었는가'를 전달하므로, 상호 텍스트적인 근거와 신문 속의 다른 텍스트들과의 관계는 명시될 필요가 없다. 관점도, 필자명도 제시되지 않는다. 표제는 있지만, 리드는 없다. 본문은 대부분 역 피라미드 원칙을 따른다.

(1) 한화 김승연 회장, 중 투자방안 논의
한화그룹은 김승연 회장이 9일 중국 저장성 항저우 시 인터콘티넨털호텔에서 자오훙주 저장성 당 서기와 투자 및 상호협력방안을 논의했다고 밝혔다. 김회장은 솔라펀파워홀딩스를 인수해 중국 태양광 시장에 진출한 한화그룹의 미래 전략사업을 설명하고, 저탄소신소재, 신에너지·바이오·금융서비스 등 분야에서 상호협력방안을 논의했다. (동아일보 2010.09.11, A14)

---

13) 언론보도에서 '객관적'이란 말은 '상호주관적'이란 뜻에 상응한다. 김봉순(1999)도 참조.

(1)은 팩트 외에 뉴스의 원천을 제시하고는 있지만("한화그룹은"), 누가 구체적인 원천인지는 명시하지 않고 있다. 선행 텍스트를 제공한 통신사도 없다.

신문의 제1면이나 제2면의 단신은 오늘날에는 '독자안내'의 기능이 있다. (2)처럼 신문 안쪽의 몇 쪽에서 자세한 내용을 볼 수 있는지 짧은 '미리보기'를 제공하는 역할을 하기 때문이다. A19쪽에 기자와 특파원의 자세한 보고가 있다.

(2) 중-일 경제문제까지 충돌   A19
최근 중국의 대미, 대일 관계를 중심으로 한반도 주변 강대국들의 역학구도가 급변하고 있다. 중국과 일본의 갈등은 영해 분쟁을 위시한 외교 문제를 넘어 경제 분야의 대립으로 확산되고 있지만 서해상 연합훈련 등으로 살얼음판을 걷던 중국과 미국의 관계는 빠르게 호전되는 양상이다. (동아일보 2010.09.11, A2)

4.2.2. 보고

'보고'는 정보 강조형 텍스트의 핵심 유형이다. 보고 특유의 제보 행위의 핵심은 보통 텍스트 도입부에서 주어지는 순수한 사건 전달(단신의 구성 요소들) 외에 "사건의 흐름, 사건의 개별 국면들의 연관 관계, 사건의 결과를 전달한다"(부허, 1986: 82)는 모형에 따라 제시될 수 있다.

(3) a. 단신(대전일보 사회면, 2011.11.14, 6쪽)

□ **사건·사고**

신병비관 노부부 음독 숨져

○···지난 10일 오전 10시 36분경 충남 아산시 둔포면 박 모(77) 씨의 집에서 박 씨와 박 씨의 부인(69)이 제초제를 마시고 쓰러져 병원으로 옮겨졌으나 모두 숨졌다.

경찰은 노부부가 지병으로 건강이 악화돼 매일 통증치료를 받아야 하는 등 힘들어 했다는 유족의 진술 등

을 토대로 사망 경위를 조사 중이다.

주택서 LP가스 폭발로 불

○···13일 오전 10시 10분경 대전시 대덕구 읍내동의 한 주택에서 LP가스가 폭발해 불이 났다. 이날 불로 집 주인 김 모(63) 씨가 화상을 입고 병원으로 옮겨졌으며 인근 가옥의 유리창이 깨지는 등 소방서 추산 140만 원 상당의 재산피해가 발생했다.

이미선 기자

b. 보고(대전일보 사회면, 2011.11.14, 6쪽)

태안 선박 충돌은 '人災'

지난 12일 태안군 근흥면 가의도 앞바다에서 어선과 화물선이 충돌해 어선이 침몰하는 사고가 발생한 가운데 화물선 한진호(사진 위)가 바다 위에 유유히 떠 있고 해경이 수색작업을 펼치고 있다.

두 선박, 짙은 안개 속 주변 경계 소홀히 해

화물선, 회피조치 안해··· 항해사 영장은 기각

실종 선원을 잠자다 참변
불볕 속 수색작업에 난항

지난 12일 충남 태안군 근흥면 가의도 인근 해상에서 발생한 선박 충돌사고와 관련, 태안해양경찰서가 화물선 항해사에 대해 구속영장을 신청했다. 또 실종된 선원 2명에 대한 수색이 이틀째 진행되고 있지만 기상악화로 인해 어려움을 겪고 있다.

◆사건개요
지난 12일 새벽 2시 15분경 충남 태안군 근흥면 가의도 북서방 4.8마일 해상에서 어선 102기룡호(69t)와 화물선 한진3001호(2116t)가 충돌해 기룡호가 침몰했다.

제4장 인쇄 미디어: 신문보도   125

따라서 보고는 일곱 가지 의문사 질문(W-Frage)14)에 대한 대답에 근거하는 단신보다는 내용 면에서 더 복잡하고, 양적인 면에서 더 길다. 순수한 팩트 서술을 넘어 필연적으로 해설적인 면이 더해진다. 어느 정도의 '논평' 없는 보고는 있을 수 없다. 그래서 보고는 단신과는 달리 표제-리드-본문의 세 요소로 구성된다. 이 원칙에 따라 표준 보고는 단신의 기본 내용 제시 원칙인 '의문사 질문'에 대한 핵심 대답을 주는 첫 번째 문장에서 '역 피라미드' 모델을 따른다. 다시 말해서 핵심 정보는 첫머리에 위치하고, 이어지는 텍스트는 개별 국면들의 세부 내용을 담고 있다. 텍스트는 통신사가 제공하고, 신문사의 편집진이 이 텍스트를 축소·변형할 수 있다.

4.2.3. 논평

논평은 일반적으로 보고와 상보적인 의존 관계에 있다. 보고의 팩트 정보가 전제된다. 논평의 핵심 기능은 저자가 나름의 시각(편집진의 시각과 일치할 수 있음)에 따라 '하루의 사건, 시대 흐름, 정치 발전에 관한 독자적인 해석, 설명, 해설'을 주는 것이다. 그래서 논평의 책임은 저자에게 있다. 평가 행위가 지배적이기는 하지만, 텍스트의 특정 입장과 관련된 것은 아니다. 논평의 기본 목적은 서술된 사태와 관련해서 독자의 평가 행위, 평가 태도의 변화에 있다.

논평 행위는 사태(명제)를 일정한 척도로 평가하는 것이다. 여기서 사태는 알려진 것으로 전제되거나 알려져야 한다. 알려주는 것은 전달 행위를 통해 일어난다. 평가 행위는 보통 명제의 명시적인 평가(예, *Es ist gut, dass*…)나 논평의 형태(예, *Obama musste gehen. Das ist gut.*)로 수행되지 않는다. 오히려 부차적으로 수행되는 경우가 흔하므로 눈에 띄지 않을 수 있다. 텍스트 구성은 일반적으로 논증형 주제 전개 구조를 따른다.

---

14) 라스웰의 공식: 누가, 무엇을, 언제, 어디서, 어떻게, 왜 그리고 어떤 출처.

예컨대 정치 논평의 수신자는 자신이 정치 분야의 행위자가 아닌 독자[15]와 논평에서 그의 행위와 행위 영역이 지시되는 독자이다. 따라서 평가 행위는 조언, 제안, 경고, 비난 등이 후자의 수신자 그룹과 관련해서 표현되면서 수행되기도 한다. 그 때문에 전자의 수신자 그룹에게 제시되는 것은 후자의 수신자 그룹의 가능한 행위 놀이 공간, 곧 행위 대안들이다. 화자와/나 수신자와 관련된 특정 평가가 조언, 제안 등의 전제 조건에 해당하므로 이런 발화수반행위들을 거쳐 전자의 수신자 그룹에게도 특유의 평가가 전달되는 것이다.

4.2.4. 르포

르포의 핵심 자질은 '나름의 시각'을 가지고 쓴다는 것이다. '시각'은 '주어진 포지션에서 누구를 위해 그 무엇에 관해 표상하는 것'이다. 여기서 그 무엇(대상, 사람, 사태, 사건, 행위)은 전체로서가 아니라 하나 또는 그 이상의 국면에서만 개체에게 중요하며, 수신자를 위해 특정 목적으로 언어화된다. 시각을 가지고 쓰는 기자는 이것을 개인이 아닌, 수용자를 위한 언론의 입장에서 되도록 유리한 포지션에서 보고하는 개인적인 '역할'을 한다. 이 포지션은 '목격자'의 포지션이다. 목격자는 다소 강하게 사건 속에 들어가 있을 수 있다. 외부 상황은 리포터가 맡을 수 있는 역할을 결정할 수 있다. 전쟁 같은 특수한 상황에는 선택할 수 있는 역할이 제한된다. 그러나 외부 상황으로 인해 정해진 역할에서도 저자는 스스로 텍스트에서 다양한 방식과 정도로 나름의 역할을 관철시키기도 한다.[16]

---

15) 라디오 논평과 텔레비전 논평도 독자의 경우에는 신문 논평과 다르지 않다.

16) Burger(2005: 216)는 저자가 텍스트에 등장할 수 있는 가능성을 6가지로 본다. 저자는 ① 자신을 목격자, 관찰자, 참여자로 지정하여 이들 중 하나로서 텍스트를 책임지면서, ② 명시적으로 나름의 주관적인 평가를 표현하면서, ③ 보고 들은 것을 언어화하면서, ④ 물리적, 정신적 경험을 기술하면서, ⑤ 공간적으로 어떤 '장면에' 있으면서, ⑥ 시간적으로 어떤 사건에 들어가면서 텍스트에 등장할 수 있다.

이처럼 르포는 아주 폭넓은 행위 스펙트럼을 보여준다. 한편으로 보고 행위에서 찾을 수 있는 모든 행위 모형들이 가능하다. 다른 한편으로 주관적인 제시 방식으로 '보고자가 보고, 듣고, 체험한 것을, 나름의 시각에서 사건을, 보고자가 조사한 것을, 보고자가 어떤 정치적, 역사적, 사회적, 문화적 맥락에서 사건을 보고 있는가를, 보고자가 조사에서 어떤 역할을 했는가를, 보고자가 보고된 것을 어떤 식으로 체험했는가'를 전달한다.

정보 강조형 텍스트 종류들의 상이한 행위 스펙트럼에서 르포가 차지하는 위상을 도식화하면 [그림 12]와 같다.

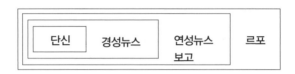

[그림 12] 정보 강조형 텍스트 종류들의 행위 스펙트럼

어떤 사태를 주관적으로 제시한다는 것은 그러니까 무엇이 발생했다거나 무엇이 어떻게 발생했는지를 전달하는 것일 뿐 아니라 사건이 보도자의 시각에서 어떻게 진행되었는가를 전달한다는 뜻이다. 이런 이유에서 독일어권의 리포터는 일인칭 'Ich[나는]'나 'Wir[우리는]'의 형태로 글을 쓴다. 이런 맥락에서 뮐러(1989)는 르포에 중요한 자질 층위로서 현장Vor-Ort, 인물Personen, 다큐Dokumentation의 세 층위를 든다.

현장 층위에서는 시공간적인 특수 상황이 자세히 기술된다. 여기서 저자는 자신의 역할과 관여 정도를 규정하고, 텍스트에서의 노출 정도를 명시한다. 상황을 제시할 때 문학적인 기교도 발휘되는데, 예컨대 (4)와 같이 영화의 한 장면처럼 전체 전경 촬영에서 근접 촬영으로 변화를 주는 식이다.

(4) [⋯] Fürs Auge eine Mischung zwischen New York und Capri: an der Küste, oberhalb der steilen Kiesfelsen, protzen Apartmenthäuser, den Wachsoldaten mit Maschinenpistole vor dem Eingang, Tennisplätze, Palmen, hohe Bankhäuser, Gebäude von Investmenttrusts, Shopping-Center, ein "Kentucky Fried Chicken", Restaurants in Rustikalarchitektur. Ich sitze im Café "Vivaldi", einem nachgebauten englischen Pub mit offenen Fenstern zur Straße hinaus. [⋯]

전경 촬영은 "fürs Auge[눈앞에는]"로 미리 명시되고, 이어서 나의 시각(예, *"Ich sitze im Café*⋯[나는 카페에 앉아있다⋯]")에서 개별 장면(레스토랑을 거쳐 카페 '비발디' 내부에까지 이르는 근접 촬영)으로 초점이 이동한다. 이처럼 나의 시각이 아니라 독자의 시각에서 '사람들의 모임' 장면을 촬영하는 기법도 애용된다.

(5) "Es ist Freitag, Tag des Gebets. Wahed steht auf dem Hauses und filmet die Menschenmenge, die sich hier eingefunden hat. Es dürften Zehntausende sein, die ihre kleinen Teppiche auf der Straße ausbreiten, zwischen den Schlaglöchern, dem Staub und dem Müll, der das Viertel Tag und Nacht in eine hartnäckig stinkende Wolke hüllt. Wahed hatte auch 1998 gefilmt, von einem Versteck aus, als die Fedajin Saddam Husseins von der Fußgängerbrücke aus auf al-Sadrs Anhänger schossen und sie zu Dutzenden töteten. Als sein Bruder Nadir später davon erfuhr, nahm er die Videokassette aus der Kamera und trat darauf, bis sie in Stücke brach [⋯]"(Die Zeit, 2003.04.30)

(5)는 문학작품에서 흔한 '장면식 접근법szenischer Einstieg'을 사용한 경우이다. 여기서는 도입 설명 없이 바로 특정 장소의 구체적인 사건으로 눈을 돌린다. 첫째 줄부터 독자에게 갑자기 자신이 목격자로서 현

장에 있다는 느낌을 전달한다. 이는 저자가 아직 텍스트에 들어있지도, 자신의 시각을 끌어들이지도, 아직 독자와의 관계를 맺지도 않은 상태에서 수많은 정보들이 주어진 것처럼 행동하는 효과를 극대화할 수 있다. 이를 위해서는 (6)처럼 명사 앞에 정관사가 사용된다(뮐러, 1989: 123). 여기서는 장면도 사람도 낯설다. 기껏해야 직접 인용을 통해 이곳이 '주식시장 안'임을 추측할 수 있을 따름이다. 알고 있다고 할 수 있는 모든 정보는 점진적으로 전달된다. 이는 텍스트 첫머리의 낯익은 문학적 기교 때문이다.

(6) "Der Lange im blauen Hemd bläst sich auf wie ein Frosch. Dann ein Schrei aus tiefster Seelennot: "50 Brief!" Die Wirkung ist verheerend-lauthals Gezeter und Gebrüll im Rund. Am wütendsten kräht der Kleine mit der Glatze dazwischen: "30 Geld!" [···].

참여한 인물들은 특히 자기들이 말한 것이 텍스트에서 어떻게 효과를 발휘하는지에 관심을 두기 때문에 인용, 특히 직접화법에 의한 인용이 자주 등장한다. 그래서 르포를 다른 정보 강조형 텍스트 종류들과 구분하는 기준으로서 직접화법을 들기도 한다. 물론 독일의 〈BILD〉 같은 가판신문의 경우는 예외적이다. 가판신문에서는 텍스트 종류의 경계가 불투명하기 때문에 모든 텍스트들에서 필수적으로 직접화법이 등장한다. 르포보다 인용이 더 많다고 해서 '인용 보고'라고도 한다. 르포에서의 직접화법은 말해진 원본 상황을 신빙성 있고 생생하게 표현하는 수단으로 이용된다. 그래서 직접화법은 라디오나 텔레비전 미디어에서의 원음O-Ton과 유사한 기능이 있다.

다큐 층위는 배경 정보(증빙 자료)를 전달하는 층위이다. 이런 층위는 보고나 논평에도 등장한다. 중요한 것은 증빙 자료의 생성 방식이다(뮐러, 1989: 146). 르포는 통계 자료를 제시하기도 하지만, 대개는 추상적인 숫자로 표시된 자료나 일상적인 지식과 경험을 바탕으로 해석한 것을 "최상급 형태"(앞의 책: 147)로 제시하는 경우가 흔하다.

(7) a. "die größte Baustelle der Welt", "die wohl jüngste Bevölkerung der Welt", "die verkehrsreichste Kurve Europas", "Die Höhe der 7,7 Kilometer langen Mauer entspricht einem Wolkenkratzer von 62 Stockwerken"

    b. [⋯] 국민의 삶은 나빠지기만 했다. 1인당 국민소득 300달러, 5세 이하 영아 사망률과 출산 중에 산모의 사망률이 20%인 나라. 여성의 학교교육 제외, 남성의 수염 기르기 강요, 가혹한 이슬람법을 고집한 탈레반 정권에서 벗어났지만, 현재 아프가니스탄의 척박한 땅은 전 세계 아편의 90%를 생산하는 '글로벌 허브(hub)'가 됐다. (조선일보, 2007.06.13).

역사적인 자료를 이용하는 경우에는 인물에 초점을 두는 경우가 흔하다. 예컨대 역사는 (8)처럼 그 역사에 참여한 사람의 역사를 거쳐 전달된다.

(8) a. Da kann es einer, wenn er clever genug ist, in der Tat vom Habenichts zum Millionär bringen, und er kann erst noch politische Karriere machen, wie jener Bill Shefield, der vor bald 30 Jahren als Fernsehflicker nach Alaska kam, dann eine nach ihm benannte Hotelkette aufbaute und schließlich im letzten November zum fünften Gouverneur in der Geschichte des 49. amerikanischen Bundesstaates gewählt wurde. (뮐러, 1989: 151).

    b. '머나먼 평화' 아프가니스탄 르포
       아프가니스탄의 수도 카불의 한 주택가에 있는 아미드 아미니

(Amini, 43)의 집은 7년 내전 와중에 공습을 받아 이후 모든 것이 멈춰버린 한 아파트 공사 현장 앞에 있다. 이 나라의 여느 집처럼 아미니의 집이 갖고 있는 '숨은 가족사(사)'는 이 나라의 굴절된 현대사이기도 하다. […]. (조선일보 2007.6.13).

현대 미디어의 현실은 특히 가판 저널리즘에서 모습을 달리한다. 르포의 고전적인 몇몇 요소들은 광범위하게 사용되지만, 다른 요소들은 빠진다. 현장 원칙, 목격자, 현장 사람과의 대화, 저자의 감정개입 같은 르포의 요소들은 오늘날의 저널리즘과 일치한다. 이런 요소들은 구어성, 직접 인용(순수 인용이든 허구 인용이든 상관없음)의 경향을 배가시킨다. 가판신문처럼 오늘날의 일반 일간지들도 '순수한' 텍스트 종류, 규범적인 텍스트 종류라는 말은 사용하지 않는다. 르포, 보고, 인터뷰 같은 텍스트 종류들을 구분하기 어려울 정도로 다양한 문체 요인들이 뒤섞이는 혼합 현상이 흔하기 때문이다. 역사적인 관점에서 보면, 르포의 출현으로 오늘날의 변화된 소비 습관에 맞게 인접 텍스트 종류들에 변화를 가져온 것이다.

4.2.5. 인터뷰와 인용 보고

'신문 인터뷰'는 상호 텍스트적으로 핵심적이 아닌 부차적인 텍스트 종류인 경우가 흔하다. 신문 인터뷰는 동일 신문에 실린 다른 기사에 기초하기 때문에 이미 주어진 정보를 심화시키는 기능이 있다. 이런 심화 방식의 핵심은 정보의 초점을 인물에 맞추는 것이다. 개인 또는 기관의 대표자는 극히 개인적으로 아니면 해당 기관의 시각에서 현안 문제에 대해 의견을 말한다. 전문가가 전문적인 질문을 해명하거나 이슈화되고 있는 문제에 대해 의견을 묻는 경우도 있다.

피인터뷰자가 예컨대 신문에서 보도한 것과 관련해서 그의 의견을 질문 받는 인터뷰는 의견 강조형의 성격도 있다. 물론 이것은 기자의 의견은 아니고 피질문자의 의견이다. 그렇다고 이런 인터뷰를 '의견 강조형' 텍스트 종류라고는 할 수 없다. 언어학적으로 흥미로운 텍스트 종류는 인터뷰나 다른 신문 등에 게재된 보도에 기초한 '인용 보고'인데, 단신이나 보고만큼 규범적이지는 못하다. 그러나 신문의 인터뷰는 인터뷰로 제시되지 않고 텍스트로 압축되는데, 많은 인용들이 일차 텍스트로부터 대화재현의 형태로 삽입된다. 따라서 보도된 텍스트는 축소되고 생략된 대화적 자질들로 인해 인터뷰라기보다는 보고의 한 유형이라 할 수 있다.

마리노스(2001)는 독일 노르트라인-베스트팔렌Nordrhein-Westfalen 주의 지역신문 기자가 '인용 보고' 형태로 보도한 인터뷰를 연구했다. 흥미로운 것은 원본 인터뷰를 보도된 텍스트와 비교한 것이다. 마리노스에 따르면, 축어적으로 인용된 경우는 극히 드물고 인용 부호가 있는 직접화법이나 부분인용으로 인용된 경우도 축어적이지 않았다.

'인용 보고'는 수많은 인용을 포함하고는 있지만, 언론학과 언어학의 문헌에서 명칭을 달리하여 다뤄지는 텍스트 종류들과 구분하기가 쉽지 않다. 그래서 슈뢰더(2001: 1722)는 인용 보고 외에 'Interviewporträt인터뷰 인물평론', 'Interviewreportage인터뷰 르포', 'Interviewstory인터뷰 스토리' 같은 형태들도 끌어들인다. 지금까지 이런 텍스트 종류들을 언어학적으로 설득력 있게 특성화한 경우는 없다.

5. 최근의 경향

5.1. 텍스트 모형 혼합

텍스트 모형 혼합 현상은 오늘날 모든 매체에서 '의견 강조형' 텍스트와 '정보 강조형' 텍스트, 특히 논평과 보고를 더 이상 뚜렷이 구분할 수 없는 경우에서 발견된다. 저널리즘이나 언어학의 개론서들은 일반적인 구분 규범을 제시하고 있다. 이 규범에 따르면, 보고는 '사실적', '중립적', '객관적'이지만, 논평은 저자의 주관적인 관점과 개인적인 의견을 드러낸다. 부허(1986)는 이런 구분을 거부한다. 특히 이런 구분은 "사람들은 전제 조건, 관점, 확립 그 어느 것도 없이 보도된 것을 이해하여 보고할 수 있다"(앞의 책: 177)는 픽션에 근거하기 때문이다. 그래서 그는 이런 구분 없이도 가능하다는 점을 스위스의 유력 일간지 NZZ의 예를 들어 예증하고 있다(앞의 책: 178). 수년 동안 미디어 정책에서 '객관성' 개념을 둘러싸고 수많은 논쟁을 벌였지만, 주관성을 배제한 순수 팩트 서술이 이론적으로 불가능하다는 자명한 이치만 확인되었다.

전자 미디어가 혼합형의 경향을 보이는 반면에, 신문은 이 두 형태를 외형상 보다 명확하게 구분하고 있고, 또 상보적인 특성을 보인다. 신문의 역사를 보면, 신문이 단선적으로 발전한 것이 아님을 알 수 있다. '순수' 팩트 서술과 논평 서술의 양 축을 오락가락하였음을 알 수 있다. 신문의 전신이라 할 수 있는 16세기의 팸플릿Flugschrift[17])에서는 "사건을 사건 자체를 위해 보고하는 것이 아니라 사건을 이용하여 의견의 근거를 제시하기 위해, 독자에게 무엇에 대한 찬·반을 받아들이도록 하기 위해, 찬성 태도나 반대 태도가 얼마나 좋거나 얼마나 나쁜지를 제시하기 위하여 보고한다."(슈뢰더, 1995: 166). 17세기 신문에서는 정보 행위가 '독립적'이다. 17세기와 18세기에 평가적 요소들이 다시 개입되어 신문 검열에서 출간이 취소되는 사태가 발생하면서 전 유럽에 걸쳐 이른바 '의견 중심 신문Meinungspresse'(부르거, 2005: 225)이 등장한다. 정보 강조형과 의견 강조형 텍스트를 분리하자는 '분리 규

---

17) 팸플릿은 접어서 만든 전단지로 2면 이상으로 구성된다. 지면의 수에 따라 4면(4절판), 8면(8절판), 12면, 16면, 24면, 32면까지 다양한 종류가 있었다. 한 장의 전단지 안에 담을 수 있는 내용에 한계가 있다는 공간적인 제약 때문에 시간이 지나면서 자연스럽게 등장한 것으로 보이는 팸플릿은 전단지보다 나중에 만들어지기 시작했음에도 전단지보다 더 많은 내용을 담을 수 있고 들고 다니기도 간편했기 때문에 점차 전단지보다 더 많은 인기를 얻게 되었다. 다양한 종류의 텍스트를 선택해서 담을 수 있었던 팸플릿은 전단지가 시장에서 거의 사라진 19세기 말까지도 살아남았다.

범'은 근래에 와서야 나타났는데, 정보 행위와 여론형성이란 두 국면의 혼동을 피하려는 주장이다.

[1] 선행 텍스트에 기초한 보고

보고와 논평의 기능을 뚜렷이 구분할 수 있는 경우는 보고가 선행 텍스트에 기초하거나 선행 텍스트들을 이용하여 작성되고, 논평이 편집진에 의해 작성될 때이다. 다음은 보고의 이런 측면은 단적으로 보인 예이다.[18]

(7) **Kein Kurswechsel bei Swiss**

Basel.-Swiss-Chef Christoph Franz hält nichts von abrupten Bremsmanövern. Trotz des Halbjahresverlustes von 33 Millionen Franken will er an der bisherigen Ausrichtung und Strategie festhalten. Kostensenkungen und Ertragssteigerungen sollen die Airline auf Kurs bringen. "Die Swiss ist heute nicht mehr auf der Intensivstation, aber sie liegt noch immer im Krankenhaus", sagte Franz bei der Präsentation der Halbjahreszahlen in Basel.

Die vor einem Jahr eingeleitete Abspeckkur habe zu klaren Erfolgen geführt. Erstmals in ihrer Geschichte habe die Swiss im Juni schwarze Zahlen geschrieben. "Das zeigt, dass unser Geschäftsmodell so schlecht nicht sein kann", sagte Franz. Möglich wurde dies aber nur durch den Sonderertrag von 68 Millionen aus der Beilegung eines Rechtsstreits. Im gesamten ersten Halbjahr fiel ein Verlust von 33 Millionen an, 300 Millionen weniger als vor einem Jahr. (AP/odm)

Kommentar 5. Spalte

Swiss sieht sich auf richtiger Route, Seite 27

---

18) Burger(2005: 226)에서 재인용함.

이 보고의 텍스트 역사는 텍스트에서 어느 정도 분명하게 제시되고 있다. 통신사 단신(AP)과 경제 관련 보고를 제공하는 odm마르셀 오데마트, Marcel Odermat이라는 특파원의 특파원 보고가 이 보고의 토대가 되고 있다. 이들 선행 텍스트는 기자회견과 크리스토프 프란츠Christoph Franz의 정보들인데, 직접화법(예, "*Die Swiss ist heute nicht mehr auf der Intensivstation*··· [스위스는 이제 더 이상 중환자실 환자가 아니다···]")과 간접화법(예, "*Abspeckkur* [몸집 줄이기]")으로 인용된 은유들이다.

(8) **Noch nicht überm Berg**

Von Stefan Eiselin

Es war eine Premiere. Im Juni nahm die Swiss zum ersten Mal in ihrer Geschichte in einem Monat mehr ein, als sie ausgab. Noch ist unklar, ob die erste Landung in der Gewinnzone bloss ein einmaliges Ereignis war oder der Wendepunkt auf der Reise in die Profitabilität. Sicher ist nur, dass die nationale Fluggesellschaft in letzter Zeit überraschende Fortschritte gemacht hat. Der Verlust ist im ersten Halbjahr massiv gesunken. Der Abfluss der Barmittel hat sich deutlich verlangsamt. Das sind Zeichen, die Hoffnung machen.

So klar sich die Ergebnisse aber auch verbessern; über den Berg ist die Swiss noch lange nicht. Ihre Kosten sind nach wie vor viel zu hoch, die Erträge noch immer zu tief. Schuld daran sind die altbekannten Geburtsfehler der Schweizer Fluglinie. Sie ist − getrieben vom angeschlagenen Nationalstolz und der Selbstüberschätzung der Wirtschafts − und Politelite − viel zu gross konzipiert und strategisch falsch aufgestellt worden. Daran hat auch die Schrumpfkur im letzten Jahr nicht wirklich etwas geändert.

[···]

Will der neue starke Mann einen Kahlschlag verhindern, kommt er um einen weiteren schmerzhaften Einschnitt beim Personal kaum herum.

이 '논평'(부르거, 2005: 227)은 대부분의 논평이 그러하듯 '보고'를 배경 텍스트로서 전제하고 있다. 그러나 명시적으로 배경 텍스트인 '보고'나 논평에 포함된 선행 텍스트는 무관하다. (8)은 슈테판 아이젤린 Stefan Eiselin 개인이 작성한 논평으로 제시되고 있다. (8)은 논평자 자신의 것으로 보이는 은유들이 많이 등장한다(예, *noch nicht überm Berg*[여전히 위기는 진행 중], *Landung in der Gewinnzone*[이윤지대에 착륙], *Wendepunkt auf der Reise*…[여행의 전환점], *Geburtsfehler*[고질적인 병폐], *Schrumpfkur*[위축처방] 등). 일부는 관용 표현이고, 일부는 은유적인 합성어들이다. "Landung[착륙]"과 "Reise[여행]"로 축어적 층위에서 논평의 대상(예, *der Fluggesellschaft*[항공회사])과의 관계가 형성된다. 그러나 일련의 은유들이 전체적으로 응집력을 갖춘, 인지언어학에서 말하는 근원영역은 아니다. 이들 은유와 또 다른 표현들(예, *viel zu hoch*[지나치게 높고], *noch immer zu tief*[여전히 낮고] 등)을 이용하여 논평자는 분명하면서도 명시적인 평가를 내린다. 논평자는 주장 단락 다음에서 은유적인 표현으로 결론을 이끌어내면서(예, *Kahlschlag*[벌목지역], *schmerzhaften Einschnitt beim Personal*[뼈를 깎는 인원 조정]). 전체 텍스트를 은유적으로 구성한다.

따라서 보고와 논평은 각각의 텍스트 구조와 상호 텍스트적인 구조에서 분명한 차이점을 보이기 때문에 두 가지 상이한 텍스트 종류라 할 수 있다.

5.2. 신문 레이아웃의 하이퍼텍스트성

하이퍼텍스트는 기본적으로 다매체성, 탈선형성, 전자출판의 세 가지 특성이 있다.19) 신문의 온라인 판도 이런 유형의 텍스트에 근접한다. 신문은 기본적으로 종이로 출판되지만, 근래에는 온라인에서 전

---

19) 하이퍼텍스트의 특성에 대한 논의는 이 책의 제8장 참조.

자페이퍼ePaper로도 제공된다. 그럼에도 전자출판이라는 특징을 제외하면 다매체성과 탈선형성은 하이퍼텍스트에 독특한 특성으로서 자리를 잡았다.[20] 이런 하이퍼텍스트성의 성격을 가진 텍스트를 '멀티텍스트Multi-Text' 또는 '클러스터 텍스트Cluster-Text'라고 한다.

(1) 다매체성

근래의 신문은 인터넷이 아니라 지면을 이용하기 때문에 동태적이 아닌 정태적인 다매체적 특성, 곧 본문, 사진, 그래픽 등으로 구성된 멀티텍스트의 양상을 보인다. 오래전부터 가판신문이 '사진'을 애용해왔는데, 그 이후 구독신문에서도 사진 등의 다매체를 이용한 편집 경향이 보편화되었다.

홀리키(1993)는 신문의 사진이 보고, 논평 같은 텍스트 종류와 유사한 기능을 수행한다고 주장한다. 신문의 언어적 텍스트가 제보적 요소와 평가적 요소로 구분된다는 것은 저널리즘의 기본 상식이지만, 신문의 영상 텍스트, 곧 사진이 갖는 평가적 요소는 그동안 별다른 주목을 받지 못했다.[21]

(2) 탈선형성

선형적 텍스트는 목적에 따라 앞에서 뒤로 죽 읽어나가도록 설계된 것이다. 정보 강조형 텍스트 종류에서 선형적 텍스트라 할 수 있는 것은 예나 지금이나 '단신'뿐이다. 다른 텍스트 종류들은 모두 선형성의 원칙에서 크든 적든 벗어나 있다. 그러나 오늘날의 신문에서 새로운 것은 생산자가 비선형적으로 읽는 것이 유리한 텍스트를 제공하거나 비선형적으로만 읽을 수 있는 텍스트를 제공한다는 것이다. 이런 종류의 텍스트들은 복합적인 거대 텍스트의 전통적인 구조에서 서로 유

---

20) Bucher(1996), Straßner(2001), Stöckl(2004) 참조.
21) 그동안 클러스터 텍스트에서 사진의 기능을 연구한 사례로는 Muckenhaupt(1986), Stegu (2000: 312ff) 등이 있다.

기적인 협력 관계를 맺고 있는 개별 부분 텍스트들의 클러스터 속으로 용해되는 모습을 보인다. 하나의 거대 텍스트에서 모듈구조를 가진 소형 텍스트들의 클러스터로 바뀌는 것이다. 이런 종류의 텍스트들은 오늘날 거의 매일 일간지에서 발견할 수 있다.

5.3. 신문 텍스트에서의 대화성

신문 텍스트는 기본적으로 활자화된 것으로서, 그 수용 방식은 읽기이다. 물론 우리는 신문 기사를 누구에게 낭독할 수도 있는데, 이런 식으로 오늘날 신문에 일반적인 커뮤니케이션 형태를 바꾼다.[22]

예컨대 신문 인터뷰의 경우에 일차적 구술성과 이차적 구술성의 구분이 매스미디어의 틀에서는 적절하지 않을 수 있다.[23] 일차 상황은 대개 대면 상황이거나 전화 커뮤니케이션이다. 일차 상황에서의 구어 텍스트는 문자 미디어에서는 문자로 실현된, 독자 지향적인 텍스트 조건들을 따른다. 이런 변형에서는 대개 읽을 때 방해가 되는 구어성 자질들[24]은 없어지고, 특히 구어에 전형적인 자질들(예, 뉘앙스 불변화사 등)은 구어적인 '분위기'를 문어 텍스트에도 맛볼 수 있도록 유지시키는 경우가 흔하다.

이런 식으로 '개념상' 일부는 구어적이고 일부는 문어적인, 문자로 실현된 신문 특유의 텍스트 종류, 예컨대 '신문 인터뷰'가 탄생하는 것이다.

문어적 형태에서도 이 텍스트 종류는 대화의 형식적 자질을 충족시

---

22) 글을 읽지 못하는 사회 계층이 많았던 신문의 초창기에는 신문이 글을 읽을 수 있는 사회 계층에서 구두로 전달되었던 것이 통상적이었다. 오늘날의 신문 텍스트 탄생 과정과 관련시키면 음성적으로 실현된 일차 텍스트의 다양한 가능성들을 관찰할 수 있다(기자회견, 정치가의 연설, 의회 논쟁, 비공식 관련자의 말 등등). 이에 따른 문제점과 가능성은 Burger(2005: 4.2절) 참조.

23) '텍스트'와 '담화'의 구분(예, Dürscheid, 2003)은, 미디어 텍스트에서는 독화적 요소와 대화적 요소가 다양한 방식으로 얽혀있기 때문에 의미가 없다. Burger(1999) 참조.

24) 예컨대 수사적인 효과가 불명료한 문장 중단, 불필요한 반복 등은 생략된다.

킨다. 독자에게 제공되는 의사소통 정세는 대개 인터뷰자와 피인터뷰자의 단순한 대립으로 구성되며, 다수의 인터뷰자 및 다수의 피인터뷰자로 구성되어 있는 경우는 흔하지 않다. 그래서 문자 미디어에서도 일종의 '내부 커뮤니케이션 영역'이 나타난다. 이 커뮤니케이션 범위는 대개 편집진의 도입 텍스트를 통해 생산자(편집진)와 수용자(독자층)의 관계에 따른 '외부 커뮤니케이션 영역'을 지향하게 된다. 이렇게 하여 일차적으로 구어적이고 이차적으로 문어적인 텍스트가 제3의 형태로 미디어와 이 미디어의 규칙에 들어가게 된다(부르거, 2005: 147).[25]

단계	
I	일차적으로 구어적인 원본 상황
	⇩
II	개념적 구어성과 개념적 문어성 사이에 있는 이차적으로 문어적인 텍스트로 변형됨
	⇩
III	문자 미디어 신문에 소속됨

이 두 가지 커뮤니케이션 영역은 동시적이 아니라 순차적으로 실현된 것이다. 내부 영역에서의 대화는 신문에 인쇄된 텍스트의 선행 텍스트가 되고, 인쇄된 텍스트는 수용자와 더불어 외부 영역을 형성한다.

또한 신문에서 생산자와 수신자와의 관계는 수신자가 직접 반응할 수 없기 때문에 원칙적으로 일방향적이다. 여기서 말하는 '커뮤니케이션 영역'은 "분리 확장된 커뮤니케이션zerdehnte Kommunikation"(엘리히, 1984)으로서만 독자편지와 이에 대한 편집진의 대응으로 실현될 수 있다는 점에서 인터넷 온라인에서 흔한 '댓글'이나 '대화방' 등과는 구분될 필요가 있다.[26] 특히 편집진의 텍스트는 대개 암시적으로만

---

25) 여기서 말하는 '일차적', '이차적'이란 개념은 미디어 텍스트의 텍스트 탄생 과정과 관련이 있고 문화사적인 시기와는 무관하다. 그래서 옹이 말하는 개념과 차별화하기 위해 미디어 텍스트와 관련해서 '일차적/이차적으로 구어적/문어적 텍스트'라는 용어를 사용하겠다(Burger, 2005: 145 참조).

26) 온라인에서 '댓글'의 의사소통 영역 관련 특성과 기능에 대한 체계적인 논의는 특히 조국

독자 지향적이다.

부르거(2005)의 예를 이용하여 앞에서 말한 단계들을 예시적으로 설명해보자. (9)는 인터뷰의 극단적인 예라 할 수 있는데, 표제, 리드, 사진, 본문으로 구성되어 있고, 사진이 전체 텍스트의 1/3을 차지한다.

(9) [표제] **Harald Schmidt ist der Meister**

[리드] Der Bayrische Stand-up-Comedian Michael Mittermeier(39) über echte und falsche Komiker, Neid und Respekt, Amerika und Cannabis.

[사진] Mittermeier: "Man wird als Comedian geboren. Oder eben nicht."

[본문] … (Tages-Anzeiger, 2004.07.16 인용)

일종의 [상위 표제]에 해당하는 "Getroffen"은 코미디언 미터마이어 Mittermeier와 그에게 질문하는 기자와의 만남이 있었음을 암시한다(단계 I). 그러나 대담은 본문에서 대화가 아니라 미터마이어의 독화, 곧 "Ausgezeichnet von Thomas Wyss"로 재현된다(단계 II). 이 텍스트는 형식상 독화이고, 개념상 문어적인 경향이 있지만, 원본 대화의 일부가 본문에서 (9a)처럼 유지되고 있다.

(9) a. Tagesform? So was darfs bei der Comedy nicht geben. Die Leute haben Geld bezahlt, die haben eine 120%-Show zu kriegen. Und zwar jeden Abend, Scheissegal, ob ich krank oder gesund bin oder ob meine Oma gestorben ist.

미디어 '신문'(단계 III)은 특유의 방식으로, 즉 표제headline, 리드lead, 본문body, 사진(사진 설명 포함)으로 나누어 하나의 인터뷰, 보고 또는 르포의 텍스트 종류로서 도입한다. 표제와 사진은 본문과 상호 텍스트

현(2007; 2009ㄱ) 참조.

적인 관계를 형성하는데, 이때 중요한 역할을 하는 것이 미터마이어가 한 말을 직접 또는 간접으로 인용한 부분이다.

6. 신문 텍스트에서 표제와 리드의 관계

신문 텍스트의 표제는 위치와 작성 방식에서 어느 정도 독립적이다. 기능적으로 보면 표제는 직접 독자를 향한 것이다. 그래서 표제는 독자의 눈길을 끌어야 하고, 독자에게 신문의 '독서 여정'을 안내하는 역할을 할 수도 있어야 한다. 또한 표제는 리드, 본문과 내부적으로 연결되어 있다.

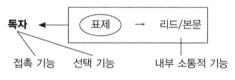

[그림 13] 신문 텍스트에서 구성요소들과 독자의 관계

내부 소통 국면과 관련해서 표제가 갖는 텍스트 내부에서의 상호 텍스트적 기능을 검토해보자. 리드는 표제와 비교할 때 그 기능이 보다 뚜렷하게 드러나는데, 실제 기사, 곧 본문의 내용을 요약한 것이라는 점에서 그렇다. 다시 말해서 일차적으로 리드의 내부 소통적 기능을 통해 정의된 것이다.

인쇄 미디어에서는 표제와 본문 단락들이 타이포그래피, 글자의 종류와 크기 등에 기대어 다양하게 변형될 수 있다. 자기가 구독하는 신문에 익숙한 독자라면 이런 변화현상에 빠르게 적응하여 읽기에 집중할 수 있을 것이다. 그동안 구독신문에서는 표제의 의미는 커졌지만 리드의 의미는 거의 무의미해졌다. 표제 역시 독자가 신문을 두루 '항해'하는데 필요한 수단들 중 하나에 지나지 않는다.

신문 텍스트의 역사와 관련해서 흥미로운 것은 신문이 통신사가 제공하는 기사를 활용하는 방식이다. 통신사에서 제공한 표제는 두 가지 기능이 있다. 하나는 고객의 선택권을 쉽게 해야 하기 때문에 내용 중심적이어야 한다는 것이다. 다른 하나는 신문에서 사용 가능한 표제를 제안하는 것이다. 그러나 신문은 대개는 나름의 작성 방식을 선호한다. 게다가 본문과 표제의 저자가 동일인이 아닌 경우도 흔하다. 표제는 본문에 기초하여 나중에 작성되는 경우가 일반적이다. 그런 점에서 표제는 신문 텍스트의 역사에서 본문과는 다른 위상을 갖는다.

언어학에서도 표제와 관련된 용어는 통일성이 없다. 이를테면 독일 언론에서는 상위 개념으로 'Überschrift제목'나 'Schlagzeile표제'를 선호한다. 일부는 'Schlagzeile'를 신문의 제1면 톱뉴스의 핵심 제목에만 사용하기도 한다. 그러나 일반적으로 'Überschrift'는 'Schlagezeile'의 사용과 상보적인 관계에 있는 나머지 경우들, 예컨대 '난'(주제 분야, Rubrik)의 제목 등에 대한 상위 개념으로 사용한다.

표제는 그동안 구조 및 기능과 관련해서 많이 연구되었다.27) 여기서는 가장 중요한 언어적 자질들만 살펴보기로 한다.

핵심 표제와 하위 표제가 있는 복합 표제 구조는 구독신문에는 비교적 드물다. FAZFrankfurter Allgemeine Zeitung의 경우, 단순 표제나 핵심 표제와 하위 표제로 구성된 복합 표제만 등장하는 데 반해, SZSüddeutsche Zeitung의 경우, 기사의 중요성에 따라 상위 표제, 핵심 표제, 하위 표제의 복합 표제도 사용한다.

(10) a. (FAZ, 2003.04.09)

    [핵심 표제] **Kompromiß zur Ost-Erweiterung**

    [하위 표제] Europäisches Parlament und Regierungen einig über Finanzierung

---

27) Sandig(1971), Brandt(1991), Oberhauser(1993) 그리고 표제와 본문과의 상호 텍스트적 관계에 대한 논의는 이재원(2009)도 참조.

b. (SZ, 2003.06.01)

[상위 표제] Gipfeltreffen mit Regierungschef Abbas in Jerusalem

[핵심 표제] **Israel verspricht Palästinensern Erleichterungen**

[하위 표제] Premier Scharon kündigt an, Gefangene freizulassen und die Abriegelung der Autonomiegebiete zu lockern

(10a)의 경우, 핵심 표제는 텍스트의 '핵심' 주제를 표현하고, 하위 표제는 팩트 상태를 명세화하고 있다. (10b)의 경우, 상위 표제는 동기, 곧 외부 상황을, 핵심 표제는 협상의 핵심 결과를, 하위 표제는 첫 번째 단계에서 핵심 표제를 구체화한다. 다시 말해서 복합표제 요소들 간의 또는 이 복합 표제와 리드 및 본문 간의 '논리적인' 내부 소통적 관계, 곧 일반성-특수성, 추상성-구체성, 원인-결과 등과 같은 관계가 성립한다.

가판신문은 이와는 달리 한 기사에 다수의 표제, 일부는 크기가 다른 표제, 일부는 거의 비슷한 표제를 사용하는데, 상황에 따라서는 색깔로 대비시키기도 한다. 예컨대 독일의 대표적 가판신문인 〈BILD〉의 경우에 흰색이나 노란색 배경에 검정색 글씨, 검정색 배경에 흰색이나 빨강색 글씨, 여러 색깔로 표시한 중간띠 등을 사용한다. 이런 색깔 대비는 대부분 핵심 표제, 상위 표제, 하위 표제에 통상적인 의미 관계를 보이지 않고, (11)처럼 텍스트 내용을 요약하기 위해 추가되는 경우가 흔하다.

(11) (BILD, 2003.08.26)

[상위 표제] Tatort-Star freiwillig im Gefängnis

[핵심 표제] **Falsches Mord-Geständnis**

[하위 표제] Aus Liebe zu seiner krebskranken Frau

일반적으로 표제는 본문의 내용을 요약한 것으로, 아니면 기사의

'주제'를 나타낸 것으로 보고 있지만, 반드시 그런 것은 아니다. '주제'를 표현한 표제 외에 신문과 신문 유형에 따라서는 (12)처럼 또 다른 유형들도 발견된다.

(12) 표제와 주제와의 관계

앞에서 제시한 예들은 주로 (12a)에 해당한다. (12b)의 예가 (13)이다.

(13) (Tages-Anzeiger, 2004.08.10 인용)

[표제] Millionen in den Kamin schreiben

[리드] Zurück zur alten Schreibweise – das wäre teuer. Alle Lehrbücher müssten korrigiert werden. Dies würde allein bei den Lehrmittelverlagen leicht Kosten von zehn Millionen Franken verursachen.

(13)의 경우에 리드가 없으면 표제의 의미를 이해하기 힘들다. 리드를 먼저 읽고 기사의 주제를 알게 되면 표제는 중의성이 있는 것으로 이해된다.28)

또 다른 표제 유형은 리드와 본문을 읽고 나서야 표제의 의미를 알게 되는 일종의 '수수께끼'형 표제이다. 이런 표제는 연성뉴스로 분류되는 '단신'과 '보고'의 텍스트 종류들에서 주로 발견된다. '논평'에서도 드물지 않게 발견되는데, (14)처럼 본문을 읽어가는 과정에서만 그

---

28) 관용구 'etwas in den Kamin schreiben'[무엇을 없는 것으로 생각하다]에서 동사 schreiben 은 Recht*schreibung*([정서법])과 연결된다는 점에서 축어적으로 사용되고 있다.

의미가 추론되는 은유가 흔하다.

(14) a. [표제] In der Schredder (FAZ, 2003.04.09)
    b. [표제] An der Weggabelung (FAZ, 2003.04.09)

(14a)에서는 "in den Schredder[고속압쇄기 속으로]" 들어가는 것이
무엇인지, 곧 사용할 수 없는 것으로 평가되는 것을 생각해볼 수 있는
반면에, (14b)의 경우에서 은유의 정확한 의미를 이해하기 위해서는
본문을 꼼꼼히 읽을 필요가 있다. 그러나 은유적인 표제가 흔한 가판
신문에서는 (15)와 같은 표제를 단 기사의 경우에는 독자가 은유의 지
루한 '해독 과정'을 거치지 않고 그 의미를 쉽게 추론할 수 있도록 하
위 표제를 제공하거나 전설적인 카레이서 슈마허Michael Schuhmacher의 경
주용 자동차 사진을 게재하여 보완한다.

(15) (BILD, 2003.08.23 인용)
    [핵심 표제] Der rote Hai hat neue Kiemen
    [하위 표제] Geht Schumi die Luft aus?
    [사진 설명] Bis zu 140 Grad wird der Ferrari-Motor auf dem
    Hungaroring heiß. Deswegen haben die "Roten" die Kiemen (5 Schlitze)
    auf den Seitenkästen noch einmal vergrößert.
    [본문] [⋯] 1:0 für Montaya. Obwohl Schumis roter Hai mit neuen
    Kiemen angreift, um den 6-Punkte-Vorsprung auf Montoya
    zuvergrößern. Für das Hitze-Rennen bekam der Ferrari an den
    Seitenkästen neue, extrabreite Luftschlitze. Die Mega-Kiemen sollen die
    Glutluft (Motor bis zu 140 Grad heiß) aus dem "Hai" wirbeln. [⋯].

가판신문은 (15)에서 독자가 이런 은유를 이해하지 못할 처지에 있
을 것에 대비하여 또 다른 추가 조치를 취한다. 〈BILD〉 가판신문의

스포츠 지면을 펼치도록 유도하여 포뮬러 1에 흥미가 있는 독자라면 슈마허의 페라리가 바로 'rote Hai[적赤상어]'의 의미가 있음을 알 수 있도록 한다. 독자가 그런 의미를 모르고 있었다면, 암시적으로 사진을 통해 그 의미를 유추할 수 있도록 하고, 그것도 불가능할 경우에 대비하여 본문을 통해 그 의미를 추론할 수 있도록 한다. 'Kiemen'은 사진 설명(사진 제목)에서 뿐 아니라 본문에서도 설명되기 때문이다. 'Kiemen'이 '틈새Schlitze'라는 뜻이 있음을 말하고 보여준다. 화살표가 사진 설명에서 사진에 보이는 틈새를 향하고 있다.

(12c)는 본문의 일부가 표제에서 인용되는 표제의 세 번째 유형이다. 대개는 본문의 인용과 관련이 있다.

(16) (FAZ, 2003.04.09 인용)

[핵심 표제] "Ein massiver Konflikt in der Sache"

[하위 표제] SPD und Grüne einigen sich auf einen Kompromiß im Streit über den Bau des Metrorapid / Von Peter Schilder

[본문] DÜSSELDORF, 8. April. Die rote grüne Koalition in Nordrhein-Westfalen hat eine schwere Krise überstanden. [⋯] So sagte Steinbrück am Dienstag, daß "zu keinem Zeitpunkt die Koalition auf der Kippe gestanden habe". Aber er gab zu, er handle sich "um einen massiven Konflikt in der Sache" [⋯].

독자는 (16)의 핵심 주제를 직접 이해할 수는 없지만 하위 표제에서 일차적인 설명이 주어지고 있다. 독자는 독서 지식에 기대어 인용 부호가 있는 표제는 텍스트 내부의 인용이나 내용과 관련이 있는 것으로 가정한다. 이처럼 표제의 수수께끼화는 기사에 주목하거나 독서 의욕을 일깨워주는 기능이 있는데, 구독신문의 경우에는 기사 선택을 통제하는 동시에 기사를 읽는, 곧 텍스트의 내부 소통적인 관계를 구축할 수 있는 동기를 부여하는 역할을 한다.

기본적으로 기사의 리드는 미리 방향을 설정해주는 기능이 있다. 리드는 본문의 요약이라는 점에서 급한 독자에게 본문 전체를 읽어야 하는 부담을 덜어주는 역할을 한다. 그런 점에서 리드는 철저히 본문과 의존 관계에 있다. 리드는 본문과의 내부 소통적인 관계에서만 그 기능을 발휘할 수 있다는 뜻이다.

또한 신문 기사는 특히 연성뉴스, 보고, 르포 등의 본문에서는 중간 표제가 등장하는 것이 일반적이다.29)

7. 신문 텍스트 종류 '뉴스'의 거시구조

반다이크(1980: 41)는 텍스트가 일차적으로 문장들로 표현된 명제들이 서로 결속 관계를 이루고 있다는 점에서 '문장들의 응집적인 연속체'를 텍스트로 본다. 이에 따라 텍스트 구조의 텍스트 구성적인 차이는 명제 구조의 차이에서 명시될 수 있어야 한다는 입장이다. 이러한 명제적 텍스트 관점은 텍스트 내용 분석에 바탕을 둔 것이다. 말하자면, 가장 작은 텍스트 구성 단위는 명제, 즉 텍스트의 문장들에 의해 표현된 '내용'이다. 이 문장 내용들의 시퀀스에 필요한 관계 조건에는 두 가지 유형이 있는데, 하나는 '문장들의 의미 관계'(문장들로 표현되는 사태에 기초한 관계)이고, 다른 하나는 '문장의 지시 관계'(명제들 간의 기능적 관계)이다(앞의 책: 24). 달리 말하면, 이들 두 가지 관계는 명제들 간의 내포 및 외연 관계에 다름 아니다(앞의 책: 39).

이처럼 텍스트의 구조를 계층적으로 분절된 명제 구조로 보려는 기본 착상은 다음의 세 가지 기술 층위에서 출발한다. 이는 텍스트 이론과 심리학의 문제들을 서로 접목시켜 이해의 세 가지 층위를 설정한 가장 체계적인 구상이라 할 수 있다(앞의 책).

---

29) 장소원 외(2002: 51)는 '부표제'로, 조원형(2006)은 '중간제목'이란 용어를 사용함.

ⓐ 미시구조: 각 명제들 간의 관계(지국적 응집성)

ⓑ 거시구조: 다수의 명제들과 하나의 거시명제와의 관계(전국적 응집성)

ⓒ 초시구조(텍스트 종류): 기능적 관점에서 텍스트의 모든 명제들과 하나의 초시구조와의 관계

반다이크(1980: 27)는 명제들 간의 응집성 조건은 두 명제에 할당되는 사태들이 서로 연결되어 있을 때 두 명제는 서로 결속해 있다는 테제에 근거한다. 반다이크가 말하는 담화 유형(텍스트 종류)은 명제들 간의 전형적이고 규약적인 기능 관계가 성립할 때 초시구조의 층위에서 구분된다. 그러므로 텍스트 종류는 텍스트의 거시구조의 기능적인 조직체로서, '규약화된 명제 구조'이다.

먼저 이러한 규정이 얼마나 의미 있는 것인지 반다이크가 텍스트 개념을 설명하기 위해 인용한, 두 문장으로 구성된 최소 텍스트를 이용하여 검토해보자(앞의 책: 28).

(17) Jan hat sein Examen bestanden. Er ist in Amsterdam geboren.
    얀은 시험에 합격했다. 그는 암스테르담에서 태어났다.

반다이크는 (17)의 문장 연속체가 응집력이 없는 근거를 이렇게 제시한다. 두 문장 시퀀스에서 동일한 개체를 지시하는, 즉 'Jan'과 'er'가 'Jan'을 지시하는 발화들이 나타나기는 하지만, 이러한 공지시 관계만으로는 불충분하다. 적어도 'Jan'이 시험에 합격했다는 사실은 그가 'Amsterdam'에서 태어났거나 태어나지 않았다는 사실과 반드시 관련이 있어야 한다.

그러나 자세히 살펴보면, 반다이크의 근거 제시에 몇 가지 모순점을 발견할 수 있다. '두 문장에서 같은 개체를 지시하는 발화들이 나타난다.'는 판단은 반다이크가 말하는 사태 관계의 응집성 기준과 어긋난다. 'er'와 'Jan'이 동일 인물을 지시한다는 점은 명명된 대상들을

서로 비교하여 그 동일성을 밝혀낸다고 해서 식별되는 것이 아니다. 이러한 비교는 우리가 'Jan'과 'er'로 의도한 사람이 누구인지를 이해한 것으로 이미 전제하고 있기 때문이다. 반다이크가 여기서 설정한 범주의 근본적인 오류는 의도한 대상을 지시하거나 대상과 관련된 언어적 표현들이 존재하며, 이러한 언어적 표현을 일정한 목적을 위해 사용하는 화자가 존재하지 않는다는 점에 있다. 때문에 두 표현으로 동일 인물이 지시되고 있다는 결정적인 기준은 (17)의 발화를 화행론에서 말하는 '규약적 관계'에서 'Jan'과 'er'가 동일 인물을 뜻하는 것으로 이해하는 것이다. 반다이크가 두 지시 표현으로 동일 인물이 뜻해졌다는 점에 근거한다는 말은 암묵적으로 두 문장의 기본적인 관계, 다시 말해 이 두 문장이 동일 인물, 즉 'Jan'으로 지칭된 인물에 관해 말할 목적으로 사용된 것으로 전제하였기 때문이다.

둘째로, 반다이크의 분석은 두 문장 간의 사용 관계를 간과하고 있다. 때문에 (17)은 'Jan'이라는 인물의 개인 프로필에 대한 대답을 겨냥한 질문, 이를테면 "'Jan'에 대해 알고 있는 것이 무엇인가?"라는 질문에 대한 대답으로 볼 수 있다. 이러한 의사소통 맥락관계에서 보면, (17)에 제시된 문장들의 기능은 전제된 질문에 대한 대답의 일부로 이해되며, 두 문장의 관계는 'Jan'에 관한 두 가지 개인적인 자료를 열거한 것으로 간주될 수 있다. 반다이크가 문제 삼는 표현된 사태들 간의 관계를 묻는 질문은 더 많은 정보를 통해서, 아니면 이들 간에는 아무런 관계가 성립하지 않으며, 응대자가 이러한 점을 전제하지도 않았다고 지적함으로써 응대자로부터 거절당할 수도 있을 것이다. 아무튼 이러한 가능한 대화 흐름에서 분명한 사실은 표현된 사태들 간의 관계가 사태가 표현되는 언어적 발화들 간의 관계 기준이 아니라는 점이다.

반다이크(1980)는 응집력이 없는 문장 연속체이더라도 의미 있게 사용될 수 있는 의사소통 관계를 (18)의 대화 단락에서 제시하고 있다.

(18) S1: Es ist schwierig, an unserer Uni das Examen in Niederländischer

Philologie zu bestehen.

S2: Jan hat sein Examen bestanden. Er ist in Amsterdam geboren.

S1: 우리 대학의 네덜란드 어문학부에서 시험에 합격하기는 어렵습니다.

S2: 얀은 시험에 합격했어요. 그는 암스테르담에서 태어났어요.

(18)의 사용 관계를 행위 유형[30]을 이용하면 (18a)와 (18b)처럼 기술할 수 있다.

(18) a. S2 BESTÄTIGT die allgemeine Einschätzung von S1, indem er einen Ausnahmefall anführt.

　　b. S2 ERKLÄRT, wie es zu diesem Ausnahmefall gekommen ist.

(18) a. S2는 예외적인 사례를 인용하여 S1의 일반적인 평가를 **확인**한다.

(18) b. S2는 이런 예외적인 사례가 어떻게 일어난 것인지를 **설명**한다.

표현된 사태들 간의 관계가 언어적 발화들 간의 관계를 이해하는 데 무의미하다는 점은 S1가 S2의 대답인 주장된 사태들 가운데 하나를 주어진 것으로 간주하지 않거나 이 사태들 사이에 아무런 관계가 성립하지 않을 때에만 반다이크가 말하는 방식으로도 이해할 수 있음을 분명히 해준다. 명제들 사이에 어떤 관계가 성립하는지는 표현되는 발화들 간에 성립하는 관계에 좌우된다. S2의 발화 이해를 적절히 설명하게 되면 명제적 텍스트 개념의 약점이 드러날 수 있을 것이다. 말하자면, 우리는 우리가 알고 있는 '예외의 경우를 인용함으로써 평가를 확인하고, 그리고 어떻게 이러한 예외적인 경우가 되었는지를 설명한다.'는 행위 유형에 따라, 그리고 S2가 근거로 삼는 가능한 전제, 여기서는 네덜란드어문학부의 시험에서는 네덜란드어 지식이 중

---

30) 행위 유형(화행 유형)은 일반 동사와의 구분을 위해 BESTÄTIGEN/확인, ERKLÄREN/설명처럼 고딕체로 표기한다. 이성만(1998) 참조.

요한 역할을 한다는 전제와, 'Jan'의 네덜란드어 지식은 'Amsterdam' 출생으로 소급될 수 있다는 전제에 관한 가정에 기초하여 S2의 발화를 이해한다. 반다이크도 여러 곳에서 텍스트 이해는 어떤 경우에나 일정한 세상지식을 전제한다는 점을 시인하고는 있으나,[31] 어떤 세상지식이 텍스트 이해에 중요한가 하는 질문에 체계적인 설명을 주지는 않고 있다(반다이크, 1980: 28, 31, 33). 이로써 우리는 명제적 텍스트 고찰에서 배제된 행위 국면의 중요성을 제시하였다.

요약하면, 반다이크의 거시구조 모델은 텍스트 및 의사소통 관계에서 문장과 문장 사용을 구분하지 않고 있다(앞의 책: 68, 69, 70).[32] 텍스트의 응집성 분석은 행위 국면을 배제한 상태에서 내용 국면(명제 관계)에 국한되어 있다. 이와는 달리 분석의 출발점은 내용 국면을 행위 국면의 상호 의존적인 통합 성분으로 이해할 필요가 있다. 따라서 반다이크의 일면적인 고찰 방식은 문장들 간의 관계, 즉 텍스트 구조가 고찰되지 않거나, 발화의 명제 층위에서 발화들 간의 관계가 구분되지 않고, 일반화, 특수화 또는 대조화에 기대어 기술되는 결과를 초래한다. 명제 관계는 이 관계가 표현되는 텍스트의 언어적 발화들 간의 행위 관계와 무관하게 기술될 수 있는 것이 아니다. 마찬가지로 사태관계도 텍스트 응집성의 적절한 기준이 될 수 없다. 오히려 위의 예시 분석에서 나타났듯이 행위 구조가 중요한 역할을 한다. 표현된 사태들 간의 관계를 밝히는 일은 표현된 발화들 사이에 어떤 관계가 성립하느냐는 문제와 직결되기 때문이다.

그러나 이러한 명제적 텍스트 개념의 문제점들이 예컨대 신문 텍스

---

31) 그가 도입한 프레임 지식 개념에서 읽을 수 있다.
32) 그러나 반다이크는 이론적으로는 이러한 구분을 명시하고 있다(van Dijk, 1980: 68, 69, 70). "언어적 발화는 어느 정도 '정태적인' 본질이 있을 뿐 아니라 일정한 과정에서 '동태적인' 기능도 있다. […] 화용론은 일정한 맥락에 발화(화행)를 적용시킬 수 있는 조건과 규칙을 다룬다. […] 따라서 화용론에서는 텍스트 구조와 이에 준거하여 조직적으로 결속된 의사소통 상황 요소들 간의 관계가 논의의 핵심을 이룬다. 이들 요소가 함께 맥락을 형성하기 때문이다."

트 분석에도 무익하다는 뜻은 아니다. 이제 이러한 명제적 텍스트 분석의 문제점이 반다이크(1983: 32f)가 신문 뉴스의 초시구조에 대한 예시 분석에서 어떤 작용을 하는지 검토함으로써 행위 이론적 접근의 필요성을 제시하겠다.

(19) 예시 텍스트(a)와 그 초시구조(b)(앞의 책: 38)

    a. 반다이크의 예시 텍스트

(p_1) **Kremlin talks tougher**

by Hella Pick

(p_2, p_3) The Soviet Union, which has been reluctant to respond to PLO pressure to become more directly involved in the Lebanon crisis, yesterday hinted that it might adopt a tougher stance (p_4) if President Reagan's plan to include US troops in a multinational peace force goes ahead.

(p_5) Already angered by Israeli shelling of the Soviet Embassy compound in West Beirut, (p_6) Moscow's first public reaction to President Reagan's plan was to (p_7, p_8) accuse the US of "preparing for direct military intervention in Lebanon." (p_9(p_{10})) Radio Moscow also said that President Reagan would be acting illegally if US landing craft were on their way to Lebanon.

(p_{11}(p_{12})(p_{13})) The Kremlin, which has accused the US of supporting and, indeed, encouraging the Israeli invasion of Lebanon, is known to be concerned about the possiblity of a US troup presence there, however temporary. Analysts have been (p_{14}(p_{15})) arguing that one important reason why the Soviet Union has been acting with restraint so far in the crisis has been the Kremlin's desire to do nothing (p_{16}) that might give the US the justification for direct military intervention.

(p_{17}) The Kremlin is obiously waiting to see what becomes of the Reagan proposals. (p_{18}) Meanwhile, Tass yesterday sharply condemned the attack on its embassy buildings on Tuesday night, (p_{19}) which caused extensive damage to the six storey Soviet trade mission in Beirut, and a nearby apartment block for Soviet staff. (p_{20}(p_{21})) Tass claimed that Israeli artillery had directed heavy fire on the embassy areas.

($p_{22}(p_{23})$) The official Soviet news agency stopped short of accusing the US of collusion. But the Soviet Foreign Minister, Mr. Gromyko, ($p_{24}(p_{25})$) again accused the US of the direct encouragement of Israeli aggression.

b. 예시 텍스트의 초시구조

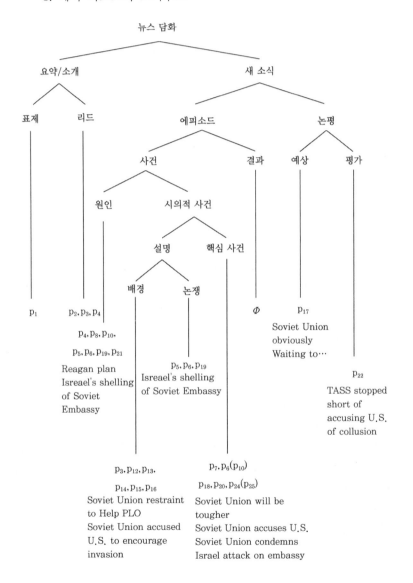

뉴스 담화
요약/소개
새 소식
표제
리드
에피소드
논평
사건
결과
예상
평가
원인
시의적 사건
설명
핵심 사건
배경
논쟁

p_1

p_2, p_3, p_4

$p_4, p_8, p_{10},$
p_5, p_6, p_{19}, p_{21}
Reagan plan
Isreael's shelling
of Soviet
Embassy

p_5, p_6, p_{19}
Isreael's shelling
of Soviet Embassy

ϕ

p_{17}
Soviet Union
obviously
Waiting to…

p_{22}
TASS stopped
short of
accusing U.S.
of collusion

$p_3, p_{12}, p_{13},$
p_{14}, p_{15}, p_{16}
Soviet Union restraint
to Help PLO
Soviet Union accused
U.S. to encourage
invasion

$p_7, p_6(p_{10})$
$p_{18}, p_{20}, p_{24}(p_{25})$
Soviet Union will be
tougher
Soviet Union accuses U.S.
Soviet Union condemns
Israel attack on embassy

(19a)에서 반다이크는 기술 범주들을 통일성 없이 초시구조를 기술하고 있다. 즉, '뉴스담화의 규약적인 초시구조' 도식에서 레이아웃을 특징짓는 '병렬적인 표현들(예, 표제Headline, 리드Lead)', 보도된 사건의 다양한 국면들을 나타내는 표현들(예, 사건Event, 결과Consequences, 원인Antecedents, 논쟁Contest) 및 언어적 발화의 다양한 유형들을 특성화할 수 있는 표현들(예, 설명Explanation, 논평Comment, 요약Summary, 평가Evaluation)이 사용되고 있다. 먼저 텍스트 종류 '신문 뉴스'를 규정짓는 데 필요한 이러한 기준들 가운데 몇 가지가 갖는 중요성을 간과한다면, (19b)의 나무그림에서 상이한 범주 용어들이 혼용되면서 그 가지들이 다의적이라는, 다시 말해서 교점들 간의 상이한 관계들이 제시되는 불편한 결과를 낳았다. 지배적 교점 '논평'과 피지배적 교점들인 '예상Expectation'과 '평가Evaluation' 사이의 가지들은 예를 들어 텍스트 응집 구조를 나타내는 '규약 관계'33)의 의미에서 이해될 수 있을 것이다. 반대로, 교점 '사건'에서부터 교점 '원인'과 '시의적 사건Actual Events'으로 진행한 가지들은 구성 관계(예, '사건은 원인과 시의적인 사건으로 구성되어 있다.')로 볼 수 있을 것이다. 또 다른 관계 유형은 나무그림의 왼쪽 가지에서 나타나는데, 교점 '표제'와 '리드'를 교점 '요약Summary/소개Introduction'와 연결하는 외형 관계(예, '표제와 리드는 요약과 소개의 형식을 취한다.')가 그것이다. 또한 개별 교점들에서 출발하는 것은 상이한 관계를 제시하는 가지들이다. 이를테면, 교점 '새 소식News Story'은 교점 '에피소드Episode'와 대상 관계(예, '에피소드는 '새 소식'의 대상이다.')에 있으면서 동시에 '논평'과는 규약 관계(예, '논평' → '새 소식')에 있다. 제시된 관계들이 이처럼 이질적인 것은 각 교점들 간의 관계와 이 교점에 의해 제시된 커뮤니케이션 형태 국면들 간의 관계가 충분히 해명되지 않고 있음을 보인 단적인

---

33) 예를 들어, 화자 S1이 청자 S2에게 발화 (a) '철수는 달리기를 잘 한다.'를 발화하여 주장 행위(발화수반행위)를 수행하는 경우를 오스틴에 따라 규약 관계로 표시하면 (b)와 같다.
(b) S1 BEHAUPTET, indem er p(a) äußert.(S1는 p(a)를 발화하여 주장한다.)
ILLOK → ÄUS(p) 또는 (a) gilt als BEHAUPTUNG[(a)는 주장으로 간주된다.](규약 관계).

예라 하겠다. 반다이크의 설명들도 각 교점들에 부여한 관계들이 너무 일반적('교점 '새 소식', '에피소드', '논평'이 형태상의 동질 관계form-together relation에 있다.')이거나 부적절('교점 '요약', '표제', '리드'의 개념적 정의가 동질 관계define-together relation에 있다.')하여서 별다른 도움이 안 된다. 구조적인 신빙성도 나무그림이 내부적으로 일치하지 않아서 단점이 되고 있다. p₁~p₂₅에 이르는 교점들의 관계도 마찬가지로 통일적이지 못하다. 예컨대 '리드'에 포함된 명제는 범주 '원인', 즉 보도된 사건의 이전 역사에 해당할 수도 있을 것이다. 반다이크가 제안한 다중배치의 타개책은 동일한 텍스트 내용이 이전 역사뿐 아니라 당면 사건 자체에 배치될 때 문제가 된다. 이를테면 p₅와 p₆의 'Israel's shelling of Soviet Embassy[이스라엘의 소련 대사관 포격]'에서 이런 문제가 나타난다.34)

텍스트를 명제 지향적 관점에서 고찰하지 않고 행위 이론적 관점에서 접근하면, 텍스트의 관련 구절(p₅와 p₆)을 (20)처럼 이해할 수 있다.

(20) 가디언 지는 <u>보고한다</u>:
    ⇨ 이스라엘 주제 소련 대사관의 사전 결심에 대한 모스크바 당국의 분노는 레이건의 레바논 플랜에 대하여 모스크바 당국이 격렬하게 반응한 또 다른 이유였다.

반다이크의 도식에서 본문 일부를 범주화하여 환언하면 (6)과 같다.

(21) 가디언 지는 <u>고발/보고한다</u>:
    ⇨ 이스라엘 주제 소련 대사관의 결심은 레이건 플랜에 대한 소련의 발언보다 앞선 것이었고, 이 사건의 배경이 되고 있다.

(20)과 (21)의 부문장에서 알 수 있듯이, 이들 간의 차이는 (20)의

---

34) Bucher(1986, 45)의 비판적 논의도 참조.

경우 모스크바의 분노가 뉴스 대상으로 제시되고 있다면, (21)에서는 소련 대사관의 결심이 뉴스의 초점이 되고 있다는 점에 있다. 분명 후자는 기술된 텍스트 구절(예, 'Already angered by Israeli shelling of the Sowjet Embassy compound…[이미 이스라엘의 소련 대사관 내 포격으로 잔뜩 화가 난]')로 수행되는 것이 아니라 결심 사실이 분노의 동기로 제시되고 있기 때문에 이미 주어진 것으로 전제되고 있다. 이에 따라 명제적 텍스트 개념은 그 자체의 인식 목표에 이르지 못한다는 결론이 나온다. 'already[이미]'로 도입된 부문장(종속절)을 앞 단락과 앞 단락의 주문장과 관련시켜 살펴보면 적절한 명제가 부여되고 있다고 말할 수 있으며, 또한 다음처럼 구분하여 다중배열의 문제점을 피할 수 있을 것이다.

(22) a. 사건과 사건의 관계(대사관의 결심, 모스크바 당국의 분노, 레이건의 레바논 계획, 이 계획에 대한 모스크바 당국의 반응)

b. 이 사건들에 관해 보도한 문장과 이 문장을 사건들 간의 관계를 서술하는 언어 행위들로 사용

앞의 (20)과 같은 행위 이론적 기술 방식은 반다이크와는 달리 사건 관계가 텍스트 외적으로 사건 보도의 이해에 기초하여 결정된다. 그러므로 (22)에서는 (구)소련 대사관의 결심 외에도 이전사의 사건이 레이건의 레바논 계획에 대한 모스크바 당국의 첨예한 반응을 설명해주는 부가적인 근거로 인용된 모스크바 당국의 분노의 동기를 서술하고 있다는 점에서, 나아가서 보도된 사태와 보도된 발화 대상으로서의 사태를 구분하지 않고 있는 텍스트 안에서의 명제 위치에서 분명히 읽을 수 있다. 반다이크는 명제 $p_{14} \sim p_{16}$을 '배경Background'의 범주에 넣고 있지만, 이와 관련된 텍스트 구절을 이해하는 데 전제로 삼고 있는 것은 부적절하다. 그 이유는 이 텍스트 구절로는 'the Sowjet Union has been acting with restraint'하다는 배경이 제시된 것

이 아니라 이 사태에 대한 전문가의 해설이 재인용되고 있는데(예, *'Analysts have been arguing, that one important reason why the Soviet Union has been acting with restraint so far in the crisis has been the Kremlins desire…'*), 이 전문가의 말은 이전에 제시된 주장을 지원하는 역할을 하기 때문이다(예, *'The Kremlin … is known to be concerned about the possibility of US troop presence there…'*).

위의 가디언 지 뉴스 텍스트의 명제 위치 문제에 대한 두 가지 해석에서 이미 반다이크의 명제 이론의 대안, 즉 텍스트 응집성은 반다이크식의 명제적 거시구조가 아니라 '사건을 보고하고 해설하며, 주장을 제시하고, 주장을 지원할 수 있는 증거를 인용한다.'는 행위 유형에 따라 위계적인 발화수반행위 구조로서 보다 명확하게 기술될 수 있다는 점을 유도할 수 있다. 이러한 행위 이론적 관점에서 '행위 유형으로서의 텍스트 종류'의 기술 국면을 형식화하면 [그림 14]와 같다:

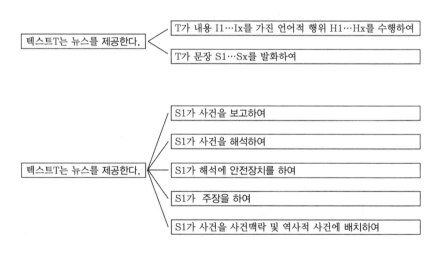

[그림 14] 뉴스의 행위 구조

내용 구조와 행위 구조를 구분하는 행위 이론적 관점에서 보면, 반다이크의 텍스트 이론의 한계가 드러난다. 다시 말해, '주제 구조'와 '뉴스 모형'에는 동일한 범주들(예를 들어 '에피소드Episode', '사건Event', '이전 사건Previous Event', '결과Consequences', '논쟁Contest')이 존재하며, 또 두 구조 간의 관계가 분명하게 드러나지 않았다. 반다이크의 예시 분석도 지적된 결함을 극복하지 못하고 있다.

따라서 신문 뉴스는 반다이크(1983)의 거시구조 분석 모델에서 밝혀졌듯이, 주제 구조와 행위 구조를 상보적인 관점에서 논의할 필요가 있다. 반다이크는 텍스트를 전국적으로 조직하는 세 가지 기술 층위(미시, 거시, 초시구조)에 기대어 텍스트가 어떤 층위에서 전국적으로 제시되며, 하나의 텍스트를 텍스트로 만드는 것이 무엇이냐는 텍스트 응집성의 문제를 명제구조의 관점에서 제시하고 있다. 다시 말해서 텍스트는 텍스트의 전국적 의미구조인 의미론적 텍스트 심층구조, 곧 명제적 거시구조를 가진다. 그러나 그의 모델은 텍스트의 의사소통 기능을 설명해주지는 못하고 있다. 때문에 체계가 아닌 '기능속의 텍스트'의 다양한 응집성 국면을 조명할 수 있는 기술 국면들이 검증될 필요가 있다.35)

8. 텍스트 종류 '논평'의 텍스트 기능

1970년대 초 '화용론적 전환'을 거치면서 텍스트는 화행론에 근거하여 더 이상 문법적으로 연결된 문장 연속체로 정의되지 않고 화자가 청자와 일정한 의사소통 관계를 산출하고자 하는 (복합적인) 언어 행위로 정의된다.36) 이런 화용론적 시각은 텍스트언어학적 연구 방법

---

35) 이러한 기술 국면들을 고려한 행위 이론에 기초한 총체적 텍스트 분석 모델로는 브링커(1997)가 있다. 이와 관련된 자세한 논의는 다음 장과 이 책의 제9장 참조.
36) Schmidt(1973: 149ff), Sandig(1978: 99ff), van Dijk(1980: 90ff), Rosengren(1980: 275ff). 이

을 다양화할 수 있는 계기가 되었다.

특히 주목할 것은 발화수반행위 구조illocutionary structure(간단히 행위구조라고도 함) 분석이다.37) 텍스트 구조 개념의 화용론적 설명은 물론 기능적인 분석 개념과는 달리 텍스트의 내부 행위구조를 가정하는 발화수반행위 구조에만 특징적이다. 텍스트가 기본 발화수반행위들로 분할될 수 있다는 전제에 근거하면(모치, 1996: 16) 텍스트는 위계적으로 구성된, 기본 발화수반행위들의 연속체로 정의되며, 텍스트 구조는 "발화수반행위 구조", 곧 화행 유형들의 위계구조가 된다. 이때 이른바 문장서법들(선언문, 의문문, 명령문)로부터 유도되는 단순 발화수반행위는 텍스트 구성의 기본 단위가 된다. 텍스트의 전체 목적을 나타내고 다른 행위들("부차적 발화수반행위"라 부름)을 통해 지원받는 지배적 발화수반행위가 가정된다.

(23) [1]너 감기가 심하구나. [2]병원에 가봐. [3]병원이 지척에 있잖아.
　　 [4]너도 그거 알고 있지?

(23)은 행위 연속체 '확언(S1)-부탁(S2)-확언(S3)-질문(S4)'이 나타나는데, 지배적인 행위 유형은 부탁이다. 이것은 첫 번째 확언으로 증명되고 두 번째 것으로 명세화된다. 그래서 질문은 두 번째 확언과 관련이 있다.

한 텍스트의 발화수반행위 구조 분석은 그러니까 (기본) 발화수반행위들을 분절하여 이 행위들 간의 관계, 이를테면 특정한 종류의 지원관계(모치, 1987: 60)를 밝혀내는 데 있다. 이것은 텍스트의 행위구조를 나타내는 발화수반행위 위계구조로 도식화될 수 있는데(모치, 1996: 26), (23)의 발화수반행위 구조를 도식화한 것이 [그림 15]이다.

　　 책의 제2장 3절도 참조.
37) 특히 Motsch(1986; 1996) 참조.

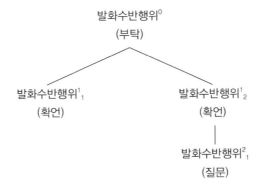

발화수반행위[0]
(부탁)

발화수반행위[1]_1   발화수반행위[1]_2
(확언)   (확언)

발화수반행위[2]_1
(질문)

[그림 15] 발화수반행위 위계구조

발화수반행위 구조 개념은 그동안 많은 비판을 받았는데,[38] 발화수반행위 구조와 텍스트의 통사구조 및 주제 구조, 발화수반행위 구조와 텍스트의 전체 기능(원칙적으로 1:1 관계로 전제하기는 어려움)과의 관계에 집중되고 있다. 텍스트 분석의 관점에서 텍스트를 기본적인 행위들로 분절하는 데에는 경계와 분류에 관련된 문제들이 뒤따른다. 이유는 문장들이 '텍스트'라는 전체에 통합되어 있다면, 그 문장들은 대개 직접적인 행위 특성은 없고 텍스트의 주제 구성을 고려하여 특정한 텍스트 내적 기능들을 실현한다(상황화, 명세화, 근거제시 등).

8.1. 기능과 그 표지

화용론적 텍스트 분석의 이론적인 토대는 화행론이다.[39] 화행론에서는 텍스트성을 두 가지 자질로 설명한다. 하나는 상황성이고 다른 하나는 의도성, 곧 기능성이다. 전자는 텍스트가 사회적으로 규범화

---

38) 거시구조에 대한 설명은 고영근(1999: 210ff), 김재봉(1999), Brinker(1997: 48f), Heinemann /Viehweger(1991: 58ff)를, 총체적인 논의와 비판은 Gülich/Raible(1977: 250~279) 참조. 거시구조 개념을 국어 텍스트의 접속 문제와 관련한 비판적인 논의는 신지연(2006) 참조.
39) 화행론에 관한 자세한 논의는 이 책의 제2장 3절 참조.

된 특정 상황과의 관련성을 강조한다. 하이네만과 피베거(1991)가 텍스트는 "자체에는 의미나 기능이 없고 언제나 상호작용 맥락 및 텍스트를 생산하고 수용하는 행위 참여자들과 관련해서만 의미와 기능이 있다"(앞의 책: 126)는 주장은 이런 맥락에서 이해될 수 있다. 후자는 텍스트가 인지 가능한 의사소통 기능을 가진 단위로 본다. 의도 없이는 그 어떤 텍스트도 생산되지 못한다는 것이다.

이미 1968년에 슈미트는 텍스트언어학적 연구가 화행론에 기초할 필요가 있음을 지적했다(슈미트, 1971: 40ff). 인접 문장들의 의미론적-통사론적 연결이 텍스트성의 충분조건이 되지 못하기 때문에 연구 논점이 문장 시퀀스 문법에서 텍스트화용론과 전국적 텍스트 구조 연구로 이동하게 된다.

오멘(1969: 19ff)은 텍스트를 맥락적(언어 외적) 체계 관계에서 기능을 가진 분할된 복합 체계로 보고, 언어학적 기준 대신에 텍스트 과정의 독특한 흐름을 이끄는 '의사소통 기능'을 설정한다. 드레슬러(1972: 92ff)는 텍스트 문법에 텍스트화용론을 대립시킨다. 슈미트(1973: 146)에 따르면, 순수 언어학적 텍스트 정의는 불가능하다. 따라서 사회적-의사소통적 기준을 거쳐 텍스트를 정의할 필요가 있다고 하면서 텍스트를 "기능속의 텍스트"(앞의 책: 145)라 정의한다. 그로세(1976)와 브링커(1997)는 커뮤니케이션에서 텍스트의 기능을 연구한다. 이들의 이론적인 기반도 커뮤니케이션 또는 화행론적 연구 방안이다. 그들은 텍스트를 구조주의적인 의미에서 고립된 언어적 구성체로 보지 않고 화행론에 기대어 구체적인 커뮤니케이션 상황에 들어가서 특정 의사소통 기능이 본질적인 복합적 언어 행위로 규정한다. 화용론적 텍스트언어학, 곧 텍스트화용론은 텍스트가 커뮤니케이션 과정에서 갖는 의사소통 기능에서 텍스트 응집성의 근거를 찾고 있다. 이런 지배적인 의사소통 기능이 '텍스트 기능'(앞의 책: 81ff)이다.

여기서는 텍스트 기능 개념에 관한 학문사적인 조망은 하지 않고 텍스트의 의사소통 기능을 규정하기 위해 지금까지 개발된 몇 가지 텍스트 분석 방법들을 검토하기로 한다. 이를 위해 규약적으로 타당하고 언어 참여자의 텍스트 능력에 관련된 질문, 곧 어떤 텍스트적, 맥락적, 언어적, 비언어적 요인들이 텍스트의 의사소통 기능을 조종하느냐는 질문의 대답을 찾아 나선다.

'텍스트 기능'은 한 텍스트가 커뮤니케이션 상황에서 이해되는 진의 또는 목적이라 할 수 있다. 그로세(1976)에 기대어 이런 막연한 정의를 구체화하면, 텍스트 기능은 텍스트에서 특정한, 규약적으로 타당한 수단들로 표현된 텍스트 생산자의 의사소통 의도라 할 수 있다(브링커, 1997: 129). 그러니까 이것은 수신자가 인식해야 할 의도, 말하자면 수신자가 텍스트를 예컨대 제보적 또는 호소적 텍스트로 파악하도록 하는, 생산자의 수신자에 대한 지침인 것이다. 텍스트 기능은 생산자의 "진정한 의도"(앞의 책: 130f)와 구분되어야 한다. 진정한 의도, 곧 "숨겨진 의도"(앞의 책)는 텍스트 기능에 상응할 수는 있지만, 완전히 일치할 필요는 없다. 또한 텍스트 기능은 텍스트가 수신자에게 미치는 효과와도 구분되어야 한다.

텍스트 기능 정의에 결정적인 것은 텍스트 생산자가 언어적, 의사소통적 종류의 특정한 규칙(규약)과 관련시켜서 인식시키고자 하는 것이다(브링커, 1983: 131ff). 이런 식의 텍스트 정의는 언어 행위의 의도적, 규약적 국면을 유사한 방식으로 서로 접목시키고 있다는 점에서 화행론의 발화수반행위 개념과 일치한다. 발화수반행위가 한 발화의 행위 특성을 결정하듯이, 텍스트 기능은 텍스트의 커뮤니케이션 양태를 결정한다.

화행론적 국면에서 브링커는 텍스트의 다섯 가지 기본 기능(제보, 호소, 책무, 접촉, 선언)을 설정한다. 여기에 문학 텍스트에 지배적인 심미적 기능이 추가되기도 한다.[40] 텍스트 기능의 이런 분류는 서얼(1976)의 발화수반행위 유형학과 연결되고는 있지만 통일된 기준과 생산자

---

40) 고영근(1999)은 '감동적 기능'을 설정하고 있다.

가 텍스트를 매개로 수신자에게 표출하는 의사소통적 접촉 방식에 근거하고 있다.[41]

텍스트 기능 개념은 비록 한 텍스트에 다수의 기능들(이른바 추가 기능들)이 특징적일 수 있더라도 텍스트의 커뮤니케이션 양태가 전체적으로는 대개 기능을 통해서만 규정된다는 가정에 근거하고 있다(지배적 의사소통 기능 또는 텍스트 기능).[42]

그렇다면, 구체적인 텍스트에서 텍스트 기능은 어떻게 탐구될 수 있을까? 그동안 다소 명시적인 형태로 텍스트 기능을 텍스트 분석적으로 규정하는 기준들을 탐색한 방안들이 다양하게 제시되었다. 예컨대 모치(1996) 등의 발화수반행위 구조 분석, 그로세(1976)의 텍스트 기능적 방안, 브링커의 표지indicator 개념(브링커, 1983; 1997)이 대표적이다. 여기서 중요한 것은 이들이 대안적이라기보다는 적어도 부분적으로는 상보적인 관계에 있다는 점이다.

8.2. 텍스트 기능과 발화수반행위 구조

발화수반행위 구조 개념은 앞에서 암시하였듯이 많은 비판을 받는데, 특히 브링커(1997: 125ff)로 대표되는 텍스트 기능적 방안은 텍스트의 개별 문장들이나 명제들에 특정한 발화수반력illocutionary force을 부여하여 텍스트 기능을 개별 발화수반행위 유형들, 곧 화행 유형들에서부터 구축하려는 점을 비판한다. 행위 특성은 전체로서의 텍스트에만 부여된다는 것이다(롤프, 2000도 참조). 이런 문제점을 간과하면, 발화수반행위 구조와 텍스트 기능은 원칙적으로는 (직접적인) 관계가 없다.

---

41) 자세한 설명은 Brinker(1997: 138ff) 참조. Rolf(1993: 65ff)도 이런 상호작용 지향적인 착상에 근거하고는 있지만, Searle/Vanderveken(1985)에 기대어 몇 가지 기능 유형들(특히 호소 기능과 접촉 기능)에 대한 정의상의 규정들을 변형시켜 서얼의 발화수반행위 부류들의 명칭들(단언적, 지시적, 책무적, 정표적, 선언적)을 받아들인다.

42) 예컨대 상용편지에서는 책무 기능(주문 확인)이 지배적이고, 접촉 기능(주문에 대한 감사)은 수신자와의 관계를 강화시키는 추가 기능을 한다. Brinker(1997: 137f) 참조.

다음의 광고 텍스트에서 이점을 살펴보자.

(24) 여러분이 아티초크, 프랑스 소녀, 아페리티프, 확실한 분위기, 그 어떤
     것도 좋아하지 않는다면, 여러분이 어떤 항공노선을 타느냐 하는 것
     은 결코 중요하지 않습니다.
     왜냐하면 오늘날 모든 노선들은 기술적으로 완벽하기 때문입니다.
     모든 항공노선의 이름으로.
     당신의 에어프랑스.   (〈슈피겔〉 1972.10. 제16면 인용)

발화수반행위 구조 개념에 따라 분석하면, 이 텍스트는 항공회사
명칭을 이용한 인사말 외에는 주장 행위만 실현되고 있다. 그러니까
지배적인 화행 유형는 제보 기능을 가리키는 제시성이나 단언성의 발
화수반행위 부류에 해당할 것이다.

그러나 이것으로 텍스트 기능이 적절히 특성화된 것은 아니다. 텍
스트는 오히려 이 항공노선을 긍정적으로 평가하여 이로부터 해당 행
위 시퀀스를 이끌어내라는, 다시 말해 에어프랑스를 타시라는 수신자
에 대한 생산자의 (간접적인) 호소로 이해되기 때문이다(의견과 행동 감
화). 그러나 이것이 지배적인 화행 유형('주장')을 통해 암시된 텍스트
기능(제보 기능)이 실제의 텍스트 기능(호소 기능)과 일치한다는 뜻은 아
니다. 텍스트에 직관적으로 주어지는 호소 특성이 실제로 무엇에 근
거하는지를 설명할 수 있기 위해서는 텍스트 기능에 대해 다양한 텍
스트 내적, 텍스트 외적 표지들을 설정할 필요가 있다.

8.3. 텍스트 기능 표지

일반적으로, '표지'는 직간접적으로 특정 범주와 범주 관계를 가리
키는 언어적, 비언어적 텍스트 자질이다. 이것은 텍스트 기능 표지에
도 적용된다. 브링커(1997: 135ff)는 텍스트 기능 표지 개념을 화행론의

'발화수반행위 표지illocutionary indicator'에 접목시킨다. 여기서 중요한 것은 규약적으로 — 항상 명확한 것은 아니지만 — 언어 행위의 유형을 암시하는 데 이용되는 타당한 언어적 또는 문법적 수단들이다(서얼, 1969: 49f). 이들 사이에는 흔히 특정한 지배 관계가 성립한다. 예컨대 특정 불변화사는 한 발화의 의사소통 기능을 위해 실현된 문장 유형보다 더 결정적이다.43) 주변 표지는 이것이 기본 표지를 지배하고 또 표지들이 경쟁관계에 있을 때 한 발화의 실제 발화수반력이 된다. '실제' 발화수반행위는 대개 맥락 정보에 근거해서 결정될 수 있다. 이것은 맥락 표지가 언어 표지를 지배한다는 뜻이다.

단순 언어 행위에 적용되는 이런 표지 개념을 텍스트에 전용하면 더 복잡해지기는 하지만, 근본적으로는 화행론의 발화수반행위 표지에 유추하여 '텍스트 기능 표지'를 설정할 수 있다. 아직 다양한 기본적인 텍스트 기능에 가능한 표지들을 개관한 업적들은 발견되지 않고 있는데, 브링커(1997: 135ff)는 세 가지 기본 유형들을 제시한다.44) 다양한 표지 유형들 간의 관계를 다음의 신문 논평에서 설명해보자.

(25) a. [1]조타수가 배에서 내리다

[2]허버트 크렘프

[3]연방공화국 역사의 절반 이상, 자기 인생의 1/3 동안 그는 수도 본의 장관이었다. [4]더구나 (질문 받은) 국민의 지속적인 사랑을 그는 독차지했다. [5]18년간의 외무부장관을 끝으로 그는 퇴진한다. [6]직무 중에 막일꾼이 되고 싶지 않은 사람이 한스 디트리히 겐셔다.

[7]두 가지 업적이 오랜 공직생활에서 두드러진다. [8]국가에 새로운 자

---

43) 예를 들어, '너 창문 닫아줄래?'와 '너 창문 좀 닫아 주지 않을래?'의 차이. 전자가 질문 행위라면, 후자는 문장 유형(의문문)을 넘어서는 요청 행위가 지배적이다. '좀'과 '아니'로 요청의 특성을 가지게 되기 때문이다.

44) 첫째, 생산자가 의도된 의사소통적 접촉 방식으로 수용자에게 명시적으로 표현하는 언어적 형태와 구조, 둘째, 생산자가 텍스트 내용, 특히 텍스트 주제에 대해 자신의 입장을 표현하는 언어적 형태와 구조들, 셋째. 텍스트의 상황적 틀이나 텍스트가 배치되는 사회적 행위 영역의 상황적 틀, 특히 제도적 틀.

극을 준 정치적 "전환기" 1982년. [9]독일의 통일과 서유럽중심 직무에서 보여준 끈질긴 협상. [10]노력의 정점은 건강악화로 이어졌다. [11]그가 직무를 계속해왔다는 사실은 그를 용감한 남자로 만들었다.

　[12]겐셔가 쌓아올린 많은 것들이 사라졌다: 전 유럽의 안정된 질서, 고르바초프와 세바르드나제, 일부 평화와 조국 독일 발전의 균형. [13]그는 모든 것을 다 예측하지도 못했고, 오판하기도 했다. [14]선판이 흔들리기 때문에 조타수가 배에서 내리는 걸까? (〈빌트〉지, 1992.04.28, 제2면 인용)

이 텍스트는 맥락적 수단에 의해 '신문 논평(신문 사설)'으로 분류된다.45) 여기서 중요한 것은 텍스트 기능의 불분명한 맥락 표지들이다. 우리의 텍스트 종류 지식에 따르면 신문 논평은 제보 기능뿐 아니라 (소위 의견 통보) 적어도 간접적인 형태로 호소 기능도 표현한다(의견 감화). (25a)와 관련해서 이런 질문이 가능하다: '이 텍스트는 텍스트 기능적 관점에서 지배적으로 제보적인 것으로, 아니면 지배적으로 호소적인 것으로 분류될 수 있을까?' 대답은 문법적 연결 구조와 텍스트의 의사소통 기능 간의 본질적인 연결 성분을 보여주는 주제적 텍스트 구조 분석에서 가능하다. 핵심 주제라 할 수 있는 것은 "겐셔의 퇴진"이다(표제, S_5와 암시적으로 S_{14}에서). 이것은 재수용 구조 분석에서도 알 수 있다. 핵심 주제는 4가지 하위 주제들(겐셔라는 인물($S_{3/4, 10/11, 13}$), 정치가로서 겐셔의 뛰어난 업적(S_{7-9}), 겐셔의 (가능한) 퇴진 동기($S_{6, 14}$), 당시의 정치 상황(S_{12}))로 세분되는데, (25b)의 주제 위계구조를 취한다.

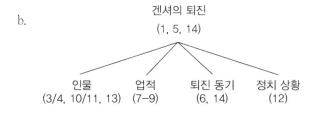

45) 논평(사설)에 통상적인 신문 제2면 위치, "Bild-Kommentar"라는 '난' 명칭, 저자 명명, 〈빌트〉지의 논평에 통상적인 도식 편집 등.

주제전개의 유형으로는 논증적 방안도 인식할 수 있지만, (주제적 명세화 원칙에 따라) 지배적인 것은 기술적 전개 유형이라 할 수 있다. 첫 번째 단락에서 테제식 표현이 발견된다(직무 중에 막일꾼이 되고 싶지 않는 사람이 한스 디트리히 겐셔다(S_6)). 그러나 논거가 빠져있다. 오히려 마지막 단락($S_{12\sim14}$)이 적어도 암시적으로 논증적인 것으로 해석될 수 있을 것이다.46)

주제 "겐셔의 퇴진"이 배에서 내리는 조타수의 은유로 표현됨으로써(표제와 S_{14}) 부정적인 평가적 입장이 표현된다(내포의미: 부족한 책임의식). 이 입장은 '직무 중에 막일꾼'이란 표현의 부정적 내포의미를 통해 겐셔의 발걸음을 이성적인 결정으로 서술하는 표현(S_6)과는 대조를 이룬다. 또한 첫 번째 단락에서 괄호 속의 수식어 '질문 받은'(S_4)에서 겐셔라는 인물에 대한 간접적인 부정적 평가가 읽혀질 수 있다. 두 번째 단락에서 건강상의 문제와 관련해서 겐셔를 '용감한 남자'(S_{11})라 지칭하면서 다시 겐셔라는 인물에 대한 긍정적인 평가적 입장이 표현된다. 세 번째 단락에서는 이와는 달리 퇴진 동기로서 '겐셔의 정치적인 활동 무대가 너무 '흔들렸다', 곧 너무 불안하고 너무 종잡을 수 없게 되었다'고 암시되면서 다시 겐셔의 부정적인 평가가 발견된다. 여기에서 용감한 남자로서 겐셔의 성격에 대해 어떤 모순을 읽을 수 있다. 부정적 평가는 '조타수' 은유의 재수용과 계승으로 암시되고 있다.47)

부분 주제인 "퇴진 동기"는 첫 번째 단락에서는 긍정적인 평가 입장으로, 마지막 단락에서는 부정적인 평가로(간접적으로 수사질문의 형태로 실현됨) 두 번 은유 형태로 언급되고 있다. 이 부분 주제는 핵심 주제("퇴진")를 바라보는 주제적 시각도 보여준다.

주제 입장, 곧 주제를 바라보는 화자 태도의 종류에 관련하면, 긍정

---

46) 의문문 S_{14}를 수사질문으로 이해하고 선행 명제들의 지원을 받는 테제로 이해할 때 그렇다.
47) (25a)에는 빠진, 선판이 흔들려서 배에서 내리는 조타수 그림은 '비겁함' 자질도 함축하고 있다.

적 평가 입장과 부정적 평가 입장의 교대가 확인될 수 있다. 그러나 결정적인 것은 하나는 핵심 주제를 표현하기 위한 조타수 은유 선택(주제 입장을 위한 텍스트적 언어 표지와 관련됨)이고, 다른 하나는 이 은유의 위치 설정(표제와 텍스트 말미. 주제 입장을 위한 텍스트적 비언어 표지와 관련됨)이다. 그래서 퇴진 및 퇴진 동기의 전체적인 평가는 오히려 부정적인 평가로 분류될 수 있다.

주제 입장 자체는 문체적으로 표시된 실현 형태에 근거하여 다시 분명한 텍스트 기능 표지, 곧 기능 변형 표지가 된다. 그래서 텍스트 표층에 근거할 때 (명시적으로 암시되지 않은) 제보 기능이 텍스트 기능임을 시사해준다. 생산자, 곧 집필자의 초상화(텍스트의 오른쪽 상단 모서리에 여권 사진 형태로 제시됨)는 제보 기능의 비언어적 텍스트 표지(집필자인 허버트 크렘프의 "의견 통보"의 의미가 있는)로 해석될 수 있다. 지적된 주제 입장을 통해 제보 기능("기본 기능"으로서)은 간접적으로 암시된 호소 기능으로(의견 감화의 의미로) 바뀌게 된다. 바로 이런 절차에서 텍스트가 설득적 텍스트임이 드러난다. 분석 결과, 주제 입장(특히 평가적 주제 입장)은 텍스트 기능을 위한 기본 표지라 할 수 있다.

화행론의 직접화행과 간접화행에 접목시키면 텍스트 기능의 암시 형태를 두 가지로 나눌 수 있다.

- 직접 암시: 텍스트 기능이 특정한 언어적 형태와 구조("기본 표지")를 통해 명시적으로 표시되고, 말해진 문체적, 주제적, 맥락적 기준들이 이 "기본 표지"를 지원하고 강화하는 경우(예, 라디오 뉴스 방송에서의 뉴스 단신).
- 간접 암시: 명시적 언어 표지가 없거나 다양한 표지 그룹들(기본 표지와 주변 표지) 간에 경쟁 또는 모순 관계가 성립하는 특성이 있는 경우((25a)와 (25b)). "기본 기능"과는 다른 텍스트 기능이 텍스트에 특징적이다. 그래서 이 텍스트 기능은 맥락을 통해 결정된다.

선언 기능을 제외한 나머지 텍스트 기능은 모두 원칙적으로 간접적으로도 표현될 수는 있지만 텍스트 종류 특유의 제약이 따를 수 있다. 예컨대 상업 광고에서는 텍스트 기능이 간접적으로 실현되는 경우가 흔하지만, 사용설명서에서는 그럴 가능성이 없다. 이에 관련된 보다 자세한 연구가 필요하다. 정리하면, 미래의 텍스트언어학적 연구의 중요한 과제 중 하나는 바로 기본적인 텍스트 기능의 표지 및 표지 그룹을— 텍스트 종류와 커뮤니케이션 영역에 따라 구분하여— 규정하고 이들을 표현력에 따라 등급화하는 일이다.

8.4. 텍스트 기능-텍스트 구조-텍스트 전략

언어학적 텍스트 분석에 기본적인 것으로 기능과 구조를 든다. 그렇다고 텍스트 기능과 텍스트 구조가 따로 연구되어야 한다는 뜻은 아니다. 이들 사이에는 오히려 긴밀한 관계가 성립하는데, 이런 관계를 기술하는 일도 텍스트언어학의 과제이다. 일반적으로 텍스트 기능이 — 어떤 상황적, 매체적 사실과 더불어 — 텍스트 구조, 곧 문법적, 주제적 관점에서 텍스트 구성을 규칙적으로 결정하는 것이라 할 수 있다(브링커, 1997: 170ff). 규칙을 설정할 수 있을 정도로 이들 간의 조건 관계가 자세히 연구된 사례는 여전히 찾아보기 어렵다.

그런데 '텍스트 전략' 개념을 끌어들이면, 적어도 텍스트 기능과 텍스트 구조와 몇 가지 관계들을 적절히 파악할 수 있을 것으로 보인다. '전략'은 일반적으로 의도나 목적을 최적으로 실현하기 위한 계획이다(브링커, 1986: 335). 대개 의도나 목적은 직접 발화되지 않는다. 이들은 보통 가설적으로만 정해질 수 있다. 이런 이유 때문에 화자 전략(목적-수단 관계)도 (추가적인 텍스트 외적 정보들이 있더라도) 텍스트 분석에서 재구성되기 어렵다.

이런 문제는 전략 개념이 텍스트 기능과 관련되면 발생하지 않는다. 까닭은 텍스트 기능은 — 의도와는 달리 — 텍스트 분석에서 파악될 수 있기 때문이다. 텍스트 기능을 겨냥한 전략을 화자 전략과 구분하여 "텍스트 전략"(브링커, 2000ㄴ: 183)이라 할 수 있다. 텍스트 전략은 화자 전략과 일치하거나 구분될 수 있다(텍스트 기능과 의도가 일치하지 않는 경우). 그래서 텍스트 전략은 화자 전략의 수단으로 해석될 수 있다.

텍스트 전략은 선택 원칙, 곧 주제적, 문법적, 어휘적 관점에서 구조 성분과 부분 구조의 선별, 배치 그리고 언어적-문체적 완성을 뜻한다. 그래서 텍스트 기능은 최적으로, 즉 특정 커뮤니케이션 상황에서 (특히 추구된 수신자 관계를 고려하여) 되도록 효과적으로 암시된다. 이는 구체적인 텍스트 전략이 어느 정도까지는 '텍스트 전략 모형'으로서 언어 참여자의 텍스트 형성 능력에 속하는 규약화된 모형에 기초한다는 점에 근거할 수 있다.

텍스트 기능의 직접 암시가 곧 최적의 암시라 할 수 있을 것이다. 그러나 이런 생각은 의사소통의 실제에는 어울리지 않는다. 많은 커뮤니케이션 상황에서는 간접 암시가 직접 암시보다 선호되기 때문이다. 예컨대 광고는 텍스트 기능을 간접적으로 암시하면서 제작하는 경우가 흔하다. 이런 전략 원칙은 실제 텍스트 기능이 간접 방식에 기대어 보다 효과적으로 표현된다는 데 있다.[48]

이런 견해를 여실히 보여주는 예가 (24)이다. 여기서는 특정한 방식으로 서로 관련된 '전경'과 '배경'의 두 층위가 설정되고 있다. 전경 층위(소위 명시적 텍스트 층위)에서는 논증적 주제전개가 실현되고 있다. 텍스트는 테제인 "어떤 항공노선을 타느냐 하는 것은 결코 중요하지 않습니다."는 테제의 근거를 ("오늘날 모든 노선들은 기술적으로 완벽하기 때문입니다"는 논거로) 제시하는 데 목적을 두고 있다. 첫 번째 명제 ("여러분이 아티초크, 프랑스 소녀, 아페리티프, 확실한 분위기, 그 어떤 것도 좋아하지 않는다면")는 이 논증 맥락에서 예외 조건의 기능을 한다. 이 예외 조건은 논거에서 테제(결론)로의 전이를 허용하지 않는 상황

---

48) 광고에서 이런 전략을 논의한 경우가 오장근(1999)이다.

(명시적: "여러분은 … 아티초크를 좋아합니다.")을 제시한다. 논증 지원으로서의 규범과 가치는 명시되어 있지는 않지만 쉽게 재구성될 수 있다(예컨대 비행의 전제 조건으로서 기술적인 완벽성 등).

이 텍스트는 광고 대상인 "에어프랑스"가 경쟁사와 대등하게 된다는 점에서 안티광고의 모습을 보인다("모든 항공노선의 이름으로" 형식은 경쟁 원칙의 명시적인 강조 표현이다). 구별되는 자질(독특한 특색, 에어프랑스의 차별화된 분위기)은 논증 논리적으로 예외 조건의 형태로만 도입되고 있다. 그러니까 간접성은 텍스트가 명시적으로는 모든 항공노선을 두둔하는 것으로 행사되고는 있지만 암시적으로는 에어프랑스 광고의 고상한 형태가 표현되고 있는 데서 설명된다.

이로써 암시적인 지식(특히 텍스트 종류 지식) 영역을 통해 구성되고 수용자가 텍스트에 — 고도의 간접성에도 불구하고 — 호소 기능을 실제 의사소통 기능으로 부여하는 배경 층위가 언급되었다. 이런 텍스트 기능의 이해는 일상 세계에서는 — 논리학과는 달리 — 조건 진술들이 보통 부정된 전건과 뒤바뀔 수 있기 때문에 가능하다. 다시 말해서, 첫 번째 분절문은 일상어적으로 이해하면 다음처럼 바뀔 수 있다: "여러분이 아티초크 …를 좋아한다면, 어떤 항공노선을 타느냐 하는 것은 전혀 중요하지 않습니다." 형식논리적인 관점이 아니라 의사소통-의미론적 관점에서 첫 번째 명제에 의해 전제되는 이런 설명에서만 광고하는 항공회사와의 의도된 관계가 산출될 수 있다.

그러니까 (29)의 텍스트 전략은 표현된 텍스트 기능(제보 기능)과 감춰진 실제 텍스트 기능(호소 기능)을 대립시키는 데 본질이 있는데, 이 대립은 지식에서 해결되고 또 이런 식으로 예외 조건으로서 표현된, 독점성과 개인적인 애정에 대한 수신자의 욕구("여러분의 에어프랑스" 참조)를 최적의 방식으로 발산한다. 이런 전략은 광고의 홍수 시대에 독창적인 방식에 대해 특정(수준 높은) 수신자 그룹(〈슈피겔〉지 독자)의 의견을 부탁하려는 광고 전략의 일부이다.

8.5. '논평' 표제의 텍스트 기능

표제는 용어상 제목, 타이틀 같은 경쟁적인 개념과 구분될 수 있다. 표제는 매스미디어 전체 텍스트의 요소인 제목의 한 유형으로 이해될 수 있다(부르거, 2005: 114ff). 반면에 다른 제목 유형들은 다수의 텍스트들에도 동시에 예컨대 분과Ressort 제목들(정치, 경제, 스포츠)이나 비교적 작은 텍스트 단락들(장 제목, 중간 제목)처럼 표제를 달 수 있다. 이와는 달리 타이틀은 작품의 이름 기능을 한다. 여기서 작품은 언어적인 것일 필요는 없다(예, 음악작품, 회화 작품). 타이틀은 예컨대 카탈로그, 색인에서처럼 본문과는 무관하게 나타날 수 있다(노르트, 1993).

신문 텍스트의 표제에 관한 연구는 언어학자뿐 아니라(예, 브란트, 1991) 언론학자들에 의해서도 다양하게 제시되고 있다(예, 라로세, 1975). 그로세(1976: 20ff)는 텍스트 표제를 도입부에 나오는 메타명제적인 표현들과 관련해서 텍스트 기능을 설명하는 "선제신호Präsignale"[49]라고 본다. 아그리콜라(1979: 21ff)도 유사한 입장에서 표제와 본문을 서로 바꿔쓰기(환언) 관계에 있는 두 개의 분리된 자립적인 단위들이라고 본다. 이에 근거하여 아그리콜라는 일반적인 관점에서 표제와 본문과의 관계를 이렇게 정의한다: 'PARTH (A, Tx), 즉 표제 A는 관련 텍스트 Tx와 동일 주제 바꿔쓰기isothematische Paraphrase 관계에 있다.' 이 말을 달리 표현하면, '표제 A는 뒤따르는 본문 Tx과 주제상 등가 관계에 있다' 또는 'A는 Tx의 핵심이다' 또는 '표제 A는 Tx에 대해 응축 관계에, Tx는 A에 대해 확장 관계에 있다'고 할 수 있다. 아그리콜라에 따르면, 표제의 의미 자질은 축어적인 반복이 일어나지 않는 경우에는 예컨대 논평이나 사설에서 그러하듯이 표제와 분리되어 있다.

---

49) "선제표지"라고도 한다. 그로세는 한 텍스트의 텍스트 기능을 탐구할 수 있는 기준 목록으로 '지배적인 의미론적 문장 유형', '선제신호', '호소 요인', 사회적 규칙에 해당하는 '행위 규칙'의 네 가지를 든다. 이 중에서 선제신호의 예로는 '표지 제목', 소설, 희곡 등과 같은 '장르 명칭'을 생각할 수 있다.

논평 텍스트의 표제는 뉴스 텍스트의 그것과는 달리 문장에서 명사구를 거쳐 동사구에 이르기까지 매우 다양하게 실현된다. 잔디히(1971)는 신문 표제의 유형학을 개발하였는데, 의사소통 상황에 의해 제약된 축약문이 가장 흔한 표제 유형이라고 주장한다. 마드(1980: 58ff)는 영어 일간지의 기사 표제를 연구하였다. 표제의 문법적 형태에 관한 논의는 신문기사 표제의 언어구조를 연구하는 데 중요한 단서를 제공한다. 마드는 표제의 문법 구조를 계층적으로 분할하면서, 동사 형태를 정형, 부정형, 조합형으로 하위 구분하고 일반형인 경우에는 미未수정 형태, 선先수정 형태, 후後수정 형태를 조합형과 구분한다. 마드는 텍스트 표제가 대개 극단적인 축약, 예컨대 동사나 주어 생략 구문을 사용하거나 수식어에 의한 확장 구문을 사용하는 것은 독자들로 하여금 독서 자극을 일깨우고자 하는 표제의 중요한 의사소통 기능이라고 생각한다. 뤼거(1995: 126)는 논평 표제의 특징들로서 축소된 통사구조, 원본에 사용된 단어 선택, 은유 표현의 선호 그리고 제목에 나난 평가 행위를 든다. 뤼거는 독자에게 홍보하려는 표제의 의사소통 기능을 강조하면서 논평 표제의 '맥락 필요성Kontextbedürftigkeit'에 주목한다. 그는 논평의 표제와 본문의 도입부와의 긴밀한 관계를 지적하면서 이러한 관계를 텍스트 열기 행위라고 본다. 이러한 열기 행위의 의사소통 기능은 물론 독자의 관심과 주목을 일깨우는 것이다. 쉔케(1994; 1996)는 독일 일간지의 경제 논평에 관한 연구에서 표제의 구조와 관련해서 극소수의 예외적인 표제만이 정동사를 포함한 문장 형태로(예, *Es wird investiert*[투자되고 있다], FAZ), 아니면 간접적인 호소 기능이 있는 질문(예, *Wie wär's mit Kopf hoch?*[힘내야 하지 않을까?] FAZ)이나 호소적인 요청 형태로 구성되어 있음을 확인하였다. 그런데 질문이나 요청 형태인 경우에는 부정사구문이나(예, *Muß halten*[중지해야 한다] FAZ, *Die Weichen stellen*[진로를 미리 정하다], FAZ) 분사구문(예, *Wirtschaftsminister gesucht*[경제부 장관 구함], FAZ, *Noch zuviel unerledigt*[아직 너무나 많은 문제가 산적해있다], FAZ)으로 축소되는 경우가 흔하게 나타남을 확인하였다. 쉔케에 따르면, 대부분의 논평 표제들은 명사구 형태를 취하는데, 수식어가 사용되는 경우가 흔하다(예, *Charme des Hantierens*[장사의 매력], FAZ, *Niederlage in Grün*[녹색당의 패배], *Die Welt, Bonner Geisterfahrer*[본 내각의 역주행자], *Die Welt, Trübe Aussichten*[불투명한 전망], FAZ). 한국 일간지의 표제들과는 달리,[50] 독일 일간지 논평 표제의 또 다른 특징은 제목이 관사 없이 하나의 명사(대개 (연결)합성어)로 구성되어 있다는 점이다(예, *Schleichweg*[샛길], FAZ, *Muskelspiele*[음악 연주], FAZ, *Fahrer-Quittung*[운전자 수령증], FAZ, *Sackgasse*[막다른 골목], FAZ, *Tarif-Schachzug*[협정요금-응수], FAZ). 이런 경우에는 예에서 보듯이 '개념적 은유konzeptuelle Metapher', 예컨대 경제 논평 텍스트에 전형적인 '길Weg' 은유가 흔하게 사용된다.

이렇게 볼 때, 표제는 다음의 자질이 있다. (i) 표제는 미디어 텍스트, 특히 신문 텍스트의 일부이다(상업광고의 일부일 수도 있음). (ii) 표제는 타이포그래피로 강조되어 있다. (iii) 표제는 '주목 끌기'의 기능을 통해 독자를 통제할 수 있는 중요한 요인이다. 렝크(2005: 160)에 따르면, 신문 독자가 제일 먼저 지각하고 대부분 수용하는 것이 표제이다. 표제는 이에 속하는 전체 텍스트의 읽기를 시작할 것인지 말 것인지를 결정하는 주요 토대로 이용된다. 신문의 주제 분야별 제목들 전체는 어느 정도 관련 커뮤니케이션 상품들, 곧 신문 기고 텍스트들의 내용색인 역할을 한다. (iv) 표제는 전체 텍스트의 다른 부분들(특히 본문, 경우에 따라서는 리드, 그밖에 사진과 사진 설명)과 내부 텍스트적인 관계에 있다.

먼저 논평 표제 분석에 중요한 발화수반행위와 저널리즘적 기능에 주목하겠다.

---

50) 논평의 표제와 관련해서 독일과 한국의 일간지를 비교하면 문화적인 차이가 드러난다. 독일 일간지의 논평 표제는 통사적으로 복잡하고 암시적이고 비판적인 평가들이 중요한 역할을 하는 반면에, 한국 일간지의 논평 표제는 통사적으로 단순하고 명시적인 호소적 표현들이 중요한 역할을 한다.

8.5.1. 발화수반적 기능

서얼(1969)에 따르면, 화행은 발화, 명제행위, 발화수반행위, 발화효과행위로 구성되어 있다. 이런 행위들은 서로 포함 관계에 있는데, 규약적 관계로 환원될 수 있다. 발화수반력은 명제에 부여되는데, 이 명제는 다시 발화에 배치된다.

명제행위는 지시부와 서술부의 부분 행위들을 포함한다. 논평 표제에 나오는 행위 유형과 관련시키면 문장서법에 따라 제보(제시 화행), 질문(질문 화행), 요청(지시 화행)으로 구분될 수 있다. 아래에서는 분석의 토대가 된 발화수반적 기능Illocutive function, 곧 의사소통 기능의 부류를 간단한 예를 통해 살펴보겠다.

[1] 고립된 지시 부분 행위

(1.1) 순수 지시부(서술부가 없는)
  Zypern(DW 2004.02.14)

(1.2) 설명적으로 서술하는 지시부(사실적으로 설명하는 부가어가 있음)
  Laizität und Integration(FAZ 2004.02.11)

(1.3) 평가적으로 서술하는 지시부(평가 성분이 있음)
  Leipziger Affären(FR 2004.02.13)

[2] 고립된 서술부

(2.1) 고립된 서술부(평가 성분 없음)
  Keine Schraubenfabrik(DW 2004.02.12)

(2.2) 고립된 서술부(평가 성분 있음)
  Späte Erkenntnis(DP 2004.02.26)

[3] 정보 행위(평가 화행을 포함한 제시 화행)

(3.1.) 보고

Die Hosen waren längst verboten(DP 2004.02.26)

(3.2) 상태나 사건의 사실 강조형 서술

Schröder trifft Kolumbiens Uribe(ND 2004.02.04)

(3.3) 상태 기술 또는 사건 서술(평가 성분 있음)

Hier spricht der Chef.[Putin will …](SZ 2004.02.26)

(3.4) 평가 행위

Prodi setzt beim EU-Haushalt auf's Prassen – zur Freude alter und neuer Nutznieß er(SZ 2004.02.09)

(3.5) 예측(가능한 발전의 서술을 포함)

Die Wechselkursbewegung kann zum Problem für die USA werden(TAZ 2004.02.09)

(3.6) 가설적 가정과 조건 구문

Wäre Stolpe ein Neoliberaler, wären wir Toll Collect längst los(TAZ 2004.02.11)

(3.7) 반어/모욕/선동/조롱

Die Partei, das sensible Wesen(DW 2004.02.11)

[4] 질문(질문 화행)

(4.1) 순수 질문

Mehr oder weniger Luxus?(DP 2004.03.24)

(4.2) 선동적 또는 경향적 질문과 불확실한 질문

Pensionen – Schon was von Gerechtigkeit gehört?(DP 2004.02.14)

[5] 요청(지시 화행)

Beherzte Politik statt halbherziger Reformen(FAZ 2004.02.09)

Kant darf nicht vergessen werden(DP 2004.02.12)

Lasst Paradeiser um die Welt fliegen!(DP 2004.02.11)

[6] 인사, 축하, 외침, 용서 등(정표 화행)

    Armes, Haiti(FAZ 2004.02.10)

8.5.2. 저널리즘적 기능

표제는 뤼거(1995: 79f)에 따르면 세 가지 원칙적인 기능에 이용된다.

- 작품이나 텍스트의 확인 기능
- 본질적인 내용 특성에 관한 사전 제보 기능
- 작품이나 텍스트의 광고 기능

  확인 기능은 논평과 사설의 표제에는 극히 제한적으로만 적용되는 것 같다. 표제만으로는 논평이나 사설을 일반적으로 찾아내거나 뚜렷이 확인하기가 어렵다. 동일한 표제들이 신문에서는 너무 자주 반복적으로 나타나기 때문이다. 그래서 사전 제보와 (독서)광고 기능이 신문의 논평이나 사설의 표제가 갖는 기본 기능이라고 할 수 있다.

  표제의 저자는 특히 정보 내용의 명시성에서 차별화되는 다양한 독서광고 전략을 구사한다. 표제만 보고는 관련 기고문이 무엇과 관련된 것인지를 쉽게 알아낼 수 없는 경우가 허다하다. 다시 말해서 표제를 따로 읽으면 거의 수수께끼가 될 정도로 정보를 찾기 힘들다. 그래서 여기서는 정보적 명시성과 지배적 독서광고의 기준에 따라 논평 표제를 네 가지 저널리즘적 기능(독서 자극: 수수께끼화, 정보: 주제 제시, 정보: 요약, 독서 자극: 선동)에 따라 구분하겠다.[51]

  [1] 독서 자극: 수수께끼화

---

51) 이 책의 제4장 6절(신문에서 표제와 리드의 관계)도 참조. 한국 인터넷 신문 표제에서의 흥미 유발 전략에 대해서는 김해연(2009)도 참조.

제목, 곧 평가 성분이 있는 고립된 지시부나 고립된 서술부는 예컨 대 "Hickhack[쓸데 없는 다툼]"(DW 2004.02.12)에서 보듯이 자체만 두 고 보면 텍스트의 대상이 무엇인지 귀납적으로 추론할 수 없게 한다.

[2] 정보: 주제 제시
논평의 핵심 주제는 "Unpopuläre Sanierung des Wohlfahrtstaates[복 지국가의 인기 없는 회생]"(DP 2004.02.10)처럼 고유명사가 사용되면 표제에서 알아낼 수 있다.

[3] 정보: 요약
표제가 논평의 핵심 명제를 인용하기도 하는데, 이런 경우에 핵심 명제는 대개 평가나 요청 행위인 경우가 흔하다. 많은 경우에 평가적 서술부가 있는 지시 행위와 평가 성분이 있는 고립된 서술부도 핵심 명제의 요약이라 할 수 있다(예, *Zwei Flügel der SPD, in der Spitze vereint*[SPD의 2 날개, 정상에서 뭉치다]"(SZ 2004.02.10)).

[4] 독서 자극: 선동
독자를 지적으로 선동하고 전체 텍스트에 관심을 갖도록 할 수 있 는 가능성은 많다. 이런 것은 예컨대 기대치에 어긋나게 할 때 발생할 수 있는데, 기대 가능한 작성 모형이나 '논평'의 언어 사용 규범에서 일탈하는 경우가 그러하다. 예컨대 외침이나 직접적인 인사말 형태 로, 아니면 광고 슬로건 형태로 나타나기도 한다. 또한 불쾌함(관용구 의 형태로), 특별함, 아니면 선정적이거나 내밀한 것임을 알려주는 것 은 선동적인 작용을 할 수 있다. 선동적인 표제 구성의 또 다른 가능 성은 표제가 지적인 모순을 담고 있거나 표제에서 주장을 의심하거나 (예, "*Wenn es dem Esel zu gut geht*…[당나귀가 너무 잘 지내고 있다면]"(DP 2004.02.09)) 선동적인 질문을 던지거나(예, "*SPD-Personalkarussell: Kann Müntefering Wunder?*[SPD-인사 돌려막기: 뮌테페링은 기적을 낼 수 있을

까?]"(FR 2004.02.09)) 선동적인 테제(예, *"Ewige Liebe: Thierse fordert Opfer vom Kapital*[영원한 사랑: 티어제가 자본의 희생을 요구하다]"(ND 2004.2. 13))를 말하는 경우이다.

이런 맥락에서 논평의 표제가 제보적 텍스트의 표제와 결정적인 차이가 있음을 알 수 있다. 제보적 텍스트, 예컨대 뉴스 텍스트의 표제는 평가적 요소가 없는 텍스트의 "핵심 정보"(브링커, 1997: 254)를 제공하는 이른바 본문의 축약 형태가 대부분이다. 그러나 논평 표제는 대개 표제 자체로는 논평된 사태와의 관련성을 인식할 수 없는 암시적인 태도를 견지한다는 점이다. 그래서 본문의 도입부에 가서 비로소 논평의 토대가 된 관련 정보들을 읽을 수 있거나, 극단적인 경우에는 주제전개를 처리하는 과정에서 관련 정보들을 찾아낼 수 있다. 예컨대 텍스트 표제 *Äpfel und Birnen*[사과와 배]〈Die Welt〉에서 추론해 낼 수 있는 것은 거의 없다. 독자는 *Äpfel und Birnen*[사과와 배]이라는 표현이 구동독과 구서독의 연방 주들 간의 인플레이션 비율과 관련이 있음을 본문을 읽어 가는 과정에서 비로소 인지할 수 있게 된다: *Drei Jahre sind seit der Wiedervereinigung ins Land gegangen, das Statistische Bundesamt* …[재통일 된지 삼 년이 흘렀다. 연방 통계청은 …] 또 다른 예로서 독일의 구독신문 〈Die Welt〉의 논평 표제 *'Strohfeuer am Himmel*[하늘의 짚불]'을 들 수 있다. 이 표제에 표현된 비유는 본문의 도입부에서 더 자세히 묘사된다: *Das Feuerwerk ist abgebrannt, der Qualm hat sich verzogen*[이제 불꽃은 다 타버리고, 자욱한 연기도 다 빠졌다]. 그럼에도 독자는 이 표현을 통해서도 표제의 *Strohfeuer am Himmel*[하늘의 짚불]이 유럽공동체(EG)의 항공료와 관련이 있음을 간파할 수 없다. 논평에서 흔하게 사용되는 본문 도입부의 이러한 서술 전략은 본문으로 독서 과정이 옮아가도록 유인하는 독서 자극제가 될 수 있다.

논평의 표제에 나타난 이러한 특성들은 독서 자극을 불러일으키고 텍스트의 수용 과정에도 영향을 미친다. 물론 서술 대상을 은유화 함에 따라 일부는 독자의 독서 자극을 향상시킬 수도 있겠지만, 반감시키는 경우도 없지 않다. 이러한 향상과 감소 현상을 최소화하는 데에는 독자의 공유 지식 정도가 중요한 역할을 한다. 이는 또 다른 텍스트를 풍자할 때 더욱 분명해진다. 여기서 텍스트 상호간의 관계가 어떤 역할을 할 수도 있다. 예컨대 경제 논평의 표제 'Die Büchse der Pandora[판도라의 상자]'(〈FAZ〉)는 그리스 신화를 잘 아는 독자에게는 장기기억 속에 저장된 지식으로부터 특정한 지식을 현실화하여 텍스트(본문)에서 명시적·암시적으로 언급된 정보들과 통합할 수 있다. 추론을 거쳐 이런 식으로 납득할 만한 응집 관계가 산출되고 의미 있는 전이 관계가 일어날 수 있게 된다. 그러나 그리스 신화에 관한 정확한 지식을 가지고 있더라도 표제만으로는 전의 관계의 목표를 깨닫기 어렵다. 이점은 논평의 도입부에도 적용될 수 있다. 이 제목에서 사용된 은유는 이 논평에서 문제 삼고 있는 주제가 무엇인지(텍스트 주제: 옛 소련연방 국가들에 대한 독일의 재정 원조)를 독자가 본문을 처리하는 과정에서 윤곽을 드러낼 수 있다. 이른바 이러한 은유적 바꿔쓰기 방식은 텍스트언어학에서는 후조응 관계Kataphora를 통하여 설명될 수 있을 것이다. 즉, 표제에서 암시된 평가는 텍스트의 전개 과정에서 비로소 제보되는 사태를 가리키는 것이다. 제목에서 암시적으로만 표현된 사태에 대한 필자의 입장은 이러한 지시 관계를 동원하지 않고는 이해될 수 없다. 이처럼 후조응어Kataphor는 전조응어Anapher[52)보다 더 어려운 인지적인 텍스트 처리 과정을 필요로 하지만 반대로 텍스트의 영향 효과는 더 커진다(보그랑드와 드레슬러, 1981: 65f).

논평 표제의 연구에서 눈에 띄는 것은 거의 언제나 표제의 명시적인 재수용 관계가 논평의 종결부(와 흔히 텍스트 중간의 한 부분이나 여러 부분에서)에서 일어나고, 표제가 — 흔히 본문의 도입 문장과 관련해서

---

52) Anapher와 Katapher는 '전조응어'와 '후조응어', '전술지시어'와 '후술지시어', '전술언급'과 '후술언급'(고영근/남기심, 『표준국어문법론』), '전방지시어'와 '후방지시어' 등 다양하게 번역·사용되고 있다.

— 텍스트 주제의 전개를 위한 '텍스트 틀text frame'을 열어준다는 점이다. 지배적인 재수용 구조의 요소들이 명시적으로 바꿔쓰기가 되지 않은 경우에는 '교점들'이 텍스트 주제의 전개 과정에서 여러 가지로 증명 가능한 근접 관계에 근거하거나 바꿔쓰기 전략53)에 근거하여 연결될 수 있다.

텍스트 틀에서 우리가 확인할 수 있는 것은 텍스트의 거시구조에 바꿔쓰기 전략이 영향을 미친다는 점이다. 독일 일간지의 논평에서는 거의 예외 없이 표제의 은유적인 표현이 본문의 종결부에서 명시적으로 재수용 되고 있는데, 바로 이 종결부의 재수용 표현이 제목이나 도입부의 문장들과 함께 텍스트 틀을 형성하는 것이다.

텍스트 틀은 적어도 서로 일치하는, 텍스트 주제와 관련된 두 가지 언어 표현으로 구성되어 있는데, 이들 사이에서 텍스트의 주제가 전개되는 것이다. 주제전개를 도입하면서 텍스트의 틀을 여는 요소는 텍스트의 제목이나 도입부에서 발견되는데, 텍스트 틀을 종결하는 요소는 텍스트 주제의 전개를 마무리한다. 대개 텍스트의 종결부는 본문의 도입부와 동일하거나 변형된 어휘를 담고 있다. 그런데 본문의 도입부는 다른 방식으로, 예컨대 근접 관계에 있는 언어 표현이나 바꿔쓰기를 통하여 재수용 될 수도 있다. 논증구조와 관련해서 보면, 독일 일간지 논평의 텍스트 틀에서는 텍스트 표제의 평가 행위가 텍스트 종결부의 (추론적인) 평가 행위와 일치하는 경우가 대부분이다. 예컨대 아래의 (34)에서도 이러한 은유적인 텍스트 틀을 발견할 수 있다. 첫 번째 예시 텍스트의 경우 텍스트 표제의 '*Katastrophe*[파국]'가 텍스트 종결부에서 다시 '*Katastrophe*[파국]'로 반복 재수용 되면서 텍스트 틀을 형성하는 데 비해, 두 번째 예시 텍스트에서는 텍스트 표제의 '*Start mit Optimismus*[낙관론으로 출발]'가 본문의 도입부에서

---

53) 텍스트 결속을 위해 쓰이는 바꿔쓰기 전략(Paraphrasenstrategie)에 대해서는 특히 이성만 (1998) 참조. 여기서는 광의의 재수용 표현(예, 브링커, 1997: 27ff 참조)에 의한 텍스트의 응집 전략을 바꿔쓰기 전략의 의미로 사용하겠다.

'*Beginn*[시작]'과 '*Optimismus*[낙관론]'로, 그리고 텍스트 종결부에서 '*Ende*[종말]'와 '*Optimismus*[낙관론]'로 변형 재수용 되면서 텍스트 틀을 형성하고 있다.

8.6. '논평' 표제에서의 '인용'

인용은 직접적 대화재현의 특수한 형태로서, 일반적으로 문어적 또는 구어적 텍스트에서 나온 시퀀스의 축어적 재현이다. 이때 인용된 시퀀스의 출처는 명시적으로 재구성될 수 있어야 한다. 그런 의미에서 인용은 일차적으로 상호 텍스트적인 지시이다. 인용은 문어체 독일어에서는 이중 인용부호("…")를 통해 형식적으로 특성화된다.

미디어 담론에서 대화재현은 일반적으로 그리고 인용의 특징이 있는 시퀀스로서 중요한 역할을 한다. 여기서는 신문 기사 표제에서의 인용과 이 인용이 본문에서 일치하는 시퀀스와의 관계를 살펴보겠는데, 특히 내부 텍스트적인 지시 관계의 특성에 주목하겠다.

부르거(2005: 118f)는 형식적인 국면에서 단순 표제와 합성 표제를 구분한다. 후자는 타이틀 줄과 추가 줄로 구성되는데, 이때 윗줄이나 아랫줄(또는 둘 다)과 관련이 있을 수 있다. 다른 부분 텍스트, 특히 본문과의 내부 텍스트적인 내용 관계와 관련시키면 비교적 빈번한 주제 표제는 드물게 나타나는 수수께끼 표제와 구분될 수 있다. 인용 표제는 형식 요소에 의해 특성화된다. 예컨대 인용 표제는 인용부호에 기대어 인용으로 특성화된 시퀀스를 포함하는데, 최소 한 단어부터 구와 문장성분 뿐 아니라 완전한 문장에 이르기까지 다양하다. "독자로서 우리는 표제를 곧장 이해하지는 못하지만, 바로 그 아랫줄에서 첫번째 이해를 하게 된다. 또한 인용부호가 있는 독서경험에 비추어 표제가 본문 안에서 확실하게 찾아질 수 있는 인용이라는 추측을 할 수 있게 된다. 인용이 문법적으로 쉽게 바뀐다는 것은 인용-표제에서는 통상적인 현상이다."(앞의 책: 120). 전형적인 문법적 변형은 관사어, 조동사, 계사 등을 삭제하는 경우이다.

8.6.1. 직접적 대화재현과 인용

대화재현은 폭넓은 주제이다. 그래서 여기서는 미디어 텍스트에 특징적인 몇 가지 현상에만 주목하겠다. 시의적인 고유의 발화와 다시 주어진, 곧 재현된 발화 — 그것이 다른 사람의 발화이든, 자신의 이전 발화이든 상관없다 — 의 구분은 언어의 기본적이고 보편적인 특성이다. 언어 유형학적 관점에서는 아주 다양한 특성화 수단들을 찾을 수 있다. 이 수단들은 명시적인 대화 인용, 예컨대 verbum dicendi에 의한 대화 인용은 가장 흔하면서도 가장 명확한 수단이라 할 수 있다. 론카더(1988)에 따르면, 대화재현은 — 특히 직접화법 형태 — 실제로 행해진, '원본' 발화가 이후의 상황에서 축어적으로, 바뀌지 않고 직접화법으로 다시 주어지는, 곧 재현되는 시나리오의 의미에서 '사실적으로' 모델화할 필요가 있다. 논란거리는 번역된 (예컨대 가설적으로(예, *Man könnte auch sagen*: …) 아니면 명시적으로(예, *Ich habe nie gesagt*: …) 부정된) 직접적 대화재현에서 찾을 수 있다. 이들은 형식적으로 '사실적인' 직접적 대화재현과 앞에서 든 의미로는 구분이 어렵다. 그러나 이들의 토대가 되는 것은 '원본' 발화(가설적, 부정된)가 아니거나 단어음성이 심하게 바뀐다(번역의 경우). 따라서 대화재현은 언어적-형식적으로 정의된 것이지 비언어적-내용적으로 정의된 것이 아니다. 대화재현의 특성에는 재현된 발화가 실제로 있었는지(또는 여전히 있는 것인지)는 중요하지 않다. 그러니까 재현되는 것이 정말 '대화'인지, 아니면 예컨대 지금까지 말하지 않고 있던 생각이나 느낌인지는 중요하지 않다.

인용은 직접적 대화재현의 특수한 형태로서, 적어도 생산자의 진술이나 인용문의 제시에 근거하여 문어적 또는 구어적 발화(원본 발화)를 축어적으로 재현한 것이다. 직접적 대화재현과 관련해서 자주 거론된 이른바 정확성 문제는 인용에서 중요하다. 인용은 독일어에서는 형식상 이중 인용부호 "…", 예외적으로 단순 인용부호 '…'로 표기된다. 이런 형식적인 특징은 자료선택의 주요 기준이기도 하다.

대화재현과 인용의 기능은 일부 겹치기도 하지만 차이점도 있다. 직접적 대화재현은 구어 텍스트에서는 서사 정점을 위한 문체 수단으로, 문어 텍스트에서는 평가를 위한 문체 수단으로 도입된다. 문어 텍스트에서는 구어성을 암시하는 기능이 추가된다. 구어성 암시 기능은 특히 신문에서도 중요한데, 인터뷰를 인용한 표제가 그렇다. 인용, 특히 구어적 발화는 진정성과 신뢰성을 암시하는데, 때로는 인용자(예, 저명인사와 대화하는, 특정 회합에 참여한 인용자)의 전문성을 강조하기도 한다. 인용은 권위를 부여하는, 그래서 논증을 지원하는 기능도 있고, 특히 일탈적인 표현은 독서자극의 기능도 한다.

8.6.2. 사례 분석

부르거(2005)는 신문이나 잡지의 핵심 표제에 'Titelschlagzeile[타이틀 헤드라인]'이라는 표현을 사용한다. 여기서는 이 용어에 포함된 'Titel'[타이틀]이란 개념과의 혼동을 피하기 위하여 앞의 4.6에서처럼 표제의 종류를 '핵심 표제', '하위 표제', '리드' 등으로 구분하겠다.

(26) KN[54] 2008.07.14, 2. Politik Interview

[핵심 표제] "Wir müssen uns an hohe Energiepreise gewöhnen"

[하위 표제] Experte: Kein "goldener Ausweg", aber Bürger können viel mehr sparen als sie denken

[본문] "Es gibt keinen 'goldenen Ausweg', […] Es wird nicht viel weiter führen, die Zeilen billiger Energie zurück zu wünschen. Schnelle und umfassende Anpassung an hohe Energiepreisniveaus ist die einzig

---

54) 자료는 'Kieler Nachrichten(KN)'와 'Nürnberger Nachrichten(NN)'에서 인용함.

tragfähige Handlungsstrategie für Wirtschaft und Bürger."

(26)은 인터뷰의 핵심 표제가 전체 문장을 인용한 경우이다. 이것은 한편으로 하위 표제에서 격이 바뀌면서 약하게 변형되고 있고(예, *goldener Ausweg-goldenen Ausweg*[훌륭한 해결책]), 다른 한편으로 전체 의미를 보존하면서 재작성함으로써 강하게 변형되고 있다. 즉 전문가의 아주 산만한 진술이 핵심 표제에서는 간단하면서도 절묘한 표현으로 정리되고 있다.

(27) NN, 2007.07.04, 20, Wirtschaft, Bericht

[핵심 표제] "Die Deutschen heizen mit Köpfen"

[하위 표제] Techem: Ölverbrauch ist weiter gesunken – Erlangen und Nürnberg schneiden gut ab.

[본문] "Die Deutschen heizen zunehmend mit Köpfchen", konstatiert der Eschborner Energiedienstleiter Techem in seiner aktuellen Ölverbrauchs-Analyse der Heizperiode 2006/2007.

(27)도 전체 인용이 핵심 표제(여기서는 보고와 관련)로 사용된 경우이다. 여기서는 양태 표현의 삭제가 강한 의미 변형이 일어날 수 있음을 보인 경우라 할 수 있다. '만약 독일인이 '점진적으로(*zunehmend*)' 지혜롭게 난방을 한다면'이라고 하는 것은 독일인이 지금도 여전히 전체적으로 현명하게 난방 에너지를 다루고 있지 않음을 의미하게 된다. 표제가 노리는 것은 바로 이점이다.

(28) KN, 2008.07.16, 3, Politik, Bericht

[핵심 표제] China-Experten setzen weiter auf Dialog

[하위 표제] Geduld statt Druck – "Fortschritte sind erst nach Olympia zu erwarten"

[본문] Wenn überhaupt, seien Fortschritte frühestens nach Olympia zu erwarten, meint China-Experte Sebastian Bersick.

(28)도 (27)과 유사한 경우이다. 'wenn überhaupt'를 이용하여 진술의 타당성을 회의적으로 제약한 것이 표제에는 빠져있다. 형식적인 관점에서 주목해야 할 것은 본문이 간접적 대화재현을 포함하고 있는 점이다. 반면에 하위 표제는 인용을 도입하고 있다.

(29) KN, 2008.07.12, 4, Politik, Meldung
  [단순 표제] Jung: "Kein Anlass für AWACS-Debatte"
  [본문] Verteidigungsminister Franz Josef Jung(CDU) hat vor vorschnellen Entscheidungen über einen Einsatz von AWACS-Aufklärungsflugzeugen mit deutscher Beteiligung gewarnt. "Es gibt keinen Antrag des NATO-Oberbefehlshabers an den Nato-Rat. [⋯] Unser Mandat würde auch einen derartigen Einsatz nicht erlauben", sagte Jung in Hannover.

(29)는 표제에 출처명, 곧 인용될 원본 발화를 한 화자의 이름을 포함하고 있다. 표제에서 인용으로 간주된 구절이 본문에서 인용된 국방장관의 진술과 어떤 관계에 있는지는 분명하지 않다. 따라서 강한 변형에 근거한 것으로 볼 수 있다.

(30) KN, 2008.07.03, 30, Lokales, Bericht
  [핵심 표제] UK S-H: "Sanierung ist möglich"
  [하위 표제] Schleifer peilt für 2010 "schwarze Null" an
  [리드] Carl Hermann Schleifer, seit einem Jahr Sanierer des Universität-sklinikums, hat eine Botschaft: "Die Sanierung kann gelingen", erklärte er bei der Präsentation des vom Kabinett abgesegneten Sanierungskonzeptes. Das Klinikum will bauen, mehr Patienten akquirieren und Abläufe

optimieren. Und: bis 2010 das Betriebsergebnis ausgleichen.

(30)은 (29)와 유사한 구조를 보인다. 핵심 표제에는 인용 — 여기서는 관사와 계사가 삭제되면서 문법적으로 약한 변형이 일어난 문장 — 이 발견된다. 이 인용에 선행하는 것이 세미콜론으로 분리된 시퀀스[55]이다. (29)와 다른 것은 이 시퀀스에는 인용의 출처가 아니라 주제가 열거되고 있는 점이다. 핵심 표제에서 인용에 약한 변형이 일어난 것은 리드의 인용과 비교할 때 의미의 변화를 주지 않기 위한 조처라 할 수 있다. 하위 표제에서 인용 부호로 표시한 표현 '*schwarze Null*(블랙 제로)'은 동의어를 사용하여 변형을 꾀한 인용인지, 아니면 — 리드의 '*Betriebsergebnis ausgleichen*[영업 성과를 조정하다]' 참조 — 거리두기를 암시하기 위한 것인지 분명하지 않다. 또한 'so genannte schwarze Null' 등으로 바꿔쓰기가 가능한지도 분명하지 않다.

(31) NN, 2008.07.02, 3, Politik, Bericht

[핵심 표제] **Türkei-Urlauber gelassen: "Der Ararat ist viel zu weit weg"**
[하위 표제] Strände und Hotels in der Partnerstadt Antalya sind gut belegt – Nürnberger Reisebüros vermelden keine Stornierungen
[본문] "Natürlich nehmen viele Anteil am Schicksal der Entführten", sagt Mevlüt Yeni, Sorge oder gar Angst unter den Urlaubern hat der Vorsitzende des Presseclubs Antalya aber bislang nicht beobachtet. "Dafür ist der Ararat viel zu weit weg."

(29)처럼 출처뿐 아니라 (30)처럼 주제도 세미콜론을 이용하여 인용을 제시할 수 있다는 점에서 보면, (31)은 흥미롭다. 곰곰이 따져보

---

55) 핵심 표제의 'UK S-H'는 'Universitätsklinikum Schleswig-Holstein[슐레스비히-홀슈타인 대학병원]'의 약어임을 리드에서 암시하고 있음.

지 않으면 일차적으로 *Türkei-Urlauber*[터키-휴가재]를 출처로 해석할 수도 있을 것이다. 그러나 본문을 읽게 되면 이런 생각은 완전히 달라진다. 본문에 따르면, 원본 발화를 한, 곧 인용된 사람은 멜뷔트 에니 Mevlüt Yeni이다.

(32) NN, 2008.07.12, 7, Kultur, Interview

[핵심 표제] "Das Problem ist die Gegenwart"

[하위 표제] *Als ob nichts gewesen wäre: Interview mit Carla Bruni über ihr neues Album*

[본문 Aussage C. B.] Und deshalb ist das Problem nie die Vergangenheit, sondern die Gegenwart.

(33) NN, 2008.07.11, 4, Politik, Bericht

[핵심 표제] "Kacynski ist feige"

[하위 표제] *Nicolas Sarkozy attackiert Polens Präsidenten scharf*

[본문] Mit ungewöhnlich scharfen Worten hat Nicolas Sarkozy seinen polischen Amtskollegen Lech Kaczynski angegriffen. "Europa hat unter vielen Dingen gelitten", sagte der Franzose bei seiner Antrittsrede in Straßburg. Dazu gehöre auch, dass Regierungen der Mitglieder die Verantwortung für Entscheidungen, die sie selbst getroffen hätten, an Brüssel abschöben. "Das ist Feigheit. Und das habe ich dem polnischen Präsidenten auch gesagt", ergänzte er.

이와 전혀 다른 변형을 보이는 경우가 (32)와 (33)인데, 독일어로 번역된 인용을 담고 있다. 이 예들은 번역된 인용들이 표제에서 본문에 비해 (32)의 경우에는 중간 정도로, (33)의 경우에는 심하게 변형되고 있다.

8.7. '논평'의 주제 구조

'논평'의 지배적 텍스트 기능, 곧 논증적 텍스트의 지배적인 의사소통 기능은 여론에 영향력을 행사하는 것이다. 텍스트 종류 '논평'은 다른 신문·잡지 텍스트들처럼 '혼합형' 텍스트에 속하기 때문에 '지배적' 텍스트 기능에 관해 이야기하는 것은 타당하다고 할 수 있다. 이런 맥락에서 보면, 논평은 제보적 요소보다는 논증적 요소가 지배하는 호소적 텍스트에 속한다.56) 즉, 논평은 여론 형성 텍스트로서 평가 요소뿐 아니라 정보 요소도 포함하는 혼합형 텍스트라는 뜻이다. 그렇다고 논증적 요소와 제보적 요소가 항상 명확하게 구분될 수 있는 것은 아니다.

여기서 사용된 논평 개념은 모든 종류의 여론 형성적, 논증적·평가적 텍스트의 상위 개념, 곧 텍스트 유형의 개념으로 사용하겠다. 이로써 여기서 말하는 논평은 아주 다양한 텍스트 종류들에 할당될 수 있는 텍스트 유형을 지칭하는 개념이므로, 일차적으로 주제에 따라 정치 논평, 경제 논평, 스포츠 논평 등으로 계속 세분될 수 있다.57)

브링커(1997: 125ff)는 텍스트 분류의 기본 기준인 텍스트 기능과 긴밀한 관계에 있는 맥락적 자질과 구조적 자질 기준을 끌어들여 하위

---

56) '논평(Kommentar)'은 시의적인 사건과 의사표현을 해석하고 평가한다. '사설(Leitartikel)' 과는 달리, 논평은 적어도 가시적으로는 그렇게 주관적이 아닌, 오히려 사실 중심의 의견 문체 형태(Meinungsstilform)이다. mens는 라틴어 commentari(=곰곰이 생각하다)에서 유래한 것인데, 논평이 의식적으로 이해하도록 하고 싶다는 의미가 있음을 암시하는 대목이다. 즉, 논평은 사실들을 연결시키고 여론 발생을 조사하고 그 의미를 논함으로써 주장한다. 이런 의미에서 논평은 의문부호를 감탄부호로 바꾸는 여론 문체 형태라고 할 수 있다. 조국현(2009)은 논평과 댓글의 차이를 텍스트 종류의 문체와 관련해서 특성화하고 있다.
   논평은 사실을 해설적·해석적으로 논의하고 여론을 정당화·증명·반박하면서 논의하기 때문에 논평 개념은 흔히 의견 강조형(meinungsbetonte Formen)으로 사용되기도 한다(Lüger, 1995). 개념이 이렇게 변화한 것과 그 맥을 같이 하는 것은 방송 매체가 논평만을 끌어들이고 있다는 사실에서도 알 수 있다. 사설은 신문의 독특한 문체 형태로 남아 있다.
57) Heinemann/Viehweger(1991: 147ff)의 (위계적인) 다차원적(다층위) 모델에 따라 하위분류하면, 기능 유형, 상황 유형, 절차 유형에 따라서도 유사한 결과를 얻게 된다. 물론 하이네만과 피베거는 구조화 유형(계획된 텍스트의 거시구조화), 구성 유형, 계기화 유형 그리고 전형적인 작성 모형을 이용하여 하위분류 한다(앞의 책: 164ff). 이성만(2008: 175f)도 참조.

분류에 이용한다. 그에 따르면, 맥락적 기준으로서 커뮤니케이션 형태와 행위 영역을 제안한다. 커뮤니케이션 형태는 논평의 경우에는 신문 기사에 해당하고, 행위 영역은 '공공적' 영역에 속한다.58) 브링커는 구조적 기준으로서 텍스트 주제의 종류와 텍스트 주제에 상응하는 주제 전개의 형태를 든다. 예컨대 경제 논평의 경우에, 논평이 경제적인 사태와 발전에 관한 독자의 견해에 영향을 미치고자 하며, 이 의도에 상응해서 경제적인 사태와 맥락 관계에 관한 정보를 선택하고, 이 정보를 특정한 방식으로 제시하고, 이로부터 (평가적인) 결론을 이끌어 내거나 주제전개에서 (평가적인) 주장을 증명하고 논거들을 정보의 도움으로 예증하는 식으로 필자와 독자의 관계가 설명될 수 있다. 이에 따라서 여기서는 텍스트 종류로서 '논평'에 대한 다음과 같은 정의에서 논의를 시작하겠다.59)

- '논평'은 논증적 요소(주장이나 추론을 통한 평가 행위)가 제보적 요소를 지배하는 여론 형성 텍스트이다.
- '논평'은 공공적인 언론(신문·방송) 텍스트이다.
- '논평'은 그날의 시사적인 특정 주제에 대한 입장을 간결하고 신랄하게 표명하는 언론 텍스트이다.
- '논평'은 필자의 견해를 전달하는 언론 텍스트이다.

일반적으로 텍스트 주제는 텍스트 기능과 밀접한 텍스트의 핵심 정

---

58) 여기서 말하는 공공적인 영역은 사적인 영역과 대비된다. 이것은 재판 등에서는 공적인 영역과 겹친다. 또한 이 영역은 특히 신문, 라디오, TV 등과 같은 대중매체와 관련이 있다.
59) 여기서는 이와 관련된 질문 목록들만 제시한다. 문화의 차이에 따라 달라지는 논평 텍스트들의 특성들을 밝히기 위하여 논평을 대비 분석하려면 텍스트 종류와 관련해서 다음의 질문들에 대한 대답이 주어져야 할 것이다.
   • 여기서 말한 텍스트 종류로서의 논평에 상응하는 텍스트가 있는가?
   • 텍스트 유형으로서의 '논증적 텍스트'가 독일이나 한국의 일간지에서는 어떤 텍스트 종류들을 통하여 제시되고 있는가?
   • 텍스트 종류들의 어떤 일치점과 차이점에 따라 상호 비교가 가능한 것인가?
   대비 분석의 가능성을 이론적인 측면에서 조명한 논문으로는 Schoenke(1996)이 있다.

보라는 뜻이다. 한 텍스트의 (핵심) 정보는 텍스트 자체에 명시적으로 '주제어'나 '주제문'으로 표현되어 나타나기도 하지만, 대개는 텍스트 내용에서 추론해야 한다. 브링커가 올바로 지적하였듯이, 응집력 있는 텍스트에서 주제가 전개되는 방식은 텍스트 종류에 따라 독특하게 나타난다. 여기서는 먼저 첫 번째 예시 분석을 통하여 논평 텍스트에 사용된 평가적 요소와 제보적 요소의 지배 관계에 따라 텍스트 주제가 어떻게 논증적으로 전개되고 있는가를 살펴보기로 한다. 다음으로 두 번째 예시 분석에서는 텍스트 표제에서 사용된 개념적 은유가 본문에서 어떻게 바꿔쓰기가 이루어지면서 논평 특유의 주제 전개 구조가 형성되는가를 추적한다.

   (34) **Keine Katastrophe**[60]

      Die deutsche Wirtschaft hat ein schwieriges Jahr vor sich. Die Konjunktur hat sich verschlechtert. Im wesentlichen Teil muß sich die Industrie dazu an die Veränderungen in der Weltwirtschaft anpassen. Im östlichen Teil ist die Umstellungskrise noch nicht beendet. Bewegen wir uns damit am Rand einer Katastrophe, wie das Deutsche Institut für Wirtschaftsforschung dieser Tage meinte? Zumindest die Wortwahl erscheint fatal, wenn man bedenkt, daß Konjunktur zur Hälfte Psychologie ist. Katastrophe – darunter verstehen die meisten nicht nur Krise, sondern Zusammenbruch, Weltuntergang. Davon kann im Ernst keine Rede sein. Natürlich weiß niemand genau, wie die wirtschaftliche Entwicklung weiter verlaufen wird. Das hängt von vielen Einflüssen ab. Doch selbst die skeptischen Vorhersagen, die mit einem leichten Rückgang rechnen, sind nach rund zehn Jahren Wachstum keine Horrorvision. Es gibt sogar Hinweise, wie die jüngsten Daten des F.A.Z.-

---

60) Schoenke(1996: 29)에서 재인용하였으며, 부분적으로 쉔케의 논의에 기대었음.

Konjunkturindikators, daß sich die Produktion im Laufe des Jahres wieder fängt und ein Abgleiten in eine tiefe Rezession daher eher unwahrscheinlich ist. Zu rosarotem Optimismus besteht dennoch kein Anlaß, wie die Stellenangebote dieser Zeitung und der Auftragseingang zeigen. Doch eine Entwicklung, die die Bezeichnung Katastrophe verdiente, ist bislang nicht auszumachen.

첫 번째 예시 분석의 자료는 FAZ에 실린 'Keine Katastrophe[파국 없음]'라는 표제의 논평(필자: 위르겐 예스케Jürgen Jeske)이다.
　일반적으로 아리스토텔레스의 삼단논법이나 툴민의 논증 모델에서는 전체 논증의 특정 요소들(예, 결론)이 열거되고 개별 요소들 간에 성립하는 관계들이 논의된다. 논증구조의 요소들을 화행 유형(행위 모형이라고도 함, 잔디히, 1986 참조)으로 구분하여 평가와 제보의 대립 관계에 적용하면 다음과 같은 유사점을 확인할 수 있다.

(34) a. 논평 텍스트의 논증구조

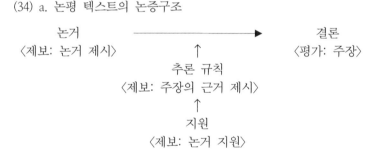

논평 텍스트는 다른 신문 텍스트 종류들처럼 특정 텍스트 유형의 실현체가 아닌 '혼합형 텍스트'이므로, 즉 특정 텍스트 유형의 이상적인 실현체가 아니므로, 특정한 모형에 따라 평가적 요소와 제보적 요소의 순수한 형태나 엄격히 규칙화된 병렬적인 화행 유형 연속체로 구성되어 있는 것은 아니다. 물론 이런 현상은 논증적 텍스트에서 일

반적으로 발견되는 사실인데, 대부분의 논평 텍스트에도 적용된다. (34a)의 도식에서 보듯이, 논증적 텍스트는 평가 행위로 실현되는 결론(테제)과 제보 행위를 통한 예증(추론 규칙), 지원 등으로 구성되어 있다. 적지 않은 논증적 텍스트, 예컨대 '논평'이나 '사설'은 평가가 분분한 문제 표명도 포함하는데, 이는 논증적인 논쟁의 전제 조건이 된다. 앞에서 예시하였듯이 신문의 논평에서는 평가가 분분한 문제는 더러 암시적인 형태로 전달되기도 한다.

예시 텍스트에서는 이미 표제에서 뉴스나 보고 텍스트에 기초하여 사태가 평가된다. 예시 텍스트의 표제에서는 논평 텍스트가 어떤 뉴스나 보고 텍스트와 상호 관련된 것인지를 인식할 수 없는 상태에서 핵심 주제에 대한 결론(테제)이 평가 행위의 형태로 설정되고 있다: *Keine Katastrophe*[파국 없음].' 이 평가 행위가 실제로 어떤 사태와 관련이 있는지는 본문의 도입부를 읽고 나서야 인식할 수 있게 된다: *Die deutsche Wirtschaft hat ein schwieriges Jahr vor sich. Die Konjunktur hat sich verschlechtert*[독일 경제는 어려운 한해가 될 것이다. 경기가 악화된 것이다.]. 독일 경제에 관한 정보가 다시 다른 평가 행위의 토대로서 두 가지 정보로 나누어진다. 하나는 구서독 지역의 경제와, 다른 하나는 구동독 지역의 그것과 관련이 있는데, 전체에서 부분으로 전개되고 있다. 평가가 분분한 문제에 대해서는 의문문의 형태로 표명되고 있다: *Bewegen wir uns damit am Rand einer Katastrophe, wie das Deutsche Institut für Wirtschaftsforschung dieser Tage meinte?*[독일경제연구소가 지적하고 있듯이 과연 우리는 파국으로 치닫고 있는 것일까?] 이 질문에 대하여 제한적으로 *zumindest die Wortwahl*[적어도 어휘 선택만으로는]이라는 표현으로 부정적인 평가를 내린다. 이 논평의 핵심 개념인 *Katastrophe*[파국]는 텍스트 전체에서 3번 사용되고 있는데, 이 논평 텍스트에서 사용되고 있는 의미를 예시적으로, 예컨대 *Katastrophe*[파국]는 '위기(*Krise*)'가 아닌 '붕괴(*Zusammenbruch*)', '세계의 종말(*Weltuntergang*)'이란 의미로 제시되면서 '파국은 말도 안 되는 소리(*Davon kann keine Rede sein*)라는 표현으로 정반대의 평가를 내린다. 이어서 이 평가 행위에 대하여 먼저 상대적인 제약이 따르는데, 바로 다음에 반대 결론으로 이끄는 제보 행위가 이어진다(*Doch selbst die skeptischen Vorhersagen, die mit einem leichten Rückgang rechnen, ···*[그러나 물가가 약간 하락하리라는 회의적인 예상 자체는 ···]). 바로 이 제보 행위들이 결론을 이끌어내는 데 필요한 평가 행위, 곧 '따라서 심한 불경기에 빠지는 일은 오히려 없을 것이라는 지적(··· *ein Abgleiten in eine tiefe Rezession daher eher unwahrscheinlich ist*)'과 '그러나 파국이라는 명칭에 상당하는 현상은 지금까지 해결되지 않고 있다(*Doch eine Katastrophe verdiente, ist bislang nicht auszumachen*)'는 출발 명제들이다.

그렇다면 이 논평 텍스트에서 주제로 삼고 있는 텍스트 주제는 무엇일까? 그것은 독일의 현 경제 발전이 어려운 지경에 있기는 하지만 파국이라고 단정할 수 없는 이유가 무엇이냐는 것이다.

우리의 예시 텍스트에서 텍스트 주제는 논증적으로 전개되고 있는데, 핵심 정보로서 지배적 화행 유형, 곧 논평 텍스트의 지배적 의사소통 기능과 긴밀한 관련을 맺으면서 마지막 문장에 포함되어 있다. 텍스트를 종결하면서 결론(테제)을 이끌어내는 이러한 평가 행위는 이미 텍스트 표제에서 테제로서 설정된 평가 행위와 일치한다. 텍스트 표제와 텍스트 결론이 이처럼 일치하는 것은 일반적으로 논증적 텍스트에서는 흔한 구조인데, 이것은 테제와 결론의 일치에서 보듯이 텍스트의 틀을 이룬다. 바로 이러한 틀은 논평 텍스트에서 일반적으로 발견되는 텍스트 자질에 속한다.

텍스트 틀은 적어도 텍스트 주제와 관련된 두 개의 언어 표현들로 구성되어 있다. 이 두 가지 표현들 사이에서 텍스트 주제가 전개되는 것이다. 주제 전개를 도입하는 텍스트 틀을 시작하는 성분은 제목이나 텍스트 첫머리에서 찾을 수 있다. 텍스트 틀을 종결짓는 성분은 텍스트 주제의 전개를 마무리 짓는데, 이때 텍스트 틀을 시작하는 부분(텍스트 제목 또는 본문의 도입부)에서 사용된 어휘들이 다시 사용되거나

(예, *Katastrophe - Katastrophe*[파국-파국]) 바꿔쓰기가 되어 나타나기도 한다(예, *Start - Ende*[출발-종결]).

텍스트 틀의 요소들은 의사소통 기능 면에서 보면 대개 텍스트 종류와 일치한다. 예컨대 논평에서는 텍스트의 틀을 도입하는 역할을 하는 요소는 대개 평가의 의미에서 주장, 곧 테제의 형태로 나타나며, 텍스트를 종결하는 요소는 결론을 이끌어내는 평가의 형태로 나타난다. 그리고 주제가 전개되는 동안에 갈라지는 주변 주제들은 주제전개의 논점들을 표시하는데, 텍스트 틀을 시작하는 데 사용된 어휘를 명시적으로(예, *am Rand einer Katastrophe*[파국의 언저리에서]) 아니면 암시적으로(예, *Katastrophe, darunter verstehen wir nicht nur Krise,* …[파국, 이것에서 우리는 위기만이 아니라 …도 이해하고 있다]) 재수용 된다. 여기서 명시적인 경우는 평가가 분분한 문제를 표명하기 위해 재수용 된 경우이고, 암시적인 경우는 중심 개념의 해설을 환기시키기 위해 재수용 된 경우이다.

정리하면, 예시한 논평 텍스트의 논증적 주제 구조는 (34b)의 형식을 취한다. (34c)는 예시 텍스트의 거시구조적 관계(논증구조와 주제전개의 관계)를 간단히 도식화한 것이다.

b. (34)의 논증구조

사실과 사실의 평가　　→　　따라서　　→　〈부정적 경제 발전이 곧
〈독일 경제의 어려움〉　　　　　↑　　　　　파국은 아니다(평가 행위)〉
　　　　　　　　가능한 추론 규칙:
　　　　　　　파국 개념의 사용 범위 규정
　　　　　　　　　　↑　←　가치, 규범
　　　　　　　　가능한 지원:
　　　　　FAZ의 최근 경기지표 자료 인용

c. 논평의 거시구조적 관계

순서	화행 유형	주제 전개
1	주장을 통한 부정적 평가	·독일 경제의 어려움
2	명세화를 통한 평가 지원: 제보	·구동독과 구서독의 복구 위기 ·am Rand einer Katastrophe[파국의 언저리에서]: 의문문을 통해 평가가 분분한 문제 표현
3	제한적인 평가	·Katastrophe[파국]: 경제 파탄과 관련된 중심 개념 설명
4	(3)의 평가를 예증·지원하기 위한 제보	·FAZ의 최근 경제 지표 자료 인용
5	(4)에 근거한 긍정적 평가	·(4)의 자료에 입각한 결론 유도(부정적 경제 발전이 파국이라고 할 수는 없다.)

두 번째 예시 분석의 텍스트도 FAZ에 실린 경제 논평인데, 논평 텍스트에서 혼하게 나타나는 개념적 '길' 은유가 핵심적인 바꿔쓰기 전략에 이용되고 있다.

(35) **Start mit Optimismus**

Der erfreulichste Unterschied beim Beginn von 1989 zur letzten Jah-
reswende ist der fast überall vorherrschende Optimismus. Regierung, Oppo-
sition, Gewerkschaften und Unternehmer sind ausnahmsweise mal einig: Alle
erwarten im neun Jahr ein solides Wirtschaftswachstum. Das war im Anfang
1988 ganz anders. Da verbreiteten die Sozialdemokraten düstere Aussichten
und sahen schon die Gefahr einer Wirtschaftskrise heraufziehen. Selbst die
Konjunkturforscher mochten nur eine mäßige Zunahme des Bruttosozial-
produkts voraussagen. Die Bundesregierung stand ziemlich einsam mit ihrem
Versuch, Zuversicht zu bewahren. Es hat nicht viele Jahre gegeben, in denen
sich die Prognostiker so gründlich geirrt haben. Von Wuartal zu Wuartal
mußten die Voraussagen für das Wachstum nach oben korrigiert werden.
Die Schlußbilanz des Jahres fiel dann noch günstiger aus, als selbst die
unentwegten Optimisten geglaubt hatten. 1988 sollte eine Lehre sein:
Wirtschaftsprognosen sind mit Vorsicht zu genießen. Das gilt im Positiven

wie im Negativen. Niemand hat den Börsen-Crash von 1987 vorausgesehen, aber niemand hat auch geglaubt, daß sich die Wirtschaft so rasch wieder erholen würde. Schwarzmalereien sind also genausowenig angebracht wie übertriebener Optimismus. 1989 läßt sich zwar gut an, aber Bilanz wird am Ende des Jahres gezogen.

이 논평에서는 독일의 경제 성장을 문제 삼으면서 다양한 시각에서 평가를 내리고 있다. 이를 위하여 이른바 '길Weg' 은유와 '시각Sicht' 은유가 접목되면서 텍스트의 의미적 응집 망이 형성된다. 출발 은유는 제목에서 사용된 은유 표현 Start[출발]이다. Start[출발]는 영어 동사 to start[시작하다, 출발하다]에서 차용된 것인데, 가능한 모든 이동 방식과 운송 수단을 포괄하는 이동의 시작과 관련이 있다. Optimismus[낙관론]는 낙관적이고 긍정적인 입장을 대변하는 표현인데, 이러한 표현이 담긴 텍스트 표제로 긍정적인 한해의 시작을 연상시키고 있다.

논평 제목의 '길' 은유법은 본문의 도입 문장에서 순수 독일 명사인 Beginn[시작]으로 환언하여 재수용 되고 있다. 다른 한 편으로 명사구 der fast überall vorherrschende Optimismus[거의 어디서나 지배적인 낙관론]을 통하여 구체적인 현실이 지시된다. 독자는 본문의 도입 문장에서 다가올 새해의 경제 상태가 긍정적으로 평가되고 있다는 정보를 얻게 된다. 본문의 중간 부분에 가서는 길과 관련된 이동 은유가 자리 잡는다: Die Bundesregierung stand ziemlich einsam mit ihrem Versuch, Zuversicht zu bewahren[연방정부는 신뢰를 지키려는 바람에 꽤 고독한 처지에 빠졌다]. 본문의 종결부에서는 본문의 도입부의 Beginn[시작]과 대립되는 am Ende des Jahres[연말(1989년 새해)에]가 사용되어 암시적 재수용 관계가 형성된다. 그런데 위에서 인용한 표현들로는 이 논평의 주제와 관련된 내용적인 방향을 거의 읽어낼 수 없다.

논평의 주제를 개념화하여 전개시키는 데 주로 사용되고 있는 것은 평가를 위한 근원 영역인 '시각' 은유에서 나온 표현들이다. 기초적인 시각 은유법은 지각 경험, 곧 시각적인 지각에 기초한 것이다. 경제 논평에서 입증될 수 있는 근원 영역 '시각'과 목표 영역 '경제 발전의 장래'로 구성된 개념적 은유법은 독자 측의 비유적인 생각을 활성화하고 경제 흐름에 관한 일반적이고 추상적인 관계를 예증한다. 시각에 해당하는 *Sicht*는 *sehen*[보다] 동사의 파생어인데, 예시 텍스트에서는 이 파생어들이 텍스트 전체에 걸쳐서 사용되어 서로 의미적 응집 망을 형성하고 있다: *düstere Aussichten - sahen - die Gefahr - voraussagen - Zuversicht - Prognostiker - Voraussagen - Wirtschaftsprognose - mit Vorsicht - vorausgesehen*[불투명한 전망 - 보았다 -위험 -예상한다 - 신뢰 - 예측가 - 예상 - 경기 예측 - 조심스레 - 예측된].

텍스트가 중반부로 넘어가면서 새해인 1989년에 대한 낙관적인 기대와 지난해의 비관적인 기대와의 대비 관계가 *düstere Aussichten*[불투명한 전망]과 이 표현을 바꿔쓰기에 의한 재수용 표현인 *sahen schon die Gefahr einer Wirtschaftskrise heraufziehen*[이미 경제위기의 위험이 도래함을 알았다]에서 나타난다. 이런 대립 관계는 뒤따르는 문장에서 보강되고 있다: *eine mäßige Zunahme ⋯ voraussagen*[적당한 증가를 … 예고하다].

이어서 두 가지 은유와 연결해서 텍스트의 신정보가 도입되고 있다: *Die Bundesregierung stand ⋯ einsam mit ihrem Versuch, Zuversicht zu bewahren*[연방 정부는 홀로 … 신뢰를 지키려고 시도했다]. 그 다음 문장에 나오는 명사 *Prognostiker, (Wirtschafts)prognosen, Voraussage*[예측가, (경제)진단, 예보]는 모두 같은 사건과 관련이 있으며, 일상적 관용어법인 *mit Vorsicht genießen*[기분 나쁜 것만은 아니다]과 연결되면서 강조된다. 이러한 모든 표현들이 상호 협력하여 이 텍스트의 전형적인 은유 관계를 형성하고 있다.

이 예시 분석에서 알 수 있는 것은 '길'과 '시각'이라는 두 가지 은유법의 분산이 어떻게 폭넓게 세분된 지식 구조 체계를 활성화시키고 이해 과정에 영향을 미치느냐 하는 점이다. 은유적인 텍스트 표제는 독자가 직접 논평의 주제에 관한 정보를 얻지 못한 상태에서 이미 지침을 주고 있다. 바로 이러한 '빈자리'가 호기심을 일깨우고, 독서에 빠져들게 할 수 있는 것이다. 본문에서 주제의 전개 과정을 따라가는 동안에 독자는 의미망을 다시 인식하게 된다. 이것은 독자가 사실정보를 자기의 선지식, 예컨대 언어 지식이나 텍스트 유형 지식 등과 연결시킬 수 있기 때문에 독자의 텍스트 수용을 용이하게 할 수 있다. 은유법이 텍스트의 핵심 부분, 곧 본문의 시작, 중간, 종결 부분에서 재수용 되고 있다는 점도 텍스트에의 관심과 텍스트 가공을 활성화하고 촉진한다. 텍스트의 분석을 통하여 개념적 은유가 텍스트의 구성과 응집에 이바지한다는 점이 명확하게 드러났다.

정리하면, 첫 번째 예시 분석에서는 텍스트 주제와 텍스트 표제, 표제와 본문과의 긴밀한 응집 관계를 설명하였다. 분석을 통하여 다음의 두 가지 논점이 밝혀졌다. 먼저 논평 텍스트의 논증구조에서 논증 특유의 행위 유형, 곧 평가와 제보를 확인하고, 이 행위 유형에 따라 텍스트 주제가 전개되는 방식을 제시하였다. 나아가서 텍스트 표제와 텍스트 종결부의 일치 현상이 거의 모든 논평 텍스트에서 발견되는 텍스트 틀을 형성하는데, 논평 텍스트의 구성 자질 가운데 하나임을 지적하였다.

두 번째 예시 분석에서는 논평 텍스트의 주제 전개에 직접적인 영향을 미치고 있는 이른바 은유적 바꿔쓰기, 특히 '길'과 '시각' 은유의 사용 문제를 다루었다. 특히 이 은유들이 경제 논평에서 어떻게 텍스트의 주제 전개와 텍스트 처리 과정에 영향을 미치는가 하는 점을 제시하였다. 이 때 논의의 중심은 사용된 은유법에서 개별 표현들의 전의 관계가 관련되어 있느냐는 물음이었다.

제5장 방송 미디어

: 방송 보도

1. 텍스트로서의 방송 보도

미디어 텍스트의 구조와 기능에 관한 이론적인 논쟁의 토대가 되는 중요한 분야가 텍스트언어학, 구조적 텍스트 분석 그리고 수사학이다. 이들은 모두 텍스트의 조직과 작동 방식을 연구하고는 있지만 여러 학문적인 맥락들과 결부되어 있다.

텍스트언어학의 목적은 언어적 텍스트의 문법적, 주제적 구조를 파악하고 그의 의사소통 기능을 제시하는 것이다. 브링커(1997)에 따르면, 텍스트언어학의 주된 과제는 "구체적인 텍스트의 바탕을 이루는 텍스트 구성의 일반적인 조건과 규칙들을 체계적으로 기술하고 텍스트 수용에서 갖는 이들의 의미를 밝혀내는 일"(앞의 책: 8)이다.

텍스트언어학은 기본적으로 언어적 텍스트만을 연구한다. 영상은 고작해야 주변에서만 등장한다. 그래서 미디어 텍스트에 관한 텍스트언어학적 연구들은 미디어에서 언어의 사용 양상에 집중하거나(부르거, 1990; 2005) 신문에서 언론 텍스트의 구조와 기능을 밝히는 작업에 매진한다(뤼거, 1995).

구조적 텍스트 분석은 문학 이론의 틀에서 생겨난 것인데, 전통 문예학의 해석학적 텍스트 분석과 경합을 벌이고 있다.[1] 이것은 기호학과 구조주의의 개념들에 기초한 학술적인 연구 방법이라 할 수 있으며, 연구 대상은 일차적으로 문학 텍스트와 이를 각색한 영화이다. 그러나 구조적 텍스트 분석은 의사소통 목적에 사용되는 모든 기호를 파악하고자 한다. 이런 분석의 목적은 기호와 기호 복합체의 의미, 곧 의미적 차원을 알기 쉽게 풀이하는 것으로서, 텍스트와 문화의 기호학적 질서 체계 연구에 집중한다(티츠만, 2003: 3064ff). 이런 질서 체계는 사용된 기호의 분류적 기능에 그 뿌리를 두고 있다.

기호 개념이 언어적 기호에 한정된 것만은 아니기 때문에[2] 기호학의 개념들은 영화학과 미디어학의 발달에 중요한 역할을 하고 있다.[3] 오늘날에도 영화 분석 입문서들은 주로 기호학적 방법과 구조주의적 방법을 혼용하고 있다.[4] 구조적 텍스트 분석은 기호학에 기초한 이런 방안들의 한 방법론이라 할 수 있다.

문학적 텍스트 개념을 영화로 확장한 것은 독자적인 영화학 및 미디어학으로 가는 중요한 디딤돌이었다(칸촉, 1991: 17ff). 언어적 텍스트도 이 문학적 텍스트 개념의 패러다임을 서술하는 것이기 때문에 이런 확장된 텍스트 이해의 패러다임이 되기도 하였다.

텍스트라는 단어가 어원학적으로 라틴어 textum직물, 망상조직에 뿌리를 두고 있다는 사실은 문어적 텍스트의 독특한 특성, 기호의 소공간적 구조물임을 암시하는 대목이다. 철자들의 장식적인 망상조직은 상징

---

1) 문학 기호학과 해석학적 문예학의 관계에 대해서는 Titzmann(2003: 3034~3044) 참조.
2) 앞의 제2장 기호학 논의 참조.
3) 대표적인 초기 업적으로 Metz(1973)의 영화 기호학이 있다. 영화 기호학의 유용성과 문제점 그리고 새로운 가능성에 대한 포괄적인 논의는 이효인(1997a; 1997b) 참조.
4) 그런 예가 Kanzog(1991), Hickethier(1996), Borstnar et al.(2002) 등이다.

적으로 고도로 조직화된 문법구조를 구현하는데, 이 문법구조는 모든 언어적 텍스트의 특징이기도 하다. 텍스트가 커뮤니케이션 수단으로 이용된다는 점에서 우리는 이것을 사용하여 의사소통 행위를 수행할 수도 있어야 한다. 이를 위해서는 텍스트가 화자, 청자, 지시 대상(커뮤니케이션 대상) 사이에 기능적인 맥락 관계를 설정할 필요가 있다. 그러니까 텍스트는 이미 뷜러의 오르가논 모델이 그리고 있는 각각의 의사소통적 요구 사항들을 충족해야 한다.5)

브링커(1997)가 제안한 통합적 텍스트 개념은 이런 두 가지 국면들을 접목하고 있다. 이 개념은 텍스트에 근거하여 텍스트의 통사구조에 녹아있는 화자의 기본적인 의사소통 행위를 파악할 수 있는 이론적인 출발점을 제공한다. 브링커의 지적처럼, 텍스트라는 용어는 "자체적으로 응집력이 있고 전체로서 인지 가능한 의사소통 기능을 알려주는 언어적 기호들의 한정된 연속체"(앞의 책: 17)를 말하는 것이다. 이 정의에서 구조와 관련된 요소들은 텍스트가 연관성이 있으면서 자체적으로 종결된 기호 연속체를 이룰 것을 요구한다. 언어적 텍스트는 무의미한 철자 조합이 아니라 통사적, 의미적 관계를 통해 정돈된 전체이다. 또한 텍스트는 언젠가 시작해서 간단히 끝내는 것이 아니라 분명한 시작과 명확한 종결을 가지고 있다.

언어적 텍스트의 기본 단위는 문장이다. 이 문장은 문법적 규칙에 따라 구성되어 있고 또 문법의 규칙에 따라 다른 문장들과 연결되어 하나의 텍스트가 된다. 통상적으로 언어적 텍스트는 다수의 문장들로 구성되어 있다. 문장들의 이런 분할 외에도 텍스트는 흔히 더 작은 단락들로 하위분류되어 있는데, 이 단락들은 전체로서의 텍스트처럼 조직되어 있다. 이런 단락들은 구어 텍스트에서는 짧은 휴지를 통해, 문어 텍스트에서는 문단(단락)을 통해 나눠진다.

정의에서 밝혀진 텍스트의 의사소통 기능은 "커뮤니케이션 상황의

---

5) 앞의 제2장 1.3절에서 제시한 [그림 2]와 설명도 참조.

틀에서 텍스트가 실현하는 진의"(브링커, 1997: 81)이다. 이때 텍스트는 다수의 의사소통 기능을 실현할 수 있다. 한 텍스트의 커뮤니케이션 양태는 "일반적으로 *하나의* 기능을 통해서만 결정된다."(앞의 책: 82, 강조는 원문을 따름). 이런 지배적인 의사소통 기능을 브링커는 "텍스트 기능"이라 부른다. 이것은 한 문장을 발화하여 수행되는 발화수반행위와 같은 능력을 실현한다.

텍스트 개념을 그림, 영화, 만화 같은 도상 기호 복합체로 확장한 것은 이런 기호 복합체도 마찬가지로 언어적 텍스트의 구조적, 의사소통적 기준을 실현한다는 점에서 타당성이 있다. 이런 기호 복합체는 연관된, 종결된 전체를 이루며, 또한 의사소통 기능을 보유한다. 도상 기호로도 발화수반행위가 수행될 수 있기 때문이다.

도상적 텍스트와 언어적 텍스트와의 본질적인 차이가 나타나는 것은 물론 이들을 사용한 기호 때문이다. 언어적 기호는 규칙에 기초한 것이다. 따라서 언어적 텍스트의 개별 요소들은 동시에 텍스트 의존적인 기호 체계, 곧 언어의 구성 요소들이다. 단어는 사전의 틀에서, 통사구문은 각 문법의 틀에서 의미가 있다. 이는 이들이 텍스트에서 사용되느냐의 여부와는 무관하다.

이와는 달리, 도상 기호의 경우에는 비교 가능한, 텍스트와 무관한 체계가 존재하지 않는다. 따라서 도상 기호의 의미는 이것이 사용되는 텍스트와 구분될 수 없다. 언어적 텍스트는 문법적 규칙에 따라 최소의 단위들로 구성되어 있고, 그림은 그런 최소 단위들을 식별하지 않는다.

1.1. 매스미디어에서의 구어성과 문어성

앞의 제3장에서 우리는 암묵적으로 '구어성', '문어성', '구어적', '문어적'이란 용어들을 개념적인 정의 없이 사용하였다. 텍스트언어학이나 화용론에서는 이런 개념 대립을 이용하여 다양한 현상들을 설명하고 있다. 코흐와 외스터라이허(1994)는 '매체적', '개념적' 구어성, '개념적' 문어성을 구분한다. '매체적'이란 용어는 의미가 명확하다. 그 기준은 언어적 기호의 음성적 실현이냐 아니면 문자적 실현이냐 하는 것이다. 우리는 텍스트가 음성적(소리, 음향적)으로, 아니면 문자적(글자, 시각적)으로 실현된 것인지는 어렵지 않게 판별할 수 있다. 그러나 'conception[개념]'은 원래 '원遠'과 '근近'이란 지점들 간의 간극을 뜻했다. 그런 의미에서 '매체상' 구어적 텍스트는 '개념상' 문어적일 수 있는데, 원거리 커뮤니케이션의 자질을 보일 때 그렇다. 예컨대 텔레비전 뉴스에서 앵커가 뉴스를 말로 전달하는 앵커뉴스는 음성적으로 실현되었을 지라도 개념적으로 문어적 텍스트인 셈이다.

그런데 문제는 '미디어적(매체적)'이란 용어가 너무나 다의적으로 사용되고 있다는 점이다. 그래서 부르거(2005: 144)는 특히 매스미디어에서 텍스트의 실현 방식과 관련해서 텍스트의 "음성적phonisch"/"문자적grafisch" 또는 "구어적(말로 된)"/"문어적(글로 된)" 실현이란 용어를 도입한다. 이와는 달리, "매체적(미디어적)"이란 용어는 매스미디어, 예컨대 신문, 라디오, 텔레비전, 온라인 같은 것과 관련된 개념이다.

이제 미디어 텍스트의 구체적인 텍스트 생성 과정과 관련시키면, 옹(1982)이 말하는 '일차적/이차적으로 구어적/문어적 텍스트'라고 말할 수 있다. 따라서 다양한 조합 가능성들이 나타날 수 있는데, '일차적으로 구어적인(일차적 구어) — 이차적으로 문어적인(이차적 문어)', '일차적으로 문어적인(일차적 문어) — 이차적으로 구어적인(이차적 구어)' 텍스트 등의 조합들이 가능하다.

수용자의 입장에서 보면, 라디오와 텔레비전의 언어는 항상 구어적(텔레비전에서의 자막처리, 말풍선 등은 예외)이다. 수용자는 텔레비전 뉴스에서 문어 텍스트가 축어적으로 낭독되는지, 구어 텍스트가 특정 목적을 위해 문어적으로 작성된 것인지, 텍스트가 암기된 것인지, 텍스트가 극히 '즉흥적'으로 작성된 것이지 등은 알 길이 없다. 이런 조합 관계를 알 수 있는 경우는 우리가 텔레비전에서 앵커가 보고 말하는 종이와 앵커를 보고 있을 때뿐이다.

2. 라디오 텍스트의 기본 유형

라디오 기자라면 누구나 라디오 저널리즘의 텍스트와 서술 형태들, 예컨대 뉴스, 보고 또는 르포의 특성과 차이를 알고 있지만, 학술적인 근거에 따른 유형학은 아직 없다. 그동안 뉴스나 매거진 같은 개별 텍스트 종류와 서술 형태에 관련된 수많은 언어학적, 언론학적 연구가 있었지만, 지금도 여전히 롤로프(1982)의 주장이 통용되고 있다.

> "개별 기사와 방송을 개념적으로 유용하게 규정할 수 있는, 확실한 척도로 서의 기준들은 텍스트 범주의 분류 문제에 집중하는 내용 분석 연구 프로 젝트나 언론 교육, 편집의 실제 그 어느 곳에도 없다."(앞의 책: 6)

이는 텍스트 종류와 방송 형태, 예컨대 뉴스와 뉴스 프레젠테이션이 실제에서는 하나의 단위로 간주되고 있고, 구분은 이른바 텍스트 유형학 같은 이론에 머물고 있다는 점과 무관하지 않다. 그럼에도 몇몇 장르들 간의 경계는 여전히 불투명하거나 중첩되고 있다.

이런 사실을 지적하고 있는 곳은 이른바 교육용 입문서들인데, 텍스트유형학적 주장들은 실제와 거리가 먼 이론에 불과하다는 것이다. 그래서 퓌러(1991)는 라디오의 '보고' 형태와 관련해서 "서술 형태로서의 '보고'는 '뉴스'의 큰 형에 걸맞게 기술된다."(앞의 책: 80)고 주장한다. 기본적으로는 맞는 말이다. 그러나 실제에서는 이런 정의로 꾸려가기는 어렵다. '뉴스 – 보고 – 논평'의 일반적인 순서에서 보면 논리적으로는 중간 정도에 위치한다. 뉴스는 팩트와 사건에 관한 기본 정보를 제공한다. 보고는 예컨대 특수한 배경이나 다른 팩트와의 관계를 통해 이 정보를 확장한다. 논평은 팩트를 비판적으로 분석한다. 그러나 이런 구분은 이론적으로만 명확하다.

그래서 여기서는 기본적인 라디오 저널리즘의 형태들, 곧 실제에서 사용되는 방송 형태 같은 텍스트 유형에 한정시켜 라디오 저널리즘의 기본 형태들을 구분하여 보기로 한다.

할러(1993: 90ff)의 유형학은 저널리즘 '장르'의 기능적인 평가에서 출발하고 있다. 이때 근거가 된 것은 객관적, 주관적 서술 방식과 사실, 수신자, 매체 관련 적합성의 정도인데, 사건 서술에서 주관성의 정도에 따른 저널리즘의 서술 형태들을 제시한 것이 [표 7]이다.

[표 7] 저널리즘의 서술 형태들(할러, 1993: 93)

| | →→→→→→ 사건 서술에서 주관성 증가함 →→→→→→ | | | | |
	신문 보고	피처	뉴스 매거진	배경 및 리포트	르포
주제	사건이나 사태의 팩트 중심으로 서술함	행위자를 포함하여 사건이나 사태를 구체적으로 서술함	참여자들을 위해 줄거리에 관해 원인과 결과가 있도록 이야기함	참여자들과 복잡한 사태를 기술하고 설명함	경험한 사건을 관찰자와/나 참여자의 시각으로 묘사함
목적 (기능)	새 소식에 관한 명확한 정보를 전달함	정보를 구체적이고 생생하게 전달함	전개 과정을 보여주고 평가함	맥락 관계를 밝히고 평가함	거리/장벽을 극복하고 독자를 참여하게 함
요구 조건	보고된 사태의 검증 가능성	상황과 맥락관계를 예시적으로 제시	이야기 흐름을 드라마화함	분석적인 설명과 잠정적인 평가	진정한/일회적인 체험/관찰

[표 7]에서 출발점은 광의의 '뉴스'(단신, 사건 보고 등)로서, 팩트 중심의 서술이다. 팩트의 차원과 팩트 제시의 커뮤니케이션 방식(의도적 등)에 따라 나머지 서술 형태들이 이것과 구분된다. 이 방안을 '음향성, 구어성(낭독), 공공성, 일방(향)성, 시의성 같은 핵심 자질을 가진 라디오 커뮤니케이션 형태에 접목시키면, 이 형태를 언어학적으로 서술할 수 있는 토대가 나타난다. 이것은 텍스트 종류와 제시 형태의 위상과 변화를 서술하기 위해서는 구체적인 특성과 일반 자질을 겨냥한 텍스트 종류의 기술뿐 아니라 매체적, 제도적 조건들(예, 라디오, 신문 등과의 상보적 기능, 라디오 방송국의 조직, 공영방송과 민영방송 간의 경쟁 상황 등등)도 고려되어야 함을 뜻한다.

2.1. 정보 강조형 방송 텍스트

라디오가 발명되고 수십 년이 지나서야 신문과 문화 분야에서 차용된 텍스트 종류들이 라디오 프로그램의 전면에 등장했다. 정보전달과 여론형성 분야의 예로는 뉴스, 보고, 르포, 논평 그리고 인터뷰가 있었는데, 이들은 오늘날까지 라디오 미디어에 특징적인 것으로 발전하고 있다. 이들 가운데 뉴스(단신, 보고도 포함) 또는 뉴스 방송은 라디오 프로그램의 가장 중요한 구성 요소에 해당한다.

라디오 뉴스의 진가는 잠재적인 동시성에 이르기까지 풍부한 시의성과 최적의 접근성에서 나타나는데, 바로 이 두 자질이 라디오 뉴스를 가장 많이 듣는 (라디오) 방송 텍스트로 만들었다. 이 라디오 뉴스 텍스트는 오늘날 특정 뉴스 편집진에 의해 완성되어 정해진 방송 일정에 따라, 대개는 매시간 또는 30분마다 방송된다.[6]

라디오 뉴스는 다른 텍스트 종류들과 뚜렷이 구분될 수 있는 일련의 의사소통적, 언어적 자질들이 있다. 이런 자질들을 독일어권과 한국의 표준 라디오 뉴스 — '고전적인' 텔레비전 뉴스라 할 수 있는 '앵커뉴스'도 유사함 — 와 관련해서 요약하면 다음과 같다.

- 뉴스는 화자(아나운서 또는 앵커)가 낭독한다. 대개는 편집진이 아닌 전문 아나운서가 읽는다. 화자는 일인칭 '나'가 아니라 텍스트의 순수 전달자로서 등장한다.
- 청자(청취자, 수신자)도 텍스트에 등장하지 않는다. 모든 청자는 수신자로서 지칭된다. 이로써 뉴스는 목표 그룹에 제약이 없는 유일한 방송이다. 바로 이것이 미디어 언어의 이해 문제에 관한 논의가 뉴스에 집중된 이유이기도 하다.

---

6) 이 뉴스는 기본적인 언어적 텍스트의 특성이 있는데, 특히 고전적인 라디오 뉴스의 형태로 끊임없이 연구된 텍스트 종류 가운데 하나이다. Straßner(1975), Nail(1981), Fluck(1989), Arnold(1991: 125ff) 등의 연구가 대표적이다.

- 텍스트는 소음이 없는 중립적인 공간에서 낭독된다.
- 소음이나 음악도 프레젠테이션 동안에는 배제된다. 드라마적인 수단으로도 도입되지 않는다.
- 화자가 있는 상황이 언어화되지 않는다. 이에 따라 시작과 종결이 정해져 있다.

(1) 독일어권의 경우   한국의 경우
   [시그널 뮤직]   [시간 알림 시그널]
   Sechs Uhr   [시그널 뮤직]
   [음악]   6시 뉴스를 말씀드리겠습니다.
   Südwestfunknachrichten   ……
   [음악]
   ……

일반적으로 장소 직시어(예, *hier*, *dort*, 여기, 저기 등)는 사용되지 않는다. 그러나 뉴스가 지나간 사건, 현재 진행 중인 사건, 예상되는 사건을 제시하는 경우에는 시간 직시어가 사용된다.

(2) Bundeskanzlerin Merkel reist *heute Vormittag* zu einem viertägigen Staatsbesuch nach Korea.
   [메르켈 연방수상이 오늘 오후 4일간 예정으로 한국을 국빈 방문합니다.]

- 텍스트의 상위언어적인 실현은 예외 없이 '문어'로 수행된다. 다시 말해서 우리가 듣는 것은 즉흥적으로 작성된 텍스트가 아니라 보고 말해지는 텍스트이다.
- 뉴스의 구조는 '표제(수의적)-단신들의 복합체-날씨예보'의 스테레오타입을 취한다. 핵심부에 속하는 두 번째 요소(단신들의 복합체)는 짧은 뉴

스들의 복합체로서 자체가 하나의 거시텍스트 형태를 취하는데, 간단한 원칙에 따라 구성된다. 즉, 단신들이 내용적인 거대 범주(해외/국내 또는 역순으로)와/나 편집진이 평가한 정보의 중요성이나 매력 정도에 따라 배열된다. 단신들 하나하나는 보통 텍스트언어학적인 의미에서 서로 연결되어 있지 않다. 같은 주제를 다루는 두 개의 병렬 단신에서도 텍스트 언어학에서 말하는 응결 표지로서의 연결사는 피한다.

(3) a. Der amerikanische Chefunterhändler bei den Genfer Abrüstungsver- handlungen [⋯] will in Bonn Bundeskanzler Kohl über die Ausgangslage – unmittelbar vor der Schluß phase dieser Verhandlungen unterrichten. Ein Regierungssprecher hatte angekündigt, Kohl werde dabei das dringende deutsche Interesse an einer Einigung zum Ausdruck bringen.

    b. Im Rahmen seines DDR-Besuchs wird Altbundeskanzler Schmidt in Ost-Berlin vom Vorsitzenden des DDR-Staatsrates und SED-Chef Honecker empfangen. Im Mittelpunkt der Unterredung wird die bevor- stehende Wiederaufnahme der Genfer Abrüstungsverhandlungen stehen.

– 개별 단신을 구성하는 데에는 따로 정해진 모형이 없다. 핵심 구성 원칙 은 이른바 '리드' 원칙이다. 새로운 사건이 첫머리에 표현되고 이 사건의 이해에 필요한 배경 정보가 뒤를 잇는 방식이 그것이다.

(4) In Chile versammelten sich gestern mehrere hundert Menschen am Grab des ehemaligen marxistischen Präsidenten Allende. Die Versammlung fand anläß lich des 13. Jahrestags der Wahl Allendes statt. Es handelt sich um die erste Demonstration zu Ehren des Politikers in Chile, seit dieser bei dem Militärputsch von 1973 ums Leben kam.

Die Regierung hatte vor einigen Tagen den Belagerungszustand auf- gehoben.

(4)에서는 첫 번째 문장('칠레에서 어제 수백 명이 전직 마르크스주의자 대통령인 알렌데의 무덤 앞에 집결했다')이 '사건'을 표현한다. 두 번째 문장('이 집회는 알렌데 당선 13주년 기념일에 즈음하여 개최되었다.')에서 배경정보가 주어지고 있다. 세 번째('이것은 칠레에서 1973년 군사쿠데타 때 목숨을 잃은 그 정치가를 기념하는 최초의 데모이다.')와 네 번째 문장('정부는 며칠 전에 계엄 상태를 풀었었다.')에서는 또 다른 배경정보가 주어지고 있는데 (네 번째 문장에는 단신의 종결에 전형적인 과거완료 시제가 사용됨), 필요시 삭제해도 무방하다.

- 뉴스의 통사구조는 다양하게 연구되었다(슈트라스너, 1975). 핵심 자질로는 (a) 종속문은 되도록 피함 (b) 2격 명사구나 전치사구가 동사의 명사형을 수식하는 명사구 선호(예, *Abschuß des südkoreanischen Passagierflugzeuges durch sowjetische Abfangjäger*[소련 요격기의 남한 여객기 격추]) (c) 긴접 화법 선호(예, (3a) *Ein Regierungssprecher enthält angekündigt, Kohl werde ⋯ zum Ausdruck bringen*[정부 대변인은 콜 수상이 ⋯ 피력할 것이라고 통보하고 있다.]) 등의 경향을 들 수 있다.
- 뉴스의 통사적, 어휘적, 텍스트언어학적 층위와 관련된 특징은 잉여 정보가 없다는 점이다. 정보는 대개 한 번만 주어진다. 이러 현상은 명사구가 전조응어로 연결되거나 피대체어가 동의어 대체어로 대체되는 예에서 찾을 수 있다.

(5) US-Präsident Reagan hat im Zusammenhang mit dem Abschluß des südkoreanischen Flugzeugs weitere Sanktionen gegen die Sowjetunion angeordnet. Die sowjetische Fluggesellschaft Aeroflot muß ihre Büros in den USA schließen, ihre sowjetischen Angestellten müssen das Land bis zum 15. September verlassen. Reagan verhängte außerdem weitere Maßnahmen gegen die sowjetische Fluggesellschaft Aeroflot darf keine Tickets mehr in den USA verkaufen, US-Fluggesellschaften dürfen in den

USA keine Tickets mehr für Aeroflot-Flüge verkaufen und keine Anschluß flüge für die Gesellschaft mehr ausführen. Außerdem müssen sie alle mit Aeroflot vereinbarten Dienstleistungen aufheben und dürfen von Aeroflot keinerlei Tickets für Flüge in die USA und aus den USA annehmen.(라디오뉴스, SWF 1, 1983.9.9)

(5)에는 동의어 대체어들이 발견되고는 있지만(예, *Sanktionen … anordnen: Maßnahmen … verhängen*), 어휘반복이 지배적이며(예, *sowjetische Fluggesellschaft, verkaufen, keine Tickets mehr* 등등), 대구법對句法은 제재 조치의 '유형'을 명시하기 위하여 극히 의식적으로만 도입되고 있다.

라디오 보도의 집합 개념에는 뉴스 외에 가장 많이 사용된 제보적 텍스트 종류인 '보고'가 있다. 더 짧거나 더 긴, 문어로 작성되어 낭독되는 보고는 정치, 경제, 과학, 문화, 스포츠 등 모든 분야를 다루며, 독자적인 정보 단위로서 일상 프로그램 상품의 중요한 구성 요소이다. 보고는 뉴스와는 구성은 비슷하지만, 언어적, 형식적 측면에서 어느 정도 독자성이 있다는 점에서 뉴스와 구별된다. 뉴스가 엄격히 팩트 중심의 정보전달 형태라고 한다면, 보고는 주관적인, 예컨대 논증적, 논평적 또는 촌평적인 요소들을 담고 있는 경우가 흔하다. 그래서 독일어권에서는 '보고'라는 표현 대신 보고와 논평을 혼합한 "논평식 보고kommentiereder Bericht"(뤼러, 1991: 81)라는 명칭을 사용하기도 한다.

이처럼 비교적 강한 개성 중심의 서술은 실제에서는 'O-음성 Original-Ton 없는 보고'와 'O-음성 있는 보고'의 두 가지 기본 보고 형태로 세분된다. 여기에 혼합형이라 할 수 있는 '특파원 보고'가 추가되는데, 이것은 특파원이 보고하기 보다는 오히려 논평하고, 해설하고 분석하기 부분이 더 많아서 고유의 보고 형태로 보기는 어렵다(아놀트, 1991: 167).

라디오 보도의 확장된 형태로는 '르포reportage'와 '피처feature'가 있다. 오늘날 대부분의 보도가 미디어들 간의 경쟁으로 인해 전체적으로 정보 강조형 방송 형태에도 오락성이 가미되는 경우가 드물지 않다. 그런 영향 때문에 이 두 텍스트 종류도 비교적 강한 오락적 기능을 담고 있다(퀴러, 1991: 151ff; 아놀트, 1991: 177ff).

뉴스와 보고에 비해 르포는 흔히 일인칭 형식으로 '보고'보다 더 세부적으로, 그리고 서사적인 문체 수단과 관찰자 시각으로 인물과 상황을 기술한다. 르포는 의견 강조형 서술 형태를 제외하면 '뉴스'보다 더 자세하고, 더 개인적이고, 더 생생하다. 라디오에서는 르포가 고전적인 보도 형태에 속한다. 여기서는 현장에서 리포터의 눈으로 사건과 상황을 관찰한 것이 동시적으로 언어 이미지로 전환된다. 그래서 청자는 사건을 라이브로 함께 체험할 수 있다. 텔레비전과 경쟁하면서 이런 르포 형태는 특히 스포츠 보도에서 밀려났다.

라디오 르포 — 물론 이것은 '전언', '보고', '인터뷰', 'O-음성'을 이용하고 있기는 하지만 — 와 분리된 것이 새로운 형태의 '피처' 텍스트이다. 피처 텍스트(또는 피처 기사)는 미국과 영국의 저널리즘에 뿌리를 둔 것이다. 이것은 사건 사고의 내막이나 배경 등을 취재하여 자세히 전달해주는 해설 또는 스케치 보도로서, 오락 강조형 정보 서술 형태의 상위 개념으로 사용되고 있다. 독일어권에서는 피처가 문학적인 (텍스트)형태와 라디오 중심의 서술 형태로 구분되어 있다(롤로프, 1982: 36ff).

오늘날 피처는 주로 "정보를 전달하고 심화하기 위한 음향적인 표현 형태의 총합 개념"(퀴러, 1991: 181)으로 사용되고 있다. 피처 작가는 리포터 이상이다. 그는 묘사하기는 하지만 자기의 지식을 이용하여 추가·기술한다. 르포와 다른 서술 형태들과의 또 다른 본질적인 차이는 주제를 음향적으로 구성할 때 취하는 몽타주 형식과 O-음성을 이용하는 방식이다. 이런 처리 방식(선별, 혼합, 삽입 등등)을 위해서는 일반적으로 저자, 편집진, 생산자 및 장기간의 재작 기간과 이에 따른 고비용이 요구된다.

2.2. 의견 강조형 방송 텍스트

여기에 속하는 텍스트 종류들로는 신문 저널리즘에서 넘어온 인터뷰, 논평, 촌평, 서평/비평 외에 라디오 방송 특유의 텍스트 종류라 할수 있는 토론 방송의 대화 형태와 라디오 강연 등이 있다.

인터뷰는 저널리즘에서 가장 중요하고 인기 있는 텍스트 종류이다. 신문, 라디오, 텔레비전 등 모든 미디어의 주요 구성 요소를 이룬다. 다른 텍스트 종류들과 인터뷰가 근본적으로 구분되는 이유에는 여러 가지가 있다. 하나는 인터뷰자와 피인터뷰자 간의 대화 커뮤니케이션으로서, 구어로 진행되고, 경우에 따라서는 구어에서 문어로의 전환에 의존한다는 점이다. 이런 기본 정세는 모든 종류의 인터뷰에 공통적이다. 두 주인공의 역할은 대부분 상이하다. 인터뷰자가 인터뷰를 '조종'한다. 다양한 질문을 할 권한을 가진 사람이 인터뷰자이다. 그래서 '상황적' 지위가 더 높다. 반면에 피인터뷰자는 대개 '공인'으로서 '사회적' 지위가 더 높을 수 있다. 질문을 던지는 인터뷰자가 무명 기자이고 자기 포지션을 방어해야 하는 피인터뷰자가 유명 정치가인 경우에는 흥미로운 긴장 관계가 발생할 수 있다(슈비탈라, 1993: 14f 참조).

그러나 피인터뷰자가 의사, 역사가, 고고학자, 작가, 배우처럼 다양한 전문가인 경우도 흔하다. 이런 인물들은 대개는 높은 사회적 지위를 누린다. 전문가와의 인터뷰에서는 인터뷰자가 철저하게 준비를 해야 한다. 질문의 뼈대를 준비하고 핵심 주제에 관련된 주변 주제도 조사할 필요가 있다(뤼러, 1991: 97ff). 인터뷰자는 주제의 범위를 정하고, 질문하고, 대화의 시작과 종결을 할 수 있는 권한이 있다. 특히 정치 인터뷰에서는 피인터뷰자는 불편한 질문인 경우는 높은 지위를 이용하여 되묻거나 주제를 바꾸거나 회피성 대답을 할 수 있다(뤼거, 1995: 142).

이런 맥락에서 이 텍스트 종류에 본질적인 구조적 자질들을 찾을수 있는데, 이 자질들은 모든 미디어 인터뷰에도 적용된다.

[그림 16] 방송 인터뷰에서 참여자들의 상호 관계

여기서 청중이 대화에 동시적으로 주목한 것인지 아니면 시간적인 간격을 두고 주목한 것인지는 열린 상태이다. 신문 인터뷰에서는 구어 매체에서 문어 매체로의 전환이 일어나기 때문에 도식이 다음처럼 바뀌게 된다(부르거, 1990: 59).

[표 8] 신문 인터뷰에서 구어와 문어의 매체적 전환 관계

단계	I	II	III
양식	구어	문어	문어
상황	대화	(a) 문서 보관용으로 문자화(수의적) (b) 신문 텍스트 생산	독자의 텍스트 수용

II단계에서는 두 가지 가공 과정이 발생하는데, 문서 자료를 목적으로 녹음 자료를 문자화하는 것과 출판을 목적으로 편집하는 것이 그것이다. I단계부터 II(b)단계를 거쳐 III단계에 이르는 과정은 이른바 "분리 확장된 커뮤니케이션 상황"(엘리히, 1984)의 한 예라 할 수 있다.
　인터뷰의 핵심 기능은 '제보적' 기능과 '평가적' 기능이다. 구체적인 인터뷰에서 어느 기능이 우위를 차지하느냐에 따라 '정보 인터뷰 Sachinterview'와 '의견 인터뷰Meinungsinterview'로 구분될 수 있다. 정보 인터뷰는 특히 정보전달이 중심이고, 제기된 질문에 대한 대답은 보고식으로 사실적이고 중립적으로 팩트, 숫자, 실체에 중점을 두고 주어진다. 일상어보다는 전문어가 사용된다. 반면에 의견 인터뷰는 논거와 설명을 주고 배경을 밝히기 때문에 수신자의 평가적 태도에 영향을 미친다. 그래서 논평처럼 의견 강조형 텍스트 종류라 할 수 있다. 언

어적으로도 일상어적, 정표적 문체 수단들이 등장한다. 특히 응대에서는 유머, 풍자뿐 아니라 반어 같은 수단도 자주 사용된다. 근래에는 특히 인쇄 미디어에서 정보 인터뷰와 의견 인터뷰의 경계를 이끌어내기가 쉽지 않은 경우도 적지 않다.

그러나 신문 인터뷰에서는 인터뷰가 편집진에 의해 개작되기 때문에 진정성 자질이 부분적으로 훼손된다. 편집진의 수정 과정에서 구어 텍스트가 문법적, 텍스트언어학적 규칙 및 각 신문의 문체 관례에 적용되면서 구어적인 특성들(예, *äh, hm,* …)이 없어진다. 그러나 가판 신문이나 통속 주간지에서는 일상어적 요소들(예, *nicht wahr?, Um Gottes willen, Mein Gott,* …)이 보존된다. 이들은 이런 신문들이 독자에게 가까이 간다는 의미가 있으며, 진술의 정표성에 기여하는 대화 특유의 자질들이다(부르거, 1990: 60).

3. 텔레비전 텍스트의 특징과 종류

3.1. 텔레비전 텍스트의 특징

텔레비전 텍스트에 말을 추가하려면 카메라와 마이크를 화자, 예컨대 앵커나 특파원에게 맞춰야 한다. 이렇게 하여 영상과 음성을 텍스트에 끼워 넣을 수 있다. 그런데 영상을 무시하고 음성만 사용할 수도 있다. 텔레비전 용어로는 전자를 'On-상황 속의 화자'라 하고, 후자를 'Off-상황 속의 화자'라 한다.

생산 기술의 측면에서 보면 이 두 방법은 큰 차이가 없다. 그러나 기호학이나 커뮤니케이션학에서 보면 언어의 이런 두 가지 사용법은 근본적으로 차이가 난다. 화자가 영상 속에서 보이면 이 사람이 들을 수 있는 언어의 출처가 된다. 이로써 도상 기호와 언어 기호 간에 화용적 관계가 설정된다. 이와는 달리 언어가 Off-상황에 놓이게 되면

의미적 관계가 만들어진다. 그러면 영상은 들을 수 있는 말을 하는 화자는 더 이상 보이지 않고 이 화자의 말과 관련된 대상이 보인다. 영상 속의 대상은 영상 속에서 말해진 언어의 지시 대상이 된다. 이와는 달리 On-상황에서 언어를 사용하면 대개는 영상 속에서 하는 말의 지시 대상을 볼 수 없다.

  동시에 화자와 청자 간의 커뮤니케이션 관계가 바뀐다. On-상황에서 언어를 사용하면 내부 커뮤니케이션 관계가 지배적이다. 미디어의 화자 관련 여타 요소들은 우리가 영상 속에서 말하는 것을 보고 있는 사람 뒤로 사라진다. 이런 경우는 텔레비전의 대담방송 같은 텍스트 종류에서 흔하다. Off-상황에서 언어를 사용하면 그런 내부 커뮤니케이션 관계는 구성되지 않는다. 이런 관계를 커뮤니케이션 모델로 나타내면 다음과 같다.

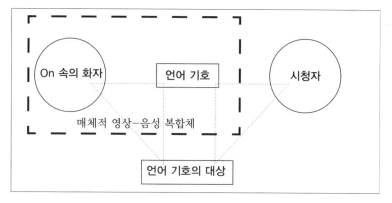

[그림 17] On-상황에서 언어를 사용할 때 언어와 영상 관계

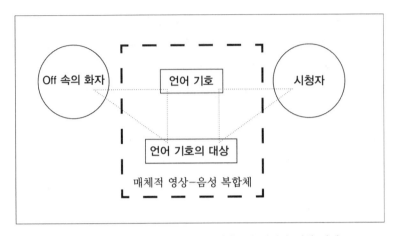

[그림 18] Off-상황에서 언어를 사용할 때 언어와 영상 관계

3.2. 텔레비전 뉴스 텍스트의 종류

텔레비전 텍스트 종류들 가운데 가장 집중적으로 연구된 영역이 뉴스 방송이다.[7] 독일어권뿐 아니라 한국에서도 주요 시간대의 텔레비전 뉴스Fernsehnachricht는 각 방송사가 높은 시청률을 겨냥하는 프로그램 중 하나이다. 시청자 설문조사에서 독일 국민의 약 60% 이상이 규칙적으로 텔레비전 뉴스를 시청하는 것으로 조사되었다. 신문이나 라디오에 비해 일반 시민들은 텔레비전 뉴스를 특히 믿을 만하고 또 시의적인 것으로 보고 있다. 또한 텔레비전 뉴스는 높은 완성도Vollständigkeit, 이해도Verständlichkeit, 전문성Sachkompetenz도 갖추고 있다. 이런 성공의 배경에는 여러 가지 이유가 있을 수 있다.

신뢰성은 미디어의 진정성Authentizität과 무관하지 않다. 사건이 거리를 두고 기술될 뿐 아니라 영상으로도 소개된다. 그런 점에서 텔레비전은 신문에 비해 더 진정성 있는 미디어이다. 언어적 언술들은 원음으로

---

7) 독일어권은 Muckenhaupt(1994; 2000), Kamps/Meckel(Hg. 1998)를, 한국의 경우에는 장소원(2003), 김병홍(2004), 양명희(2006), 김민영(2007), 구명숙(2010) 참조.

재현될 수 있고, 사건 현장은 영상으로 제시될 수 있다. 우리는 자기 눈으로 보는 것을 언어로만 전달받는 것보다 더 적절하다고 여긴다.

뉴스 방송은 일간지보다 더 가까이 사건 현장에 있으면서 라이브로 방영된다. 그러니까 시의적인 주요 뉴스는 진행 중인 방송에서도 '속보' 형태로 끼어들 수 있다. 한국의 YTN, 독일의 n-tv 같은 종일 뉴스 방송사의 뉴스들은 주제를 끊임없이 시의적으로 현실화 할 수 있다.

수신자는 뉴스 방송을 인쇄 미디어보다 더 쉽게 지각할 수 있다. 보고 듣는 것이 읽기보다 노력이 덜 든다는 뜻이다. 뉴스 방송은 신문보다 더 신속한 정보 미디어이다. 그래서 일반대중은 뉴스 방송을 더 선호한다. 흥미로운 것에만 더 관심을 갖게 마련이다. 그래서 시청자는 방송에서 몇 가지 주제만이라도 기억할 수 있을 때 충분히 정보를 받았다고 생각한다.

뉴스 방송의 목적은 국내 사건과 국제 사건을 시의적으로 전 세계에 보도하는 것이다. 뉴스 방송은 외국 관련 주제인 경우에는 동일한 영상물에 의존하는 경우가 흔하다. 그렇지만 여러 국가의 뉴스 방송들은 국가마다 큰 차이가 있다. 한 국가 안에서의 뉴스 방송들도 통일적인 영상을 제공하지 않는 경우가 일반적이다. 가장 중요한 차이는 뉴스, 곧 뉴스에 중요하다고 생각되는 주제 영역과 뉴스 프레젠테이션의 방식을 선별하는 데서 드러난다. 말하자면 텔레비전 뉴스는 문화 특유의 장르인 셈이다.

그동안 텔레비전 뉴스 방송들은 일반적으로 세 가지 거시 형식들(앵커 방송, 저널 방송, 뉴스쇼)로 분화되었는데[8], 그 일차적 기준은 '방송체재'에 따른 것이다.

'앵커 방송'의 전형은 독일 ARD 방송의 "Tagesschau"에서 발견되는데, 순수 정보전달 기능을 견지하고 있다. 앵커는 뉴스를 낭독하고, 인물로서 개입하지 않는다.

---

8) Muckenhaupt(1994), Wittwen(1995) 참조.

'저널 방송'은 진행자가 투입되는 특징이 있다. 진행자는 어느 정도 기능상의 놀이 공간을 차지하고 있는데, 바로 이런 이유에서 다른 텍스트 종류들, 예컨대 영상보고 등과 뚜렷이 구별된다. 공간으로서의 스튜디오는 다양하게 이용된다. 앵커 방송의 앵커와는 달리 진행자는 스튜디오나 화면(극단적인 경우 전화 연결)을 통해 '미디어 인터뷰mediales Interview' 형식으로 인터뷰를 이끌 수 있다. 이런 미디어 인터뷰 형태는 진행자에게 지역을 넘어서는 놀이 공간을 열어주기 때문에 액션 공간으로서의 스튜디오가 부차적인 역할만 하는 경우도 있다.

'뉴스쇼'는 저널 방송과는 달리 정보 강조형 방송 형태와는 거리가 있다. 독일에서는 사설 방송국이 미국의 뉴스쇼 유형을 일부 받아들이고 있다. 뉴스쇼는 스튜디오 공간을 광범위하게 이용하고, 다양한 텍스트 종류들(예, 전화 연결, 퀴즈, 조언자 역할 등등)을 사용하고, 진행자와 그의 개성을 최대한 부각시키고, (예상) 수용자의 관심도에 따라 주제를 선정하고, 전반적으로 전통적인 '뉴스 매거진'보다 더 심하게 정보와 오락을 통합한 이른바 "인포테인먼트Infotainment"(비트벤, 1995: 33ff)를 지향한다. 독일의 (공영) 뉴스 방송과는 달리 한국의 뉴스 방송은 뉴스 프레젠테이션을 일부 픽션화하는 경향이 있다. 예컨대 KBS I 텔레비전이 광고 시간대에 저녁 9시 뉴스를 예고하는 광고가 그런 경우이다.

슈트라스너(1991)는 뉴스 방송을 분석 층위에 따라 다음과 같이 유형화한다.

[표 9] 분석 층위에 따른 뉴스 방송의 유형

분석 층위	예
거시 층위	저널 방송
메조 층위	주제 블록: 국내/국외 등
미시 층위	텍스트 종류: 앵커 뉴스, 영상 보고, 논평, 인터뷰, …

거시형태인 '뉴스 방송'은 메타소통적인 의미에서 어느 정도 국내, 국외 같은 상위 주제에 상당하는 "메조 층위Mesoebene"(부르거, 2005: 267)의 주제 또는 뉴스 '블록'들로 구성되어 있다. 이 블록들은 각 방송사마다 나름의 용어를 사용하고는 있지만, 일반적으로 텍스트 종류 '뉴스'에 속할 수 있는 것들로 구성되어 있다.

텔레비전 뉴스는 거시텍스트로서 많은 하위 텍스트 종류들로 구성되어 있다. 이에 관련된 언어학적 연구도 적지 않다. 대부분은 개별 국면들에 한정되어 있거나 이 텍스트 종류들을 보다 정확하게 규정하지 않고 특정 텍스트 종류들에서 출발하고 있다. 그래서 이와 관련된 개별 텍스트 종류를 지칭하는 전문용어들이 신문의 그것과는 달리 통일성을 보이지 않고 있다. 독일의 예를 들면, 'Meldung단신', 'Bericht보고' 같은 저널리즘의 기본 범주들도 다양하게 사용되고 있고 또 'Filmbericht영화 보고'에서 보듯이 합성어의 기본어로 사용되거나 'Bericht'의 의미에 적합한 'Nachrichtenverlesung뉴스 낭독'에서는 아예 'Bericht'가 사용되지 않기도 한다. 이로 인해 텔레비전 뉴스의 텍스트 종류들을 분류하기도 쉽지 않다([그림 19] 참조).

텔레비전 뉴스의 텍스트 종류

앵커 뉴스   영상 보고   뉴스 영상   르포   논평   인터뷰   전언

[그림 19] 텔레비전 뉴스의 텍스트 종류

아래에서는 먼저 중요한 텍스트 종류들의 체재와 특징을 간단히 제시한다. 이어서 이들을 체계적으로 분류할 수 있는 다양한 층위의 기준들, 예컨대 거시구조, 주제전개, 응집성, 내용, 언어문체 그리고 영상, 문자, 음성의 기능 등을 구체적인 예시 분석을 통하여 찾아보기로 한다.

3.2.1. 앵커 뉴스

앵커 뉴스Sprechermeldung는 앵커가 화면에 비치는 동안 뉴스를 낭독한다. 이 뉴스는 앵커의 옆이나 뒤에 삽입되는 사진(정지 영상), 다이어그램, 삽입자막 등을 통해 강조된다. 앵커 뉴스 방식은 뉴스 체재에 전적으로 의존하는데, 독일 ARD의 'Tagesschau'가 전형적이다. 이것은 객관적이고 중립적이다. 앵커의 사적인 의견이나 평가는 개입되지 않는다.

3.2.2. 영상 뉴스

영상 뉴스Nachrichtenfilm는 Off-상황에서 화자(앵커)가 등장하는 영상 기고문, 곧 '영상 속의 뉴스(NiF, Nahricht im Film)'이다. 화자의 영상 자료는 뉴스 통신사가 제공하여 편집진이 본문을 추가한 것이다. 본문의 저자는 알 수 없다. 흥미로운 것은 본문과 영상의 역할 담당이다. 본문은 편집진이 만들고, 영상은 통신사가 제공한다. 그래서 본문과 영상의 관계가 일치하지 않는 문제가 나타날 수 있다. '영상 보고'와 구분하기가 쉽지 않다.

3.2.3 영상 보고

영상 보고Filmbericht는 적어도 언어적인 구성 방식에서 뉴스방송의 다른 텍스트 종류들(앵커 뉴스, 영상 뉴스)과 뚜렷이 구분된다. 이것은 통신사 뉴스에 근거하지 않고, 영상 뉴스의 경우와는 달리 본문과 영상이 서로 일치할 수 있다. 리포터가 영상과 본문을 만들기 때문이다. 리포터는 시청자의 지각과 의견에 영향을 미칠 수 있다. 서술된 사태의 해석을 일정 방향으로 이끌기 위해 관용구, 은유법, 최상급 등이 사용된다. 특히 민영 방송국의 인포테인먼트 방송인 경우에는 본문을 영상과 연결하는 변형된 이디엄들이 사용되기도 한다. 여기서는 저자가 명시된다. 영상 뉴스보다 배경 정보를 더 많이 제공하며, 길이도 영상 뉴스보다 더 길다.

3.2.4. 르포

영상 보고와 유사하며, 이와 구분하기가 쉽지 않다. 르포가 영상 보고와 구별되는 자질은 '분위기'와 '현장 상황'에 가치를 둔다는 점이다.

3.2.5. 논평

뉴스 방송의 논평은 신문의 그것과 자질이 유사하지만, 오늘날의 뉴스 방송에는 거의 등장하지 않는다. 9·11테러, 카다피 사망 같은 특별한 사건이 있을 때 주로 도입된다.

3.2.6. 인터뷰

인터뷰는 기자와 정보 제공자와의 대화이다. 인터뷰는 오늘날 화상 인터뷰mediales Interview가 가능해지면서 그 중요성도 커졌다. 인터뷰는 방송과의 시간 관계(라이브/비라이브), 피인터뷰자의 유형(일차 제보자(예, 목격자)/이차 제보자(예, 기자)), 대화 파트너와의 공간 관계(스튜디오 안, 전화통화, 화상통화 등)에 따라 세분된다.

3.2.7. 전언

전언Statement은 방송용으로 이용하기 위해 언술 맥락에서 따온, 어떤 사람이 한 말을 인용한 발언이다. 인터뷰에서 편집하여 끌어온 발언이나 앞선 질문이 없는 인터뷰 대답 등과 구분하기가 쉽지 않다.

3.3. 뉴스 텍스트에서의 인용

인용은 이른바 통시적 상호 텍스트성의 고전적인 예에 속한다. 인용은 시간적으로 분리된 두 커뮤니케이션 상황이 서로 나눠질 수 있고 또 두 번째 상황의 화자가 첫 번째 상황에서 말해진 것과 관련이 있음을 전제한다. 그래서 인용은 개별 텍스트가 아니라 텍스트 종류, 장르 등과 관련된 유형적 상호 텍스트성의 현상과 뚜렷이 구분될 수 있다.[9] 예컨대 강도 관련 사건 뉴스 텍스트 — 본문, 영상, 소음의 층위에서 — 가 범죄 영화나 범죄 소설의 한 단락처럼 편집되어 있다면, 그것은 인용이 아니라 유형적 상호 텍스트성을 보여주는 예라할 수 있다.

3.3.1. 대화재현의 형태: 직접/간접화법

독일어에서 인용은 '직접'화법과 '간접'화법을 이용한다.[10] 직접화법은 말해진 것 자체이거나 말해진 것을 재현한 것이다. 직접화법과 간접화법은 원칙적으로 포함된 두 커뮤니케이션 상황들의 관계를 고려할 때 구분된다. 직접화법에서는 상황들이 명확하게 구분되는 반면에, 간접화법의 경우에는 상황들이 '뒤섞여' 있다. 다시 말해서 각각의 몫들을 분명하게 구분하기가 쉽지 않다. 간접화법의 경우에는 한편으로 실제로 축어적으로 말해진 것이 무엇인지 분명하지 않고, 다른 한편으로 인용자는 일정 요소들을 재작성, 보충 등으로 자신의 몫을 텍스트에 심을 수 있다. 서사 이론에 기대어 말하면 '다성성Polyphonie'이 나타나는 것이다. 다시 말해서 텍스트 속에 다수의 '목소리', 즉 서술

---

9) 상호 텍스트성의 개념과 종류에 대한 기본적인 논의는 본서의 제7장 참조.
10) 원래 말해진 것을 요약하고, 개관하여 재현하는 방법도 있는데, 'Redebericht'가 그것이다. 체험화법은 다른 두 인용 방식과 통사적 자질은 공유하지만 '인용 행위'와는 다른 방식이라 할 수 있는 특수한 경우이다.

자와 이 서술자가 재현하는 목소리가 있는 것이다. 직접화법에서 서술자는 말해진 것에 대한 '책임'을 다른 목소리에 떠넘기지만, 간접화법에서는 서술자가 재현된 텍스트에 대한 책임도 진다.

3.3.2. 화법 전환

'화법 전환Slipping'은 라트(1996: 85)에 따르면 동일 문장 안에서 화자가 간접화법에서 직접화법으로 또는 그 역으로 전환되는 경우이다. 직접화법과 간접화법의 혼합형인 셈이다. 그래서 장면 전환이 일어나고, 독자는 전달 내용에 더 심하게 들어가 있다고 생각한다. 예컨대 전환은 간접적인 대화재현의 정적인 시각에서부터 사건의 순간적인 흐름의 보다 동적인 시각으로 나타난다. 직접화법과 간접화법의 기능에 상응하게 사실전달 외에 화자에게도 개성이 부여될 수 있다.[11]

(6) Auf der anderen Seite reagiere Borer sehr emotional auf Ungerechtigkeiten und persönliche Anwürfe, "vor allem, wenn es um seine Frau geht."(SonntagsZeitung, 2002.04.07, 5)

(6)에서 "reagiere[반응한다고 한다]"는 간접화법을, 인용 부호는 직접화법으로의 전환을 표시한다. '화법 전환'에는 일반형과 줄인 형의 두 종류가 있다.

- "일반" 화법 전환은 간접화법 안에서 접속법에서 직설법으로 교체되는 경우이다.

---

11) Rath(1996: 154f)에 따르면, 직접화법과 간접화법은 기능상 뚜렷한 차이가 있다. 직접화법의 경우 기자는 화자를 믿을 수 있도록 서술하고 개성을 부여하는 것이 중요하지만, 간접화법에서는 사실전달만 중요하다.

(7) Auf der anderen Seite reagiere Borer sehr emotional auf Ungerechtigkeiten und persönliche Anwürfe, "vor allem, wenn es um seine Frau geht". (SZ, 2001.04.07, 5)

- "줄인" 화법 전환은 '일반' 화법 전환과는 달리 문장의 일부가 교체되는 경우인데, 동사가 없다.

(8) Christen bestätigt indes, dass Bundesrat Deiss "irgendwann in den nächsten Tagen" mit Botschafter Thomas Borer sprechen werde über den Damenbesuch, der in Deiss' Abwesenheit zur Affäre Ringier/Borer angeschwollen ist.(NZZaS, 2002.04.07, 1)

인용 부호는 인용 재현과는 다르게 도입되기도 하는데, 맥락을 통해서만 무엇과 관련된 것인지를 알 수 있는 경우가 대부분이다.

3.3.3. 부분 인용

부분 인용은 서사 구절 또는 간접화법 안에서 통사상 비자립적인 구만 인용되는 경우이다. 신문에서는 인용부호를 통해 부분 인용을 실현할 수 있다. 라디오와 텔레비전에서는 확인하기가 쉽지 않다. 그러나 통사적으로 완전한 발화는 문제없이 직접화법의 일반 표지로 암시될 수 있다(대화 도입 또는 대화 종결 동사, 인용된 대화의 직설법).

(9) Vor dem Parlament in Brüssel zeigte sich Ministerpräsident Tindemanns bewegt, ob der zahlreichen Hilfsangebote für die Flüchtlinge aus Kolwezi. Tindemanns sagte: "Es gibt also in dieser grausamen Welt noch Platz für das Gefühl, dass wir eine Schicksalsgemeinschaft sind. Allein jenen, die ihre Hilfe angeboten haben, danke ich", schloss Tindemanns.(Tagesschau, 1978.05.22)

이와는 달리 부분 인용이 통사 단위 안에서 자립 구절로 강조되어야 하는 경우도 있다. 예컨대 인용 앞에 휴지를 두거나 인용에 억양을 주어 주변과 다르게 강조하여 발화 층위의 교대를 암시할 수 있다. 그러나 인용의 끝에서는 라디오 뉴스의 일부인 (10)에서 보듯이 시작에서만큼 강조하기가 쉽지 않다.

(10) Die Entlassung des Vorstandschefs der Bundesagentur für Arbeit, ist nach Ansicht des nordrhein-westfälischen Wirtschaftsministers Schartau gerechtfertigt. Im Westdeutschen Rundfunk sprach Schartau von einem – so wörtlich – Schrecken ohne Ende, wenn Gerster im Amt geblieben wäre. Dies hätte den Reformprozess immer wieder auf die Diskussion um den Vorstandschef gelenkt, so Schartau.(WDR, 2004.01.24).

(10)에서는 부분 인용이 관용 표현 "Schrecken ohne Ende[끝없는 공포]"(격언 *'Lieber ein Ende mit Schrecken als ein Schrecken ohne Ende*[끝없는 공포보다는 공포의 종말을!]12)*'* 의 일부)로만 구성된 것으로 가정할 수 있다. 순수 문법적으로는 wenn-문장(조건절, *wenn Gerster im Amt geblieben wäre*[게르스터가 관직에 남아있었더라면])도 접속법 "geblieben wäre[남아있었더라면]"가 축어적 표현에서도 나타날 수 있기 때문에 부분인용이라 할 수 있다. 그러나 그 다음 문장(*Dies hätte den Reformprozess* …[이로 인해 개혁과정을 …했을 것이다])은 원본 텍스트에는 직설법이라고 생각할 수 있으므로("hat … gelenkt[…로 몰고 갔다]") 접속법을 사용하여 간접화법임을 명시하고 있다.

---

12) 대 나폴레옹 전쟁 때의 구호로, 영어 속담 'Better an end with terror than terror without an end.'의 독일어 번역.

3.3.4. 대화신호 동사

인용에서 중요한 역할을 하는 것이 대화신호를 암시하는 동사이다. 이 동사가 사용되면 인용이 중립적으로 서술되는 것이 보통이지만, 평가적 요소가 개입되기도 한다. 이런 동사의 전형이 'sagen[말하다]' 인데, 'behaupten[주장하다]'은 진리 내용의 불확실성을 암시하는 동사이다.

> (11) Der gleiche Gradias kam in der Sendung "Akte 02" von SAT1 mit der absurden Behauptung, dass die Frau im fraglichen Auto gar nicht Djamile war. (SontagsBlick, 2002.05.05)

(11)에서 Djamile Rowes의 발언은 직설법 간접화법으로 인용되면서 전반적으로 신뢰할 수 없는 것으로 서술되고 있다. 동사 behaupten[주장하다]이 명사화되어 있고, 명사 Behauptung[주장]이 형용사 absurd[허무맹랑한]로 불확실성을 배가시키고 있다.

대화신호 동사에도 직접화법과 간접화법은 차이가 있다. 직접화법의 경우 대화신호 동사가 서술자에게 해당되지만, 간접화법에서는 서술자의 것과 오리지널 화자의 것을 구별하기가 쉽지 않다. 예컨대 (11)에서는 분명히 "absurde Behauptung[허무맹랑한 주장]"은 서술자가 말한 것이다. 그런데 (12) 같은 부분인용에서는 동사구 'verraten und verkauft[맙소사 한방 먹었구나]'가 누구에 의해 삽입된 것인지 판별하기가 어렵다.

> (12) Dörfler Detlev Thurgau weigert sich trotzig, das graue Haus seiner Eltern schön zu schminken: Er fühlt sich seit der Wende "verraten und verkauft."(Der Spiegel 200-40, 68)

Thurgau 씨가 "Ich fühle mich verraten und verkauft[나는 한방 먹었다고 느낀다]"라고 말했는지, 아니면 이 글의 필자가 해석한 것이 "fühlt sich[느끼다]"인지 알 수 없다.

3.3.5. 인용 출처

인용의 또 다른 중요한 요인은 인용된 텍스트의 '출처'이다. 익명인 경우, 인물의 이름이 아니라 직책만 열거되거나(13a), 기자는 출처를 알고 있지만 열거하고 싶지 않음을 암시하기도 한다(13b).

(13) a. [⋯] "Wir sind doch nicht auf dem Laufstieg; ausserdem sind solche Stiefel auf Langstreckenfügen völlig unpraktisch", bemerkt eine Angestellte der Swissair. [⋯](NZZ, 2002.3.31)

b. Trotz Cortis Beteuerung, beim Projekt nur als Vermittler zu fungieren, berichten gut informierte Quellen, dass Corti bei seinem Amerikaaufenthalt vor einer Woche auf Investorensuche war.(SonntagsZeitung, 2002.03.17)

3.3.6. 원본 인용

라디오와 텔레비전에 중요한 인용 형태가 '원본 인용Original-Zitat'(간단히 "O-인용")이다. 라디오에서는 '원본-음성-인용Original-Ton-Zitat'(간단히 "O-음성 인용")이라 하고, 텔레비전에서는 '원본-음성-영상-인용 Original-Ton-Bild-Zitat'(간단히 "O-음성 영상 인용")이라 한다. 원본 인용은 직접화법은 아니다. 직접화법의 경우에 선행 텍스트와 인용할 텍스트는 같은 기호 층위(문어 또는 구어)에 통합되어 있다. 그러나 O-인용은 원래 상황의 음향적, 시각적 측면을 유지하고, 바로 스튜디오 상황에 통합되는 것이 아니다. 직접화법은 관례적인 문법적, 어휘적 수단으로 표시되지만, O-음성은 그렇지 않다.

O-인용은 수용자가 말하는 사람이 '직접' '하는 말'을 듣거나 본다는 인상을 갖게 된다는 점에서 최고의 진정성을 암시한다. O-인용이 다양하게 상이한 효과를 낼 수 있다는 점에서 언어학적으로도 흥미롭다.

'전언Statements'은 O-인용의 극단적인 경우라 할 수 있다. 전언은 나름의 의사소통 맥락이 없고, 뉴스 방송에만 이용된다. 시각적 맥락, 예컨대 사무실, 방 등은 최소의 보완적인 정보만 전달한다.

텔레비전에서 O-인용의 특수한 경우는 인용된 사람이 전화로만 말하고 방송에서는 Off-상황에서 듣고 On-상황에서 그 사람의 사진(때로는 수신기를 든 사진)만 제시되는 때이다. 여기서는 인용된 사람은 동태적-음향적 부분과 정태적-시각적 부분으로 나눠질 수 있다.

3.4. 텔레비전 텍스트에서의 언어문자

텔레비전은 라디오와 달리 화면상에서 방송 프로그램을 예고할 수 있는 가능성이 있다. 이는 다음의 예에서 보듯이 보고의 한 단면에 의해 드러날 수도 있고, 언어 표제의 첫 번째 부분을 반복하면서 화면에 문자(자막)를 사용하여 드러낼 수도 있다(예, "*Terrorangst*[테러 공포]"(14b)).

(14) a. YTN, 2010.09.19 18:31

본문	영상
M(on:)[앵커멘트] 우리 정부가 북한이 오는 24일로 제안했던 남북군사실무회담에 대해 30일에 만나자고 수정 제의했습니다. 정부는 이번 회담에서 천안함 사태에 대한 북한의 책임 있는 조치에 대해 논의해야 한다고 강조했습니다.	카메라는 앵커를 화면 전면 배치. YTN로고 삽입 〈정부 남북군사실무회담 30일 수정 제의〉 문자 삽입

본문	영상
M(off.), S(off) 북한이 제안했던 남북군사실무회담의 수용 여부를 놓고 고민했던 정부가 회담 제의를 받아들이기로 했습니다. 정부는 남북장성급회담 우리 측 수석대표 명의로 전화통지문을 보내 북한이 제시한 24일이 아닌 오는 30일에 회담을 열자고 제의했다고 밝혔습니다. 회담 장소는 북한이 제안한 대로 판문점 남측 지역인 평화의 집에서 열자고 했습니다. 다만 조건을 달았습니다. […]	판문점 북한 지역 배경 방송 〈정부 남북군사실무회담 30일 수정제의〉 다시 삽입 

b. RTL Nachtjournal 2004.03.16.

본문	영상
(SENDUGS-MELODIE) M(on:) Guten Abend und herzlich willkommen beim Nachtjournal. Erst nach und nach wird klar in Europa, was der Terror-Anschlag von Madrid eigentlich bedeutet. Al Kaida ist offenbar da, – und hat es geschafft, die spanische Regierung zu klippen. […] Unsere Themen. […]	카메라가 화면 전체에 앵커를 향함 배경에 대도시의 야경 RTL로고 및 〈RTL Nachtjournal〉, 앵커 성명 삽입
S(off:) Terrorangst. Wie die Regierung Deutschland von Anschlägen schützen will. Machtwechsel. Wie es den Terroristen gelang, die spanische Regierung wegzubomben. […]	공항의 무장경찰 〈Terrorangst〉 폭파된 승용차들 〈Machtwechsel〉 날짜 삽입

표제는 대개 이어진 수사적-문체적 원칙에 따라 구성되어 있다. (14)의 모든 예에서 주제적인 핵심어에 해당하는 합성어들이 나타난다. 합성어에서 주목할 만한 것은 일부는 어휘화된 표현(예, 수석대표, 전화통지문, *Machtwechsel*[권력 교체], *Terrorangst*[테러 공포])이고, 일부는 순간 조어들(예, 남북정상급회담, 남북군사실무회담, *Elektronik-Ohr*[전자-귀])이다.

오늘날의 텔레비전 영상들은 기호학적 요소들을 보이는 경우가 많다. 원래 미디어에는 낯선 것이거나 근래에 미디어에 등장한 기호인 문자기호가 중요한 역할을 한다. 기본적으로 문자의 사용 방식에는 두 가지가 있다. 하나는 영상화된 상황에 나타나서 그 상황 자체에 포함되어 있는 기호이고, 다른 하나는 외부에서 (전자적으로) 첨가되는 기호이다. 일반 서사학에서는 전자를 "내부 설명식intradiegetisch"이라 하고, 후자를 "외부 설명식extradiegetisch"이라 한다. 외부 설명식 기호(텍스트)는 텔레비전 텍스트의 경우에는 "삽입자막Inserts"(부르거, 2005: 149)에 해당한다.

외부 설명식 텍스트는 한정된 그림 크기와 미리 주어진 편집부 지침 때문에 제약만큼 축소되어야 한다. 이런 식으로 — 눈에 띄지 않으면서 효과적으로 — 문자 성분을 미디어에 통합한다. 문자 삽입은 구어 텍스트를 전사한 것이 아니라 텔레비전 텍스트의 기능적 요소이며, 미디어의 조건을 따른 것이다.

내부 설명식 텍스트는 구어 텍스트와는 상관없이 독자적인 시각적 요소로서 나타나기 때문에 구어성과 문어성 관계와는 무관하다.

3.4.1. 내부 설명식 텍스트

'원본 상황'에서 볼 수 있는 모든 문자 요소가 촬영된 사건에 중요한 것은 아니다. 예컨대 코소보Kosovo 난민 관련 방송 텍스트에서 관광 버스 앞에 서있는 사람들을 볼 수 있고 이 버스 외벽에 [Rüttimann Neuplan]라는 광고가 등장한다(Tagesschau, SF DRS 1999.4.8). 이런 정보는 보고된 사건과는 무관하다. 그러나 우연히 영상 자료에 들어온 것이기는 하지만, 간접광고의 효과도 있을 수 있다. 이처럼 우연히 들어온 영상이 아니라 의도적으로 촬영된 문자 요소들은 사건에 중요한 역할을 한다. 이를테면 간판, 이정표, 플래카드, 파업 노동자의 현수막, 삽화 등이 들어간 텔레비전의 영상 자료, 신문의 사진은 본문의 내용과 직접적인 관련을 맺고 있기 때문에 나름의 기능을 수행한다.

(15) YTN, 2010.09.15 15h46, 정년연장반대시위(프랑스)

내부 설명식 언어문자의 기능은 텔레비전에 국한된 것은 아니다. 신문기사의 사진에서도 동일한 방식으로 나타난다. 예컨대 한국 텔레비전의 오락 방송 관련 보고의 사진은 2010년에 방송된, 그러나 곧 다시 설정된 방송의 무대 장치를 보여준다. 그리고 이 무대에는 〈남자의 자격〉이란 이름의 거대한 인쇄체 문자들이 설치되어 있다.

앞에서 논의한 개념 쌍과 관련해서 텔레비전의 내부 설명식 언어문자는 일차적으로 문자 텍스트의 예에 넣을 수 있는데, 원본 상황(문자 요소 포함된 촬영 장면)에서 텔레비전 화면으로 전개되는 과정을 거친다.

3.4.2. 외부 설명식 텍스트

외부 설명식 텍스트의 경우, 삽입 자막은 영상(화면)에 '내재된' 것이 아니라 추가된다. 외부 설명식 문자 요소가 특히 많은 곳은 CNN(미국), n-tv(독일), YTN(한국) 같은 뉴스 전문 방송국이지만, 오늘날의 일반 공영 방송국도 이와 별반 다르지 않다.

(16) a. YTN, 2006.01.16

b. MBC, 2010.09.19.

　보통 필수 방송요원 외에도 극히 다양한 문자 요소들이 보이는데, 이 문자 요소들 중에는 다수의 다른 문자 요소들, 예컨대 뉴스 전광판Ticker, 흐르는 자막 형태의 증권 시세 등이 동일한 영상 속에 포함되어 있다. 뉴스-전광판은 대개는 흐르는 자막 속의 소식들(보완 뉴스, 날씨 소식 등)과는 무관한 정보들을 전달한다. 그밖에 삽입 자막, 예컨대 표제(예, '말맞추기 의혹 '눈덩이'', 다양한 인물 표시, 특파원의 장소 제시('뉴욕 월가에서 MBC뉴스 XY입니다.') 등)가 있는 도표와 그래픽 등이 나타난다. 내부 설명적 문자 요소들도 나타난다(예, 선수의 셔츠에 인물 지시 "양준혁").

　외부 설명식 삽입 자막에서는 두 가지 관계를 생각할 수 있는데, 삽입 자막과 시각화된 상황과의 관계와 삽입 자막과 말로 표현된 텍스트와의 관계가 그것이다. 그밖에 직접 말한 텍스트와 제시된 상황 그 어느 것과도 무관하고 On-상황에서 말하는 사람이 다른 맥락에서 한 발언을 재현하는 삽입 자막이 뜨는 경우를 생각할 수 있다.

　부르거(2005: 152)에 따르면, 외부 설명식 텍스트는 네 가지 유형으로 구분될 수 있는데, 여기서는 예컨대 문서기록보관소Archiv의 영상물과 관련된 삽입 자막 형태를 제외한 세 가지 핵심 유형들을 살펴보기로 한다.

[1] On-상황에서 말하는 사람의 인물 표시 및 인물 특화

　독일이나 한국의 모든 뉴스 방송들은 On-상황에서 말하는 사람을

확인하고 이 사람이 방송에서 차지하는 주요 기능을 특화하고자 삽입
자막을 상용한다.

(17) KBS, 2010.09.20 09h11

'김황식 후보자', 'Hermann Haupt, Kirchenrat' 등에서 보듯이, 주요
인물이 아니면 이런 정보는 구어 텍스트에서는 두 번 다시 주어지지
않는다. 그런 점에서 삽입 자막은 정보구조상 자립적인 기능이 있다.
삽입 자막이 잉여적인 정보를 제공하는 경우는 누구나 알고 있고 말
해진 텍스트에서 특별히 거명되는 인물, 예컨대 장관 등과 같은 주요
인물인 경우에 국한된다.

[2] 말해진 텍스트와 관련된 텍스트 요소
이 경우에 대개 삽입 자막은 On-상황-텍스트의 요소를 반복하므
로 잉여적으로 이용된다. 말해진 텍스트를 짧게 재작성하는 경우가
통상적인데, 구어 표현을 명사화하여 재작성하는 경우도 흔하다.

(18) (앵커)(on): In Mazedonien in den Flüchtlingslagern sind heute Nachmittag
    Beamte des Bundesamtes für Flüchtlinge daran, jene Vertriebenen
    auszuwählen, die in die Schweiz reisen dürfen. (Tagesschau, SF DRS,
    1999.04.29)
    → 삽입 자막: 'Auswahl'

삽입 자막에서 재작성된 것에 Over-텍스트보다 더 강한 독자성을
주는 경우도 있다.

(19) 여성앵커(on): "Gleich dreimal wurden heute im Bundeshaus mehr als
die nötigen 50,000 Unterschriften eingereicht: Drei Referenden gegen die
Ausländerzwangsmassnahmen – den Milchwirtschaftsbeschluss und das
Krankenversicherungsgesetz."(Tagesschau, SF DRS, 1994.07.04)
→ 삽입자막: '3 x Opposition'

삽입 자막은 프로그램 진행 텍스트를 'Opposition[야권]'으로 압축
하고 있는데, 말해진 텍스트에서 'einreichen[제출하다]', 'Referenden
[국민 투표]', 'gegen[對]' 그리고 축어적으로 따온 'dreimal[3x](세 번)'
이 이 명사화의 토대가 되고 있다.

[3] 말해진 텔레비전 텍스트에는 없는, 원래 말해진 텍스트 요소
이것은 On-상황에서 말하는 사람의 인용을 포함한 삽입 자막을 음
성에 삽입하는 경우이다. 이런 인용은 말해진 텍스트와 관련은 있지
만 축어적인 대응물이 없다는 특징이 있다.[13]

(20) Swiss News 1999.5.27

본문	영상
Antonio Simona(on:): Es ist klar, das die Hilfe vor Ort primär und sehr wichtig ist. Aber trotz dieser Hilfe, wir können äh – einfach nicht verhindern, dass Leute über das Canale Dote nach Italien kommen. Italien wird zwar 10,000 Flüchtlinge aufnehmen. Viele von diesen Flüchtlingen haben Verwandte in der Schweiz; wir haben ja auch eine große Präsenz von Kosovo-Albanern und es ist ein bestimmter Anziehungsfaktor. Die Fürsorgeleistung in der Schweiz sind gegenüber Italien sicher viel besser.	망명자 거주 중심지 앞의 바깥에 걸린 안토니오 시모나 초상화. 페이드인: 〈Antonio Simona, "Der grosse Ansturm kommt erst noch!" Swiss-Info 로고 [핸드마이크]

13) Burger(2005: 154)에서 인용.

삽입 자막의 표현(예, "*Der grosse Ansturm kommt erst noch!*[엄청난 난민들이 여전히 쇄도하고 있다]")은 말해진 텍스트에 암시되어 있기는 하지만, 언급되지 않은 일종의 예측이라 할 수 있다. 마찬가지로 다음의 인용 자막들도 말해진 텍스트에는 없다.

(21) Hajredin Rashiti, "Ich möchte zurück zu meiner Familie"(Swiss News, 1999.04.14)

Berisha Afred(17), "Der Onkel aus Hochdorf zahlte meine Reise"(Swiss News, 1999.05.27)

이런 삽입 자막은 가판신문에서는 극히 통상적인 인용 행위이다. 텔레비전에서는 피인터뷰자가 한 적도 없는 인용을 피인터뷰자가 한 것으로 만든다. 당국은 코소보를 탈출한 수많은 난민들 문제를 이런 식으로 발언한다. 당국은 상황이 '드라마틱'하고 '버거운 상황'이고 '난민 수용소가 대혼잡'이라고 말한다. 삽입 자막에는 이렇게 되어 있다: 'Roger Schneeberger. "Jetzt kommt die groβe Flüchtlingswelle"'(Swiss Info, 1999.05.19). 말해진 텍스트 그 어디에도 'Flüchtlingswelle[난민 물결]'이란 단어는 없다.[14]

정리하면, 외부 설명식 텍스트 요소는 진정성 생성 기능이 있는 것이 아니라 이해를 보장하는 척도들이 중요하다.

- 말해진 텍스트가 말하는 사람의 인물 정보에서 벗어남
- 말해진 텍스트와 관련해서 불필요한 표현 만들기
- 말해진 텍스트를 표제 식으로 압축하기
- 인용할 때 축어적으로 인용된 구절 알려주기

---

14) Luginbühl et al.(2004)에 따르면, 'Flüchtlingswelle'란 은유 표현은 1999년도 스위스 언론의 지배적인 난민 담론을 특징짓는 어휘이다.

말해진 텍스트를 표제 식으로 압축하는 방식은 주제 압축 외에 감동과 각색에도 이용될 수 있다. 끝으로 삽입자막은 말해진 텍스트에 없는 내용 정보들도 제공한다.

3.4.3. 내부 설명식 텍스트와 외부 설명식 텍스트의 융합

다음의 (22)[15]는 외부 설명식 기능이 지배적이지만, 중요한 위치에서 내부 설명식 기능도 적용되고 있다.

(22) M*in=앵커, 스튜디오
　　　S=off-상황 속의 화자
　　M.'in: (배경음악) Guten Abend. Neues zum Sozialabbau. Wir zeigen, wie der Bund sechs Komma vier Milliarden Franken sparen will. (연방의회 영상, 노인들에 관한 짧은 영상, 병원 장면 노동청 장면 페이드인 〈Sozialabbau〉) Sparen auf Kosten der Alten, Kranken und Arbeitslosen. Ein kritischer Blick in einen noch unveröffentlichten Bericht.
　　　S: Es fällt auf, wie viele Häuser, Fenster, ganze Bäume mit Lichtketten geschmückt sind dieses Jahr. Es müsste eigentlich eine freudvolle Adventszeit sein, das Gegenteil ist der Fall. (연방의회, 서류뭉치; 〈Sozialabbau〉) Stellenabbau, wirtschaftlicher Druck, das Gespenst der Zwei-Drittels-Gesellschaft trüben die Festfreuden. Nun wird auch noch der Bundesrat mit einer Hiobsbotschaft aufwarten. 10 vor 10 weiß, noch vor Weihnachten werden die Resultate einer Arbeitsgruppe vorgelegt. Dort steht, wo und um wie viel unser Sozialsystem abgebaut werden könnte. [⋯]

---

15) Burger(2005: 158f)에서 인용(스위스 텔레비전(SF DRS)의 뉴스 텍스트, 10 vor 10, 1997. 12.12)하고 그의 논의에 기댐.

(22)의 주제는 방송 시점에는 아직 공표가 안 된, 연방 사회복지의 미래 관련 연방 연구팀의 보고서이다. 뉴스 매거진 "10 vor 10"(SF DRS I)에 앞서 이 보고서가 이미 '활자화 되어' 있는 상태이다. 그러니까 선행 텍스트는 아직 출판이 안 된 문어 텍스트로서, 많은 논란이 예상되지만, 이런 논란거리는 보고의 첫머리에서 "freudvolle Adventszeit[즐거운 강림절]"와 "Hiobsbotschaft[비보]"와 뚜렷한 대조를 이룬다.

(23)처럼 문자가 영상에 삽입되어 나타나는 곳에서는(〈15 Milliarden〉이란 숫자만 등장) 인용 표지가 없어서 말해진 텍스트가 축어적 인용인지 알 수 없다.

(23) Würde die Schweiz ihr heutiges Sozialversicherungssystem ohne Sozialabbau weiterführen, stiegen die Kosten bis zum Jahre zweitausendundzehn(〈15 Milliarden〉) um weitere fünfzehn Milliarden Franken. Hauptgrund: die Überalterung der Gesellschaft. (손으로 연구 보고서를 넘긴다) Das hat die erste Studie zur Finanzierung der (연방하원 의장 Dreifuss가 연방의회의 기자회견에서 카메라 모니터에 등장) Sozialversicherung ergeben, die Bundesrätin Dreifuss letztes Jahr vorgestellt hat.

마지막에 텔레비전 텍스트의 '대상'이 영상에 등장하는데, 손으로 연구 보고서의 책장을 넘기는 장면이 그것이다. 우리에게 보이는 것은 선행 텍스트의 물질적인 '매개체'이다. 여기서 영상은 "보고서는 실제로 존재한다."는 전거의 기능을 한다. 복사된 쪽수와 줄 수가 외부 설명식 문자와 관련이 있는 것이라면, 물질적인 연구 보고서는 일종의 내부 설명식 요소인 셈이다.

보고의 후반부에는 축어적인 인용 외에도 특히 말해진 텍스트를 환원하여 명사형으로 축소한 표현들(예, 'Rentenanpassung[연금 급여 수준 조정]', 'Kürzung Leistungskatalog[지불 목록 줄이기]', 'Abbau der Spitalbetten[병원 병상 정리]')이 영상에 삽입된다.

마지막으로 외부 설명식 삽입 자막이 일차적 문어 텍스트와 관련된 것인지 아니면 이차적 문어 텍스트와 관련된 것인지는 판단하기가 쉽지 않다. 삽입 자막이 무엇과 관련해서 일차적이거나 이차적인지를 고려해야 하기 때문이다. '실제' 텔레비전 영상이 지배적이라면, 삽입 자막은 이차적이다. 뉴스 방송국 CNN, n-tv, YTN 등의 예에서 수용자에 의해 좌우되는 것은 수용자의 주된 관심이 무엇이냐, 곧 영상에서 제시된 것과 말해진 텍스트에서 전달된 것이냐, 아니면 예컨대 흐르는 자막을 통해 주어지는 추가(와 말해진 텍스트와 무관한) 정보이냐 하는 것이다.

(23)에서 든 사회보장 관련 텍스트의 경우에 글로 된 보고 텍스트는 텍스트 역사에 근거할 때 음성적인 실현에 비해 일차적이다. 물론 글로 된 텍스트는 당국의 공적이고 법적인 자료를 의미하기 때문에 개념적 문어로 작성되어 있다. 문자로 제시된 텍스트는 말해진 보고의 일부일 뿐이고 또 부분적으로만 축어적으로 나타나기 때문에 수용 시 말해진 텍스트와 노인, 병원 등에 관한 '실제' 영상에 비해 이차적이라 할 수 있다. 이처럼 일차적 문자 텍스트에서 이차적 문어 텍스트에 이르는 과정을 도식화하면 다음과 같다(부르거, 2005: 160).

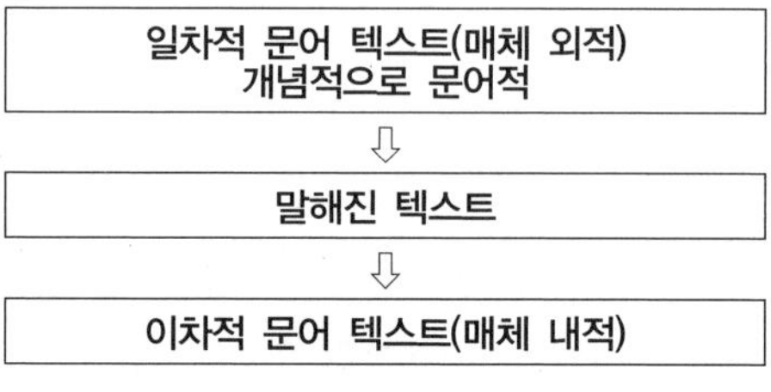

```
┌─────────────────────────────────────┐
│  일차적 문어 텍스트(매체 외적)        │
│       개념적으로 문어적                │
└─────────────────────────────────────┘
                 ⇩
┌─────────────────────────────────────┐
│           말해진 텍스트                │
└─────────────────────────────────────┘
                 ⇩
┌─────────────────────────────────────┐
│  이차적 문어 텍스트(매체 내적)        │
└─────────────────────────────────────┘
```

[그림 20] 일차 텍스트에서 이차 텍스트로의 이행 과정

말해진 O-음성(원음)이 삽입자막에서 중복을 위해 반복/압축되는 경우에 삽입자막은 분명 이차적이다. 마찬가지로 On-상황에서 제시된 사람의 기능을 명명하는 삽입자막도 이차적인데, 이런 관계를 도

식화하면 다음과 같다(앞의 책).

원본 상황(인터뷰)
⇩
텔레비전-O-영상(원본영상)/음성(원음)
⇩
삽입자막: 원음의 재현(축어적 또는 압축형)

[그림 21] On-상황에서 등장인물의 기능 관련 삽입 자막

외부 설명식 삽입 자막이 개념적으로 문어적/구어적 텍스트와 관련된 것인지는 어느 정도 확실하다. 대개 삽입 자막은 말해진 텍스트와 관련해서 전형적으로 문어적이라 할 수 있는 기능이 있다(압축, 축어성 암시 등). 말해진 텍스트에는 없는, On-상황에서 말하는 사람의 인용을 주는 삽입자막에서만 독자적인(즉, 말해진 텍스트와 무관한) 개념적 구어성을 기대할 수 있다.

3.4.4. 이차적 구어 텍스트

전자 미디어에서 말해진 텍스트는 대개 이차적으로 구어적인 텍스트(이차적 구어 텍스트)이다. 가장 간단한 예가 글로 된 텍스트를 낭독하는 경우인데, 한국의 텔레비전 뉴스에서는 거의 볼 수 없고, 독일 ARD의 20시 뉴스인 'Tagesschau'가 전형적이다. 여기서는 화자가 뉴스를 On-상황에서 원고를 보면서 낭독한다. 또 다른 예가 '화자 뉴스 Sprechermeldung'라고도 하는 라디오 뉴스이다. 말해진 텍스트는 개념적으로 문어적, 곧 개념적 문어이다.

3.4.5. 일차적 구어 텍스트

전자 미디어에서는 문어 원전이 없는 구어 텍스트가 늘어나고 있다. 일차적 구어 텍스트의 한 영역은 기자가 다른 기자(일차 제보자의 기능을 하는 '관련자'가 아닌 '이차 제보자')를 인터뷰하는 경우이다. 인터뷰자(예, 뉴스 방송에서)는 자기가 할 질문을 보고 읽는다(="이차적 구어"). 질문은 일반적으로 사전 토의를 거친 것이다. 피인터뷰자도 준비가 된 상태이다. 피인터뷰자는 자기가 할 대답을 보고 읽지 않더라도(=일차적 구어) "특별히 준비가 된(준비된 질문을 통해), '루틴하게 준비된'"(즉 언제든 이런 질문의 이해와 대답에 익숙한) 것으로 생각한다. 이런 구어성은 개념적 문어성의 경향이 있다. 이런 식의 텍스트는 대개 축어적으로 기록하여 보고 읽을 때와 비슷하다. 이런 언어행태는 '그럴싸하게' 말하는 정치가와 미디어에 익숙한 사람에게도 보인다.

제6장 미디어 텍스트에서 언어와 영상의 관계

1. 본문-영상의 텍스트성: 연구 경향

텍스트언어학적 분석에서 텍스트의 비언어적 요소를 포함할 필요가 있다는 지적은 많았다(무켄하우프트, 1986: 2). 또 커뮤니케이션에서 언어적인 측면과 비언어적인 측면의 상호작용을 자명한 것으로 보고는 있지만(아담칙, 2002: 173), 우리에게 익숙한 텍스트언어학 입문서들[1]은 대부분 명시적으로 언어적 텍스트만 다루고 있고, 본문-영상 관계 관련 장을 따로 설정하여 다루지는 않고 있다. 아담칙(2004: 75ff) 은 비언어적 수단을 상황맥락의 매체적 국면과 관련된 하위 절에서 간단히 다루고 있다. HSK-시리즈의 〈텍스트언어학 편람〉(16-1권)에 서는 "텍스트 구성 IV: 텍스트 생산 – 텍스트 구성 – 텍스트 수용" 장

---

1) 독일어권에는 Dressler(1972), Brinker(1997), Heinemann/Viehweger(1991), Heinemann/ Heinemann(2002), Adamzik(2004), Beaugrande/Dressler(1981), Vater(1994), Gansel/Jürgens (2007)가, 한국에는 고영근(1999), 강창우 외(2004) 등이 대표적이다.

에서 본문-영상 관계를 언급하고 있다. 그 가운데 특히 뇌트(2000: 489ff)의 기고문인 "본문과 영상의 관계"가 주로 이 문제를 다루고 있다. 또한 부르거(2000: 623f)도 "매스미디어에서의 텍스트 종류"에 관한 기고문에서 신문의 텍스트 종류에 관련된 하위 절에서 본문-영상 관계를 간단히 다루고 있다. 자거(2000: 587ff)는 하이퍼텍스트와 하이퍼미디어에서 영상 도입 문제를 언급하고 있다.

비언어적 텍스트 부분을 전체 텍스트의 언어학적 분석에 포함하는 문제는 다양한 기호 체계들로 구성되는, 이른바 복합 텍스트를 분석할 수 있는 텍스트 개념을 묻는 질문과 무관하지 않다. 일부 연구가들, 특히 픽스와 벨만(2000: XIII), 라이스만(2000: 396), 코흐(2000: 409) 등은 언어를 넘어서는 기호학적 텍스트 개념을 설정할 필요가 있음을 옹호한다. 슈필너(1982)는 "언어적 기호와 비언어적 기호를 상호 보완하고 상호 제약할 수 있는"(앞의 책: 92) 확장된 텍스트 개념에서 출발하고 있다. 칼페어캠퍼(1993)도 다양한 기호 출현 연결체들, 곧 "언어의 문어성과 구어성 외에 영상성Bildlichkeit, 사실의 시각화 현상도 포괄하는"(앞의 책: 222) 광의의 텍스트 개념이 필요하다는 생각을 대변하고 있다.

아담칙(2002: 175)은 확장된 텍스트 개념은 필요 없고, 기존의 텍스트 개념에 '새로운' 측면을 포함할 수 있는 확장된 시각이 필요하다는 입장이다. 그래서 '전체 의사소통 구성체Gesamtkommunikat'의 구성 요소로서의 비언어적 메시지도 텍스트로 볼 필요가 있고 이것의 텍스트성을 질문하는 것은 무의미하다는 것이다(아담칙, 2004: 77). 슈뢰더(1993)는 "텍스트 개념이 의사소통적 발화의 실질적인 언어 부분에만 국한되어서는 안 된다"(앞의 책: 198)는 지적을 변호한다.

여기서는 먼저 본문-영상 관계의 분석에 유용한 몇 가지 언어학적 방안들을 검토한다. 예컨대 무켄하우프트(1986)는 단행본『Text und Bild(본문과 영상)』에서 분석 방안을 처음으로 텔레비전 뉴스 텍스트의 사례 분석을 통하여 제시하고 있다. 그는 언어학적 관점에서 텔레비전의 뉴스 방송에서 본문-영상 관계를 연구한다. "기본 생각은 언어 영역의 이론적인 개념들이 영상 영역에 비교 대상으로서 사용되고 또 그 역도 성립한다는 것이다. […]"(앞의 책: Vf). 공통분모를 그는 텍스트 기능과 영상 기능에서 찾고 있다(앞의 책: XVI).

또 다른 언어학적-기호학적 방안은 슈퇴클(2004)의 단행본 『Sprache im Bild – Das Bild in der Sprache(영상 속의 언어-언어 속의 영상)』에서 발견되는데, 지금까지 본문-영상 관계를 언어학적 시각에서 가장 체계적으로 조명한 연구 업적이라 할만하다. 슈퇴클은 인쇄 미디어의 매스미디어 텍스트에서 언어와 영상의 연결 관계를 연구한다. 슈퇴클의 출발점은 영상을 텍스트로 보는 언어학적-기호학적 영상 개념이다. 그가 본문-영상 관계의 고찰을 위해 구축한 이론적 구상과 분석 방법은 우리의 미디어 텍스트에서의 본문-영상 관계 분석에도 이론적인 토대가 되고 있다.

이런 연구 경향들을 고려하면, 일상적인 관점에서 보더라도 영상이 본문(언어적 텍스트)의 기능과 내용에 기여해야 한다는 것은 분명하다. 우리는 영상을 이용할 때 이 영상으로 뭔가를 꾀하고 또 의도를 가지고 영상을 끌어들이기 때문이다. 전문어 연구에서도 비언어적 요소를 텍스트 분석에 포함해야 한다는 지적은 끊임없이 있었다.[2] 이런 필요성에도 불구하고 텍스트언어학은 그동안 영상에 큰 관심을 보이지 않았다(슈퇴클, 2004: 63 참조). 그러나 시각 커뮤니케이션의 형태들은 특히 매스미디어에서 점점 더 중요해지고 있다(앞의 책: 64). 몇몇 텍스트 종류들은 영상이미지 없이는 생각조차 할 수 없는데, 이를테면 텍스트 종류 '잡지 기사'(칼페어캠퍼, 1993: 218)가 그렇다. 언론 텍스트 외에 시사 전문잡지에서도 영상이미지의 비중이 커져가는 경향을 볼 수 있다.[3] 이런 이유에서 영상을 언어학적 분석에 포함하는 것은 이제 필

---

2) Fix/Wellmann(2000), Androutsopoulos(2000), Reissmann(2000), Adamzik(2002), Thome (2005), Stöckl(2004) 등 참조.
3) Kübler(2001: 1743), 박여성(2008) 참조.

수불가결하다.

영상을 포함한 텍스트들은 특히 전문어 연구서에서 다양하게 명명
되고 있는데, 본문-영상의 조합 관계를 나타내는 일련의 명칭들에서
그 일면을 읽을 수 있다.[4]

본문-영상 관계의 텍스트성에 대해서도 다양한 의견들이 개진되었
다. 언어적 텍스트와 시각적 텍스트의 텍스트성에서 중요한 차이점은
수용의 특수성을 제약하는 기호 코드에 있다.[5] 즉, 언어적 텍스트는
"시간적인 병렬 상태에서"(픽스와 벨만, 2000: XII) 수용되는데, 영상은
이와는 달리 "전체로서의 동시적인 보기 행위"(앞의 책)로 이해된다.
수용 시의 이런 차이점들은 영상의 기호학적 구조를 통해 설명될 수
있다. 즉, "영상은 […] 의미가 없는 최소 단위들로 분절될 수 없다"(뇌
트, 2000: 490)는 것이다. 영상의 요소들은 동시적이고 총체적으로 수용
되지만, 글로 쓴 텍스트는 선형적이다(앞의 책). 하나(2003: 490)에 따르
면, 영상은 기호학적으로 볼 때 다양한 기호 체계의 혼합형인데, 이것
은 언어적 기호와 비언어적 기호의 융합체일 수 있다: "나는 '영상'을
언어적 기호도 포함하는 복합적인 시각적 기호 연합체로 이해하겠
다."(앞의 책: 43). 슈테구(2000: 329)는 영상이 텍스트이자 비텍스트이기
도 하다는 점에서 영상의 특성을 찾는다. 슈퇴클(2004)은 영상을 독특
한 "시각적 텍스트성"(앞의 책: 327f)을 가진 텍스트로 보고, "영상적 서
술의 언어 의존성"(앞의 책)을 강조한다.

본문-영상 관계 분석의 문제점은 기존의 텍스트언어학적 이론들이

---

4) "Wort-Bild-Text[단어-영상-텍스트]"(Spillner, 1982: 91), "semiotisch komplexe Texte[기호
학적으로 복합적인 텍스트]"(Spillner, 1982: 94), "Sprache-Bild-Text[언어-영상-텍스트]"
(Sandig, 2000b: 4; "multimodale Texte[멀티양태적 텍스트]"(Androtsopoulos, 2000: 34f;
Schröder, 1993: 189ff; Stöckl, 2004: 5), 광고 연구에서 언어적, 비언어적 텍스트 부분의
협력 관계를 나타내는 "Gesamttext[전체 텍스트]"(Androutsopoulos, 2000: 346.; Stöckl,
2004: 97), "Supertext[슈퍼텍스트]"(Stegu, 1988: 400; Stöckl, 2004: 97), "bimediale Textsorte
[이중매체적]"(Stöckl, 2000: 334), "bimodale[이원적]" Texte(Stöckl, 2004: v), "Sprachtext
[언어 텍스트]"-"Bildtext[영상 텍스트]"(Fix/Wellmann, 2000: XIII), 모든 텍스트 형태들을
나타내는 "Text" 대신 "Kommunikat"(Adamzik, 2002) 등이 있다.

5) Fix/Wellmann(2000), Hanna(2003), Ballstaedt(2003: 11) 참조.

극히 언어 중심적이고 다수의 기호 체계들을 접목시킨 텍스트 분석에 필요한 방안을 주지 않고 있다는 점이다(슈퇴클, 2004; v, 안드루초풀로스 2000: 344). 슈필너(1982)에 따르면, "상이한 기호 체계들의 정보 단위들을 서로 관련시켜서 이 정보 단위들이 만날 때 텍스트에서 진행되는 복잡한 기호 과정들을 기술할 수 있는"(앞의 책: 91) 명확한 방법론이 없다. 텍스트언어학의 관점에서 보면, 슈퇴클(2004)의 영상 개념과 텍스트언어학적-기호학적 분석 방법은 다매체 텍스트를 고찰할 수 있는 훌륭한 방안일 수 있다. 이 방법은 브링커의 텍스트 이론과의 접목이 가능하다. 브링커(1997: 17)는 텍스트 정의에서 언어적 기호만 명시적으로 끌어들이고는 있지만, 그의 텍스트 분석에서 영상적인 요소들도 텍스트의 자연스런 구성 요소로서 다루고 있다.6) 예컨대 그는 광고 텍스트의 언어학적 분석에서 영상(사진)을 포함시키면서(앞의 책: 121ff), 광고 텍스트를 언어부와 영상부로 구분한다. 여기서 그는 영상을 텍스트 전략의 구성성분으로 다루면서 영상을 언어학적 분석에 통합한다(앞의 책: 124f). 텍스트 종류 문제와 관련해서 안드루초풀로스 (2000)는 기존의 몇몇 텍스트 종류 모델들을 비록 비언어적인 것을 다루고 있지는 않지만 다매체적 텍스트의 고찰에 적합한 것으로 본다.

"비록 기존의 텍스트 모델들(예, 브링커 1997; 하이네만과 피베거, 1991)은 여전히 다매체 텍스트를 분석하지는 않았지만 다매체적 시각을 배제하지 않고 전문어적인 은유법을 통해 다매체 텍스트를 암시하고 있다."(앞의 책: 344)

브링커의 텍스트언어학적 분석 방법은 언어적 텍스트의 자세한 분석을 가능하게 하고는 있지만, 거시텍스트에서 본문-영상 관계를 분석하는 데에는 슈퇴클의 기호학에 기초한 텍스트언어학적 분석 모델이 상대적으로 적합한 분석 방안으로 보인다.

---

6) 고영근(1999)과 Sandig(2005)에서도 이런 접근법을 찾을 수 있다.

슈퇴클(2004)은 "영상을 텍스트언어학의 적법한 연구 대상으로서 격상시켜 그동안 팽배하던 언어학적 언어 중심주의를 저지"하고 "특히 영상을 바라보는 언어학적, 텍스트학적 관점이 필요함"(앞의 책: v)을 제시하고자 한다. "영상의 텍스트언어학적 연구 필요성"을 슈퇴클은 먼저 매스미디어에서 "영상 홍수" 현상과 "텍스트가 […] 오늘날 주로 다양한 기호 체계 집단"(앞의 책)이라는 근거를 제시한다. 그러니까 이미 문어 텍스트의 타이포그래피식의 구성에 "강한 영상적인 요소"(앞의 책)를 포함하고 있다는 것이다. 또한 영상의 의미가 전체 텍스트의 의미에 영향력을 행사할 수 있다는 점에서 그런 "이원적인 bimodal" 텍스트에서의 언어 사용을 연구할 목적이라면 영상에 주목할 필요가 있다는 것이다(앞의 책). 슈퇴클은 '질료적materiell' 영상, '정신적mental' 영상, '언어적' 영상을 다루고 있다. 우리가 다룰 주된 영상 이미지가 미디어 텍스트의 질료적 영상이기 때문에 슈퇴클이 말하는 질료적 영상을 간단히 살펴보기로 한다.

슈퇴클(2004)은 삽화가 든 신문 기사, 잡지 기사, 상업 광고를 다루고 있다. 본문-영상 관계를 다룰 때 그에게 중요한 개념들은 다양태성multimodality, 다매체성multimediality 그리고 디자인design이다. 그는 다양태성을 "다양한 기호 수단들로 텍스트를 구성하는 것"(앞의 책: 6)이라 이해한다. 다매체성은 "문화 예술품으로서 텍스트의 의미 능력에 중요한 뉘앙스를 첨가하여 텍스트의 이해와 분석에 영향을 미치는 그때그때의 질료적, 기술적 가능성들을 이용하여 텍스트를 구성하고 생산하고 분배하는 과정"(앞의 책)이다. 디자인은 "텍스트의 내용과 형태를 연결하고 텍스트의 사회적 과정의 성격을 강조"(앞의 책)하는 것이다.

슈퇴클(2004: v)은 영상을 영상 그 자체로 다루지 않고 언어 사용과 연계해서 다룬다. 그는 영상을 의사소통적 사용에서, 대개는 언어적 텍스트와 연결해서 발화수반행위 또는 의사소통 기능을 수행하는 복합적인 기호 대상이라 이해한다(앞의 책: 327). 무켄하우푸트(1986: 243)에 따르면, 우리가 영상 하에서 이해하는 것은 언어적으로만 보장될 수 있다. 그는 본문-영상 관계에서 언어가 상위 역할을 한다고 보고 본문과 영상을 통합적으로 연구할 필요가 있음을 강조한다(앞의 책: 2). 영상 개념의 중요한 요소들은 이 요소들의 분할성Gegliedertheit과 복합성, 커뮤니케이션 상황과의 조직적인 관련성, 응집성과 의도성이다. 슈퇴클(2004)에게 특히 중요한 것은 "의사소통적 사용에서 이들의 상황적, 맥락적 국면과 접목해서 시각적인 기호 과정을 고찰"(앞의 책: 96f)하는 것이다. 이런 고찰 방식이 언어학에서 말하는 화행론적 방안과 일치하기 때문이다. 슈퇴클이 영상을 텍스트로 간주하는 또 다른 이유는 의사소통 행위에서 영상과 언어가 불가분의 연관 관계에 있다는 점이다(앞의 책: 97).

영상을 텍스트로 본다면 영상을 텍스트성의 기준들로 기술할 수 있고 또 영상 분석도 언어학적 개념들에 기대어 가능하다. 본문-영상 관계를 통합적으로 고찰할 수 있는 토대를 이루는 접점은 텍스트성일 것이다. 슈퇴클은 영상에 "특히 시각적인 텍스트성"(앞의 책: 97ff)을 부여한다. 영상의 텍스트성 기술에서 그는 먼저 보그랑드와 드레슬러(1981)[7]의 일반 텍스트성 기준들에 근거하여 이 기준들이 시각적 텍스트에도 타당한가를 검토하고, 이어서 독특하게 시각적인 부차적 텍스트 자질들에 주목한다(앞의 책: 100ff).

시각적 텍스트에 일반 텍스트성 기준들을 적용할 때 이미 슈퇴클은 차이점이 있음을 지적한다. 영상의 응결성은 긴밀한 관계에 있는 형태, 지면, 색깔을 형상configuration으로서 지각할 수 있다는 점이다. 시각적 응집성은 어느 정도 긴밀한 짜임새를 보이는데, 영상 기호가 인지적 개념과 정신적 모델을 활성화한다는 점이다. 다시 말해서 영상이 관찰자의 지식 속에 저장된 원형적인 대상에 의해 구체적인 영상 기호 형상으로 조정된다는 뜻이다(앞의 책: 98). 슈퇴클은 프레임 내적 응

---

7) Sandig(2000b: 4)도 다원적인(multimodal) 텍스트에서 언어와 영상과의 관계를 언어학적 관점에서 고찰하면서 보그랑드와 드레슬러의 텍스트성 기준들을 "언어-영상 텍스트"에 적용한다. Koch(2000: 409)도 이 텍스트성 기준들을 영상에 적용할 수 있다고 본다.

집성과 프레임 외적 응집성을 구분한다. 전자는 영상 요소들의 특성과 이 영상 요소들의 상호 관계와 관련이 있다. 후자는 상황적 요인들과 이 프레임에서 볼 수 없는 것 때문에 생기는 것이다. 영상은 다기능적으로 도입될 수 있기 때문에 영상의 상황성은 대개 복합적인 텍스트 환경에서 언어가 끼어들어서 나타나는 것이다. 영상의 의도성은 관련 대상과 이 대상의 공간적인 배치를 서술할 때 나타난다(앞의 책: 382). 기능으로서 중요한 것은 직접적인 감정적 반응을 야기하고 또 세계의 단면을 그리는 것이다. 정보성은 예컨대 영상이 알려진 것에 새로운 관점을 제시할 때 영상에 주어질 수 있다. 영상의 상호 텍스트성은, 하나는 개별 영상이 시각적인 텍스트 우주와 맺는 관계에 의해 발생하고, 다른 하나는 시의적인 영상은 내용적으로나 형식적으로 기존의 영상 장르나 영상 유형에 의지할 수 있을 때 나타나고, 마지막으로 영상이 구분하는 언어 텍스트와 맺는 관계에 의해 발생한다(앞의 책: 99f). 픽스(2000: 449)가 제시한 텍스트와 관련된 상호 텍스트성 분류 ― 텍스트-텍스트 세계 관계, 텍스트-텍스트 모형 관계, 텍스트-텍스트 관계 ― 에 기대면 영상과 관련된 상호 텍스트성도 영상-영상 세계 관계, 영상-영상 모형 관계, 영상-영상 관계(예, 사진 시리즈) 또는 영상-본문 관계의 세 가지 유형들로 나눌 수 있을 것이다.

보그랑드와 드레슬러(1981)의 일반 텍스트성 자질들과 더불어 텍스트(종류) 개념을 오랫동안 논의하는 과정에서[8] 텍스트성의 개념이 보완·심화되면서 텍스트 개념에 원형적인 일련의 자질들이 설정되었다(슈퇴클, 2004: 100). 이런 텍스트 자질들 가운데 잔디히(2000)가 제시한 몇 가지 자질들을 슈퇴클(2004: 100ff)[9]은 시각적 텍스트와 관련해서 검토하고, 영상에만 주어질 수 있는 자질들만 열거한다. 아래의 논의에 중요한 부차적 텍스트 자질과 시각적 텍스트 자질들을 선별적으로

---

8) 특히 Heinemann(2000a; 2000b; 2000c), 이성만(2009) 참조.
9) B. Sandig의 원형이론적 텍스트성에 대한 논의는 이성만(2002c), Sandig(2005: 5장) 참조.

간단히 제시하면 다음과 같다.

상대적인 종결성 또는 제한성은 텍스트로서의 영상에 해당된다. 이것은 프레임에 의한 일정 지면으로 한정된다. 분할성 자질은 픽토그램 텍스트에서 영상 지면을 중심/주변, 전경/배경으로 나눌 수 있는 가능성에서 나타난다. 그런 점에서 이 자질은 지엽적이다. 텍스트 자질 '주제'는 세계나 현실의 단면을 제시할 때 만들어지며, 영상의 상황과 기능을 규정하는 데 필요하다(앞의 책: 101). 영상의 사회적인 적법성은 텍스트 종류에 좌우된다. 예컨대 영상은 법률 텍스트에서는 용인되지 않는다. '매체성' 자질은 영상에서는 언어적 텍스트, 곧 본문에서와는 달리 나타난다. 언어적 텍스트와는 달리 질료적 영상은 그의 매개 매체를 바꾸는 경우가 흔하다. 질료적 영상은 특정 기호 매개체에서 생겨나서 다양한 지면들에 투사될 수 있고, 실제적인 사용을 위해 언어적 텍스트에 삽입될 수 있기 때문이다(앞의 책). '모형 관련성' 자질은 잔디히(2000: 101)에게는 핵심적이고 복합적인 텍스트 자질이다. 이 자질은 영상에도 전용될 수 있는데, 다양한 영상 모형이나 영상 종류를 설정하는 근거가 된다. 언어적 텍스트에 편입된 영상의 언어 구속성은 영상 종류가 이원적 텍스트 종류의 의사소통적 요구 조건들과 긴밀한 관련을 맺고 발전되는 근거가 된다(슈퇴클, 2004: 102). 우리가 영상만을 따로 살펴보면, 주제적 기준(풍경사진, 인물사진 등)이나 산출 방식(유화, 사진 등)에 따라 영상을 여러 영상 종류들로 분류할 수 있다. '조형성Gestalthaftigkeit'/'수용의 경향적 동시성Simultaneität' 자질에서 슈퇴클은 영상적인 서술이 언어적 텍스트에 비해 장점이 있다고 본다(앞의 책: 103).

슈퇴클(2004: 104)은 영상의 이런 텍스트성 기준들을 세 부류의 자질들로 요약한다. 하나는 영상을 텍스트로 범주화할 수 있는 일반 텍스트 자질이다. 다른 하나는 특수 영상을 특정 텍스트로 구분할 수 있는 텍스트 자질이다. 마지막은 텍스트 종류를 기술할 수 있는 개별 텍스트 자질이다. 커뮤니케이션의 실제에서 보이는 이런 자질들의 다양한 각인과 형상은 텍스트 종류나 영상 종류의 근거가 된다. 영상 종류를 기술하기 위해서는 일반 자질과 특수 자질이 모두 중요할 수 있고, 개별 텍스트 자질은 일반 자질과 특수 자질을 보완할 수 있다. 슈퇴클은 영상을 핵심, 중심, 변방이 있는, "원형적으로 조직된 범주(prototypisch organisierte Kategorie)"(앞의 책: 105)로 본다. 이때 텍스트성 자질들의 의미는 변방에서 핵심으로 갈수록 증가한다(앞의 책: 105ff).[10] 다시 말해서 핵심에서 중심을 거쳐 변방으로 갈수록 영상의 원형성(prototypzität)은 감소한다. 예컨대 핵심영역에 단일외연적 또는 멀티외연적 사진영상이 있다면, 변방영역에는 그래픽, 다이어그램, 도표, 도식 같은 논리적 영상, 픽토그램 등이 위치한다.

2. 기본 개념: 영상

여기서는 본문 텍스트(언어 텍스트)와 영상 텍스트, 곧 본문과 영상의 관계 분석에 적합한 범주들을 제시하겠다. 그동안 본문-영상 관계의 기술에 사용된 개념적 범주들이 명확하지 않다는 지적이 있었다. 예컨대 '본문과 영상은 서로 부합한다/부합하지 않는다.'는 대립은 너무 모호해서 예컨대 텔레비전 자료들을 이런 대립에 따라 의미있게 배열하기는 어렵다.

여기서는 본문-영상 관계의 세부적인 유형학을 설정할 수는 없다. 그 대신 유형학을 위해 고려되어야 할 몇 가지 중요한 기준들만 살펴보겠다.[11]

영상 분석은 앞서 지적하였듯이 지난 몇 년 동안 정교한 전문 분야

---

10) 슈퇴클은 언어적 텍스트의 '원형(prototype)' 개념을 Sandig(2000a)에 기대고 있다.
11) 이와 관련된 방안들은 Schmitz(2003), Fix/Wellmann(2000), Stöckl(2004) 참조.

로 발전하였다(크레스와 레벤, 1996; 반 레벤과 예비트, 2001). 텔레비전 영상은 일부 겹치기도 하는 다양한 기준들에 따라 범주화할 수 있다(슈퇴클, 2004: 96ff).[12]

- 생산 과정에 따라
- 매체적 국면에 따라(사진, 그래픽 등)
- 의미적 국면에 따라
- 기호적 국면에 따라
- 화용-기능적 국면에 따라
- 상호작용적 국면에 따라

2.1. 매체적 국면

신문에서 말하는 '영상'과 텔레비전에서 말하는 '영상'은 따로 확립될 필요가 있다. 신문(오로지 시각적인 매체로서)의 경우, 일차적으로 사진과 그래픽을 뜻하며, 이차적으로 전체적인 문자 기호 구성('디자인', '레이아웃')을 '영상'에 넣을 수 있을 것이다.

텔레비전의 경우, 전체적인 시각적 부분을 영상으로 볼 수 있는데, 이 안에 문자 삽입도 포함된다. 텔레비전의 경우, 다시 동영상(bewegte/dynamische Bilder)과 정지영상(Standbilder/statische Bilder)으로 구분될 수 있다.

---

12) Stöckl(2004: 96ff)는 '텍스트 종류'의 언어학적 개념과 상보적으로 '영상 종류(Bildsorte)'의 유형학을 구상하고 영상을 응집성과 의도성 같은 특성이 있는 '텍스트'로 볼 수 있다는 기본 가정에서 출발한다. 그래서 그는 영상을 "의사소통적인 사용에서 그의 상황과 맥락에 접목해서"(앞의 책: 96) 연구한다.

2.2. 의미적 국면

영상은 매체에 따라 기본적으로 언어와 구분되는 몇 가지 의미론적 특성이 있다.[13)]

- 영상의 의미는 언어 기호의 의미처럼 명확하게 규정하기가 쉽지 않다. 특히 기록된 영상의 경우가 그렇다. 예컨대 휴가 중에 사람들과 피크닉을 하는 사진은 촬영 맥락을 알고 있느냐 없느냐에 따라, 그 사람들을 알고 있느냐 없느냐에 따라 극히 다양한 해석이 가능하다. 이 말은 영상의 의미가 영상 자체에 있는 것이 아니고 이른바 영상에서부터 자명하게 유추될 수 있는 것이 아니라 수용자의 해석 능력이라는 뜻이다. 과장해서 말하면, 수용자의 관심과 선지식에 따라 기록된 영상은 무한한 해석이 가능하다. 해석 가능성의 제약은 영상의 기호학적 유형의 결과이다(부르거, 2005: 394ff).
- 기록된 영상의 의미는 매체적 시각화와 관련시키면 구체적이고 개별적이다. 우리가 사진에서 또는 텔레비전 영상에서 보는 것은 비록 어떤 건물, 어떤 사람인지 듣기만 하고는 알아차릴 수 없지만, 보통은 일정한 건물이거나 사람, 개별 건물이거나 정해진 사람이다.

이와는 달리, 기록된 그대로가 아닌 인위적인 영상에서는 추상성과 종種적인 사태를 서술할 수 있다. 이를 위해서는 지각을 제어하고 일정한 유형의 시각화를 통계적 사태의 서술로서, 아니면 대상 부류의 시각화로서 해석할 수 있도록 하는 규약이 필요하다.

- 기록된 영상은 일차적으로 "모사模寫", 특히 실재를 모사한 것으로 이해된다. 이 때문에 텔레비전 영상은 높은 신뢰성을 얻게 된다. 이와는 달

---

13) 물론 의미론적 특성과 기호학적 특성을 이론적으로 구분하기는 쉽지 않다.

리 언어는 임의로 실재에서 픽션으로, 아니면 '현실'에서 다른 종류로 (예, 일상 경험의 현실에서부터 동화의 현실로) 교체할 수 있다. 언어는 이런 전이 관계를 수용자에게 오해 없이 보여줄 수 있다. 영화의 경우, 장면이 (텍스트 없이도) 픽션임을 알 수 있도록 하기 위해서는 독특한 영화 기술 특유의 조정이 필요하다. '사이언스 픽션' 장르 안에서는 이런 테크닉이 관례화되어 있어서 전문가는 텍스트 없이도 이런 테크닉을 정확히 해석해낼 수 있다.

- 사진 같은 정지영상은 시간과는 무관하다. 사진을 일정 시점에 배치하려면 상황에 따라 복합적일 수 있는 특정 지식이 필요하다. 동영상은 사건들이 시간적으로 이어지고 있음을 보여주지만, 예컨대 선행 컷과 후행 컷과의 시간 관계는 영상 자체에서 읽어낼 수 없다. 이와는 달리, 언어로는 임의의 시공간에서 움직이고 시간을 건너뛰고, 미래를 선취하는 등등을 수용자가 확실히 이해할 수 있도록 할 수 있다.

- 언어에서는 단어와 발화의 내포의미connotation와 외연의미denotation을 서로 구분하고, 내포의미의 유형들을 어느 정도 구분할 수 있다. 영상의 경우에는 이런 구분이 가능은 하겠지만 문제도 없지 않다. 예컨대 다음의 예(동아일보, 2009.08.17)에서 영상은 일차적으로는 분명 일정한 내포의미를 전달하고 있다.

(1) (동아일보, 2009.08.17)

한 사람은 승리하고, 다른 사람은 패배하는데, 거의 동시적이다. 승리와 패배 이것이 팩트이고 구성 요건이다. 두 관련자들의 감정은 내포의미의 국면이라 할 수 있다. 반면에 이 감정은 영상에서는 표정, 몸짓, 제스처 등으로 극히 감명적으로 표현되고 있다.

2.3. 기호적 국면

기호적 국면에서는 다양한 가능성들을 가려낼 수 있겠지만, 여기서는 기호와 지칭된 대상과의 관계, 더 정확히 말하면 기호 형태와 기호 의미(시니피앙과 시니피에)의 관계만 살펴보겠다.14)

전형적인 '도상'이라 할 수 있는 것은 모사된 인물사진이다. 사진과 현실을 모사한 단면 사이에는 유사성 관계가 성립하는데, 동일 인물을 재인식할 수 있다. 유사성 관계는 기호학 안에서도 논란거리이다. 분명한 것은 유사성이 '본래부터' 주어진 것이 아니라 인간에 의해 만들어져야 한다는 것이다. 에코(1972)는 여러 가지 예에서 대부분의 도상 기호가 지칭된 대상과 공통되는 특성을 거의 찾아낼 수 없음을 지적한다. 그는 또한 대상을 대상으로 인식하고 지각하도록 하는 인식 코드가 있음을 제시한다. 예컨대 '얼룩말'의 중심 인식 자질은 줄무늬이다. 그러나 줄무늬가 있는 동물의 종들만 나타나는 환경에서는 줄무늬는 유의적인 인식 자질이 될 수 없다. 기본적으로 도상 코드는 언어에 비해 '약한' 코드이다. 다시 말해서 도상 코드의 규칙성과 상호주관성은 언어 기호보다 더 약하게 각인되어 있다.

'지표'의 경우에는 다른 종류의 '자연스러운' 관계가 기호와 대상 간에 성립한다. 이런 경우에 '징후'라는 말을 쓰기도 한다. 예컨대 연기는 '화재'의 징후이고, 눈물은 '슬픔'을 가리킨다. 텔레비전에서 이런 기호

---

14) 이런 관계를 분류하는 데 고전이 된 이른바 '도상적-지표적-상징적' 기호 구분은 많은 문제점이 있는데, 여기서는 논의하지 않고(앞의 제2장 2.2절 참조), 이들을 매체적 영상에 적용할 수 있는 가능성만 문제 삼겠다.

유형은 직접 시각화될 수 없는 것을 시각화해야 할 때 중요한 역할을 한다. 법원의 심리는 대부분의 국가에서는 텔레비전에서 직접 방영할 수 없다. 이런 것은 직접 시각화될 수 없기 때문에 제시되지 못한 것의 지표 기능을 하는 법원 건물을 자주 보여준다. 동시에 법원 건물 영상은 이 건물의 도상이기도 하다. 그러나 이 영상은 기능적으로 도상 국면이 아니라 지표 국면을 위해 투입된다. 지표 기호의 또 다른 중요한 차원은 표정 영역이다. 표정 행동은 통제가 쉽지 않아서 감정을 '드러내기' 때문에 미디어에서 흔하게 사용되는 기호 유형이다.

  '상징'은 시니피앙과 시니피에의 '자의적인' 관계를 보여준다. 예컨대 교통 신호(인물을 그린 것이 아닌, 원, 삼각형 등만 그린 것)는 그 의미가 명시적으로 확립되어 있어야 한다.

2.4. 화용-기능적 국면

  이 국면은 '생산자가 일정한 커뮤니케이션 상황에서 영상을 통해 무엇을 의도하고 있는가?' 또는 '생산자와 상관없으면, 영상은 어떤 기능이 있는가(영상에서 우리가 추론해낼 수 있는 기능은 무엇인가)?'라는 질문과 관련이 있다.

  일상적으로 우리는 영상을 극히 다양한 목적으로 사용한다. 예컨대 나중에 실증할 수 있도록 하기 위해 사진을 찍는다. 미디어에서는 일상적인 기능 외에 ― 미디어 특징적으로 변형되어 나타나는 기능 ― 텍스트와 관련해서만 알아낼 수 있는 그런 기능도 있다.

2.5. 상호작용적 국면

  미디어 영상은 어떤 것이나 수용자에게는 정해진 것이다. 그러나 수용자를 지향하는 정도는 다양하다. 특히 영상에서 사람을 볼 수 있는 경우가 그렇다. 이 사람과 수용자 간의 관계는 적어도 두 가지 층위에서 구분될 수 있는데, 하나는 시선이고, 다른 하나는 사회적 격차(거리감)이다(크레스와 레벤, 1996).

[1] 시선

영상 속의 사람은 수용자를 향해 있을 수 있고, 또 수용자를 응시할 수도 있다. 수용자의 응시 행동은 내부 상황(내부 커뮤니케이션 범위)에 집중되어 있다.15) 'demand'에 전형적인 경우는 뉴스 방송의 앵커에게서 나타나는데, 앵커는 시청자를 직접 응시하는 것처럼 보인다. 미디어에 특징적인 상황은 두 정치가가 예를 들어 국빈 방문에서 악수를 하면서 동시에 카메라를 응시하는 경우이다.

[2] 사회적 격차

특히 텔레비전에서 다양한 카메라 컷은 교양인과 관찰자 간의 일종의 사회적 격차가 정의되어야 하는 척도로 해석될 수 있다. 크레스와 레벤(1996: 130ff)은 세 가지 유형의 격차(거리감)를 구분하고 있다.

[표 10] 사회적 격차의 세 가지 유형

size of frame	social distance
close shot(근접 화면)	intimate/personal
medium shot(반신 화면)	social
long shot(원경 화면)	impersonal

사람들이 관계를 맺는 일상 상황에서 이 세 종류의 거리감은 변별적이다. 근접 화면close shot의 경우에는 얼굴과 어깨부분이 보인다. 이들은 대화 파트너들이 서로 친한 관계에 있을 때 대면 상황에서 지인들 간의 가까운 사회적 관계 시선과 일치한다.16) 반신 화면medium shot

---

15) Kress/Van Leeuwen(1996: 122ff)은 첫 번째 경우를 "demand"라 하고, 두 번째 경우는 "offer"라 한다. 두 번째의 경우에 수용자는 간접적으로만 발송을 받게 된다.
16) 문화에 따라 이런 격차는 다양하게 나타날 수 있다.

은 대략 몸통 부분까지 해당되는데, 카메라를 근접시켜 동작, 표정 등을 뚜렷이 포착할 수 있는 장점이 있다. 원경 화면long shot은 사람 전체를 촬영한다는 의미로, 친밀감을 허용하지 않는 최대의 사회적 격차(거리감)를 표시한다.

근접 화면close shot은 두 대화 참여자가 이야기를 나누는 대화 방송에서, 이를테면 테이블 위의 컵이나 발 등과 같이 대상을 확대해서 잡는 경우에 이 틀에서 제시된다. 실제로 이런 거리감은 대화에서 더 커지기는 하지만, 상황에 부적절한 카메라 기술에 따라 대화의 공격적인 효과는 상승된다.

3. 본문과 영상과의 관계

여기서는 텔레비전이나 신문의 텍스트들에서 갖는 본문과 영상이 맺는 관계를 부르거(2005: 400ff)에 근거하여 검토하겠다. 부르거는 본문이 영상과 맺는 관계를 형식적, 의미적, 기능적 관계 차원으로 구분하여 접근한다.

3.1. 형식적 관계

텔레비전 텍스트는 영화 텍스트와 마찬가지로 기본적으로 본문과 영상으로 구성되어 있다. 그래서 텔레비전 텍스트에서 이들이 맺고 있는 형식적 관계 분석에도 예외 없이 영화 분석에서 통용되는 형식적 범주들을 이용하고 있다. 라우(1987: 89ff)는 영화 분석과 관련해서 본문과 영상과의 시공간적인 형식적 관계를 '공시적/비공시적, 일체식/비일체식, 내부 설명식/외부 설명식, 동시적/비동시적'의 네 가지로 구분하여 접근한다.

3.1.1. 공시적/비공시적, 일체식/비일체식

텔레비전 텍스트에서 보이는 형식적인 관계를 지칭하는 표현으로는 다양한 개념 쌍들이 사용되고 있는데, On-상황과 Off-상황이 대표적이다. On-상황은 영상 안에서 음성이 나오는 경우를, Off-상황은 영상 바깥에서 음성이 나오는 경우를 말한다. 또한 syntop일체식과 asyntop비일체식, synchron공시적과 asynchron비공시적은 음성의 출처와 시점을 파악할 수 있는 개념이다.

'공시적synchron'은 언어(본문)와 영상이 화면에 나오는 시점이 동일한 경우이고, '비공시적asynchron'은 이들이 나오는 시점이 다른 경우를 말한다. 예컨대 '일체식-공시적syntop-synchron' 음성은 출처와 시간이 음원과 일치하지만, 시점과는 일치하지 않는다(비공시성의 고전적인 경우에 속함). '비일체식-공시적asyntop-synchron' 음성은 영상 바깥에서 나오기는 하지만, 영상과 동시적인 것이라 할 수 있다. 마지막으로 '비일체식-비공시적asyntop-asynchron' 음성은 음성의 출처와 시점 그 어느 것도 결합적 환경과 일치하지 않는 경우이다(예, 고전 영화 음악).

신문 텍스트에서 말풍선이 있는 신문 만화의 경우, 말풍선의 '화자'는 나머지 신문 텍스트와 공시적인 관계에 있는 것으로 지각된다. 이와는 달리, 신문의 일반 사진의 경우, 대개 비공시적 관계에 있다. 사진에 묘사된 것은 사진 제목(또는 신문에 싣기 위해 설명된 사진 설명)이나 본문보다 그 이전 시점에 일어난 것일 수 있기 때문이다.

전형적으로 공시적인 텔레비전 상황은 뉴스 방송에서 On-상황의 화자의 그것이다. 즉, 우리는 영상 속의 화자를 보면서 그가 말하는 것을 듣는다. 그래서 이 화자를 '영상 속의 화자'라고도 하는데, 말해진 것과 들린 것이 동시에 일어나기 때문이다.

드물기는 하지만 공시적인 Off-상황도 있다. 예컨대 비행기 추락 현장 르포에서 우리가 일차적으로 보는 것은 리포터가 아니라 비행기 잔해들뿐이다. 리포터는 Off-상황에서 "저는 현재 … 잔해 앞에 서있습니다."라고 말한다. 그런 다음에 대개는 어느 시점에서 이 상황은 On-상황으로 교체되면서 리포터가 영상 속에 나타난다.

텔레비전에서는 영화 보고나 뉴스 영화가 가장 흔한 비공시적 관계를 보이는 경우이다. 이것은 지나간 사건들의 영상들에 관한 것이고, 나중에 본문이 작성된다. 이는 생산 기술과 관련된 팩트이자 지각 현실이기도 하다. 우리는 수용자로서 영상에 대해 나중에 화자가 추가로 논평하는 사람, 곧 논평자임을 인지하게 된다. 이런 화자의 목소리를 영화학에서는 '더빙Over-Stimme'이라고 하는데, 미디어언어학에서는 'Off-목소리'라고도 한다.

3.1.2. 내부 설명식/외부 설명식

이 구분은 서사학의 개념 정의와 관련해서 보면 형식적 국면을 벗어난다. 그러나 부르거(2005: 403)는 On-, Off-, Over-상황을 좀 더 잘 이해할 수 있도록 형식적 국면에 포함시키고 있다.

내부 설명식 상황은 출처가 영상 속에서 제시된 '세계'에 속하는 경우에, 예컨대 비행기 추락사고 현장에 리포터가 있을 때를 말한다. 출처를 볼 수 없는 경우가 Off-상황이다. Off-상황에서 말하는 화자는 우리가 화자를 일차적으로 볼 수 있다가, 그 화자가 여전히 이전과 동일한 '세계'에 있더라도 그 다음에는 더 이상 볼 수 없는 경우에만 해당한다. 예컨대 토크쇼에서 카메라가 현재 말하고 있는 사람을 떠나서 경청하고 있는 사람에게 돌아갈 때가 바로 Off-상황이다.

외부 설명식 상황은 목소리의 출처가 영상 속에서 제시된 '세계'에 속하지 않은 경우이다. 더빙된 뉴스 영화가 이런 외부 설명식 상황의 전형이다.

따라서 On-상황과 Off-상황의 엄격한 구분은 '내부 설명식/외부 설명식'이라는 서사학적 구분을 고려할 때에만 가능하다.

텔레비전 텍스트를 전사할 때 Off-상황과 Over-상황의 구분은 의미가 없고 Off-상황만 중요하다. 예컨대 뉴스 방송에서 영상 속에 등장하는 사람이 외국어로 말하는데, 그의 텍스트가 더빙으로 번역될 때 Over-상황 목소리, 곧 더빙 개념은 중요하다. 이런 가능한 정세 관계를 '비행기 참사' 보도와 관련해서 제시하면 [표 11]과 같다 (앞의 책: 404).

[표 11] 텔레비전 텍스트의 전사에서 설명식 상황과 제시된 세계와의 관계

	내부 설명식	외부 설명식
세계 I:	스튜디오: 앵커 on/off/over	더빙(Over-Stimme) (불특정 장소)
세계 II:	참사 장소	참사 장소 영상

3.1.3. 동시적/비동시적

이 구분은 텔레비전에서 제시된 산출물과 관련된 것이다. 신문에서는 이런 구분이 무의미하다. 텔레비전 텍스트에서는 영상 단위가 언어 단위와 일치할 수도 있고 일치하지 않을 수도 있다. 다시 말해서 영상 '컷'이 텍스트의 문장이나 단락 같은 언어 단위와 일치하지 않는 경우가 있다.

3.2. 의미적 관계

본문과 영상은 서로 같은 대상(동일한 관계)이나 서로 다른 대상(상이한 관계)을 가리킬 수 있다. 동일성과 상이성은 정도의 문제인데, 더 강하거나 더 약한 동일한/상이한 관계가 있을 수 있다. 엄밀한 의미에서 상이한 관계는 텔레비전 방송에서는 거의 나타나지 않는다. 그러나 본문과 영상이 넓은 의미에서 동일한 대상을 가리키기는 하지만 극히 상이한 국면들을 주제화하는 경우도 드물지 않는데, 이런 차이를 "본문-영상 일탈 관계"(부르거, 2005: 406)라고 한다. 이런 동일성-상이성의 척도와 관련해서 네 가지 기준점을 설정할 수 있는데, 잉여성, 상보성, 지배성, 수사성이 그것이다.

3.2.1. 잉여성

여기서 말하는 '잉여성redundancy'은 영상이 순수한 본문 보완의 기능만 담당하고 독자적인 내용 메시지를 전달하지는 않는다는 뜻이다. 영상이 본문에 비해 가치가 떨어지고 장식적인 기능을 수행하는 경우이다(칼페어캠퍼, 1993: 207). 예컨대 한국의 구독 일간지에서는 기고 텍스트의 표제뿐 아니라 사진과 본문의 설명도 영상(사진) 메시지의 반복인 경우가 많다. 영상에서 볼 수 있는 것이 본문에서 명시적으로 설명되는 식이다. 영상은 추상적인 상징물이 사용되더라도 구체적이다. 설명 부분은 사진에서 볼 수 있는 것을 정확히 기술하지만, 새로운 정보는 거의 없고 계속되는 주제에 대한 암시도 주지 않는다.

일반적으로 미디어 텍스트에서 영상과 본문은 적어도 동일한 정보를 제공한다. 이런 예를 보여주는 사례가 티쉴러(1994: 74)가 제시한 ⑵이다.

⑵ 본문: "Der erste Konvoi rollte kurz nach neun."
　영상: 굴러가는 탱크와 트럭들이 카메라 쪽으로 움직인다. 여기서 단어 'Konvoi'와 'rollte'는 잉여적으로 그려진 경우이다.

이렇게 거의 완벽하게 일치하는 경우는 극히 드물다. 티쉴러는 '잉여적'이란 표현을 보다 신중하게 사용한다. 그는 문장으로 제시한 영상 컷 안에서 지시 대상들 중에서 적어도 한 가지 이상의 내용어가 보일 수 있다면 '잉여적'이라고 본다.

3.2.2. 상보성

상보성complementarity은 본문과 영상의 정보 원천이 본문-영상을 결합한 전체 의미를 이해하는 데 반드시 필요한 본문-영상 관계를 말하는 것이다. 본문과 영상이 상호 제약 관계에 있다는 뜻이다. 바르트(1983: 44)도 "단어는 영상과 함께 보다 일반적인 결합체의 파편이며, 메시지 단위는 그 보다 높은 층위에서 실현된다."(앞의 책: 44)고 주장한다. 영상과 본문의 이런 상보성은 예컨대 관련 본문이 보도하고 있는 금속노조 파업 현장이 어떤 모습인지를 보여주는 신문 사진에서 볼 수 있다.

또 다른 상보성의 전형은 본문과 영상이 '전쟁'과 같은 복합적인 대상, 곧 전체적으로 영상화될 수 없는 대상과 관련이 있어서 본문과 영상의 정보들이 보완되는 경우이다. 상보성은 이런 경우에 대개는 영상이 그 영역의 구체적인 국면들을 보여주는 반면에, 본문은 추상적인 정보를 제공하는 식으로 상보적 관계가 나타난다.

(3) S (off:) (언덕에 자욱한 먼지 덩어리) Siebenundsiebzig Tage Krieg im Kosovo. (부상자들, 망명자들) Zum ersten Mal besteht jetzt Hoffnung auf baldigen Frieden. (Tagesschau, SF DRS, 1999.06.08)

"Siebenundsiebzig Tage[77일 동안]" 같은 시간 부사어와 "Hoffnung auf Frieden[평화에 대한 희망]" 같은 미래 관련 명사구는 영상화될 수 없다. 영상화되고 있는 것은 '전쟁'에 관한 국면뿐이고, '희망'에 관한 국면은 영상 속에는 대응물이 없다. 텔레비전 뉴스의 영상물들은 대부분 이처럼 상보적 관계에 있다고 할 수 있다.[17]

---

17) Burger(2005: 392ff)는 상보적 관계의 또 다른 유형으로 외연적 국면과 내포적 국면을 들고 있다.

3.2.3. 지배성

현대 문화에서는 언어적 텍스트(본문)에 비해 시각적 텍스트(영상)가 양적으로 우위를 차지하고 있다. 그러나 영상이 질적인 면에서도 본문에 비해 지배적인지, 곧 영상이 본문보다 더 정보적인지는 재고의 여지가 있다. 부르거(1990)는 '지배적'이란 표현을 다른 것 없이도 이해가 되는, "생산자와 수용자에게 더 중요하고 더 흥미로운 정보"(앞의 책: 297f)로 이해한다. 질적인 지배성dominance은 영상이 기호학적 표현력에서도 본문보다 우위에 있을 때에만 경험적으로 입증될 수 있을 것이다. 예컨대 동아일보의 영상(사진)들은 FAZ보다 더 넓은 면적을 차지한다. 그러나 한국의 신문 미디어들이 독일의 그것들보다 시각적인 것을 더 많이 도입해야 할 의무는 없다. 동아일보에서 보이는 영상의 지배적인 측면은 양적인 성질의 문제라 할 수 있다. 이와는 달리 FAZ에서는 영상과 본문이 협력하는 기호학적 잠재력이 더 강하게 이용되고 있다. FAZ에서는 영상이 고도의 추상성을 통해 강조되면서 앞에서 말한 의미에서 흔히 볼 수 있는 영상의 잉여성이 지배적인 동아일보의 경우보다 지배성이 더 있다고 할 수 있다.

3.2.4. 수사성

수사성, 곧 수사적 관계를 보이는 예는 많이 있지만, 여기서는 미디어에 특히 중요한 환유와 은유의 관계만 살펴보겠다.

환유는 특히 제유의 변이형으로 전체-부분, 원인-효과, 저자-작품 등과 같은 관계를 말한다. 텔레비전에서는 본문-영상 관계가 환유적으로 해석될 수 있다. 특히 흔한 경우는 전체-부분 관계이다.

(4) S (off:) (탱크와 병사들) Siebzehntausend Nato Soldaten sind bereit für den Einsatz als KFOR Schutzmacht im Kosovo. Russland will

zehntausend Soldaten beisteuern. Die Einzelheiten zur russischen Rolle müssen noch ausgehandelt werden. (Tagesschau, SF DRS, 1999.06.08)

본문에서 17,000명의 병사나 그 이상에 관해 말할 때 분명한 것은 영상에서는 부분집합으로만 대신할 수 있다는 점이다. 가장 전형적인 경우는 본문에서 사람이나 대상의 부류, 예컨대 "die Flüchtlinge[난민들]" 등을 말하거나 영상 속에서 이 부류의 개별 사례들이 제시되는 것이다. 환유적인 방법을 이용하면 보도의 초점은 인물에 맞춰질 수 있다. 추상적인 사태가 예시적으로 개별 인물에 고정되는 장점이 있다.
텔레비전에서 빈번하게 발견되는 또 다른 기술이 은유의 축어적 의미 층위와 전의된 의미 층위를 '분할'하는 것이다. 영상에서는 축어적 의미가 영상화되고 본문은 전의된 의미로 작업하는 경우에서 발견된다. 예를 들어 스위스의 공영 텔레비전 독일어 방송인 SF DRS의 "Tagesschau"(1997.10.09)가 에너지 법안과 관련된 스위스 연방하원의 회의를 이렇게 보도한다(부르거, 2005: 413).

(5) SP =S. Plattner, 하원의원
S (off:) In einigen Punkten entschied der Ständerat aber umweltfreundlicher als der Nationalrat. So etwa setzt er sich für die individuelle Heizkostenabrechnung ein und er will die Kantone verpflichten, Elektroheizungen zu kontrollieren.
SP (on:) Wir wollen jetzt in den nächsten Jahren eine wirkliche Reform der Energiebesteuerung. Das hat mit den Kleinigkeiten, die heute gut durchgegangen sind, nichts zu tun.
S (off:) Das verabschiedete Energiegesetz *schlägt keine großen Funken*. Der Ständerat entschied, statt energiepolitisch *nach den Sternen zu greifen, auf dem sicheren Boden zu bleiben.*

영상에서는 두 번째 Off-상황 텍스트가 나오는 동안 고압 전신주가 있는 발전소 영상물을 보여준다. "*schlägt keine großen Funken*[번득이는 것이 없다]" 구절이 말해지는 동안 불꽃이 튀는 장면을 보여준다. "*nach den Sternen zu greifen*[별을 잡으려 손을 뻗다]"하는 동안에 카메라의 초점은 아래에서부터 하늘 쪽을 향한 전신주 꼭대기로 이동하였다가 마지막으로 "*auf dem sicheren Boden zu bleiben*[안전한 땅에 남아있다]"이란 표현과 비슷하게 바닥으로 되돌아오게 된다. 이것이 바로 은유의 축어적 의미를 명확하게 영상화한 경우라 할 수 있다.

3.3. 기능적 관계

화용적 또는 기능적 관계와 관련해서 두 가지 질문이 가능하다. 하나는 본문이 영상과 관련해서 어떤 기능을 갖느냐는 것이고, 다른 하나는 영상이 본문과 관련해서 어떤 기능을 갖느냐는 것이다. 일반적으로 이 관계가 일방(향)적이기도 하고 또 영상과 본문 간에 상호 의존 관계가 성립하기 때문에 이 질문들을 엄밀히 구분하기가 어려운 경우도 흔하다.

일반적으로 텔레비전의 경우에 본문은 생산자가 중요하다고 생각한 주요 정보를 담고 있으므로 일차적 정보라 할 수 있고, 영상은 이와 관련해서 작동된다는 점에서 이차적이라 할 수 있다. 반대로 영상이 먼저 만들어지고 본문이 영상에 추가되는 경우라면 본문은 이차적이다.

3.3.1. 영상과 관련해서 본문이 갖는 기능

본문의 지배적 기능은 영상의 모호성을 줄이는 것인데, 최선의 경우는 하나의 의미로 최적화하는 것이다. 이런 단의미화는 다음과 같은 경우에 발생한다.

- 본문은 영상에서 볼 수 있는 것만 기술한다.
- 본문은 영상에서 볼 수 있는 전체 상황이나 그 일부나 몇 가지 국면들을 명시적으로 가감 없이 제시한다.

(6) a. S (off:) (폭파된 집들) Getroffen wurde auch ein Wohngebiet bei Novi Sad. Nach Angaben aus Serbien wurde hier EIN Mensch getötet. Die hier eingeschlagene Rakete hatte ihr Ziel verfehlt — dann der Angriff galt auch hier einer Raffinerie, die ebenfalls schwer getroffen wurde, wie der Rauch im Hintergrund zeigt.---(4초 후) (카메라 초점은 검은 연기로 자욱한 가옥 뒤로 이동한다.) (Tagesschau, SF DRS, 1999.06.08)

여기서 장소 직시어 'hier[여기에]'는 영상에서 제시되는 장소를 가리킨다. 'Rauch'[타오르는 불길]는 영상 속에서 연기가 보이는 곳을 명시한 경우이다.[18]

b. S (off:) (IM HINTERGRUND STIMME EINES JUGOSLAWISCHEN KOMMENTATORS, rauschendes Trümmerfeld) Das Dorf Korischa heute morgen, Bilder des Grausens.(Tagesschau, SF DRS 1999.05.15)

시간 직시어("heute morgen[오늘 아침에]")도 "das Dorf[마을]"가 영상에서 제시된 마을을 의미함을 명시하고 있다.

3.3.2. 본문과 관련해서 영상이 갖는 기능

---

18) 그동안 영상에 대한 본문의 기능이 활발히 논의되었는데, 특히 영상의 '메타소통적 논평'(Burger, 2005: 415ff)이 그것이다. Stöckl(2004: 263ff)은 사진과 언어와의 의미 관계를 논의하면서 '메타소통적 논평(metakommunikative Kommentierung)'의 생성 문제를 집중적으로 다루고 있다. 이런 논의와는 성격이 다르지만, 텍스트, 특히 대화에서 메타소통 및 메타화행의 역할과 의미에 대한 연구는 조국현(2005) 참조.

이것은 본문들이 영상화되고, 영상들이 본문을 설명해야 하는 그런 경우들이다. 부르거(2005: 418ff)는 이와 관련해서 '지시성', '개관성', '진정성', '시의성', '관심 끌기'의 다섯 가지 기능을 든다.

기능적 관점에서 일치적인 영상-본문 관계를 요약할 수 있는 것이 바로 '지시 보장' 기능이다. 영상은 대개 움직이는 대상을 보여주는데, 본문은 이 대상에 관해 다양한 언어 장치를 이용하여(예, "diese Flüchtlinge[이 난민들]" → "sie[그들은]") 다양한 시각에서(예, 구체적 또는 추상적) 말한다.

'개관성'은 본문을 보다 이해하기 쉽도록 제공되는 양태 유형들을 말하는데, 추상적인 맥락을 시각적으로 개관해주는 그래픽 등이 그런 예에 속한다.

영상은 본문에서 언급되는 것을 예증하는 기능도 있다. 이 기능은 정보를 전달하는 방송에 나오는 거의 모든 영상에 적용된다. 예를 들어 "Ernteausfall im Piemont[피몬트 마을의 작황 부족]"에 관한 보도(SF DRS, 2003.07.18)에서 한 농부가 자기 옥수수 밭 중간에 서서 엉망이 된 옥수수들을 가리키면서 "금년에는 옥수수를 (작년의) 절반 정도만 수확"하게 될 것이라고 말한다. 카메라가 보여주는 광경들도 이런 시선 끌기에 일조할 수 있다.

'라이브'로 간주된 것이거나 사건 현장에서 중개되는 모든 영상들은 최고의 시의성actuality을 갖는다. 또한 본문에서 말해진 것에 대해 관심을 일깨우거나 고조시키기 위해 감동을 불러일으키는 영상들을 보여주기도 한다.

3.3.3. 본문과 영상의 상호 의존 관계

본문-영상 관계에서 이들 관계를 뚜렷이 대비시켜야 하는 경우에 본문과 영상 간에 상호 의존 관계가 나타날 수 있다. 이런 경우에는 보통 본문에서 말해진 것을 그 어떤 식으로 질문하고 상대화하고 반어화하는 영상이 나타난다. 예컨대 앞서 말한 은유 분할을 통해 반어적인 평가를 만들어낼 수 있다. 다음의 예는 자기 지역구를 호화로운 사회 기반시설들로 인해 파산지경으로 몰고 간 스위스의 산악 지방의 게마인데인 로이케바트_{Leukerbad}의 군수에 관해 보도한 끝 부분을 인용한 것이다(부르거, 2005: 422).

(7) S (off:) […] Ansonsten heißt es am Fuß der Gemmi hauptsächlich – zeigt doch unsere schönen Seiten, unsere Infrastruktur. ---(3초 후) (체육시설) Die Sportarena AG, zweiundzwanzig Millionen – (호텔) die Sources des Alpes AG, zehn Millionen.--(Loretan 가문의 문장(紋章)) So schnell ist der Lack nicht ab vom Namen Loretan – schließlich heißen hier viele so. Und dann gilt ja auch (계곡 역 앞의 스키어들) für Otto G. noch immer die Unschuldsvermutung. Touristisch läuft es trotz, oder vielleicht gerade wegen der vielen Schlagzeilen bestens. (리프트의 창구) Auch wenn die Vorstellung, dass eine Gemeinde dieser Größe täglich etwa dreißigtausend Franken aufbringen muss, nur um ihre Schuldzinsen zu begleichen, doch etwas unheimlich ist. --(온천장, 욕장 속에 비치는 산들) Bis im März müssen die vom Kanton eingesetzten Kommissäre einen Sanierungsplan vorlegen, wie der Schuldenberg von Leukerbad abzutragen ist. Machen die Gläubiger dabei nicht mit, gehen dann in Leukerbad noch andere baden (두 명의 목욕자가 물에서 나온다) als nur die Touristen. (10 vor 10, SF DRS, 1999.01.20).

먼저 영상들이 시작부터 약간 반어적인 본문(예, "*zeigt doch unsere schönen Seiten*[우리의 아름다운 면을 보여주다]". 이것은 그 게마인데가 폐허로 만든 바로 그 시설물들임)에 삽화를 곁들인다. 은유적-숙어적 표현(예, "*So schnell ist der Lack nicht ab*[그렇게 빨리 한물가는 것은 아니다]")으로 반어적 대조가 본문-영상 관계로 이동한다. 온천장에 관해서는 본문에서 더 이상 명시적으로 언급되지 않고 특히 온천장 때문에 생겨난 "Schuldenberg[빚더미]"에 관해서만 언급된다. 그리고 마지막에 두 사람이 말 그대로 "목욕[baden]"하러 간다. 반면에 본문에서는 은유적인 숙어 "baden gehen[목욕/수영하러 가다]"이 이 게마인데의 암울한 재정 전망을 일깨워준다.

4. 언어-영상 텍스트의 텍스트성

여기서는 언어와 영상 간의 관계를 다매체적 텍스트에서 언어학적으로 고찰할 수 있는 국면들을 찾아 나선다. 두 가지에 주목하겠는데, 하나는 텍스트와 텍스트 종류를 연구하는 것이고, 다른 하나는 '영상 이미지 읽기: 시각 디자인의 문법'(크레스와 레벤, 1996)이다.

텍스트의 원형은 순수 언어로 된 텍스트이다. 텍스트의 질료적 측면[19]은 1990년대에 발달한 공학 기술을 통해 한층 더 강화될 수 있었다. 텍스트는 사회에서 극히 다양한 기능을 수행해야 한다는 점에서 다양성과 가변성을 잉태하고 있는 셈이다. 다시 말해서, 소설이나 신문의 보고 같은 원형적인 텍스트 사례가 있다면, 문안카드나 시처럼 덜 원형적인 텍스트 사례도 있고, 또 도표화된 증서, 버스승차권 같은 주변적인 텍스트 사례들도 있는 것이다. 잔디히(2000)의 주장대로 텍스트 자체는 원형적인 개념이다.

텍스트의 가장 중요한, 핵심적인 자질은 물론 텍스트 기능이다. 응결성, 즉 텍스트 발화체들 사이에서 언어적으로 산출된 결속 관계는 원형적이기는 하지만, 필수적인 것은 아니다. 수용 과정에서 구성될 수 있는 내용적인 응집성은 텍스트 주제를 해석하는 데 필수적인 전제 조건이다. 텍스트는 다소 유일한, 곧 유일무이한 사용 상황과 결부

---

19) 텍스트의 질료적 측면, 곧 질료성(Materialität, 더러 '물질성'으로도 번역함)에 관한 본격적인 논의는 Sandig(2006: 425ff)에서 발견된다.

되어 있다. 텍스트의 질료성은 문자 텍스트로서의 텍스트에 중요한 전제 조건이다.

원형prototype 개념은 자질 형상이라고도 할 수 있다(잔디히, 2000). 그러나 자질은 보통 등가적이지 않으며, 서서히 다양하게 만들어져 있을 수 있거나 하위 자질들을 통해 실현되어 있을 수 있다. 이에 따라 핵심 단계, 중간 단계, 주변 단계의 기본 구조가 있는 것이다. 주변 단계는 불투명하다. 다른 범주로 넘어가기도 한다. 원형은 가장 명확하게 다른 범주들과 구분되는 한 범주의 사례인데, 그림 없는 문자 텍스트와 즉흥적인 대화의 관계가 그렇다. 자질은 다양한 방식으로 서로 상호작용한다. 자질은 빠져있을 수도 있고 미미하게만 만들어져 있을 수 있다.

텍스트 자질의 전제 조건은 문자성Schriftlichkeit, 그리고 그림과 조합한 언어성Sprachlichkeit이다. 따라서 여기서 말하는 '텍스트'는 문자 텍스트에 국한되며, 언어-영상 텍스트는 문자와 영상이 결합한 텍스트를 말한다. 반면에 텍스트 개념은 (문자와 영상으로) 엮어진 텍스트 산출 결과물로서 받아들여서 해석해야 하는 의미로 국한하고, 텍스트의 생산과 사용의 화용론적 주변 환경은 무시한다.

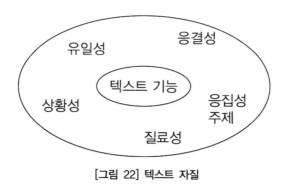

[그림 22] 텍스트 자질

4.1. 텍스트성과 영상의 사용

4.1.1. 텍스트 기능

텍스트의 중심 자질은 앞에서도 말했듯이 텍스트 기능이다. 이것은 텍스트의 이해를 이끄는 핵심이다.[20) 예컨대 캐리커처에 중요한 텍스트 기능은 그림을 사용하는 것이다.

(8) (경향신문: 경향만평, 2010.09.06, 1쪽)

이 영상 이미지, 곧 그림은 '부자연스런', '과장된' 등의 양태성(크레스와 레벤, 1996: 159ff)을 보이는데, 우리가 가지고 있는 '영상 능력 Bildkompetenz'(슈퇴클, 2004: 91)21)에 기대어 텍스트 기능을 한 눈에 알아낼

---

20) 텍스트 자체(또는 언어-그림 텍스트)로부터 명확하게 유추할 수 없으면 사용상황은 설명을 줄 필요가 있다.

21) 우리는 영상(이미지)을 고찰하면서 자동적으로 특정 장르나 유형에 배치하고, 이 영상을 유형화한 사용 맥락과 영상 외부에 기대어 영상의 의미를 구성한다. 이 의미를 성공적으로 파악하는 경우에만 '비주얼 리터러시(visual litaracy)'(Kress/van Leeuwen, 1996), "시각적 지능(visual intelligence)"(Barry, 1997) 또는 '영상 능력(Bildkompetenz)'(Scholz, 1998:

수 있다. 여기서는 그림이 지배적이고, 언어는 사진 제목(사진 설명)으로 사용되거나 그림 속에 들어있다. 신분증처럼 다른 경우에는 사진이 중요한 특성을 가지기는 하지만 지배적인 것은 아니다. 사진은 텍스트 표면에 정해진 사진 내용과 정해진 위치가 있는 것이기 때문이다. 다른 텍스트 기능의 경우에 영상은 수의적인 역할을 할 수 있다. 한편으로 기술된 것을 설명하기 위한 것으로, 다른 한편으로는 삽화용으로22), 즉 일종의 증명을 위해 아니면 장식용으로만 첨가될 수도 있다.

4.1.2. 응결성

응결성은 텍스트 표층을 짜 맞추는 독특한 언어적 수단과 관련이 있다. 응결성은 원형적 텍스트의 특성이기는 하지만, 필수적인 것은 아니다. 언어(본문)와 영상을 짜 맞추는 영역에서 언어-영상 텍스트에서 만날 수 있는 응결 수단에는 어떤 것이 있을까? 예를 들어, 한 패션 팸플릿에 여러 개의 사진들이 있는 경우에 사진 안에 설명이 들어가거나, 사진들이 번호 순으로 표시되기도 하고, 동일한 숫자가 광고 사진과는 따로 설명 첫머리에 오기도 한다. 기능이 있는 것은 팸플릿의 앞면과 뒷면에 나오는 제목들이다. 여기서는 언어 수단들이 지시 수단으로 사용된다. 직시어도 예컨대 하위 제목이 화살표로 표시되어 있을 때처럼 중요하다. 레이아웃 수단은 영상이 언어(곧 언어적 텍스트)에 대한 설명으로 제시되면서 이 언어가 부분적으로 영상의 틀을 이룰 때 나타난다. 이는 응결성을 형성하는 일련의 방식들 가운데 극히 일부에 지나지 않는다.

---

105)이라고 한다.
22) 영상의 유형에 대해서는 Spillner(2004), Stöckl(2004: 122ff) 참조.

4.1.3. 응집성

응집성은 수용자가 미디어 텍스트에 근거하여 재구성할 수 있는 내용적인 결속 관계를 말한다. 언어-영상 텍스트에서의 응집성은 예컨대 그레마스가 말하는 동위Isotopie 연속체에 의해 형성될 수도 있는데, 이런 동위 연속체의 구성 요소들로는 언어와 영상 모두 가능하다.

(9) (Saarbrücker Zeitung, 2000.02.28, 13쪽)

독일의 미하엘 슈마허Michael Schumacher와 핀란드의 미카 해키넨Mika Häkkinen이 마주보고 나란히 앉아 있는 장면은 한편으로 전체 표제와 본문의 "Duell[대결]", 다른 한편으로 사진 설명의 "Rivalen[라이벌 관계]" 등에서 일치한다. 정확히 보면 이 두 사람은 사진에서 라이벌로 제시되지 않고 있다. 이들은 각자 다른 방향을 바라보고 있다. 그러나 사진작가는 'Sign-making'의 틀에서 이들을 라이벌 포지션에서 촬영했다. 이 포지션은 텍스트 맥락에서 보면 응집력을 보인다.

그래서 슈퇴클(1997)은 응집성 형성 방식을 이렇게 정리한다. "영상과 본문의 의미론적 결속이 성공하기 위해서는 시각적 기호 복합체가 특정 방식으로 본문(언어적 텍스트)을 지시하거나, 아니면 역으로 본문 속의 표현들이 목적에 맞게 영상을 지시해야 한다. 본문은 의식적으로 영상과 의미 고리를 구축한다."(앞의 책: 143).

4.1.4. 주제

응집성 도출은 텍스트 기능의 틀에서 수용자가 주제를 재구성하는 토대가 된다.

(10) 사진작가 마르크스(Marcks)의 종(種)의 스테레오타입 '여성(Frau)'

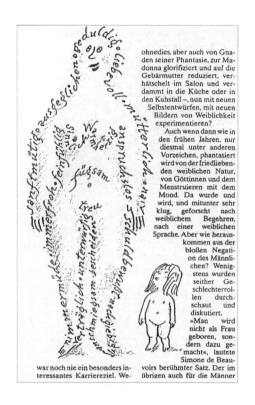

(10)은 독일 시사주간지 〈Stern〉(1998. 3호)에 실린 시사만화가 마리 마르크스Marie Marcks의 것이다(잔디히, 2006: 463). 기호를 다양하게 이용하여 만든 여성 형상의 윤곽들23)은 이 언어-영상 텍스트의 응집성을

지원하는 핵심 요소들이다. 이들을 통하여 여성을 그리고 있는 명사 및 형용사들의 군집은 응집력을 발휘한다. 이것은 주제적으로 '남자와 여자의 원형적인 특성'으로 해석될 수 있다. 다시 말해서 종種의 스테레오타입들이 주제화되고 있는 것이다. 소문자는 여성은 작은 종種이란 뜻이고, 형식에서 '더 부드럽다'는 뜻이고, 또 윤곽 자체를 형성하는 데에도 이 소문자가 사용되고 있다. 이런 사용은 이 윤곽의 '견고성'을 덜어주는 역할을 한다. 이 윤곽은 윤곽 그리기에 사용된 형용사들의 의미에 맞게 '투과성'이 더 있다. 바로 이 형용사들이 주로 '긍정적이고 관계 중심적인' 의미가 있기 때문이다.

이런 서술 자체가 독자적인 언어-영상 텍스트이다. 이것은 더 포괄적인 언어-영상 텍스트의 일부로서 우리 시대의 종種 관계 관련 미디어 텍스트의 삽화로서, 느슨한 형태의 주제 응집성을 보여주는 좋은 사례라 할 수 있다.

4.1.5. 상황성

텍스트는 한편으로 상황과도 연결되어 있다. 텍스트는 상황 속에서 산출되고 상황 속에서 수용된다. 다른 한편으로 텍스트는 상황에서 벗어나 있기도 하다.[24] 즉, 텍스트는 한 번 텍스트 매개자(반다이크, 1980: 158)에 고착된 경우라면 극히 다양한 상황들에, 예컨대 예상하지

---

23) 여성 윤곽에 사용된 여성성을 특성화한 어휘들을 머리부터 시계 방향으로 정리하면, 여성은 geduldig(인내심이 있고), liebevoll(다정하고), mütterlich(어머니 같고), naiv(소박하고), anspruchsvoll(까다롭고), schuldbewußt(학력을 의식하고), nachgiebig(관대하고), anschmiegsam(유순하고), bescheiden(겸손하고), treu(헌신적이고), unterwürfig(복종적이고), verträglich(온화하고), nimmermüde(지칠 줄 모르고), immerfroh(언제나 쾌활하고), feinfühlig(민감하고), sinnlich(관능적이고), warmherzig(온정적이고), sanftmütigsgeglichen(온유하다).

24) 그런 예가 Ehlich(1984)가 말하는 '발화 상황의 분리 확장(Zerdehnung der Sprechsituation)' 이다. 이 개념 하에서 엘리히는 목적 지향적으로 보존과 전승을 겨냥하여 생산되는 언어 행위들을 이해한다. 문자가 발명되기 이전에는 특히 이런 기능을 가진 광의의 전달자(매개자)가 있었다. 전달자가 최초의 발화 상황에서 말해진 것을 저장하고 두 번째 상황에서 다른 청자를 향해 재현함으로써 그 전달자는 원래의 발화 상황을 분리 확장하게 하는 것이다. 자세한 설명은 이성만(2008: 77ff) 참조.

못했던 그런 상황에도 들어갈 수 있다는 것이다. 텍스트 매개자로는 간판, 서적, 신문, 다양한 크기와 재질의 종이, 광고(벽보), 국경 경계비, 기념비 등등 다양할 수 있다.[25] 텍스트 매개자는 특정 상황 유형과 접목해서 사용해야 되는 경우도 있고, 자유롭게 사용할 수 있는 경우도 있다. 이런 모든 경우에서 언어는 영상과 접목될 수 있는데, 상징과/나 색깔이 추가될 수도 있다.

개별 상황과 상황 유형은 구분할 필요가 있다(크라우제, 2000: 37~41). 후자는 우리의 지식 중에서 의사소통 경험에 고착된 원형적인 상황을 의미하는데, 이 상황에서 다양한 종류의 텍스트들이 사용된다. 예컨대 국경 경계비는 상징적으로 도식화된 주권을 상징하는 의미가 있다.

정리하면, 언어와 영상은 원형적으로 분리된 서술 수단이다. 이 둘 사이에 전의 영역도 있다. 앞의 (10)에서 보듯이 언어로도 영상 텍스트를 만들어낼 수 있기 때문이다. (10)은 언어를 이용한 도상 기호이자 텍스트 종류의 타이포그래피식 영상이다. 베를린 장벽의 벽면을 가득 채운 그라피티는 상징적으로 실현된 단어들이거나 축약어와 이름 이니셜들이다.

따라서 언어학에 근거하여 다양한 시각으로 이런 종류의 텍스트들에 접근할 필요가 있다. 이때 원형 이론은 텍스트(종류)언어학과 더불어 적절한 토대가 될 수 있다. 강조되어야 할 것은 위에서 든 다양한 텍스트 자질들이 서로 긴밀한 관계를 맺고 있다는 점이다.

5. 기능 속의 영상 기호

미디어 텍스트에 실린 영상 텍스트(여기서는 분석 대상인 '사진'을 강조하기 위해 '영상 기호' 또는 '사진 기호'의 용어도 병용함)에 관한 기존 분석 방

---

25) 독일어권 신문의 '사망광고(부음)'와 관련한 논의는 이성만(2001) 참조.

안들은 사진 기호의 세부적, 단면적 해석에 주목하였다.[26] 여기서는 앞에서 논의한 텍스트화용론의 관점에서 사진 기호에 주목한다.

논의의 테제는 다음과 같다: 정치 미디어 텍스트에서 사진 기호로서의 사진으로 수행되는 행위는 언어 기호로 수행되는 행위와 동일하다. 사진 행위가 곧 언어 행위라는 것이다. 사진이 행위를 수행할 수 있기 위해서는 상보적 매체인 언어에 의지해야 한다. 정치 미디어 맥락에서 등장하는 사진들을 서얼의 화행 유형들에 접목시켜 특성화하면 다음과 같다.[27]

- 제시/단언 화행: 사진으로 항상 사태가 구성되고, (논평 없는) 사진의 이용은 명제 또는 사진 내용이 참임을 포함한다.
- 선언 화행: 사진으로 매체적 텍스트 종류의 특성에 따라 사태가 특성화되거나 범주에 편입되는 경우도 있다. 미래의 사진 수용자는 지각된 것을 유사한 사태와 관련해서 그의 선지식과 사전(事前) 입장을 고려하여 통합한다. 사진 수용자는 자신의 지식 프레임 맥락에서 명제 및 내용을 범주화한다.
- 정표 화행: 사진으로 사태가 평가될 수도 있다. 사진 기자는 상황에 따라 심리적인 것을 표현할 수 있다.
- 지시 화행: 일정 조건에서 사진은 수용자에게 서술된 사태로 무엇을 요구할 수 있다. 사진기자는 경우에 따라 일정한 입장과 태도의 동기를 부여하고자 한다.
- 책무 화행: 맥락에 따라서는 사진은 서술된 사태로 사진기자에게 그 무엇을 의무화할 수 있다. 또 사진기자는 상황에 따라서는 자신과 타인의 의무로서 사진 내용을 해석한다.

---

26) 이에 관한 연구 경향의 포괄적인 논의는 Stöckl(2004: 47ff) 참조.
27) 여기서는 서얼의 용어 '선언 행위'를 서얼과는 달리 사용하겠다. 왜냐하면 제도권 미디어 커뮤니케이션에서는 단순한 '단언'을 통해 '설명'되기 때문이다. 서얼의 화행론에 관한 골격은 앞의 제2장 3.2절 참조.

이런 특성화 작업은 물론 고도의 추상화 층위에서 이루어진다. 예컨대 본문-영상 텍스트는 구체적인 언어/사진 행위를 이룰 수 있는데, 각 본문-영상 텍스트에 수신자에 따라 다양하게 작용할 수 있는 하나 또는 그 이상의 기능이 주어질 때 그렇다(다기능성과 다수신성). 본문-영상 텍스트의 사진으로 우리는 무엇을 주장하고, 확언하고, 서술하고, 분류하고, 혐오 등을 할 수 있다. 단점도 있다. 이렇게 개별적으로 기능을 주게 되면 예컨대 개별 해석의 숲 속에서 길을 잃고 추상적인 관련 해석 모형에 빠져들 수도 있다. 말을 바꾸면, 서얼의 화행 유형들은 너무 일반적이고 불명확하기 때문에 약점으로 작용할 수도 있는 것이다. 그래서 중간 단계로서 '추상적'-'구체적'이란 단계를 설정할 수 있을 것이다. 여기서는 분류 기준으로서 중간 추상화 층위 범주로서 '화행 유형(행위 모형)'이란 개념 범주를 설정하겠다. 이 범주는 추상화 정도에서 서얼의 화행 유형과 개개의 구체적인 사진 행위/언어 행위 사이에 위치한다.

논의의 자료는 40년 이상 베를린 장벽을 보도한 인쇄 미디어(예, 독일의 전국 일간지들인 FR, Die Welt, 시사 주간지 Der Spiegel 등)에서 사용된 다섯 개의 사진들이다. 관심은 특정 텍스트 환경에서 이 사진들이 '기능 속의 사진 기호'로서 어떻게 독특한 기능을 가지게 되느냐 하는 것이다. 중요한 것은 해석 모형에 의한 해석 가설이다. 먼저 이 사진들이 개별 사건의 기록을 넘어 어떻게 반복적으로 사용되고 있는지를 고찰한다.

사건은 이렇다. 1962년 8월 17일(이른바 베를린 장벽 건설 1년 후)에 동베를린 사람인 페터 페히터Peter Fechter(18세)가 검문소Checkpoint Charlie에서 약 100m 떨어진 '베를린 장벽'을 친구와 함께 서베를린으로 월경하고자 시도했다. 그는 DDR 국경 수비대가 쏜 여러 발의 총탄을 맞고 DDR지역(또는 "소련 점령 지역"(Der Spiegel, 1962의 기술에 따름))에 쓰러져서 고통스런 모습으로 피를 흘리고 있었다. 약 30~45분 동안(당시 이 시점에 대한 언론 보도는 각양각색임) 그는 바로 장벽 동쪽 편(동베를린 지역)

에 누워서 도와달라고 소리쳤으나, 서쪽 편(서베를린 지역)에서 선뜻 도
와주려고 오는 사람은 없었다. 결국에는 DDR 국경수비대가 그를 실
어갔다.

이 사건과 관련해서 서방 매체들은 다양한 시각에서 주로 다음의
다섯 가지 사진들을 게재했다.

(11) a. 장벽의 동쪽 편에서
　　　 피를 흘리고 있는
　　　 망명자 페터 페히터(1962.08.17)

　　 b. DDR 국경 수비대가 망명자를
　　　 안고 가는 모습

c. 망명자가 몇 명의 군인들의
   도움으로 울타리를 넘어가는 장면

d. 헬멧을 쓰지 않은 국경수비대가 망명자를 향해 총을 발사하는 장면

e. 망명자를 동베를린
   구역으로 데리고 가는 장면

먼저 영상 텍스트들을 이해할 수 있도록 각 장면과 주변 환경을 제시한다. 주목할 것은 본문-사진 환경의 다각적인 관찰이다.

- 1962년 8월 17일 신문, 관련 사건의 최초 보도
  - FR 1962.08.18: (11e)는 페터 페히터를 동베를린 지역으로 들고 가는 모습인데, 전국 일간지 FR(Frankfurter Rundschau)에서 처음 사용되었다. 사진 설명은 이렇다: "Die Sehnsucht nach Freiheit mit dem Leben bezahlt: Der von Volkspolizisten an der Mauer beim Fluchtversuch Erschossene wird von Ost-Berliner Grenzpolizisten abtransportiert.[자유에 대한 동경을 생명과 맞바꾸다: 월경을 시도하다 장벽 앞에서 동독 경찰에 의해 총살된 남자가 동베를린 국경 수비대들에 의해 운반되고 있다]" 이어서 사건 경과보고가 따른다. 사태는 본문-사진 텍스트를 이용하여 서술·구성된다. 매체 현실에서 암시적으로 주장되는 것(단언 화행)은 사태가 현실에서 상관 개념이 있다는 점이다.
  - FR 1962.08.21: 이 신문에서 처음으로 (11a)(페터 페히터가 장벽 옆에 누어있는 장면)과 (11b)(철조망 울타리 위로 넘겨지고 있는 장면)는 사건 보고처럼 서베를린 국민의 미군에 대한 반전된 분위기를 강조하여 사용된 것인데, 미군이 방위군 기능을 소홀히 한 것에 대한 비난이 쏟아지고 있다. 여기서 매체들은 폭동 사태가 이미 현실(여기서 사용된 단어의미의 선언 화행)이라는 암시적인 주장을 선언한다. 매체들은 국민이 폭동을 일으킨 매체 현실을 구성하고, 수용자는 원래의 의미로 알 수 있는 현실에서 이 사태의 상관 개념이 있다고 가정한다. 이런 범주적인 분류는 집단 기억에서처럼 개별 지식에서도 흔적을 남긴다.
  - Die Welt 1966.03.24: 장벽 건설 후 약 5년 뒤에 연례 항의 대모일, 곧 8월 13일에 관련 보도가 게재된다. 기사의 핵심 표제는 이렇다: "Die Morde am Mauer und Stacheldraht[장벽과 철조망 옆에서의 살인]". 제5면에 "Schüsse auf Frauen, Kinder, Kameraden[여성, 아이, 동료들에게 총격]"이란 표제를 단 기사는 [하위 표제]에서 보도의 목적을 든다: "Eine

Dokumentation der Unmenschlichkeit[잔인성의 증거]"(단언 텍스트/사진 화행 '무엇을 증명하기'). 장벽 옆에 누워있는 페터 페히터의 사진 (11a)은 비록 보고에서 수많은 다른 죽음으로 끝난 망명 미수사건들이 언급되고는 있지만 사진 설명이나 본문에서의 언급 없이 사용되고 있다. 여기서 질문이 생긴다. 이 시점에서, 곧 장벽 건설 후 5년이 지난 시점에서 사진 설명이 없는 데도 여전히 이 사건이 머릿속에 들어있다고 해석될 수 있는 것일까? 이 사진은 하나의 사례가 된 것으로 보이는데, 이 사진이 사용되면서 특히 사진 행위로서 정표 화행('혐오 표시', '고발하기')과 지시 화행('변명 촉구')이 수행되고 있다.

- Die Welt 1977.08.13: 장벽 건설 16주년 기념일에 즈음하여 1961년 8월 13일부터 1962년 2월 31일까지의 모든 망명 희생자들의 전체 인명부 외에 장벽의 잔혹상을 언급한 Max van der Stoel, John Mc Cloy, Willy Brandt, John F. Kennedy 등의 유명 인사들의 발언들도 인용되고 있다. 세 개의 사진은 서방 진영에 속하는데, 이들 중 하나가 장벽의 동쪽 진영에 누워있는 페터 페히터(사진 (11a))이다. 사진 설명은 이렇다: "Peter Fechter - ein Name, der zum Symbol wurde: Am 17. August 1962 wurde der 18jährige Bauarbeiter bei einem Fluchtversuch im Todesstreifen an der Mauer von 'DDR'-Grenzsoldaten endeckt und angeschossen. West-Berliner im Bezirk Kreuzberg hörten ihn fast eine halbe Stunde lang stöhnen und um Hilfe rufen. Peter Fechter verblutete[페터 페히터 - 상징이 된 이름: 1962년 8월 17일 18세의 장벽건설노동자가 장벽 앞의 사선 지역에서 월경을 시도하다 '동독' 국경수비대에게 발각되어 사살되었다. 크로이츠베르크 구역에 사는 서베를린 사람들은 그가 거의 반 시간동안이나 신음하면서 도와달라고 외치는 소리를 들었다]". 이 본문-사진 관계는 이 사진이 장르 사진의 기능을 하고, 특정 사건이 아니라 사건 유형과 관련이 있음을 표시한다. 단언 화행인 '누구를 기억하기' 및 '사자를 회상하기'와 선언 화행인 '무엇을 비인간적인 것으로 간주하기' 외에도 다기능적으로 정표 화행인 '범행 증오'가 수행되고 있다.

- Die Zeit 1989.11.17: 1989년 11월 9일 '장벽 붕괴' 후 주간지의 첫 번째 다큐 시리즈(Dossier)에서 신문 텍스트 종류 '피처'가 간단히 "Die Mauer[장벽]"란 핵심 표제로 등장한다. 장벽 옆에 누워있는 페터 페히터의 사진(사진 (11a))에 이런 사진 설명이 주어진다: "Checkpoint Charlie, 17. August 1962: Peter Fechter wird bei einem Fluchtversuch erschossen"[검문소, 1962년 8월 17일: 페터 페히터가 망명을 시도하다 사살되다]. 본문에는 페터 페히터의 망명 미수사건에 즈음한 사건들이 예시적으로 — 1989년 2월 5일까지의 — 망명 희생자들을 회상하며 그려 지고 있다. 피처의 중심 대상은 장벽의 역사에 대한 회상과 장벽 건설을 하게 된 전제 조건들 외에도 1989년 11월 9일에 즈음한 사건들과 관련 한 베를린 시민들의 '후유증'이다. 이런 예시적인 사건에 대한 언급은 페터 페히터의 망명 미수사건에 특별한 상징성을 부여할 수 있는 근거 가 된다. 그래서 그의 망명 미수사건은 '대표적인' 사건이 되고 있다(범 주 분류, 여기서는 선언 화행으로 이해됨).

'기능 속의 사진'은 본문–사진 텍스트의 여하에 따라 하나 또는 그 이상의 사진 행위 모형에 배치될 수 있다. 귀납적으로 접근하면, 다음 의 행위 모형들이 나타날 수 있다. 먼저 특정 기능 속의 사진은 이 사 진이 사용되면서 서술된 명제(사진 내용)의 진리가 주장되는 경우에는 팩트적 행위 모형에 속할 수 있다. 이 사진은 다른 맥락에서는 다른 기능을 할 수 있다. 시간이 지나면서 초점 교체가 일어나는 동일 사진 이 다시 본문–사진 텍스트에서 다른 기능을 떠맡을 수 있다. 이와 관 련해서 서얼의 화행 부류들에 기초하여 정치 관련 인쇄 미디어 텍스 트에서 보이는 기능 속의 사진들의 화행 유형을 개관한 것이 아래의 (12a)이고, 본문–사진 텍스트에서 나타나는 구체적인 언어 행위/사진 행위들을 개관한 것이 (12b)이다.

(12) a. 정치 관련 인쇄 미디어 텍스트에서 기능 속의 사진들의 화행 유형들
- 화행 유형 1: 사진을 팩트의 관점에서 사용하여 서술된 현실이 실제 현실과 일치함을 주장한다. 인물 서술, 대상 서술, 사건 서술은 독특한 특성을 갖는다.
- 화행 유형 2: 자칭 개별 사건에서 생겨난 결과들의 구성(외연 의미적)
- 화행 유형 3: 자칭 그동안 장르 사건으로 여겨진 사태에서 생겨난 결과들의 구성(외연 의미적)
- 화행 유형 4: 사건을 pars pro toto(초점 교체)로 기억

  b. 본문-사진 텍스트에서 나타나는 구체적인 언어 행위/사진 행위들
- 단언 화행: 참인 것으로 주장하기, 서술하기, 증명하기, 확인하기, 예증하기, 누구나 무엇을 상기하기, 사자(死者)를 회상하기, 원인/결과를 제시하기, …
- 선언 화행: 무엇을 무엇이라 설명하기, 상표 붙이기, 범주로 분류하기, 무엇을 '비인간적'으로 간주하기, …
- 정표 화행: 혐오감 표현하기, 누구를 고발하기, 무엇을 거절하기, …
- 책무 화행: 의무지기, 상황을 용인하지 않거나 청산하기, …
- 지시 화행: 누구의 정당함을 촉구하기, 누구에게 요청하기, 의무를 떠맡기, …

다음의 (12c)는 사진 기호/언어 기호가 있는 정치 미디어 텍스트에서 보이는 화행 유형들을 제시한 것이다.

  c. 사진 기호/언어 기호가 있는 정치 미디어 텍스트에서 보이는 화행 유형들
- 지배적 전달 기능이 있는 사진의 첫 번째 사용(대중매체의 실재에 대하여 원래의 의미를 이용하여 알 수 있는 현실, 외연의미적 사진)
- 사진의 또 다른 사용: 사진은 일차적으로 사건 서술에 사용되지 않고, 특정 사건의 결과 구성에 사용된다.

- 사진의 습관화 및 관례화(사진 사용은 일반적으로 외연의미적이다. 이는 사진이 장르, 유형(모형)의 기능을 하고, 부차적으로 특정 사건을 지시하는 기능이 있음을 뜻한다.). 그래서 사진은 점진적으로 도상 기호에서 상징 기호로 바뀐다.
- 추상화의 경향이 있는 사진의 스테레오타입화. 예컨대 이런 현상은 2001년 9월 11일 뉴욕의 불타는 세계무역센터 고층 건물 사진들에서 알 수 있다(지식 프레임).

이제 미디어 텍스트에서 사진 기호와 언어 기호의 위상을 위의 논의에 근거하여 정리해보자. 사진은 현실에 관한 인상을 일깨워주며, 시니피에의 반복적인 순간으로서 나타난다. 앞에서 다룬 1962년 8월 17일의 망명 미수사건 맥락에서 역사화 된 사진에서 보듯이, 역사적인 유일성을 가리키기 위해 사진을 사용하는 것은 그 사용 빈도가 빈번해지면서 장르의 성격을 갖는 상징 내용의 의미에서 사진 내용이 될 수 있다는 뜻이기도 하다. 이런 점에서 사진 기호는 언어 기호와 공통점이 있다. 비록 '질료적인'[28] 사진과 사진 내용의 관계가 미미한 자의성을 보이더라도 사진은 규약화 될 수 있다: "동일한 수수께끼를 여러 차례 접하는 사람은 얼마 후에는 그것을 더 이상 알아맞힐 필요가 없게 된다. 바로 해답을 알기 때문이다. 반복되는 연상적 추론은 시간이 흐르면서 반드시 규칙에 입각한 추론으로 건너뛴다. 반복은 도상을 소멸시킨다."(켈러, 1995: 168).

28) 텍스트(언어 텍스트나 영상 텍스트)의 질료성(Materialität) 개념에 대한 논의는 Sandig (2006: 425ff) 참조.

6. 시사 전문잡지에서의 본문-영상 관계

6.1. 연구 경향

대중잡지나 시사 전문잡지(예, 경제 월간지) 같은 텍스트 종류들은 영상 부분 없이는 생각할 수 없다. 그래서 여기서는 시사 전문잡지 같은 (전문)텍스트 종류의 본문-영상 관계 국면을 다뤄보기로 한다.

칼페어캠퍼(1993)는 전문어 텍스트 분석에서 도상 기호들, 예컨대 사진, 스케치, 투시도, 약도 등에만 관심이 있고, 다이어그램, 그래픽 같은 데이터 도표 등에는 관심이 없다. 그는 영상과 언어 텍스트(본문)의 의존 관계를 강조한다. 맥락을 통해서만 이 도상 기호가 영상이 된다는 것이다(앞의 책: 221). 다른 곳에서(칼페어캠퍼, 1998: 374ff) 그는 전문가 지식을 전달할 때 영상이 갖는 역량을 탐색한다.

발슈테트(2003)는 시각화, 곧 구조와 과정의 가시화에 이용되는 영상을 갖춘 공학 커뮤니케이션을 연구한다. 여기서 말하는 영상은 차트, 다이어그램, 픽토그램, 도표 등을 말한다. 하나(2003)는 기계공학 관련 대학 커뮤니케이션에서 언어와 영상, 특히 다이어그램을 통한 지식 전달 문제를 연구한다. 에베를레(1990)는 전문 학술 텍스트에서 영상의 기능, 본문-영상 간의 정보 분할 문제를 다루면서 역시 픽토그램에 주목한다. 토메(2005)는 학술 텍스트에서 본문-영상 관계 문제를 파고든다. 슈뢰더(1993)는 광고 텍스트와 전문어 텍스트의 중간 정도에 위치하는 회사의 상품생산 관련 홍보책자의 예에서 판촉 분야의 다매체 텍스트를 연구한다. 슈퇴클(2004: 138ff)은 신문의 영상 종류로서 "전문 분야 영상fachliches Bild"의 원형적인 자질에 주목한다.

안드루초풀로스(2000)는 전단지에서의 본문-영상 관계에 텍스트 종류 문제와 관련해서 접근한다. 영상 종류의 문제와 본문-영상 관계의 유형학에 천착한 업적으로는 발슈테트(2003), 하나(2003), 슈테구(1988; 2000), 슈퇴클(2000; 2004), 칼페어캠퍼(1993), 무켄하우프트(1986), 슈필너(1982)가 대표적이다.

슈테구의 연구의 핵심은 비즈니스 저널리즘에서의 신문 사진들(슈테구, 1988)과 일간지 전반에서의 신문 사진들(슈테구, 2000)이다. 비즈니스 저널리즘에서 영상의 사용 양상에 주목한 또 다른 업적으로는 마스트(2003)도 있다. 자거(2000)는 하이퍼텍스트와 하이퍼미디어에서 영상의 사용 양상에 주목한다.

6.2. 분석 방법

여기서는 시사 잡지에서 본문-영상 관계 분석의 기본 토대를 화행론적 방안에서 구축된 브링커의 텍스트언어학적 분석 방법에서 찾는다. 브링커가 명시적으로 다루고 있지 않은 국면, 곧 '거시텍스트적' 또는 "텍스트 군집적"(박여성, 2008) 관계와 본문-영상 관계의 분석을 위해서는 다른 분석 방법을 브링커의 분석 방법과의 접목 가능성을 고려하여 사용하겠다. 브링커의 텍스트언어학적 분석처럼 이 분석 방법의 토대도 텍스트(거시텍스트, 언어-영상 텍스트)를 기능적, 구조적 단위로 보는 것이다. 이 국면들을 다루는 이론적인 토대는 '텍스트(거시텍스트, 언어-영상 텍스트)가 기능, 내용, 형태를 가진 복합적인 언어 행위'라는 점이다.

브링커의 텍스트언어학적 분석 방법(1997; 2000a; 2000b)으로는 다방면의 텍스트 분석이 가능하다. 브링커는 텍스트 분석의 개별 단계들을 자세히 기술하면서 구체적인 사례 분석에 적용한다. 경험적 텍스트 분석에도 의미가 있다. 이 방법의 또 다른 주요 장점은 언어 외적 요인들을 고려하고 이 요인들을 언어학적 분석에 포함하는 점이다. 결국 이 방법으로는 텍스트의 자질들이 체계적으로 파악될 수 있다. 브링커가 분석 방법을 개별 텍스트에 적용하고는 있지만 '텍스트 연합'29)이나 '다매체 텍스트' 분석에도 적용할 수 있는 가능성을 열어놓고 있다.

거시텍스트의 텍스트언어학적 분석은 다양한 층위들에서 수행된
다. 잡지, 텔레비전의 뉴스(예, KBS 9시 뉴스), 신문(예, 2010년 9월 23일자
조선일보 전체)의 층위는 각 기고문(잡지), 개별 뉴스(텔레비전 뉴스), 난
Rubrtik(신문)의 거시텍스트를 위한 맥락을 이룬다. 예컨대 잡지 '주간조
선'의 거시구조 층위와 더불어 실제적인 분석을 시작할 수 있다. 다음
층위에는 거시텍스트를 이루는 부분 텍스트들이 있다. 부분 텍스트
(TT)는 형식 단위인데, 제목과 함께 시작되고, 저자명(및 전자우편)의 제
시와 함께 종결된다. 이런 거시텍스트 분석의 층위들을 도식화하면
[표 12]와 같다.30)

[표 12] 거시텍스트 분석의 층위들

```
┌─────────────────────────────────────────────────┐
│ 잡지 '주간조선'                                    │
│ ┌───────────────────────────────────────────────┐ │
│ │ '르포' 지면의 거시텍스트                         │ │
│ │ ┌─────────────────────────────────────────────┐ │ │
│ │ │ 거시텍스트의 부분 텍스트(TT)                   │ │ │
│ │ │ ┌───────────────────────────────────────────┐ │ │ │
│ │ │ │ 부분 텍스트의 텍스트 부분(본문)             │ │ │ │
│ │ │ │ ┌─────────────────────────────────────────┐ │ │ │ │
│ │ │ │ │ 단락(문단)                               │ │ │ │ │
│ │ │ │ │ ┌───────────────────────────────────────┐ │ │ │ │ │
│ │ │ │ │ │ 문장 전체                              │ │ │ │ │ │
│ │ │ │ │ │ ┌─────────────────────────────────────┐ │ │ │ │ │ │
│ │ │ │ │ │ │ 문장 부분                            │ │ │ │ │ │ │
│ │ │ │ │ │ │ ┌───────────────────────────────────┐ │ │ │ │ │ │ │
│ │ │ │ │ │ │ │ 단어(구)                          │ │ │ │ │ │ │ │
│ │ │ │ │ │ │ └───────────────────────────────────┘ │ │ │ │ │ │ │
│ │ │ │ │ │ └─────────────────────────────────────┘ │ │ │ │ │ │
│ │ │ │ │ └───────────────────────────────────────┘ │ │ │ │ │
│ │ │ │ └─────────────────────────────────────────┘ │ │ │ │
│ │ │ └───────────────────────────────────────────┘ │ │ │
│ │ └─────────────────────────────────────────────┘ │ │
│ └───────────────────────────────────────────────┘ │
└─────────────────────────────────────────────────┘
```

대부분의 부분 텍스트들은 텍스트 부분(본문)에 대한 중간 표제(제
목)을 통해 분할된다. 텍스트 부분은 두 중간 표제들 사이에 있는 부

---

29) 거시텍스트는 '거대 텍스트(Groβtext)', '대공간 텍스트(Groβraumtext)', '텍스트 연합
(체)' 또는 '텍스트 우주(Textuniversum)'(하르베크, 1968) 등 다양하게 표현되고 있다. 거
시텍스트를 이루는 개별 텍스트는 '미시텍스트'라고도 한다.
30) 이미 고영근(1990)에서는 구체적인 용어와 명확한 상호 관계에 대한 논의는 없지만 거시
텍스트와 미시텍스트들의 관계, 이들의 생성과 분석 층위에 두루 적용 가능한 모델이 제
시되었다.

분 텍스트의 일부이다. 대부분의 부분 텍스트들은 표제가 없는 서론부와 더불어 시작한다. 도입부도 부분 텍스트에 해당한다. 텍스트 부분들은 단락들로 구성되어 있다. 다음의 형식 단계는 문장 전체이다. 문장을 구분하는 기준은 브링커가 말하는 '분절문'(브링커, 1997: 23)이다. 부분문장은 정동사를 포함한다. 어휘 수단들은 단어나 구 층위에서 분석될 수 있다.

그동안 (시사)잡지 같은 매체적 거시텍스트는 일종의 전문어 연구에서 주로 분석되었다. 호프만(1998: 249)에 따르면, 전문어 연구에서는 전문어의 체계 국면이 아니라 사용 국면이 중심이 되었다. 그래서 전문어 연구는 특히 의사소통-기능적 텍스트 이론에 의지하여 전문어 텍스트를 의사소통 단위로 볼 수 있도록 하는 분석 방법을 이용하고 있다(앞의 책: 258). 전문어 연구에 가장 많이 수용된 텍스트언어학적 방안으로 호프만(앞의 책)은 브링커(1997)의 텍스트 이론을 든다.

브링커가 말하는 텍스트 분석의 기본적인 국면들은 행위 영역, 텍스트 기능, 텍스트 구조이다. 연구되어야 할 것은 어떤 언어 외적 환경에서(어떤 화용적 맥락에서) 언어 행위가 수행되느냐, 이 화행으로 달성하려는 것이 무엇이냐, 이때 어떤 언어적, 비언어적 수단들이 이용되느냐 하는 것들이다. 이런 국면들은 서로 긴밀한 관련을 맺고 있다.

브링커는 구체적인 텍스트 분석에서 전체로서의 텍스트에서 출발하여 이 전체를 구성하는 단위와 구조들을 분석한다(앞의 책: 159).[31] 그래서 첫 번째 분석 단계는 커뮤니케이션 형태와 행위 영역/커뮤니케이션 영역을 기술하는 것이다. 다음으로 화용 맥락의 결과들이 텍스트 구성을 위해 분석된다.

언어적 커뮤니케이션의 원인과 조건들은 특히 전문어의 경우에 언어 외적 영역에 있다(바우만, 1998a: 249). 브링커에 따른 분석 방법은

---

31) 브링커의 텍스트 분석 단계들이 그동안 다양한 미디어 텍스트 분석에 응용되었다. 국내의 경우, 광고 텍스트 분석에 응용한 오장근(2005)이 대표적이다. 브링커의 방안과 기호학적 방안을 접목시켜 총체적 텍스트 분석 모델을 제시한 경우가 박여성(2008)이다.

언어 커뮤니케이션의 화용론적 국면을 고려하고, 첫 번째 분석 단계에서 행위 영역과 의사소통 상황이 이 화용론적 국면의 구성성분들로 규정된다. 바우만(1998c)은 전문어 의사소통 상황의 체계적인 분석 기준들을 작성하였다. 그는 전문어 의사소통 관계들을 제약하는 다양한 구성성분들을 들면서, 전문어 의사소통 상황을 다양한 국면들에 따라 활동 상황, 사회 상황, 환경 상황으로 세분한다(앞의 책: 111f). 이런 삼분법은 예컨대 시사 전문잡지 등의 의사소통 상황 분석에 필요한 방법론적 개념으로도 이용될 수 있다.

브링커에 따른 두 번째 분석 단계는 텍스트 기능 분석이다. 브링커(1997: 112f)는 텍스트의 다섯 가지 기본 기능(제보, 호소, 책무, 접촉, 선언)을 구분한다. 지배적 텍스트 기능은 언어적, 비언어적, 맥락적 표제에 따라 규정되고, 텍스트 기능(핵심 기능)과 추가(주변) 기능 간의 관계가 탐구된다. 또한 기능을 암시하는 직접성 내지 간접성의 정도가 규정된다(앞의 책: 159f).

각 텍스트 기능을 규정하는 데에는 텍스트 내적 기준과 텍스트 외적 기준이 적용된다. 브링커(앞의 책: 104ff)는 텍스트 기능의 표지를 세 그룹으로 나눈다.

- 생산자가 의도된 의사소통적 접촉 방식을 수용자에게 명시적으로 표현하는 언어적 형태와 구조(예, 명시적 수행 공식과 등가적인 문형을 통해).
- 생산자가 ― 명시적 또는 암시적으로 ― 텍스트 내용, 특히 텍스트 주제에 대해 자신의 입장을 표현하는 언어적 형태와 구조. 이런 것으로는 진실성이나 개연성, 지식의 신뢰도, 평가, 관심도, 심리적 태도 같은 자질들이 있다. 이런 '주제 입장(주제를 바라보는 화자의 태도)'은 텍스트 기능을 간접적으로 암시한다.
- 텍스트의 상황적 틀이나 텍스트가 배열되는 사회적 행위 영역의 상황적 틀 같은 맥락적 표지.

글래저(1990: 47)에 따르면 전문어 텍스트의 주된 기능은 제보(정보 전달) 기능이고, 다른 기능들은 그 하위에 위치한다. 분석 텍스트가 시사적인 전문지식이 관심자에게 대중적으로 전달되는 시사 잡지(거시 텍스트)라면 이런 주장이 이런 추상화 단계의 전문어 텍스트에도 적용되는지는 의문이 생긴다. 텍스트 기능의 언어적, 비언어적, 맥락적 표지 분석 결과에서 이 의문에 대한 대답을 찾을 수 있을 것이다.

브링커는 세 번째 분석 단계에서 텍스트의 주제 구조와 문법 구조를 분석한다. 이런 것으로는 재수용 구조에서 알아낼 수 있는 중심 텍스트 대상을 탐구하여 텍스트 주제를 결정하는 것이 있다. 그 뒤를 잇는 것이 주제전개와 주제 취급의 양태(사실적, 반어적 등) 기술하기이다.

텍스트의 문법 구조 분석을 통해서는 주제를 표현하는 언어적, 비언어적 수단의 사용과 문법적 응집성을 보장하는 통사적 관계를 파악할 수 있다(브링커, 1997: 160). 이 분석에서 주의해야 할 것은 문법적 단위와 구조들이 "텍스트의 의사소통 기능적, 주제적 개념들을 고려하여 기술되어야 한다"(앞의 책: 160f)는 점이다.

전문어 텍스트의 전형적인 언어적 수단은 전문용어이다. 이것은 텍스트의 전문 언어성Fachsprachlichkeit으로 보여주는 자질이다(바우만, 1998d: 409). 전문어 사용에서 텍스트의 전문성이 정해질 수 있다.

6.3. 거시텍스트에서 본문–영상 관계의 통합적 분석

예컨대 거시텍스트 '시사잡지'는 비언어적 요소들도 포함하고 있다. 이런 것으로는 레이아웃 요소들(배경 색깔, (장식용) 가운데 띠, 박스처리 등 등) 외에 거시텍스트 내의 다양한 도상 기호들(사진, 다이어그램, 스케치 등)과 표지의 주제 관련 영상(사진) 등이 있을 수 있다.

비언어적 요소들의 분석에는 슈퇴클(2004)의 다매체 텍스트의 통합적 고찰 방법도 도입할 만하다. 이와 관련해서 슈퇴클의 방법이 갖는 장점은 하나는 슈퇴클이 언어적 기호와 시각적 기호의 조합체를 다루고 있다는 것이고, 다른 하나는 대중매체의 문어 텍스트 및 텍스트 종류를 논의 대상으로 하고 있는 점이다. 그러나 결정적인 이유는 브링커의 텍스트언어학적 분석 방법에 슈퇴클의 분석 방법을 접목시킬 수 있다는 점이다.

이런 기호학적-언어학적 분석 방법의 이론적인 토대가 영상을 텍스트로 보는 슈퇴클(앞의 책)의 영상 개념이다. 슈퇴클은 본문-영상 관계에 대한 텍스트언어학적 관점을 통하여 영상 분석을 텍스트언어학적 분석에 접목시킬 수 있는 가능성을 제시한다(앞의 책: 111). 슈퇴클은 본문-영상 관계에 텍스트성 자질과 텍스트 종류의 문제를 거쳐 접근하면서, 텍스트 자질들이 다양한 텍스트 종류들에서 상이하게 형성되어 있거나 그렇지 않을 수도 있는 영상 종류의 원형적인 개념을 만들어낸다. 브링커(1997)에 따르면, 구체적인 개별 텍스트는 한 텍스트 종류의 대표라 할 수 있다. 슈퇴클은 영상의 이런 유형성Typisiertheit, 다시 말해서 "구체적인 영상의 이해가 유형화 역량이기도 하다"(슈퇴클, 2004: 382)는 점을 전제하고 있다. 그러니까 구체적인 영상 분석에서 우리가 출발점으로 삼을 수 있는 것이 영상 종류의 원형적인 자질들인 것이다

슈퇴클(앞의 책: 114)은 이원적bimodal 텍스트 모형을 규정하면서 다음의 세 가지 층위를 구분한다.

- 언어적 텍스트의 원형적 특성(본문 모형)
- 시각적 텍스트의 원형적 특성(영상 모형)
- 언어적, 시각적 텍스트 간의 인터페이스의 원형적 텍스트(인터페이스 모형)

본문 모형 층위에서 슈퇴클은 언어적 텍스트의 전형적인 텍스트성 자질들, 예컨대 전달매체, 상황, 의도, 주제, 주제전개 등을 고찰한다. 이 자질들은 브링커의 텍스트언어학적 분석 방법의 가장 중요한 국면

들, 곧 행위 영역, 의사소통 상황, 기능, 주제 구조 등과 일치한다. 영상 모형 층위에 속하는 것으로는 영상의 모든 시각적 텍스트성 자질들이 있다. 인터페이스 층위는 언어적 텍스트(본문)와 시각적 텍스트(영상) 간의 접점을 이룬다. 여기에 속하는 것으로는 영상 제목과 영상설명, 본문 표제, 언어적 텍스트에서 영상을 명시적으로 가리키기, 언어적 텍스트의 단어 선택 등이 있다(앞의 책: 114f). 이렇게 세 층위로 구분한 것은 구체적인 다매체적 텍스트의 분석에도 유용하다.32)

슈퇴클(앞의 책: 144)은 텍스트 종류를 설정하는 핵심 기준들로 목적/의도, 언어/영상, 의미적 결합 국면과 통사적-텍스트 구조적 국면을 든다. 슈퇴클의 분류에서 브링커의 텍스트언어학적 분석 방법과 접목될 수 있는 것은 '기능/사용 목적'과 '다른 기호 체계와의 연결' 부분이다. '기능/사용 목적'은 브링커에서는 텍스트 분석의 화용론적 국면, 곧 상황과 기능에 상응한다. '다른 기호 체계와의 연결' 부분은 주제 구조와 문법구조 국면에 상응한다.

[표 13] 영상의 이해 과정 모델(슈퇴클, 2004: 128)

활동 초점	영상 이해 단계	유형화 수행
인지 모델의 구성과 변경	7. 언어/영상 통합	분류 성과를 이용한 영상 유형화의 조정
	⇧	
프레임 외적 응집성 산출	6. 코텍스트와 콘텍스트 인식	저장 및 재생산 가능성의 시각적 사용 목적
	⇧	
조정: 보기/언어적 범주화	5. 언어적 범주화	멀티양태적 인터페이스의 언어적 코텍스트/콘텍스트

---

32) 무켄하우프트(1986: 237)도 구체적인 다매체 텍스트를 분석하면서 슈퇴클의 세 층위에 상당하는 다음의 세 가지 핵심적인 질문을 한다.
 • Wie ist Textbeitrag gemeint?(본문 기고문은 어떻게 의도되었는가?)
 • Wie ist Bildbeitrag gemeint?(영상 기고문은 어떻게 의도되었는가?)
 • Wie ist Koordination von Text-und Bildbeitrag gemeint?(본문 기고문과 영상 기고문의 병렬관계는 어떻게 의도되었는가?)

	⇧	
프레임 내적 응집성 산출	4. 사태, 장면, 줄거리 인식	서술 실행법, 가시성, 생산, 심미적 영상 품질
	⇧	
조정: 보기/말해진 지식 프레임	3. 대상과 인물 인식	영상 내용 관계: 영상-현실
	⇧	
보기에서 시각적 응결성 산출	2. 형태 수용과 통합	형식/색깔 국면, 기술적 질료성, 응결성, 수용적 영상품질
	⇧	
지각적 관심 집중	1. 상황 인식	사용상황적 운반 통로

　[표 13]의 영상의 이해 과정 모델에서 1~4 단계들은 시각적 텍스트의 특성과 관련이 있고, 앞에서 말한 영상 모형 층위에 상응한다. 단계 5~7은 언어적 텍스트와 시각적 텍스트 간의 인터페이스와 관련된 것이다(앞에서 언급한 인터페이스 모형 층위). 예를 들어 거시텍스트로서 조선일보의 '특집'의 본문-영상 관계를 분석한다면, 이 단계들은 다음처럼 묶을 수 있을 것이다. 먼저 전체 영상 자료를 위한 사용 상황이 정해진다. 이 사용 상황은 거시텍스트의 모든 영상들에도 동일하기 때문이다. 다음으로 각 영상이 개별적으로 분석된다. 이와 관련해서 단계 2~4가 하위 영역인 '시각적 텍스트의 특성'에 요약된다. 다음 단계는 다른 기호 체계와의 연결을 분석하는 것이다. 이것은 언어적 텍스트와 픽토그램 텍스트 간의 관계를 연구한다는 뜻이다. 이때 중요한 것은 문법적, 주제적 국면이다. 슈퇴클의 접근 방법이 이 단계에서 브링커의 그것과 연결된다([표 14] 참조). 영상들은 텍스트 대상들의 재수용 구조에 편입된다. 브링커에 따르면, 언어적 텍스트 부분 외에 비언어적 텍스트 부분(예, 영상)도 "그의 주제 기능을 고려하여"(브링커, 1997: 160) 분석될 필요가 있다. 주제 구조를 분석할 때 브링커는 주제와 주제 위계구조를 특히 중요한 텍스트 대상들의 재수용 구조를 통해 결정한다(앞의 책: 21ff). 영상도 이런 재수용 구조의 요소일 수 있느냐는 질문이 생긴다. 잔디히(2000b: 12)는 언어-영상 텍스트에서 동

위 연속체Isotopiekette의 요소가 언어적으로 뿐 아니라 영상적으로도 주어져 있을 수 있다고 본다. 브링커(1997: 121ff)는 영상을 포함한 광고 텍스트를 분석하면서, 먼저 언어부를 분석하고 다음으로 영상(사진)을 분석하고, 마지막으로 텍스트의 다양한 언술들과 영상과의 가능한 관계들을 찾아내어서 영상을 해석하는 과정을 제시한다. 실제로 그는 영상 명제를 본문 명제에 배치한다. 영상은 텍스트 대상, 즉 텍스트 주제를 제시할 수는 있지만, 주제전개는 언어적 텍스트와 연결해서만 개별 영상들에 주어질 수 있는 것이다. 언어적 텍스트가 없는 영상은 논증적 주제전개를 취할 수 없고, 또 논증적 주제전개를 허용할 수도 없다(픽스/벨만, 2000: XII).

마지막으로 기능과 사용 목적이 분석된다. 텍스트 기능과 영상 기능에서 무켄하우프트(1986: XVI)는 본문–영상 고찰의 공통분모를 찾고 있다. 브링커(2000b: 180; 1997: 125)도 텍스트 기능과 관련해서 영상을 언급하고 있다. 영상 서술은 그에게는 텍스트 기능의 텍스트 표지에 해당한다(브링커, 2000b: 180).

본문–영상 관계를 연구하는 학자들은 영상의 제보적 기능과 호소적 기능을 강조한다.

- 호소적 기능:
  - 시선 자극, 관심 유발(브링커, 1997: 125; 픽스/벨만, 2000: XI; 슈테구, 2000: 313)
  - 영상: 저널리즘 텍스트에서 머리기사와 시선 집중(호이서만, 2001: 187).
- 제보적 기능:
  - 정보 전달(슈테구, 2000: 313)
  - 빠른 정보전달 보장(뇌트, 2000: 491)

텍스트 기능 분석에서 우리는 브링커의 텍스트의 기본 기능 분류를 분석의 토대로 이용할 수 있을 것이다. 마지막으로 영상이 거시텍스트의 주제와 기능에 어떤 기여를 하는지 정리할 수 있다.

다음의 [표 14]는 슈퇴클(2004)과 브링커(1997)의 분석 방법이 사례 분석에서 어떻게 서로 연결되는지를 정리한 것이다.

[표 14] 슈퇴클(2004)과 브링커(1997)에 따라 연결된 분석틀

슈퇴클(2004)의 분석틀	브링커(1997)의 분석틀
사용 상황	행위 영역/의사소통 상황
시각적 텍스트의 특성	텍스트 구조(주제적, 문법적)
다른 기호 체계들과 연결	
기능/사용 목적	텍스트 기능

제7장 미디어 텍스트들의 커뮤니케이션 관계

1. 상호 텍스트성

 줄리아 크리스테바Julia Kristeva가 상호 텍스트성 개념을 도입한 이후 텍스트들 간의 관계 연구에도 많은 성과가 있었다.[1] 그런 관계들을 지칭하는 개념들도 작품 내재적인 해석 방법의 구조 개념에 이르기까지 셀 수 없을 정도이다.[2] 독일어권의 텍스트언어학에서도 텍스트들 간의 관계 영역이 다루어지기는 하였지만 '상호 텍스트성'이라는 용어가 구체적으로 사용되지는 않았다.[3]

---

1) 그동안의 연구 성과를 조망할 수 있는 것으로 독일은 Broich/Pfister(1985), Plett(1991), Klein/Fix(1997)가, 한국은 박여성(1996), 강창우 외(2004: 193~224), 박금자(2002)가 대표적이다.

2) 예: Anspielung, Burleske, Collage, Digest, Exzerpt, Fragment, Glosse, Hypomnema, Inter pretation, Kontrafaktur, Lesart, Mimesis, Nachdichtung, Original, Parodie, Quelle, Remake, Satire, Travestie, Übersetzung, Vorwort, Waschzettel, Zitat 등.

3) 이것은 대부분의 텍스트언어학 단행본들, 예컨대 van Dijk(1980), Brinker(1997), Nuss-baumer(1991)에도 적용된다. 극소수의 텍스트언어학 단행본들, 예컨대 Sowinski(1983:

보그랑드와 드레슬러(1981: 188)는 지금까지 거의 모든 연구와 분석을 결정하는 언어적 상호 텍스트성 개념의 틀을 제시하였다. 즉, 상호 텍스트성은 텍스트성의 일곱 가지 기준들 중 하나로서, 각 텍스트가 다른 특정 텍스트들과 갖는 기본 관계이다. 발화나 텍스트는 언어 외적인 이전역사와 배경 및 언어 내적인 선행 구조에 기초하여 생겨난다. 그것은 많은 경우에 이미 생산된 어휘 단위들과 표현들, 주제와 주장들, 작성 모형과 텍스트 모형 등등의 변형적, 해석적 재수용과 연속 가공을 거쳐 구성되고, 바로 그런 의미로 수용되기도 한다. 마지막으로 커뮤니케이션은 개별 커뮤니케이션 행위를 넘어서는 재수용 구조들, 곧 언젠가 한 언어 공동체의 인지적 상태로 바뀌어서 공동으로 이용할 수 있는 코드와 지식의 잠재력을 형성하는 재수용 구조들이 탄생될 때에만 작동할 수 있다. 이런 표상 과정을 계속 개발한다면 실제로 발화와 텍스트는 어떤 것이든 다른 발화나 텍스트들과 관련을 맺고 있으며, 모든 것들이 상호 관계 속에 있다는 인식에 이를 수 있을 것이다. 그러므로 상호 텍스트성은 주어진 텍스트의 생산 및 수용과 다른 텍스트들에 대한 의사소통 참여자의 지식 간의 의존 관계에 다름 아니다. 여기서 중요한 것은 상호 텍스트성이 텍스트성의 일곱 가지 기준들을 통하여 산출되는 특정 텍스트 유형들 간의 — 어떤 경우에나 기대 가능한 유표적 또는 암시적 — 연결 관계로 볼 수 있다는 주장이다. 그들은 이런 상호 텍스트성을 '유형적 상호 텍스트성 typologische Intertextualität'이라 부른다.

홀투이스(1993)는 명시적으로 심미적 상호 텍스트성에 국한하여 문학 텍스트를 해석한다. 이 개념은 페퇴피(1990)가 텍스트를 "기호학적 대상"(앞의 책: 209)으로 특성화한 기호학적 텍스트 이론에 기초한 것이다.[4] 페퇴피는 텍스트성을 언어적 대상, 곧 텍스트의 내부 자질로

---

54), Scherner(1984: 235), Heinemann/Viehweger(1991: 76f)만 보그랑드와 드레슬러의 의미에서 인용의 형태로만 이 용어를 설명하고 있다.
4) 물론 Holthuis(1993)는 '상호 텍스트성' 범주를 여러 분야에서 개발된 분석 장치들에 기대

이해하지 않고 있는데, 이는 홀투이스의 상호 텍스트성 개념에서도 발견된다. 상호 텍스트성은 오히려 텍스트와 독자 사이의 상호작용에서 비로소 이루어진다는 것이다.[5]

이런 맥락에서 홀투이스는 상호 텍스트성의 실현 형태를 세 가지 유형으로 구분한다. 즉, 텍스트들은 (ㄱ) 언어 외적인 대상들, 사태들과 관련을 맺을 수 있고, (ㄴ) 언어적 대상들과/나 관련을 맺을 수 있으며, (ㄷ) 다른 기호 체계의 대상들과 관련을 맺을 수 있다는 것이다. 그러니까 두 번째 국면인 언어적 대상들에 대한 지시, 말하자면 언어 산출물 관련 상호 텍스트성을 언어학적 접근의 핵심 분야로 보아야 한다는 입장이다. 상호 텍스트Intertext에 대한 언어학적 연구의 의의와 목적에 관련시키면, 심리학, 인지 이론 또는 문예학의 장치 없이도 분석될 수 있다는 좁은 의미의 상호 텍스트성 개념은 절대적으로 필요하다. 따라서 일차적으로 언어학적 상호 텍스트성 연구의 분석 대상이 되어야 할 것은 개별 텍스트를 넘어서는 언어 산출물 관련 지시 관계들이다.

어 각색하였다. 그밖에 Broich/Pfister(1985), Plett(1991), Posner(1992) 등도 참조. 그래서 이 범주를 (텍스트) 언어학의 관점에서 재정립할 필요가 있음을 Heinemann(1997)이 지적하고 있다.

5) 상호 텍스트성은 "텍스트들 간의 관계로서 수용 연속(체)에서 비로소 구성되며 텍스트 내부에서 그리고 텍스트 자체를 통해서는 구성되지 않는다."(Holthuis, 1993: 31)는 것이다. 그러나 상호 텍스트성을 "상호 텍스트적으로 구상된 텍스트 가공"(앞의 책) 현상으로서만 (그리고 독자의 상호 텍스트적인 능력의 표현으로만) 본다면, 텍스트의 상호 텍스트적인 구성, 텍스트 생산자가 텍스트에서 구상한 '상호 텍스트적인 신호들'은 아무런 역할을 하지 못하는가 하는 의문이 생긴다. Holthuis(1993)가 생산 지향적인 상호 텍스트성은 "수용자의 해석 능력으로 여겨지는 전제 조건 하에서만 타당하다"(앞의 책: 34)는 주장은 이해하기 어렵다. 그렇지만, 홀투이스 모델은 문학 텍스트의 상호 텍스트적인 해석을 묻는 데 나름의 가치를 인정받을 수 있을 것이다. 홀투이스의 상호 텍스트성 개념에 대한 비판적 접근은 특히 Techtmeier(1997) 참조.

2. 텍스트와 상호 텍스트성의 관계

우리의 테제는 기본적인 텍스트 개념이 이에 근거한 상호 텍스트성 개념을 결정하며, 그 역도 성립한다는 것이다. 이 테제는 매우 포괄적이면서도 복합적인 개념이다. 왜냐하면 이 개념은 서로 필연적·부분적으로 조건 관계에 있거나 그렇지 않는 텍스트성 및 상호 텍스트성 논의의 전체 스펙트럼을 포괄하면서 텍스트와 상호 텍스트성의 관계에 관한 일반적인 다음의 두 가지 질문들에 대한 대답이기도 하기 때문이다.

(1) a. 텍스트 개념을 위해 상호 텍스트적인 현상들을 주제로 삼을 수 있을까?
   b. 그것이 가능하다면, 이 현상들을 구체적으로 파악하는 방법은 무엇일까?

(1a)과 관련해서는 상호 텍스트성 논쟁이 있기 이전에 나타난 모든 텍스트 기술 모델들[6]을 살펴야 할 것이다. 이는 특히 초창기의 텍스트 문법 모델들과/나 의미론적 모델들[7]인데, 여기서는 '상호 텍스트적인 것'은 아직 아무런 역할을 하지 못했다. 이들은 텍스트 개념을 정의하려는 초창기의 방안들로서, 텍스트가 자율적이고 종결된 일회적인 단자單子로 나타난다. 우선적으로 기술된 것은 (문장 문법에 기대어) 텍스트 내적인, 텍스트 구성적인 특성들이다. 이와는 달리 '화용적, 인지적 전환'이 일어나면서 상호 텍스트성에 대한 논의가 본격화되었는데, 몇 가지 중요한 텍스트 개념들과 관련해서 다음과 같은 의문들에 대한 해답 찾기에 집중되었다.

---

6) 그동안의 텍스트 기술 모델들에 관한 비판적인 논의는 Gülich/Raible(1977), Kalverkämper(1981), Lötscher(1987), Heinemann/Viehweger(1991) 참조.
7) 텍스트 개념의 규정에 관한 여러 방안들의 분류와 관련해서 필자는 위에서 든 두 가지 외에 커뮤니케이션 중심의 텍스트 이해와 인지적 텍스트 이해를 더 구분하고 있는 Heinemann/Viehweger(1991)의 거대분류를 따르겠다.

(2) a. 텍스트나 텍스트 부분들은 자율성과 경계성이 있는 것일까?

　　b. (2a)와 관련해서 텍스트성에는 어떤 특성들이 있고, 그것의 필수 성
　　　분은 무엇일까?

아래에서는 이 두 가지 질문들에 대한 해답 찾기에 매진하겠다. 이
는 상호 텍스트성에 근거하여 텍스트 개념의 기본 위상을 새로 세울
필요가 있음을 제시하려는 목적과도 무관하지 않다.

2.1. 텍스트나 텍스트 부분들의 자율성과 경계성

먼저 텍스트 단위들의 경계 문제를 살펴보자. 텍스트 대 텍스트 부
분들 및 텍스트와 텍스트 사이는 상호 텍스트성[8](과 텍스트) 하에서 이
해되어야 할 것을 이론적으로 정의하는 데 필요한 기준들이다. 텍스
트의 경계가 무엇이냐는 질문에 대한 해답 찾기는 곧 우리가 살필 상
호 텍스트적 관계가 무엇이냐는 질문에 대한 해답 찾기이기도 하다.

2.1.1. 텍스트 대 텍스트 부분들

텍스트 개념에 대한 일반적인 인식으로는 예컨대 다음과 같은 기본
가정들을 들 수 있다. 하나는 텍스트가 "계층적으로 조합된 부분들"
(칼페어캠퍼, 1981: 33)로 나누어져 있다는 생각이다. 즉, "텍스트 분할은
텍스트의 가장 중요한 커뮤니케이션 구조에 속하며, 텍스트 구성의
필수 성분이기도 하다."(앞의 책). 다른 하나는 텍스트가 시작과 종결에
의해 구분되는 유한한 구성체이어야 한다는 생각이다.[9] 이런 생각을

---

8) Kristeva(1971, 149)는 상호 텍스트성이란 용어를 특히 "하나의 유일한 텍스트 내부에서
진행되는 개개의 모든 텍스트적인 상호작용"(앞의 책: 149)에 사용한다. 그래서
Zimmermann(1978, 212)은 크리스테바의 텍스트적 상호작용 형태를 "내부 텍스트성
(Intratextualität)"으로 이해한다. 미디어 텍스트에서의 내부 텍스트성에 대해서는
Burger(2005: 5장) 참조.

뒷받침하는 것은 "원칙적으로 텍스트 경계에 효과적인 두 가지 기제들이다: 텍스트는 외적으로(선험적으로), 즉 언어 외부의 요인들을 통하여, 그리고 텍스트 내적으로(내재적으로), 즉 언어적, 텍스트적 신호들을 통하여 구분될 수 있다."(앞의 책: 35).

더 자세히 관련 요인들을 다루지 않더라도 전반적으로 "텍스트 규모 면에서 상위 경계와 하위 경계10)"(앞의 책)가 무엇이냐는 질문에 대한 해답을 찾기는 쉽지 않다. 그런데 종결성에 근거한 텍스트 경계 설정은 또 다른 '문장들'이나 '텍스트들'11)을 연결하면 하나의 텍스트가 '무한히' 연장될 수 있다는 사실에 근거하고 있기 때문에 논란의 여지가 없지 않다.12)

첫 번째 가정도 "개개의 모든 텍스트 자체가 다시 상위 단위에서 부분-전체의 기능을 할 수 있다"(앞의 책: 33)는 점을 고려한다면 상대화될 수 있다. 우리가 텍스트의 전체와 부분들 간의 상호 의존 관계를 계층 관계(하위 단위 대 상위 단위)로 제시하고자 한다면 예컨대 무엇이 또는 어떤 단위들이 '부분들'(항상 전체와 기능적으로 의존해서 나타나는 것)로 또는 '부분 전체'(어느 정도 독립적인 텍스트의 특성이 있음)로 간주될 수

---

9) 이것은 적어도 텍스트의 시간적인 순서에서 텍스트의 결합적 차원과 관련이 있다. 텍스트를 넘어서는 관계와의 접목이라는 상호 텍스트성에 대한 생각은 (결합적, 계열적 관점에서) 텍스트의 종결성에 관한 전통적인 생각을 무력하게 만든다. 텍스트 개념 정의에서 종결성의 설정 필요성에 대한 논의는 이성만(2002ㄴ), 이와는 다른 논의로는 박여성 (1995) 참조.

10) Harweg(1968)의 결합적 대체 및 대명사적 연결체 텍스트 모델과 이에 근거한 "대공간-텍스트학(Groβraum-Textologie)"(Harweg, 1971). 예컨대 한 단어 발화가 텍스트로 간주될 수 있느냐는 질문. 관련 판정 — 그때그때의 텍스트 개념에 의존해서 — 은 다양해질 수 있다. 의사소통 지향적인 이해에서는 그런 발화가 (외적인 경계 요소로서) 구체적인 커뮤니케이션 행위에서 인지 가능한 의사소통 기능을 충족시킨다면 텍스트라고 본다.

11) Zimmermann(1978: 106)은 예를 들어 신문 기사들의 연속물에서와 같은 경계 설정 문제들의 내용적 또는 제도적 조건들을 들고 있다. 그는 텍스트와 '사회 텍스트' 사이의 상이한 연결부(링크)들을 지적하면서, 이를 위해 확대된 동위체 개념을 제안한다(앞의 책: 114~117).

12) 이와 관련된 또 다른 알려진 용어들로는 "담화 우주", "텍스트 공간", "텍스트 코스모스", "텍스트 우주", "텍스트 공동체 또는 수용 공동체", "역사", "텍스트 전통", "N-텍스트소(N-Textem)", "텍스트구조-세계구조-이론", "텍스트 우주" 등이 있다(Kalverkämper, 1981: 36). Gülich/Raible(1977)와 박여성(1995)도 참조. 이 책의 제6장 각주 29도 참조.

있는 것인지를 정하기가 쉽지 않다. 이런 문제점을 보이는 예로는 예컨대 이인대화dialogue나 다중대화polylogue 같은 형식들에서 보이는 텍스트 경계 문제 또는 제목, 각주, 주석, 서언, 머리말, 도입부, 서적 안쪽 날개 안내문, 헌사, 모토 같은 것들과 본문과의 관계 등 수없이 많을 수 있다.

빌스케와 크라우제(1987)에 기대면, 상호 텍스트성은 기본적으로 텍스트들의 상이성에만 기초한다. 즉 "상호 텍스트성은 다양한 텍스트들(텍스트 사례들) 사이에서만 나타난다."(앞의 책: 891) 앞에서 든 텍스트 단위들과 관련해서 우리가 밝혀야 할 것은 자립적인 텍스트들을 문제삼느냐 텍스트 부분들을 문제삼느냐, 그리고 이에 상응해서 "이들 간의 관계들이 본질적으로 내부 텍스트적intratextuell이냐 아니면 상호 텍스트적intertextuell이냐"(앞의 책: 891) 하는 것이다.

이 질문에 대한 대답은 물론 텍스트언어학적인 논의에서 극히 다양하게 나타나고 있다. 예컨대 브링커(1979: 10)에게는 제목이나 표제가 전체 텍스트13)와 관련해서만 특정 능력을 넘겨받는, 한 텍스트의 텍스트 분절문('일반적인 관계 상수')인 반면에, 노르트(1991)에게는 표제가 '코텍스트Ko-Text'만 고려해서는 정의될 수 없는 '자립적인 텍스트'이기도 하다: "보그랑드와 드레슬러(1981)의 7가지 텍스트성 기준들에 따르면 제목과 표제는 비록 — 다른 텍스트와 텍스트 종류들과는 달리 — 일반적으로 코텍스트Ko-Text, 곧 이들을 표제로 이용하는 텍스트와 상호 의존 관계에 있더라도, 이들의 독자적인 응결성, 의도성, 상황성, 용인성, 정보성, 상호 텍스트성에 근거할 때 고도의 자립성을 보이는 텍스트들임이 입증될 수 있다."(앞의 책: 2).

여기서 노르트는 제목(표제)을 특히 코텍스트가 아니라 수용자와 관련시켜 연구하고 있다. 그래서 그녀는 표제에 상대적인 자립성을 부여하고 있는 것 같다. 그러니까 표제와 코텍스트의 상호 의존 관계는

---

13) 제목/표제를 한 텍스트의 거시구조(주제)의 일부로 보는 Vater(1994: 252)도 참조.

부정되고 있고, 그녀의 관심밖에 있다.

노르트는 제목이 텍스트의 성질이 있느냐 아니면 비텍스트의 특성이 있느냐 하는 질문에 대한 대답은 주지 않고,[14] 항상 그때그때의 연구 목적과 관련해서 이 질문에 대한 대답을 주어야 한다고 생각한다. 그렇지만 전체적으로 노르트는 텍스트 관계의 아주 다른 대상 영역에 주목한다: "제목/표제는 명시적으로나 암시적으로 다른 텍스트들과 관계를 맺는다. […] 우리는 제목/표제에서 다양한 형태의 상호 텍스트적인 관계를 확인할 수 있다: (a) 제목/표제와 그의 코텍스트와의 관계(응집 관계), (b) 표제와 다른 (코-)텍스트들과의 관계(인용과 인유(빗대기)), (c) 표제들 간의 관계(상호 표제성Intertitularität)."(노르트, 1991: 75). 이렇게 볼 때, 상호 텍스트성은 노르트에게는 분석 작업에서 고려되어야 할 "상이한 표제 기능의 실현 수단"(앞의 책: 2)이다. 일반적인 의미에서 노르트는 6가지의 상이한 표제 기능을 구분한다.[15]

(3) a. 변별 기능: 코텍스트를 다른 텍스트들과 구분할 수 있는, 코-텍스트를 찾아낼 수 있고 보호할 수 있는 기능

　　 b. 메타텍스트 기능: 텍스트 위에 텍스트가 존재하는 기능

　　 c. 교감 기능: 잠재적인 독자와의 첫 교감 산출 기능

　　 d. 지시 기능: 코텍스트 또는 개개의 자기 국면들의 코-텍스트를 거쳐 제보하는 기능

　　 e. 표현 기능: 제목 송신자의 태도를 알리는 기능

　　 f. 호소 기능: 제목 수신자가 코텍스트를 수용하도록 마음을 움직이는 기능

(3a)~(3c)이 모든 표제에 기본적인 기능이라면, (3d)~(3f)의 기능은

---

14) Nord(1991)는 제목/표제가 상대적으로 '자율적'이자 '의존적'이기도 한 것으로 생각한다.
15) 상호 텍스트성과 제목/표제의 기능에 대한 자세한 논의는 Nord(1993: 194ff) 참조.

개개의 표제나 표제 종류들에서 나타날 수도 있고 또 다양한 진가를 가질 수 있는 추가 기능이라 할 수 있다.

쉐르너(1984)도 표제에 텍스트의 뼈대정보라는 특별한 위상을 부여한다. 이렇게 하여 그는 나름의 "텍스트 외적인 커뮤니케이션 층위"(앞의 책: 124f)를 설정한다. 이 층위는 후속 텍스트 전체가 투입되는 "수용을 위해 저자가 독자에게 제공하는 것"(앞의 책)이라 할 수 있다. 이 과정은 그에게는 표제가 본문에 속하느냐 그렇지 않느냐는 오랜 쟁점에 대한 해답을 찾으려는 해결책으로 보인다.16) 왜냐하면 이런 입장에서 오직 주제 지향적인 표제-본문 고찰만으로는 기술할 수 없는 "내용 없는"(앞의 책) 또는 "역설적인"(앞의 책) 표제도 있을 수 있기 때문이다. 즉, 표제 없이는 수용자가 주제를 추론하기 어려울 수도 있다. 다른 한편으로 표제 없는 본문들도 나타난다. 아니면 이런 텍스트들은 본문의 내용을 충분히 또는 전혀 주지 않는 표제를 갖는다. 예컨대 텍스트 시작을 통해 암시된 주제가 의도된 주제와 전혀 무관한 광고 텍스트도 얼마든지 있을 수 있다(파터, 1994: 252)17).

이와 연결되는 상호 텍스트적 텍스트 접촉 문제와 관련시키면, 텍스트 대 텍스트 부분들 간의 구분상의 어려움은 다른, 더 복합적인 텍스트 종류들에서도 보인다. 문학 텍스트 영역에서는 이것이 특히 텍스트18) 대 그의 "기생para-"텍스트들(쥬네트, 1989: 7)의 총합 관계에서 명확하게 설명될 수 있다: "기생텍스트는 대중화되면서 문학작품을 비켜가는 모든 동반 텍스트들이다. 예컨대 제목과 중간 제목, 서문과 편집후기, 헌사와 모토 그리고 각종 주석, 문학작품에 등장하는 모든

---

16) 그는 Harweg(1968)와 Dressler(1972)를 지적한다. 전자는 '에믹 텍스트'의 구성물로 제목/표제가 텍스트에 속한다는 것을 부정한다. 후자는 주제적 텍스트 구조의 가정에 기초할 때 그 구조가 축소된 바꿔쓰기(paraphrase)(이성만, 1999)로서의 제목/표제에서 시작될 수 있다고 본다.

17) 물론 이것이 광고 텍스트에만 적용되는 것은 아니다.

18) Jenette(1989)에게는 텍스트가 "[…]. 다소 의미 있는 언어 발화들의 다소 긴 연속체"(앞의 책: 9)이다.

'에피텍스트들epitexte'이 그런 예들이다. 기생 텍스트는 언제나 '핵심'텍스트 가까이에 있거나 주변을 맴돈다. 전체적으로는 한 저자의 특정 작품과 관련을 맺는다."(앞의 책).

그러나 질문이 생긴다. 기생 텍스트들이 실제로 왜 텍스트의 부분 텍스트들이고 스스로 자립적인 텍스트가 되지 못하는 것일까? 쉐르너(1984: 7)도 텍스트와 주석, 텍스트와 논평, 텍스트와 이 텍스트 상위의 텍스트에 원칙적으로 텍스트의 특성을 부여하고 있다. 쥬네트는 이런 경계 설정의 어려움을 순수 공간적인 정의를 통하여 피해가려는 의도에서 기생 텍스트들을 출현 장소에 따라 '페리텍스트peritexte'와 '에피텍스트epitexte'로 하위구분하고 있다. 페리텍스트는 텍스트 안에, 에피텍스트는 텍스트 밖에 위치한다: "에피텍스트는 질료적으로 텍스트의 부록과 동일한 부록으로 있는 것이 아니라 비교적 자유로운 공간에서, 이를테면 가상적으로 무한한 물리적·사회적인 공간에서 순환하는 기생 텍스트적 요소이다. 그러니까 에피텍스트는 책 바깥의 어디에나 있는 것이다."(쥬네트, 1984: 328). 여기서 크리스테바 이후 상호 텍스트성 논의에서 통용되고 있듯이, 다시 무한한 텍스트 영역을 상상할 수 있을 것이다. 쥬네트는 이것을 "기생 텍스트 영역paratextual field"(앞의 책)이라 부른다. 이 영역은 무질서하게 시공간에 배열된 (에피)텍스트들의 모습을 중개한다. 이 (에피)텍스트들은 쥬네트에게는 다소 큰 근거리와 원거리에서 하나의 '핵심' 텍스트 주변을 맴돌면서 이 텍스트와 관련해서 그 경계가 불투명한 특정 관계와 특정 기능을 갖는다: "한 작가가 자기의 인생, 자기의 환경 또는 다른 사람의 작품에 관해 말하거나 쓰는 것은 모두 기생 텍스트적인 관여성을 가질 수 있다. […] 주석 연구를 통하여 알 수 있는 것은 기생 텍스트가 내부 경계가 없고, 에피텍스트의 내부 경계는 외부 경계의 부재와 대결한다는 점이다. 즉, 부록의 부록으로서 에피텍스트는 주석적auctorial 담화의 전체에서 점차 사라지고 있다."(앞의 책: 330). 이렇게 하여 전반적으로 '문학작품+모든 기생 텍스트 총합'이 하나의 텍스트인가, 아니면 서로 상호 텍스트적인 관계에 있는 모든 텍스트들(적어도 에피텍스트들)과 핵심 텍스트를 자립적인 것으로 볼 수 있는가 하는 질문은 여전히 의문으로 남는다.

그러나 내부 텍스트성 대 상호 텍스트성의 '부차적인' 구분을 제외하면, 기생 텍스트들의 위상은 전체적으로 언제나 명백한 것은 아닌 듯하며, 앞에서 든 구분의 어려움은 기생 텍스트의 텍스트성에 관한 질문 자체에서 뿐 아니라 모든 것이 기생 텍스트로 간주될 수 있다는, 결국 모든 콘텍스트(저자의 전기적인 맥락, 역사적인 맥락 등)가 기생 텍스트의 기능을 할 수 있다는 문제에서도 드러난다.[19] 이로써 다시 기생 텍스트가 무엇인지 모호하게 된다. 기생 텍스트는 언어적 발화와/나 비언어적 발화 또는 '실제적인' 사실일 수 있다. 따라서 기생 텍스트는 텍스트의 언어학적 위상하고만 연결된 것은 아니다. 기생 텍스트는 수용자의 그 어떤 종류의 지식 전제와도 무관하지 않을 수 있다.

기생 텍스트의 이런 정의는 물론 상호 텍스트성에 관한 논의에서는 아직 거의 주목받지 못한 현상인 듯하다. 텍스트 중심의 이해에서는 상호 텍스트가 특히 언어적으로 표현된, 텍스트 분석을 거쳐 객관화될 수 있는 둘 또는 그 이상의 텍스트들 간의 관계를 뜻한다. 그러나 텍스트 내부적인 특성으로만 이해된 (협의의) 상호 텍스트성도 언어 사용자의 기억 속에서 표상된 수용자의 다양한 지식 전제 조건들에 근거하여 산출될 수 있다. 바로 이 수용자는 언어화된 텍스트들을 통하여 특정한 인지적 상관물들을 활성화하여 텍스트들 간의 연결 관계들을 산출한다. 상호 텍스트성은 항상 지식을 전제하므로 오히려 수용자 의존적인 이해 능력이라고 보는 것이 합당할 것이다.

텍스트 이해 과정에서 지식 전제 조건들과 이 조건들의 사용이 엄연한 사실이라는 것은 분명하다. 다만 앞에서 논의된 기생 텍스트들

---

19) Jenette(1984: 15)는 개개의 모든 콘텍스트(저자의 전기적인 맥락, 역사적 맥락, 그림 등의 삽화 같은 현상 등)는 기생 텍스트로서 작용할 수 있다고 본다.

의 문제점에 대해서는— 텍스트들의 연결 관계라는 상호 텍스트적인 시각에서 보면— 우리가 이런 일반적이고 폭넓은, 항상 지식에 의해 결정된 텍스트 형태를 상호 텍스트성이라 하고 또 그럴 수 있는가 하는 의문은 여전히 남는다.

2.1.2. 텍스트성의 필수 구성성분

이와는 달리, (2a)는 상호 텍스트성 개념 자체의 문제를 텍스트의 상호 텍스트성 개념과 관련해서 더 명확하게 명시하고 있다. 즉, 다양한 텍스트 '구성성분들'이 그 역할과 기능에서 서로 다르게 등급화 되기도 하고 극단적으로는 탈경계적이고 탈주체화된 크리스테바 식의 상호 텍스트성 개념에서처럼 경계 설정이 불가능할 수도 있다. 그래서 텍스트들은 없고 오직 텍스트들 간의 관계만 있다는 주장도 가능하다(피스터, 1985: 12). 이런 식의 폭넓고 포괄적인 상호 텍스트성 개념에 근거하면 텍스트 개념은 (4)처럼 요약될 수 있을 것이다.

(4) a. 유일한 하나의 텍스트, 곧 보편적인 상호 텍스트만 존재한다.
   b. 개별적, 자율적 개별 텍스트의 존재는 부정된다.
   c. 상호 텍스트성은 특수한 텍스트 자질이 아니라 텍스트성으로 이미 주어진 것이다.
   d. 텍스트와 상호 텍스트는 와해되고, 텍스트 개념 자체(또는 '상호 (inter)-'라는 구분)는 불필요하게 된다.

플렛(1991: 5ff)도 상호 텍스트성과 관련해서 텍스트의 극단적인 자율성 개념(완전 자율성 대 경계 불가능성)에 회의적인 입장이다. 이런 딜레마를 해결하기 위해서는 커뮤니케이션 과정에 참여 주체를 포함시킬 필요가 있다. 텍스트의 이런 의사소통성communicativity 범주는 다음과 같은 의미에서 플렛에게는 텍스트 개념 정립에 중요하고 또 필요하

다: "가장 중요한 것은 저자와 독자의 역할과 일치해야 한다. 이 두
가지(와 다른 몇몇 커뮤니케이션 요소들)가 실제로 상호 텍스트를 가시적
이고 의사소통적이게 한다."(플렛, 1991: 5). 따라서 상호 텍스트성과 텍
스트성 개념의 정의 문제는 앞에서 지적하였듯이 ① 텍스트 개념의
존재 여부와 관련해서 뿐 아니라 ② 전제된, 구분 가능한 텍스트 이해
의 폭[20]과 이와 연관된 상호 텍스트성의 역할(텍스트 자체에서의 구조적
인 지시나 의사소통 과정에서 언어 참여자들이 산출하는 지식에 의해 중개된 관
계)과 관련해서도 제기된다.[21]

물론 ①과 관련해서 보그랑드와 드레슬러(1981)의 텍스트언어학적
인 텍스트 정의도 문제가 없는 것은 아니다. 여기서도 상호 텍스트성
과 텍스트성은 상호 텍스트성 없이는 텍스트성도 없다는 방식에서 상
호 조건적이다. 그들에게는 커뮤니케이션과 텍스트의 일반적인 차원
으로서의 상호 텍스트성은 '비텍스트'와는 달리 함께 텍스트를 구성
하는 일반적인 텍스트성의 기준으로 정의되고 있다. 그들은 텍스트를
"텍스트성의 7가지 기준들을 충족하는 의사소통적 출현체"(앞의 책: 3)
로 정의하면서, "응결성, 응집성, 상황성, 의도성, 용인성과 정보성 외
에 상호 텍스트성은 한 텍스트의 사용이 이전에 수용된 하나 또는 그
이상의 텍스트들의 지식에 의존하는 요인들에 해당한다. […] 이 기준
들 중 어느 하나라도 충족되지 않으면 그 텍스트는 의사소통적인 것
으로 간주되지 않는다. 따라서 의사소통적이지 못한 텍스트는 비텍스
트로 취급된다."(앞의 책). 보그랑드와 드레슬러가 텍스트의 구성성분
으로서 상호 텍스트성 같은 텍스트 속성을 강조하는데 반해, 파터
(1994)는 입장을 달리 한다: "상호 텍스트성 요소는 우리가 그 요소를
올바로 — 즉 다른 텍스트들을 지시하는 것으로 — 해석한다면 선택적
인, 곧 불필요한 것이다. 중요한 것은 다른 텍스트들에서 따온 표현들

---

20) 텍스트의 '내부적' 조건과 '외부적' 조건을 구분하는 Gülich/Raible(1977) 참조.
21) 이런 문제제기는 de Beaugrande/Dressler(1981)에서 발견된다. 이는 구체적인 텍스트-텍스
    트 관계뿐 아니라 텍스트 부류들로서의 텍스트 종류들 간의 지시 관계와도 관련이 있다.

의 지시를 통해서만 전부 해석될 수 있는 언어적 표현들이다."(앞의 책: 245). 또 파터(1992)에서는 이렇게 주장한다: "나에게는 텍스트 종류와의 관계로서가 아니라 다른 텍스트들과의 관계로서의 상호 텍스트성이 텍스트성 기준으로서 흥미롭다. 왜냐하면 텍스트 종류는 다양한 현상들의 망상 조직, 곧 텍스트 생산자의 의도, 선별된 형식, 상황 등의 망상조직의 결과물이기 때문이다."(앞의 책: 58). 이로써 파터는 상호 텍스트성의 좁은 개념, 곧 구체적으로 텍스트 표층에서 확인될 수 있는 다양한 (여기서는 언어적인 것에 국한된) 상호 텍스트적인 현상들에 주목한다. 이처럼 파터는 텍스트 개념과 관련해서는 상호 텍스트성 개념이 불필요하다는 입장이다.

- 상호 텍스트성의 규모와 경계
  상호 텍스트성의 규모와 경계 문제는 다음의 두 가지 사실과 직결되어 있다.

(5) a. 비교적 넓은 의미에서 상호 텍스트성을 '텍스트들 간의 관계'라고 본다면, 과연 어떤 단위들을 상호 텍스트성이라고 할 수 있을까?
    b. 모든 것을 텍스트 가치가 있는 것으로 여길 수 있는 것은 무엇일까?

(5a)는 특히 문학 텍스트에서만 상호 텍스트성의 출발점을 살피는 제약성과 관련된 것이다. 그래서 빌퍼트(1989)는 상호 텍스트성을 "어떤 구체적인 문학 텍스트가 인용, 인유 등을 통하여 가리키는, 다수의 본질적이고 근거가 되는 다른 텍스트들, 텍스트 구조들, 그리고 일반적인 기호학적 코드들과 맺는 교체 관계와 지시 관계의 총칭"(앞의 책: 417)으로 정의한다. 한마디로 말해 상호 텍스트성은 문학 텍스트의 본질적인 구조 원칙이자 영향 원칙이라는 것이다. 그에 반해, 로렌츠(1992)는 상호 텍스트성을 "언어적 발화들 간의 지시 관계 개념"(앞의 책: 55)이라 정의한다. (5b)는 다양한 텍스트 이론적인 입장에 기대어

넓게 또는 좁게 이해되고 있는 텍스트 개념의 일반적인 문제점과 관련이 있다. 그래서 순수언어학적인 텍스트 견해 외에 언어적 기호 체계(코드)와는 다른 단위들도 텍스트로 볼 수 있게 된다. 넓은 의미에서 "영상 예술과의 상호 관계"(빌퍼트, 1989: 417)도 상호 텍스트성이라고 보거나, 연극 공연, 악보, 그림 등과 같은 극히 다양한 '기호'도 '텍스트'라고 보거나, 크리스테바의 문화기호학적 텍스트 개념, 곧 모든 문화 체계 또는 모든 문화 구조, 예컨대 '역사'나 '사회' 등을 텍스트로 보는 텍스트 개념이 그런 예들이다(피스터, 1985: 7 참조).

적합한 텍스트 개념을 선택하고 결정하는 문제는 물론 연구의 목적 및 코퍼스에 따라 달라진다. 그래서 예를 들어 이성만(2002ㄴ)는 '신문 텍스트'에 맞게 비문학적이고 문어로 된 독화적[22] 텍스트들에 한정하여, 상호 텍스트적인 재작성 관계를 조명하면서 텍스트를 언어의 기호 체계에 관련된 현상으로만 보았다.

이런 견해는 언어 구조 외에 일련의 비언어적 요인들도 고려하고는 있지만, 앞에서 말한 기호학적 텍스트 개념들은 대상에서 배제시킨다. 이런 제약 때문에 텍스트언어학적 연구에서는 상호 텍스트적인 형태들도 새로운 맥락에서 나타나는 언어적 현상들을 위해서만 기존 텍스트에서 하나 또는 그 이상의 선행 텍스트나 그 요소들과의 관계로 봄으로써 상호 텍스트성 개념을 언어화된 텍스트들[23] 간의 관계들에 한정시키기도 한다.

2.2. 텍스트 이해에서 상호 텍스트성의 역할

언어학자들은 텍스트언어학의 대상인 텍스트에 대하여 두 가지 상반된 입장을 취한다. 하나는 자율적인 단위로서의 텍스트 개념, 곧 텍

---

22) 여기서 말하는 '독화적'이란 표현은 텍스트가 한 화자/저자에 의해 발화된다는 뜻이다. 이것은 바흐친의 의미에서 '독화적 텍스트'를 뜻하는 것이 아니다.
23) 영화, 노래 등의 언어부, 곧 자막이나 가사도 여기에 해당한다는 뜻이다.

스트 문법24) 또는 텍스트 의미론25)에서 말하는 개념이고, 다른 하나
는 상위 커뮤니케이션 맥락의 성분으로서 다른 조건 요소들과의 관계
및 상호작용 속에서 나타나는 텍스트 개념이다. 피베거(1987: 4)에 따
르면26), 전자는 '정태적static' 텍스트 모델에 해당하는데, 여기서는 내
부 텍스트적인 구조와 조직 원리만 문제 삼는 경우이다. 반면에 후자
는 '동태적dynamic' 텍스트 모델27)로서, 텍스트 경계를 넘어서 텍스트와
다른 현상들, 예컨대 비언어적인 현상들과의 관계도 문제 삼는다.

그런데 텍스트 이해에서 상호 텍스트성의 역할을 독자의 관점에서
고찰하기 위해서는 사회적 상호작용에서 언어 사용의 양상을 고려할
수 있는 광의의 텍스트 개념에서 출발할 필요가 있다. 다시 말해서 텍
스트의 문법적, 의미적 자질을 기술하는 데만 매달리는, 곧 커뮤니케
이션 과정의 다양한 화용적, 인지적 구성성분들의 역할을 함께 고려
하지 않는 텍스트 개념은 이를 위해 충분하지 못하다. 따라서 정태적
(문법적) 텍스트 개념과 동태적(의사소통적) 텍스트 개념은 서로 배타적
인 대안 관계가 아니라 통합적인 관점에서 바라볼 필요가 있다. 이런
식의 텍스트 고찰 방식은 이제 언어학의 일반적인 경향이 되었다. 이
는 텍스트 개념을 지속적으로 확장시키면서 "텍스트의 사용자와 관
련된"(보그랑드와 드레슬러, 1981: 27) 국면을 더 중요하게 취급한 데서
읽을 수 있다.

이는 언어 행위가 인지 과정을 수반하며, 언어 사용자가 언어화된

---

24) 이것은 Harweg(1968)가 말하는 "대명사들의 끊임없는 단위 연결체"로서의 텍스트 개념과
비교된다.
25) 여기서는 텍스트 응집성이 통사적 단위들의 연결에 의해서만 나타나지 않고 한 텍스트의
어휘들에 의한 의미자질 반복, 공지시 같은 의미 관계를 통하여, 아니면 보다 큰 의미 단
위인 명제들을 통하여 나타난다. 그러니까 텍스트는 명제들의 가지런한 연속체인 셈이다.
26) 피베거(D. Viehweger)의 정태적-동태적 텍스트 기술 모델에 대한 논의는 고영근(1990) 참조.
27) 이것은 화용론적 전환에 기초한 행위 이론적 개념 외에도 기본적으로 바흐친의 대화성
(Dialogizität) 개념에서 출발한 크리스테바의 생각에서 그 뿌리를 찾을 수 있다: "문학어
는 하나의 점(고착된 의미)은 보이는 것이 아니라, 텍스트 층위들의 집적(Überlagerung),
다양한 서술 방식으로 구성된 대화, 즉 작가의 대화, 수신자(또는 인물)의 대화, 현재나
과거와의 대화에서 그 의미를 갖는다."(Kristeva, 1967: 347)

텍스트와 상호 관련된 정신적인 지식 체계를 활용한다는 뜻이다. 그래서 텍스트는 "일차적으로 정신에 기초한 현상"(하이네만과 피베거, 1991: 67), 곧 "정신적 과정의 결과물"(앞의 책)로서, 아니면 "결정, 선별과 조합 과정의 기록물"(보그랑드와 드레슬러, 1981: 37)로서 나타난다.

그래서 일차적으로 중요한 것은 텍스트 표층에 근거해서 어떤 구조가 기술될 수 있느냐가 아니라 (텍스트 생산에서) 생산자의 결정 작업에 근거해서 어떤 구조가 구성되고 이면에 숨겨진 의도가 무엇이냐, 텍스트를 의미 있게 하기 위해서는 수용자가 추가로 어떤 기여를 하느냐 하는 문제이다: "텍스트 이해 과정에서 해석의 결과는 수용자가 대개는 텍스트의 모호한 발화 구조를 넘어서 이 발화구조에 지식을 불어넣음으로써 '구성'되는 것이다."(피베거, 1987: 336).

'절차적', '동태적'이라고도 하는 이런 텍스트 기술 모델은 실제 커뮤니케이션 사건들이 텍스트뿐 아니라 지식도 수반한다는 경험적 사실과 일치하며, 텍스트 이해 연구에서 상호 텍스트적인 현상을 고찰하기에 유익한 개념이라 할 수 있다. 이때 핵심이 되는 것이 독자가 언어적 발화와 "수용하면서 정신적으로 벌이는 대결"(릭하이트, 1991: 15)의 의미 형성 과정으로서의 응집성 개념이다.[28] 따라서 텍스트가 언어 내적으로만 규정될 수 없고 다른 조건들과 더불어(예컨대 상황 자질) 의사소통 파트너의 다양한 지식창고를 고려하고 이 지식창고가 텍스트를 생산하고 수용하는 과정에서 능동적으로 행사되는 단위라는 점에 근거할 필요가 있을 것이다.

상호 텍스트성은 또한 텍스트들에 직접 수반되지 않는 성질도 있다. 그래서 상호 텍스트성은 독자와 텍스트 사이의 상호작용에 근거해서야 형성되는 것이다. 결국 수용자만 자신의 선지식에 근거하여 이해 행위에서 두 텍스트들 간의 상호 텍스트적인 관계를 만들어내는

---

28) 텍스트 이해 과정에서 '응집성' 개념이 어떤 역할을 하는 것인지를 보여주는 한 전형으로는 광고텍스트의 전략적 이해 과정을 제시한 오장근(1999) 참조.

것이다. 피베거(1987)와 보그랑드와 드레슬러(1981)는 텍스트언어학의 시각에서 인지 모델을 제안하면서, 생산자–수용자의 동태성을 텍스트의 복합적인 구조와 기능의 특성을 기술하는 토대로 받아들이고 있다. 동태적 텍스트 모델의 목적은 "텍스트 생산과 텍스트 해석의 토대가 되는 절차, 계획, 전략을 밝히고 정리하고 다양한 지식 체계를 텍스트의 생산과 해석 과정에서 능동적으로 협력하는 관계를 기술하는"(피베거, 1987: 5) 일이다.

텍스트는 "사회적으로 행위 하는 인간의 언어활동의 결과물로서, 언어활동을 통해 텍스트 생산자는 행위 참여자와 행위 맥락에서 인지적 평가에 따라 텍스트에 독특하게 표명되고 텍스트의 다차원적 구조를 형성해주는 여러 유형의 지식을 활성화한다. 또한 한 텍스트의 구조는 텍스트 생산자가 일정한 상호작용 맥락에서 부여한 기능을 표시해주며, 텍스트 수용자의 복잡한 해석 과정의 기초가 된다."(하이네만과 피베거, 1991: 126).

이에 근거할 때 텍스트와 상호 텍스트성 개념은 "텍스트성의 7가지 기준들을 충족시키는 의사소통적 출현체"(보그랑드와 드레슬러, 1981: 3ff)로 규정될 수 있을 것이다. 여기서 상호 텍스트성은 텍스트언어학적으로 먼저 이런 일반적인 텍스트성 기준들 중 하나이기는 하지만, 구체적으로는 "주어진 텍스트의 수용과 의사사통 참여자의 다른 텍스트들에 관한 지식"(앞의 책: 188) 사이의 "중재 과정"(앞의 책)에서 개별 텍스트들 간의 특수한 관계라고 할 수 있다. 이런 가정은 앞에서 암시하였듯이 텍스트 현상에 대한 전통언어학적 고찰의 범위를 넘어서서 텍스트 처리 연구, 인지언어학, 심리언어학 같은 인접 학문들에 관한 지식도 포함될 필요가 있음을 보인 것이다.

물론 (상호)텍스트적 자질과 기능의 인지언어학적 고찰도 텍스트를 생산하거나 수용할 때 실제로 진행되는 과정을 기술하고 설명할 수는 없고, 게다가 "이 과정에서 동시에 일어나는 것이 무엇인지를 탐구할 수도 없으며, 반대로 순차적으로나 나란히 일어나는 것이 무엇인지,

어떤 조작이나 과정이 다른 조작이나 과정을 전제하는 것인지, 반대로 어떤 조작이나 과정이 다른 조작이나 과정을 지배하는 것인지 등등을 탐구할 수는 없다."(하이네만과 피베거, 1991: 124). 따라서 "언어학적 텍스트 분석 모델이 기술해야 할 것은 어떤 지식 체계가 텍스트의 다차원적 구조에 표명되며, 이 구조가 어떻게 구체적인 기능을 갖게 되느냐 하는 문제이다. […] 이런 점에서 절차적 모델은 텍스트를 완성된 어떤 것으로 보지 않고, 그 생산 조건과 수용 조건이 복합적 변수와 관련시켜 보는 것이며, 그래서 텍스트란 그 자체로는 아무런 의미도 기능도 없으며 사회적으로 행위 하는 인간과 관련해서만 의미와 기능을 지닌다는 점이 분명해진다. 이 모델은 '놀이'가 어떻게 진행되는가를 기술하는 것이 아니라 무엇이 '놀이에서' 작용하는지를 기술하는 것이다."(앞의 책).

2.2.1. 상호 텍스트적 지시 관계의 형성 수단으로서 재작성

개별 표현들에 대한 지시 관계는 일상적인 것이며, 모든 형태의 커뮤니케이션에 본질적인 것이다. 그래서 화자는 그런 재수용 관계들이 의사소통에서 오해를 불러일으키거나 부적절하게 인용된 것으로 여겨질 때에만 문제 삼는다. 여기서는 명시적인 지시 대상이 재구성될 수 있는 모든 지시 관계들을 궐리히와 코치(1987)에 기대어 '재작성 Reformulierung'이라 부르겠다.29)

재작성 활동은 화자가 관련 표현과 재작성 표현간의 의미론적 관계를 산출하는 데 본질이 있다. 이 관계는 표지를 통하여 특성화된다. 그러니까 재작성에서 표현 y는 표현 x의 지시를 받아 서로 관계를 맺게 된다. 이때 관련 표현(y)뿐 아니라 재작성 표현(x)에서도 아주 다양

---

29) 이것은 두 가지 의미로 사용되고 있다. 하나는 텍스트를 형성하는 언어적 수단으로, 다른 하나는 이 행위의 결과를 나타내는 명칭으로 사용된다. 여기서는 언어화된 결과, 곧 산출 행위의 결과의 의미에서 재작성 표현과 재작성 시퀀스의 의미로 사용하겠다.

한 언어 발화들(개별 언어 기호에서부터 복잡한 발화 연속체에 이르기까지)이 문제된다. '재작성'의 범주는 '다시쓰기', '바꿔쓰기', '정정하기' 같은 다양한 유형들을 포괄한다.30) 재작성의 요소들로는 '관련 표현', '재작성 표현', '재작성 표지'의 세 가지가 있다. 이런 재작성 요소들의 관계를 공공 커뮤니케이션에서도 어렵지 않게 찾을 수 있다.31)

(7) a. 관련 표현(정부성명서(T1))
• T1(정부성명서)에 있는 관련 표현
   Die Teilung kann tatsächlich nur durch Teilen aufgehoben werden. [분단 은 사실상 분담을 통해서만 제거될 수 있다]

   b. 재작성 표현(RA, 언론 매체(T2))
① T2(FR, 1990.03.20)에 있는 재작성 표현
   Die Teilung überwinden könnten die Deutschen nur durch Teilen. [분단 극복을 독일인들은 분담을 통해서만 가능할 것이라고 한다]
② T2(SZ, 1990.04.20)에 있는 재작성 표현
   De Maizière: Die Teilung Deutschlands kann nur durch Teilen auf-gehoben werden.[드 메지에르 수상: 독일의 분단은 분담을 통해서만 제 거될 수 있다]
③ T2(BZ, 1990.04.20)에 있는 재작성 표현
   In diesem Zusammenhang richtete er an die Bürger der BRD den Appell, die Teilung könne tatsächlich nur durch Teilen, durch Solidarität und Sympathie überwunden werden. [이런 맥락에서 그는 서독 시민들에게 '분단은 사실상 연대와 동조를 통한 분담을 통해서만 극복될 수 있다' 고 호소하였다.]

---

30) 재작성 범주에 대한 논의는 귈리히와 코치(1987; 1996), 이성만(2002ㄱ) 참조.
31) 예는 슈타이어(1997)에서 인용함.

(7)은 1990년 4월 19일에 발표한 구동독 수상의 정부성명서와 그 이후 언론 매체들이 가공한 뉴스들의 일부이다. (7)은 두 가지 점에서 귈리히와 코치(1987; 1996)가 말하는 관련 표현과 재작성 표현의 관계와 차이가 난다. 하나는 관련 표현과 재작성 표현이 구어체 대화 텍스트의 구성성분이 아니라 문어체 독화 텍스트의 구성성분이라는 점이다. 다른 하나는 재작성 관계가 한 텍스트 안에서 표현들 간의 관계가 아니라 다수의, 대개 시·공간적으로 유리되어 생산된 텍스트들에서 표현들 간의 관계라는 점이다.

첫 번째 차이점에는 부연설명이 필요하다. 이런 접근은 독화 텍스트도 어느 정도까지는 잠재적으로 대화적 특성을 보이는데, 하나 또는 그 이상의 수신자들에게 보내는 연설로서 작성된다는 점에서 그러하다.32) 그렇다면 구어 대 문어, 독화 대 대화라는 텍스트 생산의 일반적인 이분법이 복잡한 텍스트 분석(담화 분석)에 유용할 것이냐 하는 질문이 생긴다. 텍트마이어(1984: 248)는 이와 관련해서 문어(독화) 소통과 구어(대화) 소통에 적용된 분석 범주와 기술 범주를 완전히 분리하자는 입장을 취한다. 그러나 이런 절대적인 구분은 예나 지금이나 대부분의 텍스트(대화) 분석에서와 같이 상대화하여 텍스트들 간의 재작성 관계 분석에 적용할 필요가 있을 것이다. 일반적으로 텍스트에는 문어 텍스트와 구어 텍스트, 그리고 문자화된 텍스트도 있다. 예컨대, 독일 통일 직전에 구동독 수상이 발표한 정부성명서는 문자 형태로 미리 계획하여 작성된 연설 텍스트로서 구어로 낭독되고 문자로 출판되었다. 다시 말해서 이 텍스트는 적어도 두 종류로 수용되었다고 볼 수 있다. 하나는 구동독 인민회의 의원들과 텔레비전 시청자들은 정부성명서를 구어로 낭독된 텍스트, 곧 구어 텍스트로서 들었다. 물론 이 성명서는 문어(독화) 텍스트의 구조를 취하고는 있으나 예컨

---

32) Gülich/Kotschi(1987: 204)도 구어 텍스트 생산에서 볼 수 있는 독특한 출현 형태들이 문어적 텍스트 생산에서도 관찰할 수 있음을 지적한다.

대 의회에 상정된 법안보다는 더 '구어적'이라고 할 수 있다. 이것의 재작성 텍스트들은 실제로 더 명확하게 분류할 수 있을 것이다. 즉, 재작성 텍스트는 신문 매체와 관련시키면 모든 신문 텍스트들, 곧 신문 기사들일 것이다. 이들은 미리 계획되어 작성된 완전한 언어 구성체의 모습을 한다. 그러나 이들은 나름의 특성에 맞게 관련 텍스트 T1, 곧 구어 텍스트의 수많은 요소들과 다소 즉흥적인 정치가의 구어적 공식성명을 재현한 것(예컨대 정부성명서의 정보를 묻는 기자들의 질문들에 대한 대답)도 포함한다. 이런 식으로 대면 상황이 문어 텍스트에 삽입되어 나타난다. 극히 다양한 상황 요소들과 발화의 생산과 수용 형태들이 뒤섞이는 셈이다. 따라서 구어성과 문어성의 구분, 즉 그것을 쓴 것이냐, 말한 것이냐의 구분은 텍스트들 간의 상호 텍스트성을 밝히는 데 무의미하다고 볼 수 있다. 중요한 것은 구어성과 문어성에 상관없이 그것을 재현할 때 어떤 과정을 거쳤는가 하는 점이다.

재작성 요소들로는 관련 표현과 재작성 표현 외에도 재작성 표지가 있다. 이것은 관련 표현과 재작성 표현간의 지시 관계를 암시적 또는 명시적으로 표시한다. 재작성 표지는 한 발화가 다른 발화의 재작성임을 제시하거나 해석하는 데 이용될 수 있다. 예컨대 재작성 텍스트들에서 이들이 다른 한 관련 텍스트 T1을 지시하고 이 관련 텍스트의 요소들을 재수용하고 있음을 명시적·암시적으로 지시해주는 것을 재작성 표지로 이해할 수 있다. 이 표현들은 관련 텍스트, 곧 원본 텍스트 화자와 청자, 장소, 시간의 설명 그리고 원본 텍스트의 생산 상황 또는 수행된 화행의 설명일 수 있다. 여기서 말하는 재작성 표지는 — 궐리히와 코치의 재작성 표지와는 달리 — 대개 텍스트의 성질이 있다. 다시 말해서 이것은 수용자가 원본 텍스트와 직접 비교하지 않고도 재수용할 텍스트, 곧 재작성 텍스트라고 이해할 수 있도록 해준다.33)

---

33) 그렇다고 이것으로 수용자가 재작성 텍스트의 개별 표현에서 — 명시적으로나 암시적으

2.2.2. 상호 텍스트적인 관계 모형으로서의 재작성 모형

미디어 텍스트들은 앞에서 지적하였듯이 독특한 방식으로 상호 텍스트적인 관계 망을 형성하고 있다. 이 텍스트들은 서로 수많은 지시 관계를 보이면서 다양한 방식으로 서로 그물처럼 얽혀있다. 이런 그물망은 순수 암시적으로 발생할 수도 있고, 상황에 따라서는 아주 명시적으로 드러날 수도 있다. 즉, 표현들[34]과 텍스트들이 진행 중인 담론에서 재수용 되어 계속 가공될 때, 표현들과 텍스트들이 '재작성'되면서 그런 모습을 취할 수 있다.

이제 미디어 커뮤니케이션에서 관련 표현과 재작성 표현, 관련 텍스트와 재작성 텍스트 사이에서 나타날 수 있는 다양한 상호 텍스트적인 관계들을 네 가지로 요약할 수 있는데, 이것을 기본적인 '재작성 모형Reformulierungsmuster'이라 부르겠다.

(8) 재작성 표현/재작성 텍스트 x → 관련 표현/관련 텍스트 y

(8)은 'x는 y와 재작성 관계에 있다'고 읽을 수 있다. 여기서 다른 대상을 지시하는 표현을 재작성 표현 Ax로, 지시된 표현을 관련 표현 Ay, 다른 대상을 지시하는 텍스트를 재작성 텍스트 Tx로, 지시된 텍스트를 관련 텍스트 Ty로 형식화하여 이들 간에 형성될 수 있는 관계를 다음의 4가지로 정리할 수 있다.[35]

로― 원본 표현에 대한 지식이 없는 경우에도 재작성 관계, 곧 상호 텍스트적인 관계를 올바로 인식할 수 있다고는 말할 수 없을 것이다.

34) 여기서는 '표현' 개념을 단어와 단어 연속체, 문장과 문장 연속체를 포괄하는, 거시텍스트의 구성요소에 해당하는 미시텍스트, 예컨대 신문을 구성하는 뉴스, 논평, 르포 같은 텍스트 단위 이하의 언어적 단위를 포괄하는 개념으로 사용하겠다.

35) 기본적인 생각은 Steyer(1997)에 기대었음. 이미 이성만(1998ㄴ)에서는 한 텍스트 안에서 나타나는 표현들 간의 재작성 관계를 아그리콜라(1979)의 바꿔쓰기(paraphrase) 이론과 접목시켜 형식화한 바 있다.

(9) a. Ax → Ay [Tx의 Ax는 Ty의 Ay와 재작성 관계에 있다.]

b. Tx → Ay [Tx는 Ty의 Ay와 재작성 관계에 있다.]

c. Ax → Ty [Tx의 Ax는 Ty와 재작성 관계에 있다.]

d. Tx → Ty [Tx는 Ty와 재작성 관계에 있다.]

(9a)은 화자가 다른 화자의 표현을 재작성하여 자신의 표현과 접목시켜서 상호 텍스트적인 관계를 만들어내는 경우이다. 여기서 중요한 것은 두 개의 언어적 기호 연속체들만 서로 관련을 맺는 것이 아니라 구조적, 기능적 특성들 및 발화 맥락도 서로 관련을 맺게 된다는 점이다. 일정한 조건 하에서는 어휘 단위의 재수용이 그런 상호 텍스트적인 재작성 관계를 보일 수 있다. 즉, 임의의 단위가 아니라 함축적 내포 의미가 관련된 핵심 단위, 곧 빈번한 주제 단위가 관련된 경우를 생각할 수 있다. 예컨대 신문 텍스트의 제목(표제)에 나타난 '인유(빗대기)' 전략을 생각할 수 있다.36) 이것은 다양한 표현, 관련 텍스트의 출처와 내용들 간의 지시 관계를 예증하는 데 이용된다.

(10) a. Wer zu spät bäckt, den bestraft der Weihnachtsmann.

b. Vom Winde verweht[바람과 함께 사라지다](지반 침식에 관한 논평 제목).

Record vom Winde verweht[기록, 바람과 함께 사라지다](육상 스포츠 뉴스)

---

36) Antroutsopoulos(1997)는 신문 광고에서 청소년 문화 관련 텍스트 종류들(특히 광고 텍스트들)에 나타난 '지시적 상호 텍스트성(referentielle Intertextualität)'을 '인유(빗대기)'와 관련해서 연구하였다. 특히 지시적 상호 텍스트성을 그는 현대 산업사회의 문화적 다원화와 관련시켜, 다양한 사회문화적 그룹들이 그들 나름의 지식과 문화적 자원을 그룹 변별성을 살려 상호 텍스트적으로 가공하고 있다는 결론을 유도한다. 그는 협의의 상호 텍스트성 개념, 곧 생산자의 의도성과 수용자의 기호해석 잠재력을 전제로 한 개념에 근거하여 어떤 상호 텍스트성 유형들이 청년 문화에 관련된 텍스트와 텍스트 종류들에서 발견될 수 있으며, 이 유형들이 어떤 방식을 따르며 어떤 의사소통 기능을 충족시키는가를 연구한다.

c. Sag mir, wo die Bücher sind[서적들이 어디에 있는지 말해다오](논평의 표제)

Sag mir, wo die Väter sind[아빠들이 어디에 있는지 말해다오](신문 서평의 표제)

d. 니들이 게 맛을 알아?(롯데리아 광고)

e. 니들이 부킹 맛을 알아?(나이트클럽 광고)

(10a)는 1992년 12월 크리스마스 직전에 어느 방송에서 사회자가 한 말이다.[37] 사회자는 관련 표현의 구문을 전용하고는 있지만, 부분적으로 다른 어휘 단위들을 채워 넣는 '인유' 방식을 통해 재작성을 하고 있다. 이와 유사한 재작성 방식을 보이는 경우가 언론매체의 기사의 제목 (10b, 10c)와 광고인 (10d, 10e)이다. (10b)는 모두 미국의 소설가 미첼M. Mitschell의 소설 「Vom Winde verweht[바람과 함께 사라지다]」에 빗댄 것이고, (10c)는 독일출신 여배우 마를레네 디트리히M. Dietrich가 부른 대중가요의 제목과 그 첫 소절에 빗댄 것이다. 물론 이런 경우에 수용자는 상응하는 관계를 산출할 수 있기 위해서는 통사적/어휘적 결합 구조를 재인식해야 한다.[38] (10d, 10e)은 서로 어떤 상태에 있을까? 시간적으로 (10d)가 (10e)보다 앞선다면, (10e)는 (10d)의 '빗대기' 또는 '패러디'로는 볼 수 있지만 '인용'이나 '표절'이라고 하기는 어렵다.

(9b)와 (9c)도 상호 텍스트적인 재작성에서 중요한 역할을 한다. 신문이나 방송 또는 논문 등에서 인용 형태로 나타나는 경우가 (9b)에

---

37) 이 표현의 근원은 이렇다. 고르바초프는 1989년 10월 7일 동독 40주년 경축행사에서 동독 상황이 위험하다고 여기는지 묻는 기자들의 질문에 이렇게 대답한다: Gefahren warten nur auf jenen, der nicht auf das Leben reagiert[위험은 인생에 아무런 반응을 하지 않는 사람만을 기다린다]. 그 다음 날부터 이 문장은 여러 매체에서 오늘날과 같은 형태로 바뀌어(*Wer zu spät kommt, den bestraft das Leben*[서두르지 않는 사람을 처벌하는 것이 인생이다]) 마침내 새로운 일상적인 관용어가 된 것이다.

38) 이를 위해서는 수용자의 세상지식도 중요한 역할을 하며, 출처를 알아낼 수 있도록 전체 또는 일부가 동일하게 유지되어 있어야 한다.

해당하고, 학술서적에서 다른 연구 업적을 지적하는 경우는 (9c)의 예로 볼 수 있다. 이들 역시 신문 기사들 간의 재작성 관계에 나름의 역할을 한다.

(9d)는 텍스트-텍스트 관계, 곧 Tx가 Ty와 재작성 관계에 있는 경우이다. 관련 텍스트 Ty가 재작성 텍스트 Tx로 변형되는 경우이다. 재작성 텍스트에서는 관련 텍스트의 구조와 기능이 핵심 부분에서 재작성될 수 있다.[39]

3. 미디어의 상호 텍스트성

이렇게 볼 때 매스미디어에 중요한 상호 텍스트성은 통시적, 공시적, 유형적 상호 텍스트성이다.

3.1. 통시적 상호 텍스트성

통시적 상호 텍스트성은 미디어 텍스트가 그 어떤 형식으로 하나 또는 그 이상의 선행 텍스트와 관련이 있을 때 나타난다. 이전의 모든 텍스트들이 '선행 텍스트'이다. 선행 텍스트와 관련해서 그 이후의 모든 텍스트, 곧 선행 텍스트에 기초한 텍스트는 '후행 텍스트'가 된다.

통시적 상호 텍스트성은 한편으로 전통적으로 이른바 '인용하기'의 모든 형태를 포괄하며, 다른 한편으로 숨겨진, 상호 텍스트성 신호를 통해 암시되지 않은 상호 텍스트적인 관계도 포함한다. 매체적인 텍

---

39) 이런 재작성 방식은 예컨대 번역, 문학 텍스트의 해석, 텍스트의 개정 또는 수정 보완 등에서 중요한 역할을 한다. Tx와 Ty의 이런 상호 텍스트적인 관계를 Michel(1991: 203ff)은 "텍스트들의 바꿔쓰기(Paraphrasierung von Texten)"로, 이성만(1998ㄱ; 1998ㄴ)은 '텍스트-텍스트 커뮤니케이션' 또는 '텍스트-텍스트 바꿔쓰기'라고 설명한다. 관련 텍스트와 재작성 텍스트와의 상호 텍스트적인 재작성 관계의 구체적인 예시 분석은 이성만(2002ㄷ) 참조.

스트 역사에 특히 중요한 것은 언어학적 국면에서 두 종류의 '대체 Substitution'이다.

[1] 한 텍스트가 다른 매체로 넘어가기
[2] 문어 형태가 구어 형태로 넘어가기, 그 역도 성립함

[1]에 전형적인 예는 통신사 텍스트가 신문 텍스트로 넘어가는 경우이다. 여기서는 선행 텍스트가 적어도 시각적(레이아웃), 언어적 결과물과 함께 해당 미디어 텍스트 종류에 들어가게 된다. [2]의 예로는 신문 인터뷰가 있다. 여기서 원본 상황은 대면 인터뷰 또는 전화 인터뷰가 일어나는 구어 인터뷰이다. 신문 텍스트를 위해 원래 구어로 된 텍스트가 문자화된다.

첫 번째 경우는 '매체적 대체'에 해당한다. 언어학 문헌에서는 두 번째 경우를 '매체' 교체라 한다. 이런 개념적인 교차 현상은 매스미디어 분석에는 의미가 없다. 그래서 부르거(2005: 76)는 첫 번째 경우에 대해서는 '매체적'이란 형용사를 사용한다.

텍스트 역사의 흐름을 더 자세히 파악하기 위해서는 통시적 상호텍스트성을 개념적으로 선형적 상호 텍스트성과 합성적 상호 텍스트성으로 세분할 수 있다.

'선형적' 상호 텍스트성은 한 텍스트가 여러 진행 단계를 거치면서도 '동일 텍스트'로 확인될 수 있는 경우이다. 신문 인터뷰를 예로 들어보자. 선행 텍스트 — 원본 상황 — 가 문자화될 때 이 선행 텍스트는 대개 적잖은 변형을 겪게 되는데, 텍스트 종류 '신문 인터뷰'의 자질을 가진 미디어 텍스트로서 간행된다. 그렇지만 인쇄된 텍스트는 선행 텍스트를 '재현'해야 한다. 선형적 상호 텍스트성의 특수한 예는 한 텍스트가 텍스트 역사를 거치면서 '동일한 것'으로 인식될 수는 있지만 다른 텍스트들로 보완되는 경우이다. 전형적인 예가 선행 텍스트로서의 '신문 공보Pressecommuniqué'이다. 이것은 바뀌지 않고 미디어

텍스트가 된다. 이 미디어 텍스트에 보완 텍스트 요소들, 예컨대 단체나 정치가의 반응들이 추가된다.

'합성적' 상호 텍스트성은 미디어 텍스트가 단선적으로 선행 텍스트로 환원될 수 있는 것이 아니라 둘 또는 그 이상의 선행 텍스트들로 소급될 수 있는 경우이다. 흔한 예가 여러 통신사 텍스트들에 기초하여 미디어 텍스트를 생성하는 경우이다. 분명한 것은 이런 범주들이 불투명하고 유동적인 과도기를 보인다는 점이다. 예컨대 축적물이 선행 텍스트를 지배적으로 담고 있다고 가정할 때 텍스트가 텍스트 역사 동안에 실제로 동일한 것으로 인식될 수 있는지는 의문의 여지가 있다. 일반적으로 축적된 형태의 경우라면 선행텍스트가 다른 선행 텍스트들에 비해 뚜렷이 지배적인 것으로 간주될 수 있을 때에만 선형적 상호 텍스트성이라 할 수 있다. 여기서는 동일한 선행 텍스트가 여러 미디어들을 거치는 동안 다양하게 취할 수 있는 길들을 보여주는 예를 보자(부르거, 2001b: 34ff).

출발점은 기자회견이다. 이에 기초하여 통신사 뉴스가 작성되어 신문사에 배부된다. 이와는 달리, 텔레비전은 일차적으로 부분적으로 기자회견을 계기로 제기된 전언Statesments으로 작업한다. 지역 신문의 보고 텍스트가 이런 모습이다(부르거, 2005: 77).[40]

(11) **Des einen Freud, des andern Leid**

Bern erteilt Novartis eine befristete Bewilligung für gentechnisch veränderten Bt-Mais.

sda. Der gentechnisch veränderte Bt.-Mais von Novartis darf in der Schweiz als Lebens-und Futtermittel verwendet werden. Die Bundesämter für Gesundheit und Landwirtschaft stufen ihn als gesundheitlich unbedenklich ein. Die gestern bekanntgegebene Zulassung

---

40) Burger(2005: 77)에 따르면, 신문의 동일 판에 부분적으로 다시 보충적인 통신사 뉴스에 기초한 더 자세한 논평식 보고들이 발견된다.

erntete Zustimmung wie auch Protest.

Bei der Zulassung handle es sich nicht um eine verspätete Geschenkaktion für Novartis, sagte Urs Klemm, Vizedirektor des Bundesamts für Gesundheit in Bern. Die Bewilligung sei mit strengen Deklarationsvorschriften verbunden und auf fünf Jahre limitiert. Zudem besteht ein Aussaatverbot.

Risiko "praktisch gleich null"

[…] 단체와 회사의 쟁점 입장들이 뒤따른다.

(Anzeiger von Uster, 1998.1.7.)

이 텍스트는 5시 직후에 발표된 요약본 통신사 뉴스와 거의 일치한다. 미세한 문체상의 변화만 발견된다(예, "*sowohl Zustimmung als auch Protest*[동의뿐 아니라 항의도]" → "*Zustimmung wie auch Protest*[동의와 항의도]"). "*Konsumentinnen und Konsumenten*[남녀 소비자들]"에서 "*Konsumenten*[소비자들]"이 된다. 하위 표제인 "*Risiko praktisch gleich null*[위험 부담은 실제로 제로]"도 그대로 넘겨받는다. 중요한 것은 연방 관청의 시각이다. 태도에서도 옹호를 위해 미약하나마 평가 행위가 개입된다. SDA_{Schweizerische Depeschenagentur}[스위스 통신]의 문장이 축어적으로 그대로 신문에 인용된다(예, "*Von den Bundesratsparteien wertete einzig die SP den Entscheid als verantwortungslos*[연방내각 정당들로부터 유일하게 스위스 사민당 (*Sozialdemokratische Partei der Schweiz*)만 '책임 없음' 판결을 받았다.]"). 신문 보고에 유일하게 추가된 것은 핵심 표제이다. 속담을 이용하였는데, 양측의 시각이 완전히 등가적인 것으로 서술되고 있다. 중요한 것은 기뻐하는 측은 하나는 노바티스_{Novartis}회사이고, 다른 하나는 소비자와 환경 단체의 일원이다.

통신사 뉴스로부터 신문 텍스트에 이르는 상호 텍스트적인 노정은 분명 '선형적' 상호 텍스트성의 단적인 예라 할 수 있다. 신문 텍스트에서 그리고 그 이전에 통신사 뉴스에서 만들어진 현실은 기자회견이나 기자회견에 대한 반응으로서 작성된 텍스트를 선별적으로 복사한 것이다. 이런 현실은 핵심 표제를 통해 미디어 텍스트에서 일정한 방식으로 가중치가 주어지고 평가된다.

3.2. 공시적 상호 텍스트성

공시적 상호 텍스트성은 같은 시기에 미디어 텍스트와 여타 텍스트들 간에 성립하는 모든 관계를 뜻한다. 예를 들어, NZZ은 제1면의 한 보고에서 인터뷰를 인용한다.

(12) Der Verwaltungsratspräsident der neuen Schweizer Fluggesellschaft, Pieter Bouw, sagt jedenfalls in einem Interview mit der "NZZ am Sonntag", dass AA für die Swiss eine gute Lösung sein könnte.(NZZ am Sonntag, 2003.3.24)

이 인터뷰는 동일 신문에서도 발견되는데, 보고와 논평이 동일 신문의 지면에 상호 텍스트적으로 서로 관련되어 있거나 보고와 캐리커처가 서로 관련되어 있을 때 그렇다. 또한 신문 제 1면의 톱뉴스가 신문의 안쪽 면의 자세한 보고와 연결되어 있는 경우도 흔하다. 예컨대 (13)은 〈SonntagsZeitung〉의 제1면 톱뉴스의 일부이고 (14)는 이 신문의 안쪽 지면에 연성뉴스로 실린 것인데, (13)의 표현이 약간 수정되었다.

(13) Pieter Bouw, der Verwaltungsratspräsident der neuen Airline, hat die ehemaligen Crossair-Piloten aufgefordert, ihm eine Liste der Forderungen zuzustellen. (SonntagsZeitung, 2002.4.7)
(14) Verwaltungsratspräsident Pieter Bouw hat die Piloten aufgefordert, ihm eine Liste ihrer Forderungen zukommen zu lassen, was diese auch getan haben.

〈BILD〉 같은 가판신문에서는 제1면의 레이아웃이 일종의 리드나 최소한의 본문을 가진 표제에 국한되는 경우도 흔하다.

(15) a. BILD, 제1면 톱뉴스, 2010.9.17

　b. BILD, 제16면, 기후, 2010.9.17

[⋯]

이는 몇 쪽 뒤에서 발견되는 '실제 텍스트'에 대한 호기심을 일깨우려는 전략으로서, '상호 텍스트적인' 관계의 극단적인 경우이다.

유사한 경우는 라디오와 텔레비전의 뉴스 방송에서도 발견된다. 예컨대 인터뷰는 뉴스단신과 관련이 있고, 영화보고[41]나 르포는 대변인 매시지(앵커뉴스)[42]와 관련이 있다. 전자 미디어의 경우에 '공시적'이란 개념은 매개의 조건 때문에 시간적인 의미에서 이해되면 안 된다. 예컨대 보고와 해당 논평은 공시적이 아니라 나란히 방송되기 때문이다. 이 미디어에서 말하는 '공시적'이란 말은 미디어 텍스트가 동일한 방송의 다른 텍스트들(예, 뉴스 방송)과 관련이 있다는 뜻이다.

3.3. 유형적 상호 텍스트성

이것은 모든 종류의 텍스트들에 중요한, 텍스트와 이 텍스트가 소속될 수 있는 텍스트 종류와 맺는 관계이다. 이 범주는 위의 두 범주와 구분될 필요가 있다. 유형적 상호 텍스트성은 — 관점에 따라 — 통시적 국면뿐 아니라 공시적 국면도 있기 때문이다. 통시적 시각에서는 미디어 텍스트가 동일한 텍스트 종류의 수많은 선행 텍스트들을 계승한 것이고 또 그런 점에서 일련의 동종의 텍스트들을 이어가고 있다고 할 수 있다. 공시적 관점에서는 텍스트 생산자가 텍스트를 구성하는 스키마, 예컨대 뉴스의 '서사' 모형을 따른다.

---

41) 이것은 라디오 방송국 자체의 것이거나 국제 영화 중개 프로덕션의 것일 수 있다. 자료는 편집부에서 편집되면서 가감되어 텍스트화된다.

42) 이것은 짧은 멘트로서, 앵커가 낭독한다. 이때 삽입된 텍스트와/나 정지영상이 낭독된 것을 지원할 수 있다. 앵커 뉴스(Sprechermeldung)는 통신사 뉴스에 의거 편집부에 의하여 작성된다.

4. 예시 분석

지금까지 언어 산출물 관련 상호 텍스트성의 원칙적인 가능성들을 표현들과/이나 텍스트들 간의 재작성 관계와 관련해서 살펴보았다. 여기서는 특히 상호 텍스트적인 재작성 표지로서 빗대기(인유)에 관련해서 먼저 신문기사 표제의 암시적인 상호 텍스트적인 지시 관계를 살피고, 이어서 상호 텍스트적인 재작성 표지, 특히 암시적인 상호 텍스트적 전제 지식이 텍스트 이해에서 어떤 역할을 할 수 있는지를 조명한다.

4.1. 기사 표제의 상호 텍스트적 재작성 관계

다른 텍스트의 표제를 지시하는 재작성 관계, 곧 표제 지시 관계는 원형적으로 "'상호'–표제Inter-Titel가 복잡한 구조에서 텍스트에 적용되지 않거나 관련 텍스트의 의미가 독특한 방식으로 표제의 일치나 등가를 깨뜨리는 상호 텍스트적인 관계를 표시하는 것임"(홀투이스, 1993: 149)을 나타낼 수 있다. 이런 경우에 중요한 것은 '소도구들' — 나름의 텍스트(텍스트 종류와 기능)에 맞게 편집되는 문화적 산물, 광고 표제(헤드라인), 관용구 등을 인용하거나 빗대는 재작성 표지들 — 을 이용하는 것이다. 그런 점에서 표제는 실질적인 의미에서 의미 확장과 심화된 의미 해석을 겨냥하여 관련 텍스트와의 대화에서 상호 텍스트성을 유리시키는 것이 아니라 오히려 독서자극으로 이끄는 전략적인 '독서 고리'의 의미를 가질 수 있다.

아래에서는 신문 텍스트들(뉴스, 논평, 광고, 문예 등)의 표제에서 보이는 빗대기 전략이 텍스트 이해에서 어떤 역할을 할 수 있는가를 밝혀 보기로 한다. 빗대기 전략은 관련 텍스트의 다양한 출처와 내용, 다양한 형식적인 구조를 예증하는 데 이용된다. 여기서는 상호 텍스트적인 관계가 개별적으로만, 즉 그때그때의 관련 텍스트의 또 다른 요소나 구조가 본문 자체에서 재생산되지 않은 채 암시적으로만 조성된다는 점에서 관련 본문을 무시하고 표제에 한정시켜 논의하겠다. 이 때 어떤 경우는 선·후행 텍스트의 제목들 간의 상호 관계를 따지는 "상호 표제성Intertitularität"(뢰슬러, 1997: 244)과 관련시킬 것이고, 또 어떤 경우는 관련 본문의 일부 빗대기와 관련시켜 논의를 전개하겠다. 형식적인 면에서 관심을 끄는 것은 빗대기가 일반적으로 '무표적'43)이라는 점이다. 여기서는 형식적인 측면에서 재작성할 때 최대의 축어성 Wörtlichkeit을 보이는 완전 일치와 최소의 축어성을 보이는 부분 일치를 구분하여 몇 가지 전형적인 경우만 예로 들겠다.

4.1.1. 완전 일치를 통한 상호 텍스트적 재작성 관계44)

(16) a. Das doppelte Lottchen(Swatch Twinphon 광고, Tip 21/1992, 48)

    b. Im Westen nichts Neues(Messebericht CeBIT '92(Computer). UNICUM 4/1992, 24)

    c. Jenseits von Afrika(서평, Potzdamer Universitätszeitung 1992.1.13, 12)

    d. • "Geschichten aus der Murkelei"(뉴스, Tagesspiegel 1992.1.10, 6)

      • 테니스 조윤정 "나도야 간다"(스포츠 뉴스, 한겨레신문 2003.01.15)

(16a)는 캐스트너Erich Kästner의 소설 제목인 「Das doppelte Lottchen」을, (16b)는 레마르크Erich M. Remarques의 소설 제목을 그대로 따온 것이다. (16c)는 미국 영화의 제목을 그대로 따온 것이다. (16d)는 팔라다스H.Falladas의 아동소설의 제목을 그대로 인용한 것이고, 후자는 대중가요의 가사 일부를 원용한 것이다.

---

43) 여기서 '무표적'이라 함은 제목에 인용부호가 나타남을 뜻한다.

44) a. 쌍둥이 형제, b. 서부전선 이상 없다, c. 아웃 오브 아프리카 d. 땅꼬마 이야기

4.1.2. 부분 일치를 통한 상호 텍스트적 재작성 관계[45]

전반적으로 형식적인 측면에서 관련 텍스트의 표현이나 구조를 아무런 변화 없이 완전 재생하는 경우는 드물다. 대부분의 경우는 부분적으로 변형된 빗대기에 해당한다. 구성요소들이 바뀌거나 삭제되거나 확장되는 식으로 관련 텍스트가 연출되는 것이다. 이런 경우에 수용자는 상응하는 관계를 산출해낼 수 있기 위해서는 통사적·어휘적 구문의 유사성을 재인식해야 한다. 그러니까 출처를 알아내기 위해서는 적어도 어떤 식으로든 부분 일치가 유지되어 있어야 한다. 다시 말해서 명시적으로나 암시적으로 상호 텍스트성을 보장해줄 수 있는 재작성 표지들이 나타나 있어야 한다.

(17) a. Die doppelte *Flottchen*(뉴스, Berliner Zeitung 1996.2.22, 5)

　　 b. Im *Osten zu wenig* Neues(경제 논평, Die Zeit 1997.2.14, 17)

　　 c. Jenseits von *Valentin*(서평, Die Zeit 1996.5.31, 60)

　　 d. Alle *Pfingsten* wieder(논평, Tagesspiegel 1996.5.26, 1)

(17a)은 캐스트너E. Kästner의 소설 제목인 「Das doppelte Lottchen」을, (17b)은 레마르크E.M. Remarques의 소설 제목을 재작성한 것이다. (17c)는 미국 영화의 제목을 재작성한 것이다. (17d)는 성탄절 노래인 「Alle Jahre wieder」의 제목을 재작성한 것이다.

(17)에서는 모두 원본의 통사모형들이 재생되고 있는데, 변형이 일어나는 부분은 (16)과 비교하면 음운 층위(17a)와 어휘 층위((17b, 17c, 17d)이다. (17a)에서는 한 음운이 첨가되고 있고, (17c)와 (17d)에서는 한 어휘가 대체되고 있다. (17b)에서는 한 어휘가 대체되고 두 어휘가 첨가된다. 그밖에도 대체의 절차를 거쳐 삭제가 일어나는 경

---

45) 이탤릭체로 된 것은 변형, 곧 재작성이 이루어진 부분을 뜻함.

우도 있다(예, *Auf der Suche nach der Ruhe Irlands*[고요한 나라 아일랜드를 찾아서]). 그러나 어순상의 치환은 형식적·통사적 인식 가능성을 보장할 수 없기 때문에 거의 사용되지 않고 있다.

아래의 (18)에서와 같이 (17)에서도 관련 텍스트의 부분적인 형식 재생이 계열조어Reihenbildung의 형태로 나타난다. 즉, 관련 표제의 구성 요소와/나 표제들 간의 상호 영향도 특정 주제와는 무관하게 항상 새로운 구조로 사용되는 통사모형을 보인다.

(18) a. *Wein* oder nicht *Wein* – das ist hier die Frage(춘평)

   b. *Schein* oder nicht *Sch*ein···

   c. Sein oder Nichtsein?(서평)

   d. To be*am* or not to be*am*(서평)

(18)은 셰익스피어의 「햄릿」에 나오는 대사를 재작성한 경우들이다. 모두 두 문장으로 구성된 인용이 다양하게 변형될 수 있음을 보여주고 있다. (18c)는 물음표가 추가된 것을 제외하면 축어적으로 전용되고 있다. 그런데 (18a)와 (18b)에서는 's'가 'sch'나 'w'로 부가적인 음성 대체가 일어나고 있고 (18d)에서는 음절 말음에서 음운 'm'이 첨가되고 있다. 또한 (18c)에서 'Nichtsein'(적어도 영어 원문(원형동사)의 독일어 번역에서는)이 명사화된 복합어로 나타난다는 점에서 형태적·통사적 추이가 보이는 반면에, (18a, b)에서는 다시 분해되고 있다. 음성-음운 층위에서의 음운 교체에 상응하는 것이 어휘 변화이다. 새 단어들이 — 본문이 지향하는 주제에 따라 — 만들어지고 의미 추이가 다른 개념의 활성화를 통해 계획되어 있기 때문이다. 그러나 (19)에서 보듯이 관련 제목과 동떨어진 빗대기도 보인다.

(19) *Hat er* oder *hat er* nicht, das ist hier die *Sorge*(라디오 서적 광고)

여기서는 통사모형은 거의 완전하게 이용되고 양쪽 문장성분들이 재생되고는 있지만, 어휘가 5개나 바뀌었다. 'sein(= be)'이 'haben(= has)'으로 대체되고, 인칭대명사와 이에 따른 동사의 활용변화가 첨가되고, 'Frage[문제]'가 'Sorge[고민]'로 대체되고, 'nicht(= not)'가 동사 다음의 위치로 치환되었다. 결국 저자는 독자에게 관련 텍스트와 재작성 텍스트 간의 등가 관계를 산출할 수 있는 고도의 인지 능력을 요구한 셈이다. 그밖에 독자가 서적 광고와 셰익스피어 텍스트와의 관계를 얼마나 의미가 있고 성공적인 것으로 보느냐는 문제도 미결로 남아있다. 재작성 텍스트는 관련 텍스트를 평가절하 하는 작용을 하는 것이 아니라, 오히려 관련 텍스트의 철학적인 기본 사상을 통속화하여 일상적인 대상의 물질적인 소유를 묻는 질문에 활용함으로써 평가절하 되고 있는 것이다.[46]

(20) a. Neue *Chauvis* braucht das Land(서적 재목)

　　 b. Neue *Führung* braucht das Land(신문의 논평/사설 제목)

　　 c. Neue *Autokennzeichen* braucht *die Stadt*(신문의 보고 제목)

　　 d. Neue *Helden hat* das Land(텔레비전 영화 안내 제목)

(20)은 모두 선행 텍스트로 볼 수 있는 독일 가수 데터Ina Deter의 노래 제목 「Neue Männer braucht das Land[새로운 남성들이 이 나라는 필요하다]」을 재작성한 경우들이다. 이 노래 제목은 목적어('*Neue Männer*'), 서술어('*braucht*') 그리고 주어('*das Land*')의 세 구성성분들로 이루어져 있다. 모든 성분이 재작성 되고 있는데, 어떤 성분이 바뀌느냐는 문제와는 무관하게 최대 두 개의 어휘가 대체되어 변화가 일어나고 있다. 그 이상의 변화가 일어나면 상호 텍스트성의 '놀이'를 보장하지 못할 것이기 때문이다.

(20)의 예들을 모두 비교해보면, (20c, d)은 두 개의 어휘가 대체되

---

46) 예들은 Rössler(1997: 244f)에서 차용함.

어 원본과 좀 더 거리를 두고 있는데, 특히 (20d)는 추가로 문장의 토대가 되는 동사가 대체되어 뚜렷한 변형을 겪고 있어서 독자의 확인 능력이 영향을 미칠 수 있다.

전반적으로 특히 재작성 유형과 관련시키면, 우리의 예들에서는 대체, 첨가(보충 또는 확장), (고립이나 합성에 의한) 생략을 통해 관련 텍스트의 구성요소를 반복하는 경우가 지배적이다. 이와는 달리, 치환 방식은 극히 제한적으로만 사용되고 있다. 반복된 관련 텍스트의 구성요소 규모도 단어에서부터 문장성분을 거쳐 문장 단위에 이르기까지 다양하게 변형되고 있다. 게다가 이 기본 단위들의 언어 층위와 관련해서도 변형이 일어나고 있다. 이런 변형은 음운이나 음절의 개별적인 교체에서부터 형태론적 변화를 거쳐 어휘 층위에까지 걸쳐있다. 통사적 변화는 특히 구성요소의 첨가와 무관하지 않다. 문자소Graphem 층위는 대개 제목에서 강조된 글자체(두꺼운 글씨체)와 글자크기 등에서 관찰될 수 있다.

4.2. '논평'의 재작성 표현에 비친 상호 텍스트적 관계

(21) 물맷돌 없는 다윗47)
①무려 40년 이상이나 세계에서 가장 거대한 독재국가 중국이 티베트 고원의 작은 민족을 압제하고 있다. ②40년 이상이나 히말라야 변방에서 인권이 짓밟히고 있다. ③지난 며칠 동안의 무작위 체포와 목표 지점이 너무나 뚜렷한 최루탄이 이를 말해준다. ④그리고 40년 이상이나 중국인들은 문화 파괴의 소금을 오로지 자신들의 전통을 수호하면서 정당방위의 행동을 지켜보아야 하는 사람들의 열린 상처에 뿌린다. ⑤왜냐하면 40년 이상이나 티베트 인들은 폭력 없이 저항하고 있기 때문이다. ⑥그들은 소리 없는 아우성으로 쇠사슬 소리를 압도한다. ⑦물맷돌 없는 다윗이 안전보장

---

47) 원 속의 번호는 텍스트 구성 요소를 문장 단위로 나눈 것으로 필자가 붙인 것임.

이사회에 의석을 가진 골리앗에 맞서 싸운다. ⑧잊혀 지지 않겠다는 희망만이 이 민족을 견뎌낼 수 있게 한다. ⑨이 민족은 정당성의 양심이 공산주의 권력 행사의 비양심보다 더 오래 갈 것이라고 믿는다. ⑩베이징 대표단 외에 망명중인 티베트 인들의 정신적 세계 지도자인 달라이 라마도 유엔 인권회의에 참석하러 비엔나에 갈 예정이다. ⑪서방국가에게는 분노의 깃발을 올릴 절호의 기회임을 잊지 말아야 할 것이다.

(21)은 1993년에 세상을 시끄럽게 했던 티베트 독립을 진압하기 위해 중국의 대응책을 다룬 기사들 중 하나로서, 성서를 관련 텍스트로 삼고 작성된 한 일간신문의 논평 기사이다. 이 논평 텍스트의 표제는 두 명사 — 고유명사 '다윗'과 도구명사 '물맷돌' — 을 관형사 '없는'으로 연결하고 있다. 이미 여기에서 저자는 독자에게 응집성을 산출할 수 있는 고도의 인지적 능력을 요구하고 있다. 독자는 텍스트 표층의 '틈새'를 텍스트 선지식을 통해 막아야 할 것이다. 아니면 독자가 표제를 통해 할 수 있는 일은 아무 것도 없을 것이다.

첫째, '다윗'은 누구일까? 어떤 '다윗'을 두고 말하는 것일까? — "상호 텍스트적인 영화 미술학intertextuelle Szenographie"(에코, 1972)과 관련해서 또는 이와 무관하게 처리될 수 있는 가설, 전제, 해석상의 결정이 내려져야 한다. 그러나 다윗을 의미 전개의 최소 조건과 관련시킬 수 있는 것은 [남성], [인간], [이름], [명사], [단수] 같은 통사·의미 자질들이다.

둘째, '물맷돌'이란 무엇일까? 어떤 종류의 '물맷돌'을 두고 하는 말인가? — 적어도 (ㄱ) 아이들의 장난감 고무총, (ㄴ) 무기로서 고대의 물맷돌 같은 해석이 가능하다. 제목 전체의 의미는 텍스트에 대한 사전지식 없이는 명확하게 파악될 수 없다. 통사·의미 자질들에 기대어 제목의 의미를 최대로 접근하면, '다윗이라는 한 남성이 (ㄱ)이나 (ㄴ)과는 무관하거나 이들 중 하나의 대상으로서 '물맷돌'를 가지고 있지 않다'는 의미를 이끌어낼 수 있을 것이다. 독자가 본문을 수용하기에 앞서 제목의 '다윗', '없는', '물맷돌' 같은 어휘들을 통해 독자에게 활

성화될 수 있는 인지적 국면을 보그랑드와 드레슬러(1981: 101ff)에서
사용한 개념들에 기대어 도식화한 것이 [그림 23]이다.48)

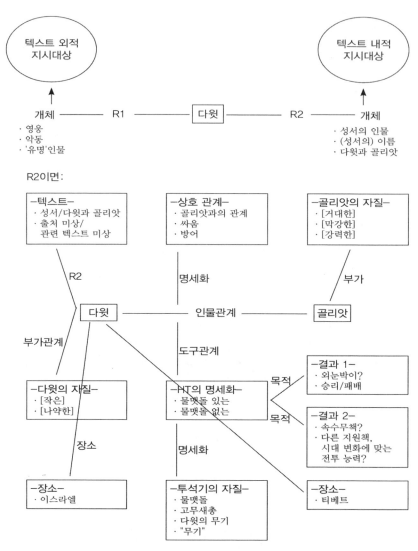

[그림 23] 논평 텍스트의 인지구조

---

48) 약어 설명
　　R1: 언어 외적/텍스트 외적 지시 대상과의 지시 관계
　　R2: 언어적/텍스트적 지시 대상과의 지시 관계.

그러나 이 표제는 이런 모호성 때문에 본문에 대한 관심을 일깨우기 위한 '고리', 즉 제목에 비친 다의성을 해결해 줄 수 있는 본문을 읽어나가도록 독자의 마음을 움직이기 위한 '고리' 역할을 할 수 있다. 다른 한편으로 이미 표제에서 다윗이 성서에 등장하는 인물을 지시하고 있음을 확인할 수 있는 독자라면, 적어도 다윗이 '물맷돌'이라는 대상을 가졌음을, 다시 말해서 작은 목동 다윗이 '물맷돌'로 거대한 골리앗을 죽였음49)을 알고 있을 것이다. 한 어휘를 교체하여('[가지고] 있는'을 '없는'으로 대체) 완전히 뒤바뀐 '다윗'의 출발 상황은 성서이야기에서 줄거리와 힘의 관계에 관련된 기대가 얼마만큼 본문과 연결되어 맞아떨어지거나 어긋날 것인가 하는 의문을 갖게 되는 중요한 수용 자극 역할을 할 것이다. 이미 본문의 첫 번째 문장이 비록 암시적이기는 하지만 그런 식으로 수용할 수 있는 또 다른 텍스트 근거를 제공하고 있다. 즉 40년 이상이나 세계에서 '가장 강력한' 독재자가 '나약한' 티베트 민족을 억압하고 있다. 이미 표제의 골리앗 및 다윗과 골리앗을 통해 활성화하여 처음부터 이들의 구성 자질들을 마련해 놓고 있는 독자라면 이곳에서 또 다른 텍스트 흐름에서 공지시 관계로 확인되는 유추를 해낼 수 있다.

또 다른 독자에게는 '다윗=작은=티베트' 및 '골리앗=거대한=중국'의 관계가 문장 ⑦을 되돌아볼 때 비로소 은유적으로 연결될 수 있을 것이다: '물맷돌 없는 다윗이 안전보장이사회에 의석을 가진 골리앗에 맞서 싸운다.' 적어도 이곳에서 분명해지는 것은 (관련 텍스트의) 특정 인물들이 실제 사태를 제시하기 위해 은유적으로 변형되고 있다는 사실이다. 한편으로 독자는 — 독자에게는 성서 관련성이 제목에 여전히 감춰져 있는데 — 확장에 의한 반복적인 표제 표현(골리앗과 싸우기, '물맷돌'의 명세화)을 거쳐 다윗과 골리앗의 이야기를 이제 눈앞에 그릴 수 있을 것이며, 전조응Anapher뿐 아니라 후조응Katapher 관계를 통하

---

49) 구약성서 사무엘 상, 17절 참조. 여기서 다윗은 유대인의 왕으로 나옴.

여 텍스트 의미를 구성할 수 있을 것이다. 다른 한편으로 관련 텍스트와는 무관하게 수용이 가능할 수도 있을 것이다. 관련 텍스트의 최소 구성성분들만 도식적인, 규약적인 은유의 형태로 작용하기 때문이다.

그러나 독자들은 일반적으로 의미 자질 [작은]과/나 [나약한] 및 [거대한]과/나 [강한]만 다윗과 골리앗에 관한 '언어 지식'에 해당한다고 생각할 수 있다. 그래서 응집성을 보장하고 이해를 쉽게 할 목적으로 저자는 두 주인공들 간의 싸움('…에 맞서 싸우다')을 텍스트적으로도 설명하는 것이 필요하다고 본다. 그런 독자들을 위해서는 물론 그들이 갖고 있지 않는 (관련 텍스트에 관한) 신정보들이 이용될 수 있을 것이다. 이렇게 하여 재작성 텍스트는 독특한 내용을 가진, 텍스트적으로 이미 만들어진 단위로서의 관련 텍스트가 있다는 의식이 형성된다는 점에서 선행 텍스트에 다시 영향을 미칠 수 있으며, 기존 언어 지식은 재작성 텍스트를 통하여 확장되거나 텍스트 지식이 될 수 있다.

그러나 이런 정선된 상호 텍스트적인 의미화는 개별 텍스트 지시 관계가 현실화되고 텍스트가 성서에 나오는 이 이야기의 줄거리와 공동의 상황에 관한 독자의 다양한 관련 지식들을 통하여 첨가·축적되어, 독자가 언어 지식을 넘어서는 의미 구성의 새로운 길을 시험해보고 자신의 선지식에 기대어 두 텍스트들 사이에 어떤 또 다른 등가 관계들이 있을 수 있는지 다양한 판단을 내릴 때 발생할 수 있는 것이다. 예컨대 오늘날의 민족이나 국가들 간의 정치적 관계들이 성서의 싸움에 활용되어, 여기서는 중국의 죽음/섬멸로서가 아니라 티베트의 정치적, 문화적 자립과 평등권의 회복과 쟁취로서 양국 간의 갈등의 탈출구를 유추해낼 수 있을 것이다. 또는 티베트가 '물맷돌'이 없으므로 여러 적대국들 간의 싸움에서 여전히 절망적인 상황을 갖게 되는 경우 등등을 생각할 수 있다.

전체적으로 보면, 이 예시 텍스트에서 분명해지는 것은 텍스트에 나타난 특정 상호 텍스트적인 근거들이 텍스트의 수용 과정에 커다란 영향을 미칠 수 있다는 점이다. 이 근거들만이 관련 독서 전략을 야기하거나 계승하거나 불명료하게 할 수 있기 때문이다. 그래서 표제의 핵심어 분석을 통하여 전체 이야기나 관련 텍스트가 재작성 표지로서 전제되면서 실제 사태와의 지속적인 관계, 예컨대 유추를 맺게 된다는 점이다.[50] 예컨대 (21)에서는 텍스트 중간에서 골리앗을 다시 언급하여 표제의 일부가 재작성 되면서 성서 빗대기는 특히 명료해진다. 그런 점에서 의도된 관련성의 이러한 보충, 반복 그리고 설명은 활성화되어야 할 또 다른 지식 요소와 연결되어 잘 이해될 수 있도록 보장해주는 기능을 하게 된다.

이런 텍스트 지시 관계는 세부적인 선행 텍스트 지식을 통합하여 선행 관련 텍스트를 불식시킬 수 있을 뿐 아니라[51] 성서 원문의 구체적인 확인 작업에까지 이를 수 있는 수용 놀이공간을 열어줄 수 있다.[52]

---

50) 다윗과 골리앗의 성서 관련 위치와 인물들은 새로운 맥락에로의 상호 텍스트적인 변형을 통하여 변화된 의미를 얻게 된다.
51) 그러나 그 의미는 적어도 일부 축소된 은유 형태로 활성화된다.
52) 오늘날 일부 독자들에게 정확한 성서 지식이 더 이상 전제되지 않을 수도 있다는 사실이 텍스트 이해를 결정적으로 방해할 수 있다고는 볼 수 없을 것이다. 다만 성서 지식이 있는 독자들은 관련 텍스트 지식이 없거나 관련 텍스트를 무시하는 독자들과는 달리 읽게 될 것이다.

제8장 뉴미디어 시대의 커뮤니케이션 형태

1. 매스미디어와 뉴미디어

흔히 1990년대 중반 이후를 '뉴미디어'의 시대라고 한다. 21세기 초의 뉴미디어는 인터넷 기반 시스템과 관련이 있는데, 텍스트, 그래픽, 영상과 음성을 조합할 수 있고 데이터를 디지털로 저장하거나 데이터 망을 거쳐 전송하는 미디어를 의미한다. 이런 뉴미디어에 속하는 것으로는 인터넷, 디지털 텔레비전, 핸드폰(스마트폰), 태블릿 PC 등이 있다.

웹(WWW)은 인터넷에 기초한 시스템으로서, 끊임없이 바뀌는 하이퍼텍스트 망이다. 웹을 거쳐 이메일, 채팅, 댓글, 페이스북, 트위터 같은 서비스들도 이용할 수 있다.

전통적인 매스미디어의 개념[1]에 기대면 이른바 인터넷 기반 커뮤

---

[1] 매스미디어는 내용을 동시에 익명의 분산된 시청자 층에게 제공한다. Burger(2005: 1장) 참조.

니케이션 형태들(예, 웹사이트, 이메일, 채팅 등)은 매스미디어에 들어갈 수 없다. 전화나 신문 같은 전통적인 미디어의 경우에 한 의사소통 파트너가 다른 한 파트너와 의사소통을 하는지, 아니면 한 사람이 다수에게 의사소통을 하는지, 즉 이른바 일대일 또는 일대다 커뮤니케이션이 일어나고 있는지 극히 분명하다. 그러나 인터넷이 제공하는 것은 일 대 일(예, 사적인 이메일), 일 대 다(웹사이트), 다 대 다(예, 채팅)를 충족시키는 서비스이다. 핸드폰의 경우도 다양한 커뮤니케이션 형태들(예, 전화 대화, SMS, 정보 검색 등)로 구분된다. 이런 다양한 형태들에서도 다시 그 안에서 실현된 텍스트 종류들[2])에 따라 구체적인 경우에 매스커뮤니케이션인지 결정할 필요가 있다. 예컨대 대부분의 이메일은 한 사람이 다른 한 사람에게 보내는 것이다(예, 텍스트 종류 '사적 이메일'). 텍스트 종류 '광고 메일'의 경우에는 메일이 한사람(또는 한 기관)이 다수의 사람에게 보내질 수도 있다. 그러니까 개인 커뮤니케이션이 실현되는 것이냐 아니면 다중 커뮤니케이션이 실현되는 것이냐의 여부는 매체에 좌우되는 것이 아니라 이 매체 속의 커뮤니케이션 형태와 이 매체에서 실현된 텍스트 종류의 선택에 좌우된다.

뉴미디어는 그러니까 이미 특정 커뮤니케이션 형상과 관련된(이를테면 텔레비전의 경우처럼) 미디어가 아니라 오히려 특정 커뮤니케이션 형태들이 제공되는 토대와 관련이 있다. 그리고 이 특정 커뮤니케이션 안에서 다시 다양한 텍스트 종류들이 나름의 커뮤니케이션 형상으로 실현될 수 있다. 그런 점에서 이 층위에서 매스미디어라는 말을 하는 것은 의미가 있다. 이런 의미에서 매스미디어는 실제로 커뮤니케이션 형상을 뜻하며, 정보 저장과 정보 전달을 위한 도구의 의미에서 미디어가 아니다.

인터넷 커뮤니케이션은 "생산자와 참여자의 역할에 한계"(부허,

---

2) Dürscheid(2005)는 커뮤니케이션 형태의 구체적인 실현에 대하여 '커뮤니케이션 장르'라는 용어를 사용한다.

2002)가 없다고들 한다면 이는 일방(향)적 커뮤니케이션도 있을 수 있는 개별 텍스트 종류에 적용되는 것이 아니라 기반으로서의 인터넷에 적용되는 것이다. 그래서 뉴미디어가 제공하는 다양한 커뮤니케이션 형상들을 통해 개인 커뮤니케이션과 다중 커뮤니케이션을 분리하는 것은 "불명확하고 시대에 뒤떨어진다"(슈미츠, 1997: 133)는 생각은 동의하기 어렵다. 개인 커뮤니케이션과 다중 커뮤니케이션이 불명확해진다는 것은 일정 의미에서는 맞는 말이다. 그날그날의 시사적인 정보 외에 독자들 간의 채팅 가능성도 제공하고 편집부의 개별 구성원에게 이메일을 보낼 수 있는 가능성도 열어놓은 신문의 웹사이트를 생각할 수 있을 것이다. 개인 커뮤니케이션과 다중 커뮤니케이션의 구분이 이 때문에 불명확하게 된다는 것은 분석적 관점에서 보면 맞지 않은 것 같다. 개별 텍스트 종류들의 자질은 이런 구분을 재수용하지 않고는 만족스런 분석을 할 수 있는 경우가 거의 없기 때문이다.

아래에서는 전통적인 매스미디어들의 언어 문제와 관련된 텍스트 종류들, 예컨대 전화, 신문, 라디오, 텔레비전의 텍스트 종류들뿐 아니라 인터넷상의 온라인 신문과 온라인 잡지의 기고문들에도 주목하겠다. 수많은 신문들의 온라인 상품에 속하는 것으로는 실제의 기사 외에 사진과 동영상, 채팅, 토론방 또는 독자편지-이메일 같은 서비스들도 있다. 더불어 블로그weblog도 주목하겠다. 뉴미디어의 하위 텍스트 종류들의 유형화와 관련하여 [그림 24]와 같은 커뮤니케이션 형태들도 유도할 수 있다.

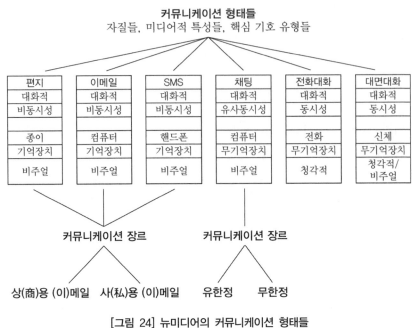

커뮤니케이션 형태들
자질들, 미디어적 특성들, 핵심 기호 유형들

편지	이메일	SMS	채팅	전화대화	대면대화
대화적	대화적	대화적	대화적	대화적	대화적
비동시성	비동시성	비동시성	유사동시성	동시성	동시성
종이	컴퓨터	핸드폰	컴퓨터	전화	신체
기억장치	기억장치	기억장치	무기억장치	무기억장치	무기억장치
비주얼	비주얼	비주얼	비주얼	청각적	청각적/ 비주얼

커뮤니케이션 장르   커뮤니케이션 장르

상(商)용 (이)메일   사(私)용 (이)메일   유한정   무한정

[그림 24] 뉴미디어의 커뮤니케이션 형태들

2. 하이퍼텍스트

하이퍼텍스트는 개별 정보 단위들[3])이 링크를 통하여 네트워크 식
으로 연결된, 곧 비선형적으로 조직된 구성체로 이해된다. 이것은 수
용자가 하이퍼텍스트의 그 어떤 장소에서 정보 단위들을 임의의 순서
로 방문할 수 있다는 뜻이다. 말하자면 수용자는 개별 단위들을 생략
할 수도 있고 하이퍼텍스트를 언제든지 떠날 수도 있다. 예컨대 이 단
위들은 다양한 사이트들에서부터 접근되고 또 반복해서 새로운 콘텍
스트로 들어갈 수 있다. 저자에게는 이것이 응집성 계획에 중요한 효
과를 갖는 수용 경로가 예측될 수 없다는 뜻이기도 하다. 하이퍼텍스

---

3) unit of information, chunks, nodes, Module.

트의 또 다른 자질은 하이퍼텍스트가 상이한 기호 체계의 데이터들(언어(본문), 영상, 음성 등)을 포함할 수 있어서 다매체성이라는 점이다. 경우에 따라서는 하이퍼텍스트와 하이퍼미디어 개념을 동의어로 사용할 수도 있을 것이다. 상이한 기호 체계들의 이런 그물망을 "공감각 Synästhetisierung"이라고도 한다. 마지막으로 하이퍼텍스트는 컴퓨터 기반 단위이므로, 단위들 간의 끝없는 링크가 가능하다. 컴퓨터 기반이란 말은 생산뿐 아니라 수용을 위해서도 소프트웨어가 필요하다는 뜻이다. 이 자질에 의해 하이퍼텍스트는 모듈로 구성된 인쇄 텍스트와도 구분되고, 또 이른바 "E-텍스트"(슈토러, 1999)와도 구분되는데, E-텍스트는 전자적으로 묶인 것이기는 하지만 선형적으로 조직된 것이다. E-텍스트는 가치 손실 없이 종이 위에 표현될 수 있다.[4]

하이퍼텍스트의 수용은 특히 능동적인 특성이 있어서 '상호작용'이라 불리기도 한다. 그런 점에서 하이퍼텍스트는 '상호작용적' 특성이 있다. 정보과학에서는 기계가 인간의 입력에 반응한다는 점에서 상호작용이란 명칭을 사용한다. 언어학에서의 상호작용은 사람들이 상호 언어적 행위를 서로 관련시키는 사회적 과정을 뜻한다. 그런 과정은 이메일 교환이나 채팅 같은 데에서 나타나지만, 하이퍼텍스트의 이용에서는 나타나지 않는다. 물론 비선형적인 미디어의 이용은 단순히 링크의 선택과 활성화에 국한되는 것은 아니다. 오히려 디지털 커뮤니케이션 상품을 습득할 때 기초가 되는 것은 시퀀스 모형, 전략 원칙, 지식 정세, 지식 구성, 주제 관계, 커뮤니케이션 수단의 형태와 구성 등이 습득 활동을 결정하는 대화적 상황이다. 사용자는 그 상품과 상호작용하는 것처럼 행동하고 그 상품이 자기에게 상응하는 방식으로 대답하는 것으로 그 상품을 확정한다. 따라서 비선형적인 미디어 커뮤니케이션에 중요한 것은 '가상적' 상호작용이다.

그래서 하이퍼텍스트 개념을 정의하면, 하이퍼텍스트는 "응집력

---

4) 하이퍼텍스트 개념과 특성은 왕치현(2005), 조국현(2009ㄱ), Sager(2000), Storrer(2000) 참조.

있고, 비선형적이고 다매체적이고, 컴퓨터로 실현되기 때문에 상호작용적으로 수용과 조작이 가능한, 수용자가 언제든지 다양하게 이용할 수 있는, 미리 프로그램화된 링크망의 상징 복합체"(자거, 2000: 589)이다.

텍스트언어학적 관점에서 제기되는 질문은 '하이퍼텍스트가 완전히 새로운 종류의 텍스트인가', 그렇다면 '텍스트언어학의 전통적인 기술 장치들로는 적절히 파악될 수 없는 것인가' 하는 것이다.

하이퍼텍스트의 비선형적인 조직 형태는 피상적으로는 새롭다. 예컨대 사전이나 백과사전은 임의의 순서로 읽을 수 있다. 이 두 텍스트 종류는 개념상 선형적으로, 곧 선형적인 읽기 방식으로 구상되어 있지 않다. 선형적 텍스트에서 하이퍼텍스트로의 이행은 매체를 간과하면 유동적이다. 상이한 기호 체계들의 통합도 전혀 새로운 것이 아니다.[5] 새로운 것은 아담칙(2002: 178)의 지적처럼 전자적 링크뿐이다. '어느 정도 새로운 것'은 읽기 순서의 예시가 없다는 것이다. 하이퍼텍스트의 네트워크식 조직으로 인해 전통적인 의미의 선형적 읽기는 상황에 따라서는 불가능하거나 무의미해진다. 컴퓨터 기반 하이퍼텍스트로는 새로운 단위를 직접 링크할 수 있으므로, 정보 검색 과정에서 길을 잃거나 전혀 엉뚱한, 그러나 중요한 정보를 만날 수도 있다.

정리하면, 하이퍼텍스트는 ① 다매체적, ② 비선형적 자질 외에 ③ 전자적으로 출판된 자질도 있다. 그렇다고 전통적인 언어학적 텍스트 정의가 하이퍼텍스트와 관련해서 시대에 뒤떨어진다거나, 하이퍼텍스트가 기본적으로 완전히 새로운 자질을 보이는 것은 아니다(아담칙, 2002; 슈토러, 2000 등). 다만 선형성, 응집성, 링크, 텍스트 경계 등과 같은 자질들을 새롭게 구분하고 그 진가를 새롭게 평가할 필요가 있을 것이다. 전통 신문의 온라인판도 하이퍼텍스트적인 경향을 보인다.

---

5) 바로크 시대의 엠블럼은 이미 텍스트와 그림을 조합했고, 오늘날의 인쇄 미디어의 "텍스트 디자인"에서도 텍스트, 그림(영상), 그래픽 등이 결합해 있다.

전통 신문도 전자적으로 출판되지는 않았지만, 다매체적, 비선형적 자질을 고려할 때 순수 하이퍼텍스트의 성질이 없는 것은 아니다(부허, 1996). 이런 하이퍼텍스트적인 형태가 바로 '클러스터–텍스트 Cluster-Text'이다.

3. 온라인 신문과 온라인 잡지

1990년대 중반부터 대부분의 독일어권과 한국의 신문들[6]은 웹상에서도 기사 정보들을 제공하고 있다. 포털사이트들[7]에서도 분야별로 기사 정보들을 제공한다.

일반적으로 대부분의 온라인 신문들은 인쇄 버전이 제공하지 않거나 제공할 수 없는 서비스들도 제공한다(예, 문서기록과 문서자료Dossiers, 외부 사이트, 찾기 기능, 채팅이나 댓글, 토론방 같은 상호작용 서비스 등). 신문이나 잡지의 온라인 판에 인쇄판의 모든 대응 텍스트들이 있는지는 신문마다 다르다. 예컨대 독일의 시사 주간신문인 〈Die Zeit〉의 웹사이트는 인쇄판 기사들을 대부분 실시간 넷 망에서도 제공하며, 온라인 독점 칼럼, 르포, 보고, 분석 및 중요 사건의 일일 논평 등도 찾을 수 있다. 독일의 전국 일간지 〈FAZ〉도 인터넷 판에서 인쇄 버전의 텍스트도 검색할 수 있고(해당 쪽수 정보 제공: "Text: Frankfurter Allgemeine Zeitung, 날짜, 호, 쪽"), 온라인 판을 위해 작성된 텍스트는 FAZ.NET으로 표시되거나 통신사를 언급하여 출처 정보(예, "mit Material von dpa,

---

6) 예를 들면,
   독일의 신문 사이트 http://www.faz.net/s/homepage.html, http://www.sueddeutsche.de/
   한국의 신문 사이트 http://www.donga.com/, http://www.chosun.com/
   스위스의 신문 사이트 http://zeitung.ch/index.php
7) http://m.kr.yahoo.com/
   http://de.yahoo.com/
   http://news.google.de/nwshp?hl=de&tab=wn

REUTERS")를 명시한다.

온라인 신문과 온라인 잡지의 잠재성과 독특한 문제점은 인쇄 버전과 비교하면 하이퍼텍스트에서 볼 수 있는 특성들에서 드러난다. 온라인 신문은 웹상의 하이퍼텍스트이다. 그래서 온라인 신문은— 대부분 잠재적으로 — 다매체성, 비선형성, 상호작용성, 가상성 같은 하이퍼텍스트의 자질들을 공유한다.

3.1. 다매체성

온라인 신문은 문어 텍스트이면서 음성 파일, 동영상 파일, 사진, 그래픽 같은 다매체적 요소들로 구성되어 있다. 즉, 온라인 신문은 라디오, 텔레비전, 비디오, 신문, 사진첩, 애니메이션 같은 다매체를 하나로 묶은 하이퍼미디어에 다름 아니다(부허, 1999b: 9).

인쇄된 신문과 잡지도 문어 텍스트로 구성되어 있으면서 사진, 그래픽, 픽토그램 같은 다매체를 사용한다. 온라인 신문의 다매체성은 그러니까 새로운 것은 없지만, 인쇄판에 비해 강화되어 있다. 두 번째 질문은 앞서 말한 하이퍼텍스트 특유의 가능성들이 실제로도 얼마나 실현되고 있느냐 하는 것이다. 현재 온라인 신문들은 문어 텍스트가 지배적이다. 반면에 사진이 차지하는 비중은 레이아웃에 따라 상이하다. 독일어권이나 한국의 대부분의 온라인 신문들(예 (2))은 '구글Google' 같은 포털 사이트(예 (1))와는 달리 특히 초기화면에서는 사진이 지배적인 역할을 한다.

(1) Google, http://news.google.de/nwshp?hl=de&tab=wn, 2010.09.02, 16h40

(2) 동아일보, http://www.donga.com/, 2010.09.02, 16h45

　　(1)에서 보듯이, 독일어판 "Google" 홈페이지 초기 화면이 철저히 영상 없는 뉴스들로 구성되어 있다면, 동아일보 홈페이지 (2)는 대개 각 뉴스 기사마다 관련 사진을 넣고 있다. 이들 사진은 시선끌기라는 의사소통 기능도 있지만, 링크 기능도 있다.

(3) a. 스위스 뉴스 사이트, http://www.swissinfo.ch/ger/index.html, 2010.09.03, 09h10

b. swissinfo online의 관련 기사

온라인 뉴스 사이트들은 선별된 주제들에 대해 '사진 앨범'이나 '사진 구간'을 많이 제공하는데, 한 사건에 관련된 여러 사진 정보들을 볼 수 있다. 소수이기는 하지만 개별 사건 관련 동영상들을 제공하기도 한다. 예컨대 swissinfo online의 2010년 9월 3일자 홈페이지 (3a)에서는 기사 듣기(표제 상단 오른쪽 스피커 아이콘), 한 사건과 관련된 주제 기사(본문 중간), 오른쪽 칼럼에 "Videos", "Foto-Galerien", 기사 관련 추가 정보로서 "Bologna-Reform", "Zahlen und Fakten" 그리고 주제 관련 참고 링크들로 구성되어 있다. 전반적으로는 이른바 융합 텍스트로서 본문-영상의 복합적인 구조가 지배적인 경향을 보인다. 순수 오디오 자료는 온라인 뉴스 사이트나 온라인 신문, 온라인 라디오에서는 발견할 수 없다.

3.2. 비선형성: 클러스터 텍스트

텔레비전 뉴스나 라디오 뉴스가 수용 순서가 선형적이라면, 온라인 신문은 비선형적이다. 후자의 경우에 수용 순서는 사용자가 스스로 결정한다. 그러나 이미 언급했듯이, 오늘날의 인쇄 미디어들도 선형성만 고집하지는 않는다.

대규모 보도인 경우에 해당 주제가 인쇄 신문의 '클러스터 텍스트'처럼 소형 텍스트들로 세분되기도 한다. 이런 주제 분할은 세 가지 형태로 구분될 수 있는데, 주제 해체, 기능 해체, 시각 해체가 그것이다. 주제 해체는 한 주제가 개별 하위 주제들로 나눠지는 경우이고, 기능 해체는 주제가 상이한 텍스트 종류들, 이를테면 특파원 보고, 논평, 도표 등으로 나눠서 소개되는 경우이다. 시각 해체는 주제를 상이한 여러 관점에서 접근하는 경우이다. 주제 해체는 기능 해체를 수반하는 경우가 일반적인데, 온라인 신문이 선호하는 방식이다.

(4) YTN online, http://www.ytn.co.kr/, 2010.09.03, 11h30

유명환 장관, "특혜의혹 간과 송구... 딸 특채응시 취소"

유명환 외교통상부 장관은 자신의 딸이 외교부에 특별채용 되는 과정에서 특혜 논란이 빚어진 것과 관련해 송구스럽게 생각한다며 딸이 특채에 응시한 것을 취소...

↳ 유명환 장관, 국회 상임위 '막말' 논란
↳ 유 외교, "오히려 더 공정히 심사했을 것"
↳ 유명환 장관 딸 특채 특혜 논란
↳ 2012년부터 외무고시 완전 폐지

주제는 한편으로는 주제적으로 분할되고, 다른 한편으로는 기능적으로 분할되고 있다. (4)의 예에서 주제적으로는 ― 사진을 첫머리에 두고 시작하는 유명환 장관 딸 특채 관련 보고 외에 ― '배경', '삽입 또는 심화' 및 '반응'을 구분할 수 있다. 유엔안보리 특별 회의, 외무 고시 폐지 관련 보고는 이 사건에 대한 반응에 속한다. 탐문 시점에 관한 가장 시의적인 뉴스이기 때문에 이 텍스트는 보도 관련 기사들을 통해 광고되면서 다른 어떤 것보다 더 많은 중점을 두고 있다. 추가적인, 세부적인 정보 제공의 의미에서 심화에 이용되는 것은 동영상과 사진 갤러리이다. 기사 "2012년부터 외무고시 완전 폐지"는 반응에 해당하는데, 사건을 더 큰 시의적인 맥락에 삽입한 것은 유명환 장관 딸의 특별 채용 파동 및 그 이전의 정치인 사찰 사건, 관련 사건들에 관한 시사토론 및 논평, 이 논평과 연계한 특채 관련 기사들에서 나타난다.

핵심 사건 보도 관련 기사들에서 발견될 수 있는 이런 클러스터 모듈에서는 기사들의 서열화 내지 등급화는 거의 찾을 수 없다. ― '아이콘'에 의한 동영상과 사진 갤러리의 순서와 강조를 제외하면, 이 텍스트들의 위계구조는 인쇄 미디어의 클러스터 텍스트와 별반 차이가 없다. 개별 모듈의 크기를 알 수 없고, 글자의 크기나 명암 등으로 가중치를 주지 않았고, 순수한 텍스트인지 아니면 다매체적으로 구성된 융합 텍스트인지도 알 수 없기 때문이다.

3.3. 상호작용성

온라인 신문은 정보과학에서 보면 상호작용적이다. 컴퓨터가 사용자의 입력에 반응하고 사용자는 웹사이트에서 정보가 제시되는 것에 영향을 미칠 수 있기 때문이다. 이런 종류의 상호작용성은 대부분의 온라인 신문에서는 오늘날 특정 웹사이트의 접근을 넘어서고 있다. 이를테면 찾기 기능을 거쳐 성과 목록들이 또 다른 링크들로 생성될 수 있다. 또한 대부분의 온라인 신문은 그날의 시의적인 주제에 대하여 설문조사를 실시하는데, 이 주제에 대하여 사용자는 대개 찬성이나 반대를 표명할 수 있고, 설문의 결과에 영향을 미친다. 상호작용성이 가장 광범위하게 미치는 것은 인물에 초점을 맞춘 온라인 신문이다. 수많은 온라인 신문들은 인물에 초점을 맞춘 온라인 신문 버전을 꾸밀 수 있는 가능성을 제공한다.

언어학적으로 보면, 온라인 신문은 다른 사람과의 커뮤니케이션을 가능하게 하는 서비스를 제공할 때 상호작용적이다. 인쇄 미디어에서 이미 편집진에게 편지를 쓸 수 있었지만, 상호작용적 가능성은 오늘날의 온라인 신문에서 쉬워지고 또 확대되고 있다. 예를 들어 야콥스(1998)는 전자투고(예, 독자편지와 방명록에 남기기), 토론 목록, 채팅을 들고 있다.

독자편지는 온라인 신문에서는 매체 교체 없이 가능한데, 전자 양식을 거쳐 편집진에게 이메일로 발송될 수 있다. 온라인 신문에 따라서는 그러나 이 양식에 접근하는 방식과 누구에게 이메일을 보낼 수 있는 지에 관한 길은 상이하다. 〈FAZ〉의 온라인 판은 한국의 신문들과는 달리 각 기사에 대한 '댓글' 공간은 없고, 각 화면 하단에 "Kontakt

[접촉]"라고 한 링크와 더불어 다양한 링크들이 제공되고 있다.

(5) FAZ의 화면 하단, http://www.faz.net/s/homepage.html, 2010.09.03, 15h30

Herausgegeben von Werner D'Inka, Berthold Kohler, Günther Nonnenmacher, Frank Schirrmacher, Holger Steltzner

FAZ.NET-Impressum Die Redaktion Kodex Kontakt Sitemap Hilfe Nutzungsbedingungen Datenschutzerklärung RSS Mobil

Online-Werbung   Anzeigen   Leserportal   Jobs bei der F.A.Z.   Mehr über die F.A.Z.

F.A.Z. Electronic Media GmbH 2001 - 2010   Partner-Portal: NZZ Online

---

이런 링크는 각 화면에 나타나 있기는 하지만, 작고 읽기 어려운 문자로 화면 하단에 배치되어 있다. 이 화면에서 아래로 스크롤 하지 않는 독자는 이런 안내를 찾을 수 없다. 이런 문제를 야콥스(1998)는 "배치 문제"(앞의 책: 99)로 본다. 해당 전자 양식에서 사용자는 FAZ의 어느 부서에 이메일을 쓰고 싶은지를 선택할 수 있다. 이런 'Kontakt' 코너는 FAZ 외에 Spiegel, BILD, NZZ 등에도 있다. 물론 "Impressum" 링크에는 독자편지를 위한 각 영역 및 부서별 이메일 주소도 제공한다. 반면에 한국의 온라인 신문은 편집진에게 이메일을 발송할 수 있는 기능은 제공하지 않고, 각 기사에 대한 댓글 코너만 있다.

온라인 신문들은 대부분 개별 기고문에 직접 논평할 수 있는 댓글 공간도 제공한다. 독일의 경우에 일부 일간지, 특히 FAZ는 이런 공간이 없다. 한국의 경우에는 대부분이 댓글 공간을 제공한다. (7)은 동아일보 2010년 9월 3일자 유 외교 장관 딸 특채 관련 기고문에 대한 댓글을 보인 것인데, 일련번호, 작성자, 날짜, 찬·반 등의 정보가 공개된다. 이밖에 전자 커뮤니케이션에 전형적인 다양한 이모티콘 등의 쓰기 방식도 발견된다.

(6) 동아일보, http://news.donga.com/Politics/3/00/20100903/30947061/1, 2010.09.03, 16h15

3.4. 가상성

온라인 신문은 일종의 가상공간이기 때문에 시간, 양, 공간과 관련된 인쇄 신문의 제약을 받지 않는다. 신문이나 잡지의 온라인 판은 거의 실시간으로 활성화될 수 있어서, 불러올 수 있는 정보들은 인쇄판의 그것보다 더 시의적이다. 많은 온라인 신문에서는 홈페이지의 중요 위치에 출간 날짜를 제시하고 또 마지막 입력 시간을 제시하여 이 사실을 강조한다. 온라인 잡지도 주 단위 또는 월 단위로 출간하는 인쇄판과는 달리 매일 시의적인 정보를 제공할 수 있도록 언제든지 활성화할 수 있다. 따라서 인터넷에서는 일간지와 주간지의 경계가 불투명하다.

온라인 신문은 면의 수나 크기에 제약을 받지 않는다. 텍스트의 길고 짧음은 무의미하다. 웹사이트에서는 무한히 큰 지면을 제공할 수 있는데, '문서기록보관소Archiv'가 그런 역할을 한다.

인쇄물이 이차원적 단위라면, 하이퍼텍스트는 삼차원적 단위라 할 수 있다. 한 화면에 있는 정보들에서 링크를 거쳐 접근할 수 있는 또 다른 정보들을 찾을 수 있기 때문이다. 즉, 인쇄판에서는 제시된 정보들을 거쳐 빨리 개관을 얻을 수 있다면, 온라인 판의 경우에는 이런 개관을 얻는 것이 훨씬 더 어렵고 또 실제로 불가능하다. 또한 오늘날의 온라인 신문들의 대부분의 웹사이트들에서는 화면에 전체 사이트의 일부만 보여줄 수 있다.

3.5. 하이퍼텍스트성

이런 어려움은 결국 하이퍼텍스트의 응집성 문제와 연결된다. "응집력 있는 지식 구조"(슈토러, 1999: 34)를 구성할 수 있으려면 개별 부분 텍스트들이 결속하는 방법으로서의 "지국적 응집성"(앞의 책: 42)과 텍스트가 전체 텍스트로서 결속하는 방법으로서의 "전국적 응집성"(앞의 책)이 사용자에게 명확해야 한다. 부허(2001a: 47)는 하이퍼텍스트 응집성의 텍스트 차원과 조작 차원을 구분한다. 텍스트 차원에는 지시, 재수용, 시제순서 등과 같이 응집성을 보장하는 통상적인 언어 장치들이 중요하다. 여기서는 텍스트의 이해, 정보 전달과 지식 전달이 중요하다. 조작 차원에서는 타이포그래피와 레이아웃, 프레임, 링크, 안내 폴더 등으로 구성된 기호 체계들이 응집성을 보장해야 한다.

하이퍼텍스트의 응집성은 텍스트의 특성이기도 하지만, "생산하고 수용하는 과정에서 생성되며, 의사소통 참여자의 행위, 지식, 경험, 기대를 통하여 수립된 결속 관계"(슈토러, 1999: 41)이다. 따라서 구분되어야 할 것은 텍스트 생산자 측의 응집성 계획과 수용자가 만들어내는 응집성 형성이다. 하이퍼텍스트에서는 수용 과정을 예측하기가 선형적 텍스트보다 어려울 수 있고, 수용자는 개별 모듈들 사이에서 응집성을 스스로 많이 산출해야 한다. 따라서 하이퍼텍스트의 응집성은 사용자의 의미 실현 역량에 좌우된다고 할 수 있다.

4. 하이퍼텍스트의 텍스트언어학적 접근

우리는 끊임없이 변하는 인터넷 혁명의 시대를 살아가고 있다. 그러나 바뀌지 않는 것은 웹이 예나 지금이나 하이퍼텍스트들로 구성되어 있다는 점이다. 여기서는 텍스트언어학적 토대 연구의 일환으로, 지금까지의 텍스트언어학적 가능성으로도 하이퍼텍스트를 연구할 수 있는 가능성을 찾아 나선다.

이를 위하여 먼저 텍스트와 하이퍼텍스트의 공통점과 차이점을 살피고, 이어서 하이퍼텍스트의 텍스트언어학적 분석 차원을 브링커 (1997)의 분석 차원과 관련해서 검토한다. 논의의 결과에 기초하여 하이퍼텍스트의 주제 구조를 텍스트언어학의 관점에서 분석할 수 있는 가능성을 '거시구조'와 '지시이동'의 두 가지 분석 모델을 검토하고, 문제점을 해결할 수 있는 방안을 찾아 나선다.

4.1. 범주

하이퍼텍스트는 매체 제약적인 특성이 있다. 이런 특성을 인쇄 텍스트의 기술을 위해 개발된 범주들로 파악될 수 있는 경우는 일부에 지나지 않는다.

이론과 실제에서 하이퍼텍스트라는 표현은 극히 다양한 현상들에 사용되고 있다. 일반적인 의미에서 하이퍼텍스트는 내용의 '비선형적' 또는 '다선형적' 조직과 서술을 지향하는 개념이다. 하이퍼텍스트는 전자적 환경과 특수한 소프트웨어(하이퍼텍스트 시스템)와 결부되어 있다. 내용은 모듈로 나눠지고 이 모듈은 전자적 지시 관계(하이퍼링크)를 통해 연결된다. 지시 관계는 링크 커서를 활성화하면서 가능해진다. 예컨대 모듈 A에 있는 링크 커서 위에 마우스를 클릭하면 이와 연결된 모듈 B가 연결되면서(슈토러, 2000: 228), 모듈 A는 — 일반적으로 — 독자의 시야에서 사라진다.[8]

네트워크의 크기와 내용은 극히 다양할 수 있다. 이런 사실에 근거할 때 하이퍼텍스트 종류의 정의와 관련된 다양한 문제점들 중 하나는 하이퍼텍스트 종류의 크기 단위가 어느 정도인가 하는 질문이다.[9] 하이퍼텍스트적으로 조직된 내용들의 스펙트럼은 대규모 망(예, 웹, 사이버 백화점, 상호작용 문법 등)에서부터 소규모 망(회사 구내식당에 하이퍼텍스트적으로 마련된 식단표)에 이르기까지 다양하다.

해결 방안으로서, 슈토러(1999)는 의사소통적으로 정해진 '하이퍼텍스트'와 '하이퍼텍스트 망'을 구분한다. 하이퍼텍스트는 제도적, 기능적, 주제적으로 한정된 모듈의 부분 망인데, 이 부분 망은 일정한 의사소통 목적을 위해 산출되고 주제적인 전체 표상을 따른다. 기능과 주제는 개별 모듈을 이해하는 데 필요한 맥락적인 틀을 제공한다. 이 모듈은 하이퍼텍스트 시스템을 통해 관리된다. 하이퍼텍스트 망은 이런 부분 망들로 구성되어 있기는 하지만 의사소통적으로 정해진 것은 아니다. 이 방안을 따른다면 웹 같은 자료 망은 텍스트 종류의 논의에서 배제될 수 있다. 그래서 하이퍼텍스트를 기능적-주제적으로 정해진 의사소통 전체로 한정하면 하이퍼텍스트 종류를 다루기가 쉬워진

---

8) 하이퍼링크는 일종의 '열쇠구멍' 커뮤니케이션을 제공한다. 즉, 사용자는 언제나 그 뒤에 숨어있는 커다란, 그에게는 보이지 않는 망의 일부만 본다.

9) 조국현(2009ㄱ)은 온라인 신문의 하이퍼텍스트 종류를 텍스트언어학의 관점에서 조명하고 있다. 이 장에서는 Huber(2002)에 기대어 논의하겠다. 후버는 하이퍼텍스트 종류를 "지시적 링크에 의해 연계되는 노드 혹은 조직적 링크에 의해 생성되는 노드가 일정한 텍스트 기능과 주제를 갖는 독자적인 정보 단위(모듈)"(앞의 책: 121)로 규정한다. 하이퍼텍스트 종류에 대한 총체적인 연구는 Rehm(2005) 참조.

다. 그렇다고 모든 문제가 해결되는 것은 아니다. 수많은 하이퍼텍스트 출현체들은 기능적-주제적으로 정해진 의사소통 전체를 제시하는 구성 요소들로 이루어져 있다. 예컨대 기업의 홈페이지나 웹사이트는 수많은 이런 구성 요소들로 이루어져 있다.

- 기능적으로 시스템에 관련된 구성 요소들: 전체에서 방향설정, 예컨대 홈페이지로 지칭된 초기 화면에 이용된다.
- 기능적으로 과제에 관련된 구성 요소들: 비언어적 행위의 수행, 예컨대 주문 양식과 다운로드 사이트를 허용한다.
- 주제적으로 정해진 구성 요소들: 다른 사람과의 상호작용, 예컨대 접촉, 이메일, 토론방(댓글), 방명록 등을 가능하게 한다.

이런 구성 요소들 가운데 몇 가지는 통합된 텍스트 종류 변이형, 예컨대 텍스트 데이터로서 다운로드할 수 있는 기업의 업무보고서와 일치한다. 다른 구성 요소들과 관련된 것은 하이퍼텍스트에 통합된 하이퍼텍스트 종류들(예, 상호작용 게임 등)인데, 부분 망으로서 실현된다. 상위의 기능적-주제적 전체는 이를테면 온라인 신문, 사이버 장터, 사이버 구청, 인터넷 포털사이트 등에서 삽입, 조직, 맥락의 틀로서 이용된다. 슈토러(1999)는 FAQ[10])도 하이퍼텍스트 종류로 본다. 그런데 FAQ는— 색인이나 인덱스처럼 — 기능적-주제적으로 정해진, 상위의 전체에 의존하는 텍스트 구성 요소라 할 수 있다. 또한 'Google' 같은 검색엔진이 하이퍼텍스트 종류의 범주에 속하느냐 하는 것도 더 생각해볼 문제이다.

텍스트 종류와 관련해서 흥미로운 또 다른 국면은 '열린 하이퍼텍스트'와 '닫힌 하이퍼텍스트'를 구분하는 문제이다. 닫힌 하이퍼텍스

---

10) FAQ=frequently asked question. 이것은 사용자가 자주 하는 질문에 대한 대답을 미리 정리하여 게시판에 올려놓은 파일을 의미함.

트는 정해진 수의 모듈을 포함하며 정태적이다. 열린 하이퍼텍스트는 말 그대로 열려 있다. 이것은 댓글이나 이어쓰기가 가능하다. 그런 의미에서 열린 하이퍼텍스트는 인쇄 텍스트의 주요 자질인 '종결성'을 포기하고 있다는 점에서 '이동 속의 텍스트'라 할 수 있다. 하이퍼텍스트 종류의 논의에서 간과할 수 없는 또 다른 자질은 '다코드성 Multikodalität'이다.

4.2. 특징

텍스트 생산은 어떤 것이든 문화 구속적이다. 이런 기본 입장은 웹 같은 글로벌 매체에도 적용된다. 문화는 물론 텍스트의 생산뿐 아니라 수용도 결정한다. 문화 개념을 하이퍼텍스트에 적용할 수 있기 위해서는 특정 사회 그룹과 문화 공간에 특징적인 요소와 자질들을 확인할 필요가 있다. 여기서는 하이퍼텍스트의 문화성 차원을 기술적-문화적 자질, 하이퍼텍스트 종류 규약 자질, 일반 문화 자질의 세 가지 국면으로 구분하여 살펴보겠다.

4.2.1. 기술적-문화적 자질 국면

기술적-문화적 자질은 한편으로는 글자 크기, 숫자 크기, 화폐 단위, 측량 단위, 은유와 유머의 사용, 텍스트에서 국가 특유의 상징, 그림, 아이콘, 색깔과 지시 등이 문화 특징적인 또는 언어 구속적인 내용을 가리키는 경우인데, 비교적 단순한 문화 제약적인 특성들을 포함한다.

다른 한편으로, 이 자질은 다국어 하이퍼텍스트에 대한 기술적인 요구의 전환이기도 하다. 마찬가지로 필요한 것은 개별 사용자 그룹들이 이들을 위해 마련된 하이퍼텍스트 버전을 선택할 수 있도록 또는 한 언어에서 다른 언어로 교체할 수 있도록 하이퍼텍스트를 설정

할 때 다국어를 고려하는 것이다.[11]

4.2.2. 하이퍼텍스트 종류 규약

하이퍼텍스트의 개별 기술적-문화적 현상과 문화적 국면들과는 달리, 하이퍼텍스트 종류에서는 전체로서의 하이퍼텍스트와 관련된 규약적인 커뮤니케이션 형태를 문제 삼는다. 웹 미디어의 역사에 비해 하이퍼텍스트의 생산 형태는 빠르게 규약화 되었다(렘, 2005: 81). 텍스트 종류를 "복합적인 언어 행위에 규약적으로 타당한, […] 맥락적(상황적), 의사소통 기능적, 구조적(문법적, 주제적) 자질들과 전형적으로 결합한 모형"(브링커, 1997: 124)이라는 텍스트언어학의 정의에 기초할 때 이런 조건을 충족시키는 하이퍼텍스트 종류는 이제 보편화되었다고 할 수 있다. 이를 위한 전제 조건은 하이퍼텍스트가 홀로 텍스트 종류가 될 수 있는 — 예컨대 텍스트 종류 '업적 목록'이 하이퍼텍스트 '어느 교수의 홈페이지'의 일부로서, 아니면 기업 웹사이트의 구성 요소인 업무보고서처럼 — 하이퍼텍스트 노드로 구성되어 있더라도 하이퍼텍스트가 "기능적-주제적으로 정해진 의사소통 전체"(야콥스, 2004: 236)로 간주된다는 것이다. 이런 맥락에서 렘(2005: 274, 279, 282)은 하이퍼텍스트를 생산하는 데 필요한 세 가지 규약, 곧 하이퍼텍스트 종류, 하이퍼텍스트 노드 종류, 하이퍼텍스트 종류 모듈을 설정한다.

하이퍼텍스트 종류는 "한 언어 공동체에서 반복적으로 나타나는 의사소통 과제를 해결하기 위하여 규약적으로 합의된 유동적인 사용 모형"(야콥스, 2004: 234)으로서 특정 하이퍼텍스트 유형에 원형적인 특성이다. 예컨대 노련한 인터넷 사용자는 누구나 교수의 홈페이지에서는 업적 목록과 이메일 주소 같은 정보를 기대할 것이고, 기업의 웹

---

11) 대다수 입문서들(예, Reineke/Schmitz, 2005; Yunker, 2003)은 이런 기술적-문화적 국면들을 폭넓게 다루고 있지만, 나머지 두 가지 국면, 곧 하이퍼텍스트 종류 규약과 일반 문화 자질에는 주목하지 않는다.

사이트에서는 상품이나 서비스에 관한 정보나 안내 등을 기대할 것이다. 이처럼 반복적으로 나타나는, 규약적으로 정해진 자질과 내용 성분들에 따라 웹상에서 분석되고 기술될 수 있는 하이퍼텍스트 종류들이 개발되었다. 이들은 이미 최소의 미디어 능력을 이용하는 인터넷 사용자의 상식적인 지식이다.

하이퍼텍스트 노드 유형이 하이퍼텍스트 종류의 전형적인 구성 요소로서 예컨대 하이퍼텍스트 종류 '어느 교수의 홈페이지'의 일부로서 업적 목록 같은 경우를 '하이퍼텍스트 노드 종류'라 할 수 있다. 그러니까 하이퍼텍스트 노드 종류는 하이퍼텍스트의 일부인, 규약적으로 정해진 하이퍼텍스트 노드인 셈이다. 하이퍼텍스트 노드의 일부가 표준화된 형태로 나타날 때 그 하위 층위를 "하이퍼텍스트 종류 모듈"(렘, 2005: 282)이라 한다. 예컨대 어느 교수의 홈페이지 초기 화면에 나오는 주소가 그런 모듈을 형성한다. 이 모듈은 다른 모듈들(안내, 성명, 기능, 언어 선택 등)과 함께 하이퍼텍스트 종류 '어느 교수의 홈페이지'의 하이퍼텍스트 노드 종류인 '초기 화면'을 결정한다.

정보화, 세계화 시대에 부응한 글로벌 미디어의 동질화 경향도 무시할 수 없지만, 하이퍼텍스트 종류에서 보이는 문화와 언어 나름의 특성과 차이도 부각되고 있다. 쉬테(2004)는 독일어와 러시아어 기업 웹 사이트를 비교·분석했다. 쉬테의 작업은 극소수의 언어 간 하이퍼텍스트 노드 종류를 분석하는 것이었다. 그는 하이퍼텍스트 노드 종류(기업 웹 사이트)의 특정 하이퍼텍스트 노드(홈페이지)에 전형적인 자질들을 기술하면서 문화권 나름의 특성들을 규정하고 있다.

4.2.3. 일반 문화 자질 국면

문화가 행동과 가치관에 미치는 영향을 제시한 시도들 중 가장 유명한 것이 호프슈테드(1991)의 네 가지 문화 차원 기준(집단주의와 개인주의, 권력 차이의 크고 작음, 불확실성 회피 정도, 남성성과 여성성)이다.[12] 사람과 기업의 행동과 관련된 이런 기준들은 웹에도 적용될 수 있다. 지 몬(1999)은 네 지역 문화권 출신의 사용자 반응을 조사하여 호프슈테 드의 결과를 입증했는데, 그에 따르면 서로 다른 문화권 출신자들은 그 날에 대해 다양한 반응과 기대 태도를 보인다는 것이다. 특히 지몬 의 분석에서는 유럽 사용자와 북미 사용자 간에, 그리고 남미와 동아 시아 사용자 간에 큰 차이를 보였다.

싱과 페레라(2005)는 호프슈테드의 차원에 기초하여 웹 화면의 특 성과 하이퍼텍스트에 의해 문화 공간들이 주어질 수 있는 기준을 개 발했다. 이런 배경에는 문화적 행동과 일반 가치관이 하이퍼텍스트 생산에 중요한 영향을 미치며, 글로벌 미디어에서 보이는 동질화 경 향에도 불구하고 뚜렷한 차이점이 있다는 생각이 도사리고 있다. 호 프슈테드의 다섯 가지 문화 차원은 나름의 독특한 자질이 있다. 예컨 대 집단 문화 중심의 웹 사이트에서는 이 연구에 따르면 웹상의 사회 적, 의사소통적인 특성들, 채팅 룸, 뉴스레터, 공동체 이니셔티브, 국 가 상징과 국기, 지역 사이트 링크 등이 모두 등장한다. 반대로 개인 중심의 웹 사이트에서는 이런 자질들에 특별한 의미를 두는 경우가 거의 없다(앞의 책: 59).

웹 사이트의 이런 문화 특유의 자질들은 일반적인 커뮤니케이션 규 약을 기술한 것인데, 인터넷상의 모든 하이퍼텍스트 종류들에도 적용 된다. 이런 자질들은 하이퍼텍스트 종류의 기술에서도 나타날 수 있 다 하더라도 인터넷의 특정 텍스트 종류에 국한된 문제는 아니다.

4.3. 하이퍼텍스트의 분석 차원

브링커(1997)는 텍스트의 비언어적인 맥락 요인들에 근거하여 의사 소통 기능을 거쳐 언어 구조에 이르는 접근법을 제안한다. 그는 맥락

---

12) 호프슈테드의 문화 이론에 대한 정리와 비판은 유수연(2008: 18ff) 참조.

적, 의사소통적, 구조적 자질들에서 다시 텍스트 종류를 유도한다. 텍스트 분석의 이런 개별 차원들을 하이퍼텍스트 분석에 적용할 수 있는 가능성을 찾아보기로 한다.

4.3.1. 맥락적 조건

텍스트의 맥락은 두 차원으로 구분할 필요가 있다. 하나는 텍스트를 다른 텍스트의 맥락에 넣는 것을 뜻한다. 이 차원은 보그랑드와 드레슬러가 말하는 상호 텍스트성에 해당한다. 텍스트는 항상 특정한 상황적, 사회적 맥락에 들어가 있는데, 이 맥락적 차원이 두 번째로서, 커뮤니케이션 상황에 이른다. 이 커뮤니케이션 상황은 다시 텍스트의 커뮤니케이션 형태 및 행위 영역을 통해 기술될 수 있다.

4.3.2. 커뮤니케이션 형태

커뮤니케이션 형태는 브링커(1997: 138)에 따르면 텍스트를 전달하기 위해 투입되는 매체를 통해 정해지는데, 대면 커뮤니케이션, 전화, 라디오, 텔레비전, 문자의 다섯 가지 매체로 구분할 수 있다.

코퍼스의 하이퍼텍스트들은 매체적으로 웹 사이트, 곧 매스미디어에 묶여 있다. 다른 매스미디어와는 달리 인터넷에서는 개인은 적은 비용으로 누구나 정보 제공자가 될 수 있다. 신문, 라디오, 텔레비전을 비공시적 매체(적은 생산자와 많은 수용자)라고 한다면, 웹 사이트는 공시적 매체이다. 독자는 누구나 적은 비용으로 출판자가 될 수 있다.

인터넷의 커뮤니케이션 형태는 웹 사이트이다. 이것은 대개는 하이퍼텍스트를 포함한다. 인터넷 속의 모든 웹 사이트 집합은 현재 세계에서 가장 큰 하이퍼텍스트 망을 이룬다. 커뮤니케이션의 다양한 상황들은 커뮤니케이션 방향, 의사소통 파트너의 직접 접촉 및 언어(구어와 문어)를 고려한 커뮤니케이션 형태의 완성을 제약한다.

인터넷 하이퍼텍스트의 커뮤니케이션 형태는 신문 기사와 서적의 그것과 매우 유사하다. 커뮤니케이션 방향은 독화적이고, 의사소통 참여자들 간의 접촉은 보통 시간적, 장소적으로 제약되어 있다. 커뮤니케이션 형태는 문어에 묶여있다.13)

커뮤니케이션 형태는 다양한 텍스트 기능들이 포함될 수 있는 틀을 제공한다. 그런데 이것을 텍스트 종류와 혼동하면 안 된다. 브링커 (1997: 139)에 따르면, 커뮤니케이션 형태에 특징적인 것은, 커뮤니케이션 형태는 텍스트 종류와는 달리 상황적 또는 매체적 자질들을 통해서만 정의되므로, 의사소통 기능적 관점에서 결정된 것이 아니다. 커뮤니케이션 형태는 텍스트의 구조에 영향을 미친다.

4.3.3. 행위 영역

행위 영역은 커뮤니케이션 형태와 더불어 커뮤니케이션 상황의 두 번째 요소에 해당한다. 커뮤니케이션 상황은 텍스트 종류의 틀을 이루는데, 특정한 행위 규범과 평가 규범이 적용되는 일정한 사회적 영역에 편입된다.

브링커에 따르면 행위 영역은 내용적 기준(법률, 음악, 종교 등의 행위 영역)이나 의사소통 파트너들의 역할 관계에 따라 구분된다. 그런데 내용적으로 정의된 행위 영역들을 영역 안에서 타당한 규칙과 사회적 규범에 따라 구분한 연구는 아직 미미하다. 그래서 브링커는 의사소통 참여자들이 맡는 역할과 관련해서 사적, 공적, 공공적 행위 영역을 구분한다. 인터넷 하이퍼텍스트들은 매스커뮤니케이션의 매체들로 간주될 수 있으므로 공적 행위 영역에 편입될 수 있다.

---

13) 이와는 달리 하이퍼미디어는 추가적인 가능성을 제공한다. 즉 문어는 오디오나 비디오의 투입으로 구어나 영상을 통해 보완되거나 대체될 수 있다.

4.3.4. 텍스트 기능

브링커는 언어적 행위 개념을 텍스트 기능을 정의하는 토대로 삼는다. 기본 생각은 개별 문장이 아니라 화행이다. 텍스트 기능에 특히 중요한 것은 발화수반행위의 부분 행위이다. 발화수반행위는 화행의 '의사소통 기능'을 가리킨다. 이 발화수반행위는 흔히 언어적, 맥락적 발화수반행위 표지에 기대어 암시되며, 이 표지를 통해 탐구될 수 있다. 불확실한 것은 저자가 실제로 독자가 텍스트의 기능을 인식하도록 하려는 것을 바라느냐 하는 점이다.

4.3.5. 텍스트 구조

텍스트의 구조는 항상 기능과 밀접한 관련을 맺으면서 제시되고, 또 기능과 연계해서 분석될 수 있다. 텍스트 구조는 관계 구조로서, 텍스트의 직접적인 구조 성분인 문장이나 명제들 사이에서 성립하며, 텍스트의 응집성에 영향을 미치는 내적 결속 관계를 이룬다(브링커, 1997: 21). 브링커는 응집성과 텍스트 이해에 결정적인 조건으로서 텍스트의 주제 지향성을 든다. 이 주제 지향성은 문법적/의미적 재수용 구조의 다양한 형태들을 통해 표현되는데, 브링커는 이 구조 분석에 '주제전개' 모형을 도입한다. 텍스트 구조의 이런 주제적 조건을 분석하기 위하여 브링커는 테마-레마 개념 및 거시구조와 초시구조 개념을 도입한다.

주제의 전개는 본질적으로 상황적 요인들의 영향을 받는다. 각 커뮤니케이션 상황의 반복적인 요인들을 통해 명제나 명제 복합체를 연결하는 문화 제약적인 기본 형태들이 생성되었는데, 이 기본 형태들이 지배적인 역할을 할 때에는 텍스트 종류의 특성을 결정하기도 한다.

4.3.6. 텍스트 종류

텍스트 종류는 통시적인 과정을 거치면서 만들어진다. 이런 과정은 웹에서도 볼 수 있는데, 광고 베너나 상호작용 양식 같은 다양한 텍스트 종류들이 새롭게 탄생하고 있다.

하이퍼텍스트는 대개 매체적 맥락 및 비언어적 구성 수단의 투입과 관련해서 전통적인 텍스트와 구분된다. 후자는 특히 인쇄 미디어에서는 실현 불가능한 명시적인 링크 설정 및 특정 다매체적 요소들, 예컨대 영상, 음성 등의 통합을 뜻한다.

주제를 선택할 때 하이퍼텍스트의 저자는 '일반' 텍스트의 생산자만큼 제약을 받지는 않는다. 하이퍼텍스트 저자가 구체적인 내비게이션 시퀀스를 정해진 루트guided tour를 통해 엄격하게 정하지 않는다면 주제 전개에 미치는 그의 영향력은 극히 제한적이다. 주제 전개는 그때그때의, 자유롭게 선택할 수 있는 읽기 경로에 좌우되기 때문이다.

웹에서는 제보 텍스트(예, 뉴스, 보고, 다큐 등)와 호소 텍스트(예, 광고)가 가장 흔하게 발견되고, 책무 기능을 가진 텍스트(예, 계약서)도 보인다. 감사나 조의 같은 접촉 텍스트가 새로운 매스미디어에 들어갈 수 있는 길은 드물다. 반면에 선언 텍스트(예, 유언, 임명장)는 거의 발견할 수 없다.

웹은 극히 다양한 기능을 가진 텍스트들의 안식처를 제공한다. 텍스트 기능을 텍스트 종류의 핵심적인 특성으로 본다면, 웹은 이미 전통적인 미디어 맥락에서 만들어진 텍스트 종류의 하이퍼텍스트 실현 집합이라는 결론이 가능하다. 이런 의미의 하이퍼텍스트는 텍스트 종류라고 할 수 없다.

전자적 하이퍼텍스트의 실현은 미디어 맥락으로 보아야 할 것이다. 이 매체 맥락의 제약이나 가능성은 특정 텍스트 주제가 그때그때의 텍스트 기능에 기대어 특정 텍스트 종류의 표상체로 전개될 수 있는 틀을 결정하기 때문이다.

4.3.7. 기생 텍스트

4.3.7.1. 텍스트의 전통적인 기생 텍스트적 요소

텍스트는 여러 관점에서 볼 때 고립적으로 나타나는 법이 없다. 한편으로, 개별 텍스트는 언제나 텍스트에 표현되는 의사소통적 발화의 열린 시퀀스나 닫힌 시퀀스 속에 들어가 있다. 이 시퀀스를 흔히 '담화 또는 담론'이라 하고,[14] 모든 담화의 전체를 담화우주라 부른다.

다른 한편으로, 텍스트는 더 큰 구성체 ― 실제 텍스트와 표제(제목), 서문, 감사의 말, 주석 등과 같은 주변 현상들로 구성되어 있음 ― 에 들어가 있다. 이런 기생 텍스트적 요소들은 인쇄 텍스트에서 방향 설정을 쉽게 해주고 제시된 정보를 더 빠르게 수용할 수 있게 한다. 이런 메타정보들은 저자나 웹디자이너가 의식적으로 선택한 텍스트 레이아웃에 들어가게 된다. 이 레이아웃은 종이의 형태, 크기, 종류뿐 아니라 글자 모양, 글자 크기, 줄 간격 등과 같은 텍스트의 외형 자질들과도 관련이 있다. 이런 협의의 기생 텍스트적 요소 및 실제적인 텍스트 레이아웃 외에 '저널리즘적 페리텍스트'도 있는데, 선택된 포맷, 서적 시리즈, 표지와 타이틀 면의 레이아웃 등이 여기에 해당한다. 이 두 가지가 한 텍스트의 전체 페리텍스트를 이룬다.

텍스트가 들어있는 담화우주 외에 더 이상 기생 텍스트에 속하지 않으면서 아직 담화우주에 속하지 않은 요소들이 있는데, 이것이 에피텍스트Epitext이다. 에피텍스트는 다시 공적 영역(집담회 발표문, 저자의 관련 논평, 인터뷰 등)과 사적 영역(편지 교환, 저자의 구두전달, 일기 등등)으로 나눠진다. 기생 텍스트는 따라서 페리텍스트와 에피텍스트로 구성되어 있다(쥬네트, 1989: 13). 여기에서 중요한 것은 공적 에피텍스트이

---

14) 텍스트언어학의 확장으로서 담화 또는 담론 언어학의 필요성과 가능성에 대해서는 이성만(2010) 참조.

다. 이것은 보그랑드와 드레슬러가 말하는 상호 텍스트성 현상을 포괄하는 개념이다. 에피텍스트는 그러니까 담화 세계의 단위로서 기생 텍스트의 창고라 할 수 있다. 이런 이유에서 에피텍스트 연구는 상호 텍스트성 분석에서 자세히 논의되어야 할 것이다.15)

4.3.7.2. 하이퍼텍스트의 기생 텍스트적 요소

하이퍼텍스트의 레이아웃은 화면 디자인에 해당한다. 화면 디자인은 규약적인 텍스트 디자인 외에 상호작용적 요소들의 외양과 배치에 관한 질문도 포함한다. 화면 디자인은 그러나 하이퍼텍스트의 이해가 은유를 통해 쉬워진다는 것을 의미할 수도 있다. 이런 디자인 특유의 요소들 외에 하이퍼텍스트에서는 내비게이션 요소들도 기생 텍스트에 속할 수 있다.

5. 하이퍼텍스트의 주제 구조

텍스트 구조를 체계화한 이론으로는 반다이크(1980)의 거시구조 이론, 브링커(1997)의 주제전개 모형 이론 그리고 클라인과 폰 슈투터하임(1987)의 지시이동 이론을 들 수 있다. 여기서는 후버(2002)에 기대어 반다이크의 거시구조와 클라인과 폰 슈투터하임의 지시이동을 하이퍼텍스트의 주제 구조 분석에 적용하여 그 가능성과 문제점을 찾아보기로 한다.

---

15) 포스트모던 그림책의 파라텍스트가 갖는 특성과 기능을 연구한 사례로는 신세니(2011)가 있다. 그러나 에피텍스트와 관련한 연구는 찾기 어렵다. 제7장 2.1.1도 참조.

5.1. 거시구조

먼저 반다이크(1980)와 브링커(1997)가 사용한 거시구조와 텍스트 주제와의 기본 관계를 살펴보자. 브링커는 텍스트 주제를 '텍스트 내용의 핵심'으로 본다. 그가 말하는 '텍스트 내용'은 하나 또는 그 이상의 대상(즉, 인물, 사태, 사건, 행위, 생각 등)과 관련된 한 텍스트의 표상 과정이다. 텍스트 주제는 텍스트의 일부에, 예컨대 제목이나 표제에 제시되기도 한다. 그렇지 않으면 텍스트 내용에서 유도되어야 한다. 주제를 본문에서 유도하는 방안이 반다이크가 도입한 거시구조 분석이다. 분석의 결과는 이상적인 경우라면 텍스트 주제 자체인데, '거시명제'에 해당한다. 한 텍스트의 거시구조는 하나의 '거시명제'와 하나의 '거시화행'으로 구성되어 있으면, 이 텍스트의 전체적인 의미-화용적 구조이다.(반다이크, 1980: 43). 표층 텍스트적 미시구조 층위에 포함된 명제들인 화행들로부터 심층구조적 거시명제 또는 심층구조적 거시화행(즉, 텍스트의 발화수반행위)이 유도될 수 있는데, '거시규칙'[16] 이 사용된다.

이런 상향식 분석은 한편으로 독자가 그 규모와 주제 구조를 한 눈에 조망하기 어려운, 거대하면서도 모듈적인 하이퍼텍스트에 적합할 수 있다. 노드(부분 텍스트)들에서 발췌된 거시명제들로부터 전체 하이퍼텍스트의 거시명제가 유도될 수 있을 것이다. 그러나 하이퍼텍스트의 텍스트언어학적 분석에서는 예컨대 주제 구조를 한눈에 '위로부터' 파악할 수 없는 노드의 부분텍스트의 거시명제를 탐색하는 특정 부분에서 요긴할 수 있다. 다음의 예를 보자.

---

16) van Dijk(1980: 183ff) 참조. 그에 따르면, 거시규칙은 삭제, 일반화, 구성(통합)으로 구성되며, 규칙 적용의 결과는 텍스트 요약, 곧 거시구조를 직접 구현한 것으로 간주되는 개요이다. 반다이크는 이 규칙들이 — 맥락, 수용자, 수용자의 인지적 입장이나 태도에 기대어 — 다양하게 응용될 수 있으며, 그래서 동일 텍스트도 다양하게 요약 가능하다는 입장이다. 거시규칙을 이용한 텍스트 요약 전략에 대한 포괄적인 예시 분석은 김재봉(1999) 참조.

(7) 단순 하이퍼텍스트의 링크 구조17)

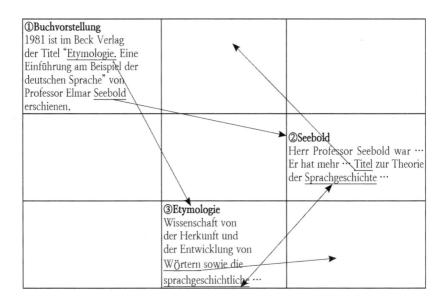

관계들을 도식화하면 다음과 같다.

a. 노드 'Buchvorstellung[서적 소개]'의 거시구조 분석

텍스트	1981 ist im Beck Verlag der Titel "Etymologie. Eine einführung am Beispiel der deutschen Sprache" von Professor Elmar Seebold erschienen.
명제	p₁: erscheinen(der Titel) p₂: sein(der Titel, Etymologie[···]) p₃: sein(Ort, Buchverlag) p₄: sein(Autor, Prof. Seebold)
거시명제	M₁: erscheinen(der Titel)
핵심어/타이틀(표제)	Buchvorstellung

---

17) 번역: ① 서적 소개. 1981년 베크 출판사에서 엘마르 제볼트 교수의 "어원학. 독일어 사례
입문"이란 서적이 출판되었다. ② 제볼트. 제볼트 교수는 ···였다. 그는 언어사 이론에 관
한 다수의 서적들을 ···했다. ③ 어원학. 단어의 출처와 전개 양상에 관한 학문 및 언어사
적인 ···

b. 노드 'Seebold[제볼트]'의 거시구조 분석

텍스트	Herr Professor Seebold war zu diesem Zeitpunkt an der Universität Freiburg(schweiz) beschäftigt. Er hat mehr Titel zur Theorie der Sprachgeschichte vorgelegt.
명제	p_5: beschäftigt sein(Herr Professor Seebold, an der Universität …) p_6: vorgelegen(er2, Titel)
거시명제	M_2: beschäftigt sein(Herr Professor Seebold, an der Universität…) M_3: vorgelegen(er, Titel)
핵심어/타이틀(표제)	Seebold

노드 'Buchvorstellung[서적 소개]'의 주제는 타이틀행의 핵심어를 통해 이미 명명되었다. 실제로 명제 시퀀스 $p_1 \sim p_4$는 노드 'Buchvorstellung [서적 소개]'을 표현하고, M_1으로 요약될 수 있다. 명제 p_2, p_3, p_4가 p_1에 관련된 추가 정보들을 제공하고 있으므로 이들은 삭제 규칙에 따라 생략될 수 있다.

M_1은 노드 'Seebold[제볼트]'의 상위 거시명제의 구체적인 실현으로서 표현될 수 있다(Mehrere Bücher wurden veröffentlicht, eines davon hat den Titel Etymologie, ein anderes den Titel X…[다수의 서적들이 출판되었는데, 그 중 하나가 어원학이란 제목을 갖고 있고, 다른 서적은 X라는 제목을 …]). 가정할 수 있는 것은 M_1, M_2, …M_x 간의 논항 중첩(Titel[제목])과 $M_1 \cdots M_x$를 아우르는 거시명제 M_3의 지배성이 더 커지는 경우이다. 따라서 거시규칙 삭제는 M_2에 적용될 수 있다. 위계적으로 최상위에는 텍스트 주제를 나타내는 M_3가 위치한다. (가설적인) 전체 하이퍼텍스트의 가능한 제목은 따라서 'Die Veröffentlichungen von Herrn Prof. Seebold[제볼트 교수의 출판물]'라 할 수 있을 것이다.

이렇게 개별 노드들의 거시명제가 탐색되고, 이어서 특정 노드들이 경우에 따라서는 거시규칙을 통해 삭제되거나 다른 노드의 보다 일반적인 거시명제에 통합될 수 있는지를 살펴보았다. 분석 결과, 예시 하이퍼텍스트의 가능한 텍스트 주제를 얻었다. 물론 주목해야 할 것은 거시규칙이 적용될 수 있는 기준이 연구 결과와 무관하지 않다는 점이다. 예컨대 어느 거시명제가 다른 것보다 더 앞서서 보다 일반적인 것에서 삭제될 수 있느냐 하는 것은 전체 하이퍼텍스트의 맥락 — 곧 텍스트 주제 또는 위계구조의 최상위 거시명제 — 에 좌우된다. 이런 이유 때문에 그리고 이 이론의 상대적인 복잡성 때문에 이 방법은 전체 하이퍼텍스트의 분석에는 부적절하다고 할 수 있다. 그러나 하이퍼텍스트의 거시구조에 관련된 경우라면 이 분석은 나름의 의미가 있다고 할 수 있다.

이를테면 M_2와 M_3를 통해 통합 규칙을 이용하여 노드 'Seebold[제볼트]'의 거시명제 haben(Seebold, wissenschaftlichen Lebenslauf)[18]를 만들 수 있을 것이다. 이 거시명제의 논항이 노드 'Buchvorstellung[서적 소개]'에서 지시어 'Seebold[제볼트]'의 출발점의 텍스트이다. 여기서 생각할 수 있는 것은 링크-목표에 관한 정보를 주는 조직적 링크가 'Informationen zum Lebenslauf von Prof. Seebold[제볼트 교수의 경력 소개]'일 수 있다는 점이다.

지시 관계의 연구에 중요할 수 있는 논점, 예컨대 명제들이 한 시퀀스 안에서 지시 대상을 전환하거나 교체하는 문제는 거시구조 분석으로는 명시적으로 연구될 수 없다. 이것을 가능하게 하는 방법이 또 다른 상향식 분석 방법인 클라인과 폰 슈투터하임(1987)의 '지시이동 모델'이다.

5.2. 지시구조

텍스트의 지시 구조는 어디까지 주제 전개를 귀납적으로 추론할 수 있을까?

'지시'의 언어학적 개념은 논란의 여지가 있다. 전통적으로 지시는

---

18) p(x, y) 형식에 따름: '가지다(제볼트, 학문 경력)'

언어 표현과 이 표현이 지시하는 언어 외부 현실과의 관계를 의미했다. 화행론에서는 지시가 명제의 부분 행위이며, 언어적, 언어 외적 수단으로 화자가 언어 외적인 것과 맺는 지시 관계를 뜻한다. 따라서 "지시는 단어(특정한 축어적 의미를 가진 단어)와 대상(개체) 간의 관계가 아니라 화자와 대상 간의 관계"(마이바우어, 2001: 19)이다. 인지 이론에서는 지시가 현실 세계의 지시체를 가리키는 것이 아니라 의식의 정신적인 개념 체계에 있는 현상을 가리키는 것이다. 일반적인 지시 유형으로서 파터(1994: 116f)는 대상 지시, 사건 지시, 시간 지시, 장소 지시를 든다. 텍스트 속의 지시 관계에서 중요한 것은 공지시 관계, 산출물-생산자 관계, 술어-논항 관계, 시간 지시 관계, 장소화 관계이다(앞의 책: 133f). 공지시 관계는 공지시의 정도에 따라 완전 공지시(예, 전조응사와 소속 선행사 간의 관계), 부분 공지시(영희와 자기 머리 간의 관계) 또는 중첩 공지시(예, 전체 집합 아이들과의 지시 관계에서 청소년들과 고참 아이들 간의 관계)로 하위분류된다. 파터에 따르면 공지시성과 친족 관계에 있는 산출물-생산자 관계는 부분 공지시의 특수 형태(예, 소프트웨어 회사와 이 회사의 프로그램 간의 관계)로도 볼 수 있다.

파터(1994: 144)는 지시구조를 연구하기 위하여 클라인과 폰 슈투터하임(1987)의 지시이동 모델을 도입한다. 주제 구조 국면과 관련해서 이 모델을 간단히 살펴보자. 클라인과 폰 슈투터하임에 따르면, 텍스트는 암시적 질문이나 명시적 질문의 대답에 이용된다. 이 질문을 'Quaestio텍스트 질문'라 한다(앞의 책: 163). 질문에 대한 대답은 텍스트의 발화 전체를 통해 수행된다. "각 개별 발화는 장소, 공간, 시간, 행위, 인물 등 ― 다양한 의미 영역들 또는 여기서 말하는 것처럼 지시 영역들에 관한 정보 결합체를 포함한다. 이어지는 발화는 이 정보들의 일부를 유지하면서 다른 새로운 정보들을 도입한다. 발화에서 발화로의 이런 정보 전개 양상을 '지시이동'이라 부르겠다."(앞의 책: 166)

개별 발화는 한 명제에 대하여 앞서 말한 정보 요지를 간추려 말한 것이다. 지시이동은 한 명제와 이 명제를 잇는 명제 사이에서 발생한다. 저자의 핵심 의도는 개별 명제들을 명세화 할 때 또는 이 명제들 사이에서 지시이동이 있을 때 '질문'의 역할을 찾아내는 것이다. 즉, 지시 차원의 정보 계승 및 신정보의 도입은 [그림 25]의 지시이동 분석 모델에서 보듯이 다양하게 가능하다.

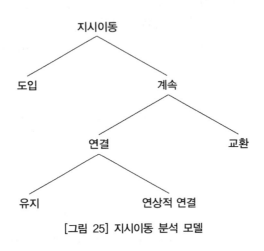

[그림 25] 지시이동 분석 모델

이 모델을 앞의 예에 적용하면, 노드들인 Buchvorstellung[서적 소개], Seebold und Etymologie[제볼트와 어원학]의 문장들이 검사된다. 가능한 읽기 순서의 예로 Buchvorstellung – Seebold – Etymologie[서적 소개 – 제볼트 – 어원학]의 시퀀스를 들 수 있는데, 텍스트로 구체화하면 (8a)와 같고, 하이퍼텍스트에서 나타나는 명제들의 지시이동 관계를 그림으로 나타낸 것이 (8b)이다.

(8) a. 1981 ist im Beckverlag der Titel, "Etymologie. Eine Einführung am Beispiel der deutschen Sprache" von Professor Elmar Seebold erschienen.
    Herr Professor Seebold war zu diesem Zeitpunkt an der Universität Freiburg (Schweiz) beschäftigt. Er hat mehrere Titel zur Theorie der

Sprachgeschichte vorgelegt. [Etymologie ist die] Wissenschaft von der Herkunft und der Entwicklung von Wörtern, sowie die sprachgeschichtliche …19)

b. 하이퍼텍스트에서 명제들의 지시이동

노드(명제)	인물	사건	장소	시간
Buchvorstellung(1)	Titel 'Etymologie'	Erscheinen	im Beck Verlag	1981
지시이동	유지	교환	++++	연상적 연결
Buchvorstellung(2)	Prof. E. Seebold	[schreiben]	[0]	[0]
지시이동	유지	교환	교환	유지
Seebold(1)				
지시이동	유지	교환	[-유지]	연상적 연결
Seebold(2)				
지시이동	교환	(교환)	++++	교환
Etymologie	[Etymologie]	[ist die] Wissenschaft[…]	[0]	[0]

5.2.1. 인칭 지시

인칭 지시는 첫 번째 두 노드 안에서는 바뀌지 않고 있다. 이 노드들은 지시 차원 '인물'과 관련해서 임의의 순서로 읽혀질 수 있을 것이다. 즉, 첫머리에서 읽은 노드의 첫 번째 명제의 인물 정보는 레마인데, '도입introduction'으로 실현되고, 그 다음 노드에서는 테마로서 공지시적 NP 또는 전조응에 기대어 재수용 되고 있다. 질문 'position specified before?'와 'relation to previos specification?'은 'Yes'로 대답될 수 있다. 그래서 이들은 인물 정보의 지시이동에서는 '유지maintenance'

---

19) 번역: 1981년 베크 출판사에서 엘마르 제볼트 교수의 "어원학. 독일어의 사례 입문"이란 서적이 발간되었다.
제볼트 교수는 현재 프리부르 대학교(스위스)에 재직하고 있다.
그는 언어사 이론에 관한 다수의 서적들을 선보였다. [어원학은] 단어의 유래와 전개 양상을 다루는 학문이고, 언어사적인 ….

와 관련된 것으로 추론할 수 있다. 여기서 응결 수단으로 이용되는 것은 전조응과 반복이다.

그러나 두 번째 노드에서 세 번째 노드로 넘어갈 때 인물 지시가 바뀐다. '교환switch'에 기대어 Er[그는]에서 Etymologie[어원학은]로 교체된다. 노드 'Seebolds[제볼트의]'의 링크 텍스트를 보면서 이 텍스트를 노드 Etymologie[어원학]에 나오는 첫 번째 명제의 인물 지시와 비교해보면, 여기서는 '유지'가 동의어 개념들인 Sprachgeschichte[언어사]와 Etymologie[어원학]에 기대어 나타나고 있음을 알 수 있다. 그러나 지배적인 지시인자는 링크 텍스트로 바뀌지 않았다. 왜냐하면 링크 텍스트 Sprachgeschichte[언어사]는 노드 Seebold[제볼트]에서 인물 지시를 산출하지 않고 사건 지시의 하위 논항, 곧 vorlegen(er, mehrere Titel zur Theorie der Sprachgeschichte)[20]만 제시되어 있기 때문이다. 그러나 이 시퀀스는 인물 지시와 관련해서 응집력 있는 것으로 볼 수 있다. 추측 가능한 것은 링크 텍스트에 들어있는 표현이 지배적 지시인자(=인물 지시)의 위치 이동을 암시하고 있다는 점이다. 그러니까 링크 텍스트로서의 Sprachgeschichte[언어사]는 Sprachgeschichte[언어사](및 동의어 표현 또는 그 밖의 공지시 표현)가 목표 노드에서 인물 지시로서 도입되고 있음을 암시한다. Sprachgeschichte[언어사]가 실제 노드에서는 단지 사건 지시의 논항일 뿐이라는 것은 이와 관련해서 중요하지 않은 듯하다.

5.2.2. 사건 지시

사건 지시는 교환 관계를 통해 위치가 바뀐다. '사건' 차원 안에서의 끊임없는 교환은 '인물' 차원의 지배적 기능인 '유지'와 관련해서 일어날 수 있다. 거의 언제나 동일한 지시 대상의 끊임없이 바뀌는 서

---

20) 형식논리에 따라 기술하면, '출간하다(그는, 언어사 이론에 관한 다수의 서적들)'을 취한다.

술부가 주도적인 것 같다. 이런 주장은 아래의 5.2.5에서 '텍스트 질문'의 역할과 관련해서 설명해보기로 한다.

5.2.3. 장소 지시

장소 지시와 관련해서 언급할 수 있는 것은 장소 지시가 '교환'을 통해 노드에서 노드로 바뀐다는 것이다. 이것은 위의 예에서는 부차적인 의미만 있다.

5.2.4. 시간 지시

전치사구 'Zu diesem Zeitpunkt[현재]'는 1981년의 '유지'라 할 수 있다. 이것은 노드 시작에 대한 직시 수단으로서 읽기 순서 Buchvorstellung – Seebold[서적 소개 – 제볼트]에서만 올바로 해석될 수 있다. 시간적 지시 관계의 변화는 경우에 따라서는 핵심구조에서 주변구조로의 교체를 암시한다. 동사구 *hat vorgelegt*[선보였다], *ist erschienen*[출간했다]은 과거의 특정 시점을 지시한다. 텍스트 주제로서 제볼트 교수의 학술적인 출판물을 가정하면, 핵심구조의 시간 형태로 설정할 수 있는 것은 과거시제이다. 주변구조의 요소들(예컨대 동일 명칭의 노드에서 '어원학'의 추가적인 정의)은 이와는 달리 현재시제이다.

정리하면, 지시 대상의 '도입introduction'은 노드의 시작에서는 문제없이 일어날 수 있다. 이미 도입한 차원의 지시 대상이 지시를 통해 정해진 노드의 시작에서 바뀐다면 이는 '도입introduction'에 버금갈 수 있으며, 대개는 응집력이 있는 것으로 판명된다. '유지'가 응집력 있는 것으로 해석될 지는 '유지'의 실현에 좌우된다. 즉, '유지'가 반복에 기대어 실현되면, 이 반복은 노드 시작에서도 응집력 있는 것으로 볼 수 있을 것이다. 이런 이유에서 노드 시작에서 대명사에 의한 '유지'는 몇 가지 읽기 변형을 용인할 수 없게 하기 때문에 응집성이 손상된다.

5.2.5. 텍스트 질문(Quaestio)의 역할

노드 시작부에 위치한 고립된 전조응은 대개는 응집성 구축을 방해한다. 클라인과 폰 슈투터하임이 도입한 '텍스트 질문'은 경우에 따라서는 이 사태를 더 세부적으로 살펴보는 데 도움이 될 수 있다. 클라인과 폰 슈투터하임이 말하는 이야기의 질문이 예컨대 *Was passierte mit der Person P zum Zeitpunkt T?*[T 시점에 P 인물에게 무슨 일이 일어난 것일까?]이라면, 다음의 하이퍼텍스트를 위해서도 노드 층위 및 하이퍼텍스트 층위에서 질문의 표현들이 발견될 수 있다. 만약 그렇게 된다면, 우리의 예에서 텍스트의 질문은 '인물' 차원과 관련된 응집성의 정도와 분명 관련이 있다. 질문의 대답은 보통 제목이나 표제에 드러나 있을 수 있다. 개별 노드들의 질문에 근거하면 우리의 예시 하이퍼텍스트에는 다수의 가능한 제목들을 찾을 수 있다.[21]

> (10) a. "Der Titel Etymologie [⋯] des Beck Verlags"
> b. "Veröffentlichungen/Curriculum vitae von Prof. Seebold" oder
> c. "Was ist Etymologie?"

제목으로 제시되는 것은 하이퍼텍스트의 핵심 구조와 주변 구조인데, 이것은 다시 또 다른 지시 차원, 예컨대 시간 지시에 영향을 미친다. 질문으로서 'Was ist Etymologie?[어원학이란 무엇인가?]'를 가정하면, 독자는 노드 시작에 위치한 전조응을 다른 노드의 선행사 Prof. Seebold[제볼트 교수]와 관련시킬 수 있는 경우는 생각할 수 없을 것이다. 물론 'Veröffentlichungen/Curriculum vitae von Prof. Seebold[제볼트 교수의 출판물/이력]' 같은 표제로 표현을 찾는 질문이라면 사정이 달라진

---

21) 번역: (10) a. 베크 출판사의 어원학 서적. b. 제볼트 교수의 출판물/이력 또는 c. 어원학이란 무엇인가?

다. 즉, 이러면 '인물' 차원의 앞선 요소들 간의 공지시 관계가 쉽게 식별될 수 있다. '인물'의 지시 차원은 바로 표제에 암시되어 있고, 변화가 거의 없기 때문이다. 이와는 달리, '사건' 차원 안에서는 '교환'에 기대어 '인물' 차원의 지시 대상의 특성(=서술)이 계속 바뀌고 있다.

논의를 정리하면, 후버(2002)는 텍스트언어학적 분석 방안을 적용하여 하이퍼텍스트 분석 모델을 제안한다. 브링커, 반다이크, 클라인과 폰 슈투터하임의 분석 방안들이 "하이퍼텍스트의 견고한 텍스트언어학적 분석 모델"(앞의 책: 102)에 통합되고 있다. 이 모델은 '기술적 분석 기준'을 제공한다. 브링커(1997: 17)의 텍스트 정의[22]는 후버(2002)의 하이퍼텍스트 정의의 이론적인 토대가 되고 있다. "하이퍼텍스트는 전자 미디어에서 실현된, 경향적으로 비선형적이고 잠재적으로 다매체 지향적인 텍스트이다."(앞의 책: 45). 그래서 그는 맥락적, 의사소통 기능적, 규약적, 구조적 또는 기생 텍스트적, 내부 텍스트적 국면을 아우르는 하이퍼텍스트 층위에서 노드, 단락, 문장을 분석한다. 후버(2002)의 분석 모델은 화용–기능적 텍스트 정의에 기초하고 있음에도 여전히 구조주의적인 텍스트 개념을 극복하지 못한 단순한 분석 모델의 기본 골격만을 보이고 있지만, 다양한 확장 가능성과 필요성(예, 텍스트언어학, 인지언어학의 방법과의 양립성 추구)을 암시하고 있다는 점에서 의미가 있다.[23]

6. 온라인 커뮤니케이션 형태

홀리(1997)는 미디어와 커뮤니케이션 형태를 구분한다. 그에 따르

---

22) 이미 Storrer(2000b)는 하이퍼텍스트를 특성화하기 위하여 새로운 텍스트 개념을 설정할 필요가 없음을 지적하였다. Storrer(2008)도 참조.
23) Huber(2002: 231)는 이 분석의 골격을 인간의 텍스트 이해 설명 모델(van Dijk/Kintsch, 1983)과 차별화한다.

면, 미디어는 '기호가 증강되어 산출되고 저장되고/거나 전송될 수 있는 구체적인, 질료적인 보조 수단'이다. 반대로 그는 커뮤니케이션 형태를 '매체적 커뮤니케이션의 구조적 또는 기호학적 자질들의 가상 상황'으로 이해한다. 이런 자질들은 텍스트언어학에서는 텍스트 종류의 상황 차원에 속하는 것들이다. 홀리는 커뮤니케이션 형태가 텍스트 종류와 동일시되면 안 되고, 사회적, 기능적으로 상이한 텍스트 종류의 토대를 이룬다고 강조한다.

커뮤니케이션 형태의 주요 자질은 선별된 기호 체계이다. 그것이 문자 기호나 음성 기호라면, 그것은 문어 커뮤니케이션일까 아니면 구어 커뮤니케이션일까? 분류에 중요한 것은 커뮤니케이션 방향과 의사소통 파트너의 수이다. 여기서 이런 질문들이 생긴다. 이 커뮤니케이션은 독화적일까 아니면 대화적일까? 일대일 커뮤니케이션일까, 아니면 일대다 커뮤니케이션일까? 후자는 텔레비전, 라디오, 신문 같은 매스미디어 커뮤니케이션의 주요 특징일 뿐 아니라 인터넷 사이트의 특징이기도 하다. 또 다른 두 가지 자질은 커뮤니케이션의 시공간적 차원이다. 공간적 차원의 경우에 의사소통 파트너가 동일한 공간에 있느냐 아니면 원거리 커뮤니케이션인가도 중요하다. 시간적 차원의 경우에 커뮤니케이션이 공시적으로 진행되는가 아니면 비공시적으로 진행되는가, 말차례들이 직접 병렬적으로 이어지는가(예, 전화 대화) 아니면 시간 간격이 있는가(예, 편지)가 중요하다. 또한 커뮤니케이션이 매체적으로 전달되는가 아니면 사적인 대화로 일어나는가? 전자의 경우라면, 다시 질문이 생긴다. 의사소통 매체가 언어 사용에 어떤 영향을 미치는가?

이런 모든 질문들에 대한 대답은 채팅의 예에서 가능하다. 의사소통 파트너가 채팅룸에서 익명으로 로그인을 하여, 대화가 화면에서 어떻게 진행되고 있는가를 보면서 자신의 대화기여(말차례)를 입력할 수 있다. 이 커뮤니케이션 형태의 독특한 자질들을 정리하면(뒤어샤이트, 2005: 8), 채팅 커뮤니케이션은 문어로 거의 실시간으로 진행되고,

대화적이고, 의사소통 파트너의 수는 바뀔 수 있고, 전화 대화처럼 공간적으로 떨어져 있다.

이런 다양한 자질들을 고려하여 전자 커뮤니케이션 형태들의 실현 형태로서 텍스트 종류 또는 커뮤니케이션 장르를 분류하면 (9)와 같다.[24]

(9) 커뮤니케이션 장르들

자질 \ 커뮤니케이션 형태	대화	전화	메신저	채팅	이메일 (사적)	SMS (사적)	편지 (사적)
공존(S, H), 공통 공간	0	−	−−	−−	−−	−−	−−
공존: 직접 수용	0	0	−−	−−	−−	−−	−−
동시 출석/의사소통 가능	0	0	0	0	−−	−−	−−
상쇄적인 설정 생각 공간	−−	0	0	0	0	0	0
비슷한 시각적 지각 공간	−−	−−	0	0	0	0	0
시각적 공간 원점(hier,…)	−−	−−	0	0	0	0	0
전용: 직접 음향적	0	0	−−	−−	−−	−−	−−
전용: 문자 기호 재생산	−−	−−	0	0	0	0	−−
행위자들 서로 알기	0	0	0	0	0	0	0
여러 번 수신 가능	−−	−−	0	0	0	0	0
상호적/상호작용적	0	0	0	0	0	0	0
시의적 의사소통	0	0	0	0	−−	0	−−
범주	담화 형태	파생 담화 형태	기생 담화 형태	기생 담화 형태	텍스트 형태	텍스트 형태	텍스트 형태

6.1. 채팅

채팅 커뮤니케이션의 언어적, 의사소통적 특징에 관해서는 그동안 다각적으로 조명되었다.[25] 주목할 특징은 가깝고, 친밀감, 연대감, 경

---

24) 앞의 2.2.3도 참조.

25) 독일어권은 Storrer(2000), Beiß wenger(2000; 2001; 2005), Schmitz(2004), Siever et al. (2005), 한국은 이정복(2003), 채팅언어와 SMS의 한·독 비교연구를 시도한 박영미(2008) 등 매우 다양하고 양적으로도 많다.

제성을 보인다는 점이다(박영미, 2008). 채팅은 '열기-인접쌍-고치기-닫기'의 행위 구조를 취한다(강우순, 2005: 20). 온라인 채팅은 일종의 실시간 대화로 인한 구어적 특성, 문자 메시지로 인한 문어적 특성, 컴퓨터 매개적인 특성을 두루 갖추고 있다. 코흐와 외스터라이허(1994: 587ff)가 제시한 매체적, 개념적 구어성/문어성 구분에 기대어 채팅언어의 구어적 성격을 두 가지로 정의하면 다음과 같다.

- 매체적 구어성 및 문어성: 이것은 언어가 실현되는 매체와 관련된 것인데, 두 가지 가능성이 있다. 하나는 구어로 음성적으로 실현하는 것이고, 다른 하나는 문어로 문자로 실현하는 것이다.
- 개념적 구어성 및 문어성: 이것은 반대로 하나는 직관적으로 구두 대화와, 다른 하나는 정교한 문자 텍스트, 예컨대 학술 단행본과 관련된 표현 방식이다. 개념적 구어성과 개념적 문어성의 구분은 등급이 있다. 매체적으로 문어로 작성된 텍스트는 다소 개념적 구어성의 자질을 보일 수 있다. 예컨대 개인편지는 일반적으로 법률 텍스트보다 더 강하게 개념적 구어적으로 작성된다. 코흐와 외스터라이허(1994)와 지버(1998, 184ff)에 따라 개념적 구어성에 전형적이라 할 수 있는 언어 자질은 온라인 채팅 커뮤니케이션에서도 자주 발견되는데, 일상어적, 방언적 표현들, 감탄사 및 대화 언어에 전형적인 불변화사, 병렬식 문장구조, 문장 경계의 불명확성 등이 전형적인 자질에 속한다.

인터넷 기반 커뮤니케이션과 관련해서 되링(2003)은 공시적synchron 형태와 비공시적asynchron 형태를 구분한다. 여기서 말하는 '공시적'은 문어 메시지가 시간적으로 짧은 간격을 두고 교환되고 참여자들이 즉시 커뮤니케이션에 참여한다는 뜻이다. 반면에 비공시적인 형태에서는 그렇지 못하다. 되링(앞의 책: 80ff)은 공시적인 형태의 예로 채팅과 온라인 게임, 온라인 주식거래 등을 든다. 비공시적 형태로는 이메일, 댓글, 토론방 등을 든다. 블로그와 Wiki-하이퍼텍스트도 비공시적 형태에 들어갈 수 있을 것이다. 그런 의미에서 공시적 커뮤니케이션 형태는 일반적으로 비공시적 커뮤니케이션 형태보다 개념적 구어성이 더 강하다. 물론 모든 인터넷 기반 커뮤니케이션 형태들(전통적 커뮤니케이션 형태에서처럼)에서도 다양한 문체와 형식들이 발견된다. 공시적인 채팅 커뮤니케이션에서도 목적, 참여자 수, 세팅(송신자와 수신자와의 관계)에 따라 문체와 형식이 달라진다.

인터넷에서는 "Netzsprache"(영어의 'netspeak'의 번역어)나 "Websprache"(지버 외, 2005) 하에서 연구, 기술되는 매체적 문어성과 교류하면서 독자적인 관례들이 생겨나고 있다. 특히 채팅 커뮤니케이션과 관련해서 웹 언어에 전형적이라 할 수 있는 요소들을 (10)을 통해 살펴보자.[26]

(10) [⋯]

1. (Arktikus)   Antarktika: vielleicht könnte ich die
                 FAhrt ja auch als kulturelle Bildungs-
                 reise sponsoren lassen ;-)

2. (ZOOL)   Fin: tztztz ⋯ naja. die können es ja
                 nicht besser *fg*

3. (Antarktika) Artikus:probiers halt *lol*

4. (Arktikus)   Antarktika: und wer erstellt die Quotes?

5. Antarktika schaut mal bös zu ZOOL ⋯

6. sweety verabschiedet sich mal langsam von allen
   netten leuten

7. (findalf)   Antarktika, und wo wird dann das ganze
                 veröffentlicht?

8. ZOOL weiß garnicht warum ⋯ *unschuldigguck*

9. (ZOOL)   cya sweety ⋯ und grüß L

---

26) 예는 Weißwenger(2000: 1.4절)에서 일부만 인용함.

10. (findalf)   cu sweety, *wink*

11. (SPOOKY)   bin wieder da, sollte aber langsam mal
                   wieder was tun *grummi*

12. (Arktikus)   Fin: auf diversen Hompages … siehe
                   oben *g*

13. (sweety)   tschau leute und noch viel spass

14. (Antarktika)   naja…die meisten guten sind auf
                   der HP von einem Chatter,der mehr
                   oder weniger der *papa* der
                   "Nette(n)…Leute" ist …

15. (Antarktika)   naja … is aber egal …

16. (Antarktika)   zu umständlich, das hier zu erklären :o))

17. (Arktikus)   Antarktika: also der Berufschatter *g*
[…]

- 이모티콘(smileys)은 감정과 외모의 표현에 투입되는 형태로서, 표정술
  의 부재를 보충하기 위한 장치이다. 이모티콘과 자연스런 표정술과의
  근본적인 차이는 자연스런 표정술이 제한된 범위에서만 인위적으로 조
  절될 수 있는데 반해, 이모티콘은 규약화된 의미가 있는 만들어진 기호
  라는 점이다. 그래서 이모티콘은 자연스런 표정술과는 달리 사용자들끼
  리 배워야 한다.

- 비굴절 어휘(Aktionswort)는 활용 변화를 하지 않은 동사 어간(그래서
  'Inflektive'라고도 함)(슐로빈스키, 2001; 박영미/김종수, 2006b 참조)이
  나 집단어 특유의 축약어들이다. 이것은 대개 별표(*) 사이에 들어가고,
  감정, 상태, 행위 등의 표현에 사용된다.27)

- 수많은 잡담 채팅에서 사용되는 비굴절 어휘의 기능적인 대안이 '액션

---

27) (12)에서 *fg*(=fat grin), *lol*(=laughing out loud)[3], *wink*[10], *unschuldigguck*[8] 등
   이 이런 이모티콘들이다.

메시지(action message)'이다. 이것은 자기 자신의 상태나 행위를 알려주는 것인데, 위의 (10)에서 말차례 [5]의 "*Antarkia schaut mal bös zu ZOOL …*"과 말차례 [6]의 "*sweety verabschiedet sich mal langsam von allen netten leuten*"이 그런 예들이다.

이런 웹언어 요소들로 인해 구어적 대화 국면들 — 표정술, 제스처, 감정과 행위 표현 — 이 의사소통 목적에 유리한 경우라면, 채팅은 매체적으로는 문어적이지만 개념적으로는 구어적인 세팅이 '모방'된다.

6.2. 이메일

독일어권에서 이메일 커뮤니케이션에 대한 언어학적 연구는 대략 15년 전부터 시작되었다.[28] 처음에는 이메일과 종이편지의 차이를 밝히는 데 중점을 두었다(귄터와 뷔스, 1996). 근래에는 이 두 커뮤니케이션 형태의 공통점에 주목하였는데(슈미츠, 2002a), 회플리히(2000: 8)에서는 이들 간에 새로운 국면도 그렇게 많지 않다는 결론에 이르고 있다. 이런 관점 전환에는 두 가지 이유가 있다. 하나는 이메일 통신이 몇 년 전에도 여전히 편지 커뮤니케이션이 유지된 텍스트 종류들(예, 지원서 쓰기, 부음, 공식 초대장, 청구서 등)을 포함하고 있는 점이다. 이렇게 하여 규약화된 글쓰기에 적용되는 규범들이 이메일 쓰기에도 전용되고 있다는 것이다. 다른 하나는 먼저 새로운 것, 다른 것에 관심이 가고, 그 다음에 새로운 것에서 익숙한 것이 지각된다는 진리이다. 이메일 커뮤니케이션에서는 채팅과는 달리 실제로 우리에게 익숙한 커뮤니케이션 형태인 편지와 유사점이 있다. 룬켈 외(1998: 2)는 이메일 커뮤니케이션을 실질적으로 더 빨라진 우편물이라고 주장한다. 형식

---

28) Janich(1994), Günther/Wyss(1996), Weingarten(1997), Runkehl et al.(1998), Jakobs(1998), Schmitz(2002a), Ziegler/Dürscheid(Hrsg. 2002)가 대표적이다.

적인 관점에서는 이메일이 서신왕래의 계승이란 주장이 많지만, 기능적인 관점에서 보면 꼭 그렇지는 않다. 이메일은 옛날에는 전화가 사용되던 상황에서도 발송되기도 하여서 이를테면 식사 약속이 성사될 수 있기 때문이다. 대면 대화뿐 아니라 편지나 전화 통화도 이메일로 대체되고 있다.

슈미츠(2002a: 40)는 이메일의 언어 수단이 부분적으로 미디어의 조건에 의존하기는 하지만 커뮤니케이션 상황의 다른 화용적 조건들, 예컨대 의사소통 파트너의 친교성, 주제, 삶의 영역(직업적/사적)에 훨씬 더 의존한다고 주장한다. 이메일 커뮤니케이션도 SMS처럼 비공시적이고 시차가 있는 커뮤니케이션이다.

6.2.1. 이메일 커뮤니케이션의 특징

이메일은 화면 대 화면으로 쓰고 읽게 된다. 이메일은 출력될 수도 있지만, 이는 부차적인 실현 형태이다. 일반적으로 텍스트는 컴퓨터나 핸드폰에서 작성되어 발송되므로 종이 위에서 조정할 필요는 거의 없다. 그래서 이메일은 전통적인 편지보다 쓰기 오류들을 더 많이 담고 있다.

이메일은 헤드부Header와 바디부Body로 구성되어 있다. 헤드부와 바디부는 편지의 봉투와 본문처럼 기능적으로 분리된 두 가지 성분이다. 물론 헤드부는 편지봉투보다 더 많은 정보를 포함한다(송·수신자, 이메일 주소, 발송일, 발송 시간, 용건, 첨부 자료 안내). 이메일의 바디부는 송신자의 나머지 정보들을 포함하는 서명으로 보충될 수 있다(팩스 주소, 전화 번호 등). 전통적인 편지에서는 송신자에 관한 나머지 정보를 담는 꼬리부Fußzeile(주로 상용편지에만 있음)도 있다.

이메일은 전통적인 편지보다 기술적인 가능성을 더 많이 제공한다. 하나는 이메일 본문에 수신자만 클릭하여 해당 사이트로 이동할 수 있는 하이퍼링크가 있을 수 있다. 다른 하나는 이메일에서는 편지와는 달리 다매체적 자료들이 함께 보내질 수 있다는 점이다. 그러나 이메일을 통해서는 편지와는 달리 물질적인 것들이 운송될 수 없다.

이메일에는 선행 메시지에 회신이 가능한 'Reply'-기능이 있다. 관련되는 본문구절들은 Reply-메일에서 필요에 따라 잘라서 다시 줄 수 있다. 보이트너(2002: 53)는 이것을 '직접 인용'으로 본다. 전체 본문을 넘겨받아서 관련 텍스트의 앞이나 뒤에 자기 텍스트를 만드는 것도 가능하다('간접 인용').

이메일은 기술적인 지연 현상이 없다면 일순간에 수신자에게 도착할 수 있다. 송신자는 자기 이메일이 단시간 내에 회신된다는 점에 근거할 수도 있다. 수신자가 그렇게 하지 않으면, 수신자 행동은 "부정적인 관계 메시지"(되링, 2003: 57)로 해석될 수 있다.

이메일은 HTML-메일이 아닌 경우, 전통적인, 워드프로세서로 작성된 편지보다 타이포그래피적인 요소들도 미미하고, 맞춤법도 자동적으로 실행되지 않는다. 그런 점에서 전통적인 편지와 차이가 난다. 편지는 발송되는 대로 도착하고, 읽을 때 기술적인 보조 수단이 필요 없지만, 이메일은 제3의 매체이다. 생산과 전송뿐 아니라 수취에도 기계 투입은 필수적이다.

컴퓨터에서 작성되는 모든 텍스트의 특징은 텍스트 구절의 치환, 삽입, 삭제가 자유롭다는 점이다. 쓰기 과정의 세 가지 핵심 성분인 계획, 작성, 수정은 쉽게 반복될 수 있다. 이메일에서는 대개 마지막으로 본문이 수정된 후에 전송되지만, 전통적인 편지에서는 사정이 다르다. 우체통에 넣기 전까지는 또 다시 바꿀 수 있는 시간적인 여유와 기회가 있다.

6.2.2. 이메일 커뮤니케이션과 글쓰기

그렇다면 이메일의 이런 특징들이 글쓰기에는 어떤 영향을 미칠까? 이를 위해서는 먼저 글쓰기 개념을 정립할 필요가 있다. 루드비히(2003: 5)는 여섯 가지 의미[29]를 구분하고 있는데, 여기서는 나머지 의미 성분들을 모두 포괄하는 텍스트에 기댄 커뮤니케이션 산출이 중요하다. 먼저 전자적 환경과 비전자적 환경에서의 글쓰기를 구분할 필요가 있는데, 뒤어샤이트(2005: 91)는 두 가지 질문을 한다.

- 이메일 커뮤니케이션에 특징적인 쓰기 문체가 있을까?
- 그런 쓰기 문체가 있다면, 비전자적 환경에서의 글쓰기(=텍스트에 기댄 커뮤니케이션 산출)에 영향을 미칠까?

첫 번째 질문과 관련해서 인용 기술을 이용하는 이메일만 생각해보면, 이런 기술은 전통적인 편지에는 없다. 실제로 많은 이메일들은 담화의 성격이 있다(비트너, 2003: 154). 이런 이메일은 질문과 대답으로 구성된 대화와 유사하다. 예컨대 (11a)처럼 복잡한 전조응적 관계를 만들어낼 필요가 없고 인용된 구절에 (11b) 같은 발화가 첨가되는 것으로 충분하다.

(11) a. Wie Sie in Ihrem letzten Brief geschrieben haben, …[당신이 지난 번 서신에서 쓰셨듯이]]

b. Das danke ich auch, …[그 점에 저도 감사를 드립니다, ….]

구어적인 일상 커뮤니케이션에 전형적인 인접쌍 생략 현상도 이메일에서는 빈번하다.[30]

(12) a. 문답쌍: Weißt du, wo Paul arbeitet? – Bei McDonald's.

---

29) 철자, 단어, 문장, 텍스트, 스크립트의 산출 그리고 텍스트에 기댄 커뮤니케이션 산출.
30) 번역: a. 파울이 어디서 일하고 있지? – 맥도날드에서.
  b. 파울이 그 책을 팔아버렸다. – 아냐, 잃어버렸어.
  c. 파울은 휴가여행을 예약했다. – 맞아. 코르시카로.
  d. 당장 구내식당으로 갈게. – 나도.

b. 수정: Paul hat das Buch verkauft. – Nein, verloren.

c. 증명: Paul hat eine Urlaubsreise gebucht. – Ja, nach Korsika.

d. 병렬: Ich gehe gleich in die Kantine. – Ich auch.

편지에서는 관련 텍스트가 바로 앞에 있지 않기 때문에 이런 생략은 불가능하다. 이메일 커뮤니케이션에서는 두 가지 경우에서 이런 생략이 가능하다(뒤어샤이트, 2005: 91). 하나는 통제할 표현을 텍스트에서 같이 가져가는 경우이고, 다른 하나는 이메일이 단기간에 질문 이메일, 대답 이메일처럼 간단히 주고받는 경우이다.

(13) a. 질문 이메일(11:10): Gehen wir heute in die Kantine?[오늘 우리 구내식당 갈까?]

b. 대답 이메일(11:30): Ja, kommst du bei mir vorbei?[좋아. 네가 우리 집에 들를래?]

(13b) 같은 대답은 대개 이메일 프로그램의 Reply-기능으로 해결된다. 이와는 달리 관련 텍스트를 송신자가 인용하는 경우에는 두 발화들 간의 시간적인 간격 정도는 중요하지 않다. 그런 예가 (14)이다(룬켈 외, 1998: 38).

(14) Dear Professor [⋯],

〉unfortunately my wife cannot join the conference in Gent. Could

〉you please change my order (see invitation formular) form doubleroom

〉to single room?

No problem!

〉Should I held the talk in English or German?

In English.

Kindest regards,
　[…]

　(14)에는 두 인접쌍이 등장하는데, 하나는 문답 시퀀스(예, No problem!)이고, 다른 하나는 문답 시퀀스에 들어있는 병렬체(예, In English.)이다. Reply-메일의 또 다른 자질은 화용론적 층위에서 발견된다. 특히 (14)처럼 필자는 직접 인용을 사용할 때에는 자기 이메일에서 인사말(예, *Guten Tag, Hi, Hallo, Hallo + Frau/Herr + 이름, …*)을 무시하는 경우가 흔한데, 이메일의 특징이라 할 수 있다. 전통적인, 사적 편지에서는 이러면 공손성이 없어진다.

　정리하면, 인터넷이 가능한, 이른바 핸드폰이 모바일 커뮤니케이션의 중심에 있는 오늘날, 이메일 커뮤니케이션의 모바일 변이형이 규칙이 된다면 어떤 변화가 일어날까? 하나는 이메일에서 오늘날의 SMS처럼 직접적인 상황 관계가 만들어지는 경우(예, *Was machst du gerade?-Sitze noch im Bus*[너 지금 뭐하니?-아직 버스 안이야].)가 더 빈번해질 것이다. 다른 하나는 이메일 텍스트가 시간적인 간격이 거의 없이 주고받게 될 것이다. 이렇게 되면 필자의 태도도 바로 읽고 바로 대응하는 식으로 바뀌게 될 것이다.

　모바일 인터넷 커뮤니케이션이 우리의 커뮤니케이션 실제를 바꿀 것이라는 점은 논란의 여지가 없다. 그러나 이 때문에 우리의 쓰기 문체도 바뀌게 될까? 앞으로도 비전자적 편지는 여전이 남아 있을까? 이에 대한 체계적인 연구도 이메일 커뮤니케이션의 화용론적 접근에 필수적이다.

6.3. SMS

SMS문자 메시지 커뮤니케이션은 특히 파트너, 친구, 친지, 가족 등과의 사적 커뮤니케이션에 주로 이용된다는 점에서 채팅과 구분된다.

텍스트언어학적으로 보면, SMS 메시지는 실용 텍스트로 간주될 수 있다. 실용 텍스트와 무관한 것은 문학 텍스트와는 달리 보통 "특수한 심미적-문학적 요구 사항"(딤터, 1981: 35)이다. 그러나 문학 텍스트와 실용 텍스트의 경계는 서로 넘나들 수 있다. 예컨대 문학 텍스트(특히 시)가 부분적으로 사교적인 메시지의 매개체 기능을 할 수 있다. 역으로 일상적인 SMS 텍스트 생산이 (15)처럼 의식적으로(예, 은유나 운율을 통해) 심미화 되기도 한다.

(15) Der Mond am Himmel scheint nur für dich, er sagt zu dir: Vergiss mich nicht. H.D.G.G.D.L.
[하늘에 떠 있는 저 달이 너만 비추고 있네. 저 달이 너에게 말을 거네: 나를 잊지 마. H.D.G.G.D.L.]

의사소통 방향을 고려하면 SMS-메시지는 무표적이다. 대인적 interpersonal SMS 메시지는 독화 텍스트나 대화 텍스트 모두일 수 있기 때문이다. 비록 SMS 커뮤니케이션이 기술적으로 비공시적이고 종결된(독화적) 개별 텍스트를 암시하기는 하지만, 즉각적인 회답을 통해 계속 본격적인 SMS-대화가 생겨나는데, 그 말차례들은 부분적으로 문자적 대화 관계에서만 이해할 수 있다(예컨대 이들이 "ok"처럼 개별 표현으로 구성되어 있기 때문임). 대부분의 SMS 텍스트들은 짧기는 하지만 전보, 우편엽서, 이메일, 편지(브링커, 1997: 139, 각주 25) 및 개별 구어 말차례(롤프, 1993: 32) 등과 마찬가지로 언어적인 특성에 따라 변별적인 의사소통 기능이 부여될 수 있는 독화적 텍스트라 할 수 있다.

이런 맥락에서 SMS 텍스트의 의사소통 기능 분석에는 대화 분석이 아니라 브링커(1997)가 제시한 의사소통 기능적 분석 방안이 유용하다. 이 방안에서는 텍스트를 텍스트 생산자의 의도에 따라 문제를 해결하거나 내용적, 형식적으로 텍스트에서 표현되는 사회적 기능을 실현해야 하는 사회적인 행위로 보기 때문이다. 기능적으로 실용 텍스트는 서얼(1969)의 화행 유형에 기대어 다섯 가지 텍스트 유형들로 나눠질 수 있는데, 이 텍스트 유형들은 다시 브링커(1997)가 구분한 다섯 가지 기본적인 대인적 의사소통 기능에 적용하여 텍스트 종류들로 세분될 수 있다. 롤프(1993)의 기능적 분류에 따르면 독일어에는 약 2100개의 실용 텍스트 종류가 있다(되링, 2002: 26 참조).

[표 15] 기본 의사소통 기능과 텍스트 종류에 따른 실용 텍스트의 분류

화행 유형 (서얼, 1969)	텍스트 기능 (브링커, 1997)	행위 기술	텍스트 종류 (롤프, 1993)
정표	접촉	송신자와 수신자의 관계를 주제화함	인사말 축하엽서 비난
제시	정보	사태에 관한 정보를 교환함	모임 안내 결석계 (라디오)시보 출생 광고
지시	호소	수신자에게 요구함	금연 생활 규칙 업무 계약 청원서
위임	책무	송신자의 자기 책임을 수신자에게 위임함	보증서 제안서
선언	선언	제도적인 확정	신분증 이혼 합의서

SMS는 앞에서 지적하였듯이 텍스트 종류가 아니라 커뮤니케이션 형태이다. 다시 말해서 SMS에 기초하여 사회적인 실제에서 텍스트 종류들이 실현되고 장르들이 생겨나게 된다. 커뮤니케이션 형태로서의 SMS는 핸드폰에 기초하여 근본적으로 문자 언어만 처리한다. 커뮤니케이션은 대화적이고 비공시적이고, 의사소통 파트너의 수도 1 : 1로 제한되어 있다.31)

이 커뮤니케이션 형태에서 어떤 텍스트 종류들이 실현되는지, 그리고 특정 사용 모형이 장르로 고정되는지는 경험적인 문제이다. 되링 (2002)은 1000개의 메시지들을 화행론에 기초한 텍스트유형학의 기능 범주들에 따라 평가하여 접촉 기능과 제보 기능이 지배적이라는 결론을 얻었다. 접촉 기능을 가진 메시지(54%)는 특히 약속, 인사, 말잔치, 관계 해결, 매체 교체 알림 등이다. 제보 기능을 가진 메시지는 "정세 보고서Lagebericht"에서 특히 많이 발견되었다. 대부분의 짧은 메시지들은 다기능적인데, 인사는 대부분 동반 행위로 나타난다. 장르 이론의 관점에서 보면, SMS 장르의 형성은 지금도 여전히 진행 중이다. 안드루초풀로스와 슈미트(2001)는 이런 장르를 독특한 사회적인 상황에 예속시켜, 사적인 비공식 SMS 커뮤니케이션의 사용 범위에서 장르 유사 모형들을 어느 정도 예상할 수 있다는 테제를 대변하고 있다.

기존의 SMS 연구들은 SMS를 친교의 커뮤니케이션 형태로 분류하였다. 회플리히와 뢰슬러(2001)는 N=197명의 독일 청소년들에게 그들이 선호하는 의사소통 파트너들과의 SMS 접촉을 질문한 결과, 피설문자의 50%가 파트너들과 메시지를 교환하고, 40%(남성)와 43%(여성)는 친한 친구들과, 26%는 다른 친구 및 친지들과, 5%만 부모 및 친척들과 메시지 교환을 하는 것으로 조사되었다. 이에 따르면 규칙적인 "문자통신하기Simsen"는 동년배 청소년 그룹에 한정된 것으로 나타났다.[32]

되링(2002)이 "정표적expressive으로 [⋯] 긍정적인 어조가 있는 비공식적인 교환"(앞의 책: 26)이라고 한 것은 언어학적 관점에서 보면 '개념적 구어성'이라 할 수 있다. 사용성私用性, Privatheit, 친교성Vertrautheit, 비격식성Informalität, 대화성Dialogizität은 코흐와 외스터라이허(1994)의 의미에서

---

31) 이렇게 보면 SMS는 이메일과 친족적이지만, 후자는 1 : n 커뮤니케이션도 가능하게 할 수 있는 차이점도 있다.

32) 그밖에 국내에서 통신언어 일반에 대한 연구도 매우 활발하다. SMS의 특성과 사용 경향에 대해서는 최경은(2005), 이정복(2006) 참조.

의사소통적 근거리에 따른 기본 기준들이며, 구어의 텍스트 전략을 지향하고 있음을 엿보게 한다(이 장의 2.2.3도 참조).

6.3.1. SMS 커뮤니케이션에서 축약형

SMS 커뮤니케이션에서의 축약형은 일차적으로 경제성 기능과 관련이 있다. 텍스트 생산에서 기호와 시간 등을 절약한다. 경제성 기능 외에 집단적 동질성 기능도 있다. 축약형이 집단적 동질성 기능을 충족시키는 경우는 축약형을 이해하고 사용할 수 있도록 특수한, 사회적으로 공유된 지식이 필요한 때이다. 관련 축약형들을 올바로 사용할 수 있다는 것은 그룹 소속성의 표지이자 그룹 동질성의 구성요소이다. 실제로 SMS 커뮤니케이션에서나 SMS 사용자들 사이에서 표준어가 아닌 특수한 축약형들이 선호되는 이유이기도 하다. 그래서 매스미디어에서 SMS 커뮤니케이션의 이런 축약형들을 "청소년 비밀코드"(크로커, 2001)라고도 한다.

독일에서 2000년 11월에는 'Die große Aktion gegen lange Sätze[장문長文에 대항하는 위대한 행동]'라는 모토 하에서 음가로 발음될 수 있는 음절 두자어Akronyme(예, *Lidumino＝Liebst du mich noch*[너 아직 날 사랑하지], *Dubidodo＝Du bist doch doof*[멍청하기는])를 전형적인 SMS 문체로 보아야 한다는 독일 가판신문인 〈Bild〉지의 캠페인이 있었다. 상응하는 두자어들은 그때부터 인쇄 미디어에서 드물지 않게 '가장 애용되는 SMS 축약어'로 간주되고 있는데, 인터넷에서는 이른바 SMS 사전에 수합되어 SMS-안내서로 출판되었다.

(16)

SMS 사전 Motorola(www.motorola.de)		SMS 4U Ralf Langhals(2001: 83~87)	
AKLA	Alles klar?	Alkla	Alles klar?
BABS	Bin auf Brautsuche	Braduhi	Brauchst du Hilfe?
CU	See you	Haduluaueibi	Hast du Lust auf ein Bier?
DUWSU	Du warst super	Lamiinfri	Lass mich in Frieden
...		...	

사적인 개인 편지와 메모 커뮤니케이션(예, *ILD=Ich liebe dich*[널 사랑해]), 상용편지(예, *MfG=Mit freundlichen Grüßen*[진심으로 인사를 드리며]) 또는 온라인 커뮤니케이션(예, *FAQ=Frequently asked questions, CU=see you*) 관련 모음집에서는 알려진 두자어 외에 실제로 일련의 새로운 두자어들도 발견되는데(예, *DUWIPA=Du wirst Papa*[네가 아빠가 되는 거야]), 이 중에는 동음이의어 철자두자어와 음가두자어(*SMS=Servus mein Schatz*[안녕, 자기야], *WASA=Warte auf schnelle Antwort*[빠른 회신을 기다리며])도 있다. 노련한 SMS 사용자들은 이런 SMS 축약형을 유별나게 많이 사용함으로써 자기들과 같은 사람들만 이해하는 소식을 생성할 수 있을 것이다. 이런 매체 특유의 집단적 동질성 기능은 SMS 커뮤니케이션에서 다른 그룹 간 동질성 및 개인 간 동질성의 언어적 표현과 구분될 수 있다. 그래서 SMS 두자어의 사용은 자기 자신을 현대적인, 청소년다운, 혁신적인 또는 '쿨한' 것으로 양식화하려는 시도라고도 할 수 있을 것이다.

축약형은 경제성 기능과 동질성 기능 외에 해석 기능도 있다. 이것은 텍스트 생산에서 축약형을 의도적으로 투입하거나 투입하지 않음으로써 가능한 수용 방식과 텍스트 효과가 예측되고 통제된다. 기술적으로 비공시적인 SMS 커뮤니케이션은 주로 사적인 사회적 환경에서 투입되는데, 이때 SMS 대화가 수행되는 경우도 있다. 이 때문에 앞에서 지적한 개념적 구어성을 암시하는 의사소통 상황이 나타난다. 축약형의 사용도 매체상 문어적인 텍스트에 직접성, 자율성, 자발성의 특성을 주는 데 기여할 수 있다. 따라서 축약형은 메시지를 정해진 해석

범위(예, 유희적 또는 진지한) 안에서 해석할 수 있는 근거가 될 수 있다.

6.3.2. SMS 커뮤니케이션에서 축약형의 기능

6.3.2.1. 경제성 기능

SMS 특유의 절약 전략으로 볼 수 있는 것은 임시축약어들이다. 순간 축약어 'v.'(=*vielleicht*)를 통해서는 이를테면 8개의 기호가 절약된다. 순간 축약어가 다른 어휘 축약형들에 비해 가장 흔하게 나타나기는 하지만, 전체적으로는 여전히 드물게 사용되고 있다. SMS-텍스트는 제한적으로만 특수한 공간 부족이라는 기술적인 압박을 받으면서 만들어진다.

사용자는 별다른 문제없이 기호 제약이 있기는 하지만, 대량으로 축약형을 이용하지 않고도 의미 있게 해석이 가능한 소식(메시지)을 작성할 수 있다. '합리적인 매체 선택'(되링, 1999: 216ff)의 의미에서 그런 상황에서 짧은 소식만으로도 주로 상호소통에 충분한 SMS 커뮤니케이션을 주로 이용한다. 그러나 의사소통 동기가 복잡한 경우에는 매체 교체가 필수적이다.

(17) Ichhabjanichtausschl.von mir

geredet:)finde SelbstzweiflungsunfähigeBeängstigend/Solltendies.

Themanicht weiter offline sondern echtzeit diskutieren zuwenigPlatz

텍스트 생산 과정이 매체적인 입력 제한에 걸리거나 그럴 위험이 있어서 작성이나 편집하는 과정에서 완전한 형태를 통사적 또는 어휘적 축약형으로 전환해야 하는 경우는 오히려 드물다. 텍스트 생산에서 상응하는 과정을 암시하는 것은 기호 분량을 전부 사용해버려서 (독일은 160개의 철자, 한국은 80 바이트) 부득불 심하게 임시축약어(또는 띄어쓰기 삭제 등)를 투입하게 되는 SMS-텍스트이다.

(18) a. buenas noches. ich hoffe, du bist nicht verhungert & hast alles
geschafft.ich hab das geld f.d. fahrt vergessen, tut mir wirklich leid,
dann das nächste mal,ok?

b. Da geht's dir ja auch nicht besser!Hast du Lust Karfr. ein schönen
Spaziergang dr. Rosenthal zu machen wenn schönes Wetter ist?Okay
wünsch dir noch v. Spaß Anke.

c. Na,was war gestern m euch(dir)los?War total viel losbeim
O-feuer!Danach w im Club-zieml.lange!War also n richtig gutes
Osterfst! He mal ausruhen.Morg.frei.

6.3.2.2. 동질성 기능

SMS 사용자 그룹의 소속성을 암시하는 특수한 SMS 축약형들은 사실 중요하지 않다. 되링(2002)에 따르면, 공중사회에서 SMS 언어에 전형적인 특징이라 할 수 있는 100개의 SMS-텍스트 중에서 이해 불가한 것은 한 가지뿐이었다(예, *Hadigadoli*). 나머지 어휘적, 통사적 축약형들은 모두 일반적으로 이해가 가능한 것이거나, SMS 커뮤니케이션과 무관한 사회그룹(예, 동일 대학의 학부과정 학생들, 컴퓨터 마니아)의 인사이더 지식과 관련해서 이해가 가능한 것이었다. SMS 커뮤니케이션의 축약형들이 집단적 동질성 기능을 충족시키는 경우는 실세계에 고착된 사회그룹의 집단적 동질성과 무관하지 않다.

(19) a. weißt Du nun, wann die Seminare für FnWS und Au.Han.Pol. sind?
Wollen wir morgen 15.00 Uhr ins Fitneßstudio? Oder kannst du da
nicht? Stefi.

b. Schick mir bitte mal die adday für den Cin 4D crack od. die Nr.!
Danke

SMS 사용자로서의 집단적인 동질성 구축이 갖는 사회적 의미는 확실하지 않다. 하나는 이런 동질성 구축이 단기간에 SMS 커뮤니케이션에 참여하는 것이 보편화된 것이어서 더 이상 사회적인 변별 자질로 보기 어렵다는 점이다. 다른 하나는 SMS를 통하여 주로 가까운 사회 환경 출신의 사람들과 커뮤니케이션을 하기 때문에, 상호소통의 토대로서 다양한 집단적 동질성이 제공되고 편입 공간이 나타나지 않는다는 점이다. 이와는 약간 다른 것이 인터넷 커뮤니케이션, 예컨대 온라인 채팅 같은 것이다(바이스벵어 편, 2001). 여기서는 매체 이용이 익명과 커뮤니케이션을 하는 경우가 더 흔하다. 따라서 특수한 채팅언어를 통하여 자신을 채팅자로서 알려주는 것이 사회적으로 유용할(예컨대 친교에 도움이 될) 수 있을 것이다. 결국 온라인 커뮤니케이션에서의 언어 사용도 너무나 세분되어 있어서 극히 제한적으로만 집단적 동질성 수단으로서 '인터넷 언어'나 '채팅언어'에서 출발할 수 있을 것이다.

6.3.2.3. 해석 기능

인칭대명사의 삭제 같은 통사적 단축이 나타나면 매체적 문어성은 비격식성Informalität, 친교성Vertrautheit, 친근성Nähe이 강조될 수 있다.

(20) a. Sorry, *hatte* vorhin nur einen kurzen Asssetzer, bin jetzt wieder normal. Schlaf schön!küsschen.

b. na gut. du sollst aber nicht immer deine versprechen brechen. *hab* dich trotzdem lieb :-xx

역으로, 대명사의 유지는 관계의 위기 상황이나 그 밖의 문제를 상의할 때 진지성을 강조하기 위한 방법으로 이용될 수 있다.[33]

---

33) Androutsopoulos/Schmidt(2001: 24)에서 인용함.

(21) a. *Ich* hab nicht vor wieder Singel zu werden. *Ich* bin wirklich glücklich! Also lass bitte die Sprüche, ok? *Ich* bin gern mit dir zusammen, melde mich ⋯

b. Du glaubst gar nicht, wie sehr ich mein Verhalten bereue. Du bist viel zu wichtig für mich.Ich werde ernsthaft versuchen,mich zu ändern.Bitte verlass mich nicht.

따라서 축약형과 다른 언어적 변이형이 뒤섞여 사용되는 경우는 해석 기능의 의미에서 메시지가 특정 해석의 틀에서 해석될 수 있는 근거가 될 수 있다. 예컨대 청소년들 간의 연애 SMS는 일종의 일상 커뮤니케이션이라 할 수 있는데, 대화 연속체의 성격을 띤다. 그래서 이런 SMS는 청소년들에게 대면 대결을 피하는 상황에서 사랑 고백도 가능하게 한다(되링, 2002: 4).

(22)

Sven	19.40 Uhr	Was läuft zwischen dir und Maik? [32]
Britta	19.42 Uhr	Nix. WIeso? [12]
Sven	19.44 Uhr	Nur so. Ich mag dich. Ich würde gern mit dir zusammen kommen. Aber⋯ [68]
Sven	19.47 Uhr	Dazu gehören nunmal zwei die daran nichts auszusetzen haben. [60]
Sven	19.54 Uhr	Sag mir deine Meinung dazu. Mir ist es sehr ernst. [50]
Britta	19.57 Uhr	Du bist ein guter Kumpel mehr ist da nicht. Außerdem hab ich einen festen Freund!! [82]
Sven	20.00 Uhr	Ist das deine ehrliche Meinung? Also ganz schlechte Karten für mich?!? [70]
Britta	20.04 Uhr	Sorry ist nunmal so [19]
Sven	20.07 Uhr	ok. Das muß ich wohl so hinnehmen. Ich hoffe du hast

damit kein Problem dass du wei ß t wie ich denke. [100]

Sven 20.15 Uhr   Ich denke dass du auch nichts von mir willst wenn du
keinen Freund hättest.

Ich denke dass du mich nur damit darüber hinweg bringen
willst. [139]

Sven 20.18 Uhr   Ich habe diese Meinung weil ich vor nicht allzulanger
Zeit ganz schön verarscht wurde. [86]

[ ]속의 숫자는 사용된 철자(Zeichen) 수를 나타냄

이와는 달리, 연애편지는 주로 생일이나 기념일 같은 특수한 계기
가 있는 경우들이며, 회답을 요구하지 않는 경우도 흔하다(뵈스, 2003).
(22)의 대화적 문자 커뮤니케이션은 '감정적인 정표성expressivity'을 무절
제하게 촉진한다는 인상을 줄 수 있다(되링, 1999).

지금까지의 논의를 정리하면, SMS 커뮤니케이션은 주로 핸드폰으
로 실현된 기호 제약적인 비공시적 대화형 문자 커뮤니케이션 형태이
다. 이것은 메모나 이메일 커뮤니케이션과 유사성을 보이는데, 근래에
는 커뮤니케이션 형태로서 완전히 정착되었다. 지금까지 SMS는 특히
사적 환경에서 사람들과의 대인적인 교류에 이용되고 있다. 우리는
SMS를 통해 서로 인사하고, 약속하고, 최근의 활동과 체류 장소에 관
한 정보를 주고받거나 장보기와 마중가기 같은 도움을 부탁한다. 초기
에는 SMS 커뮤니케이션이 문자 메시지에 국한되었지만, 오늘날에는
영상(예, 사진, 오디오, 비디오 등)도 통합되어 이용되고 있다. 그럼에도 주
로 이용되는 SMS 커뮤니케이션은 순수 텍스트 커뮤니케이션이다.

텍스트언어학적으로 보면, SMS 메시지는 문학적 텍스트와는 달리
보통 특수한 심미적-문학적 요구와 무관한 실용텍스트인 경우가 일
반적이다. 그러나 문학 텍스트와 실용 텍스트의 경계는 허물어질 수
있다. 예컨대 문학 텍스트(특히 시, 잠언, 모토 등)는 부분적으로 사회적
인 메시지의 담지자 기능을 하며, SMS 코퍼스에 등장하기도 한다. 여

기에는 익살, SMS-격언, 인용, 시구 등도 발견된다(예, SMS 말잔치: *Eine Morgenmail ganz kurz und klein, hüpft grad in dein Handy rein, wünscht Dir einen schönen Tag; Es mailt Dir jemand der Dich mag.*). 역으로 일상적인 SMS 텍스트 생산은 사용자 자신에 의해, 예를 들어 은유나 시구를 통해 심미화 되기도 한다. 그래서 사용자가 즉흥시인이 되기도 한다.

6.4. 블로그

블로그Blog, Weblog는 링크, 댓글, 블로그 검색기 등으로 서로 연결되어 있는데, 이렇게 그물로 연결된 공간을 '블로그 공간Blogsphäre'이라 한다. 간단히 말해, 블로거와 블로그 이용자들이 서로 커뮤니케이션을 하는 전체를 일컫는 말이다.

블로그는 인터넷 기반 커뮤니케이션 형태이다. 이것은 web과 logbook를 합친 명칭으로서, 보통 Blog라는 축소형이 사용된다. 블로그는 '스스로가 가진 느낌이나 품어오던 생각, 알리고 싶은 견해나 주장 같은 것을 웹에다 일기(로그; 기록)처럼 차곡차곡 적어 올려서, 다른 사람도 보고 읽을 수 있게끔 열어 놓은 글모음'[34]이다.

블로그는 하이퍼텍스트 종류로서 그동안 개인 홈페이지 등에 가려서 큰 주목을 받지 못했다. 블로그가 일반 웹 사이트와 비공시적인 컴퓨터 매개 커뮤니케이션 형태(예, 이메일, 토론방) 중간쯤에 위치할 수 있을 지는 미지수이다. 블로그가 '페이스북'처럼 취미나 가족생활 같은 내용들뿐 아니라 개인적인 내용을 넘어서는, 이른바 불러온 내용들도 담고 있기 때문에 그 구조를 규범화하기가 쉽지 않다. 토론방이 공개적인 특성이 있다면, 이메일 커뮤니케이션은 (웹상에서 출간된 뉴스

---

34) http://ko.wikipedia.org/wiki/%EB%B8%94%EB%A1%9C%EA%B7%B8[2010.9.10] 참고. 보통 시간적인 순서에 따라 가장 최근의 글부터 보이며, 여러 사람이 쓸 수 있는 게시판(BBS)과는 달리 한 사람 혹은 몇몇 소수의 사람만이 글을 올릴 수 있다. 블로그의 소유 및 관리자가 '블로거(Bolgger)'이다.
독일어권의 중요한 블로그 포털 사이트는 http://www.blogg.de/이다.

레터를 제외하면) 실제로 폐쇄적이다. 발송 방식도 다르다. 이메일이 선별된 — 흔히 개별적 — 수신자에게 향한 것이라면, 그 기능을 고려할 때 두 사람과의 뉴스그룹이나 웹상 토론방은 무의미하다. 그런 점에서 블로그는 이메일보다는 뉴스그룹이나 토론방에 비견될 수 있을 것이다. 그동안 토론방은 여러 가지 이유 때문에[35] 블로그로 대체되거나 보완된 경우가 흔하다.

블로그는 독일어의 합성어에서 보듯이 매우 생산적인 조어 기재로서, 다양한 신조어들을 양산했다.[36] 또한 'Blog'를 기본어로 한 창의적 신조어도 나타났는데, 명사형으로 'Bloggrill(23a)', 'Zellenblogg(23b)', 동사형 'bloggen'과 이 동사의 명사형으로 'Bloggen'과 'Blogger'가 있다.

(23) a. Also so ein Blog zu lesen, ist für mich fast so gut wie eine nette Bar in der man locker verabret ist zu besuchen. Man trifft unverhofft ganz neue Leute(Kommentare, Blogroll), hört gute Musik(Empfehlungen), kann das eine oder andere Mal auch lecker Essen(*Broggrill*, Restaurant-und Rezepttipps) und wird kurzweilig unterhalten.

b. Willkommen im *ZELLENBLOGG*. Hier gibt es alles zum Thema Celebs, Partypics, Girls, PHP-Scripts & more.

블로그의 언어적 자질들을 분석하기 위해서는 채팅 커뮤니케이션 분석에서처럼 원거리·근거리 커뮤니케이션에서 구어성과 문어성의 구분이 중요하다(슐로빈스키, 2005: 132ff 참조). 근거리 커뮤니케이션은 개념적으로 구어적인 편이며, 원거리 커뮤니케이션은 개념적으로 문어적인 편이다. 개념적 문어성에 비해 개념적 문어성의 언어 자질로

---

35) Schlobinski/Siever(2005: 67f).

36) 예를 들면, Watchblog, Businessblog, Gemeinschaftsblog, Vblog/Vlog(=Videoblog), Fotoblog, Audioblog, Moblog(=Mobile Blog), Blogroll(=단골로 읽은 블로그 리스트), Wahlblog(=2005년 연방하원 선거 블로그), Blogophobie 등.

서 지버(1998: 186)는 특히 일상어적 어휘 사용, 보다 단순한 구문, 유표적 어순, 불명확한 문장 경계, 미사여구 증가, 다양한 어휘 부족, 불투명한 응결 수단 등을 들고 있다.

6.5. 전화 대화: 자동응답기 대화

쉐그로프(1972)를 중심으로 한 민족방법론적 대화 분석은 특히 일상대화의 흐름에 많은 관심이 있었다. 이런 관심은 대부분 전화 커뮤니케이션에 기초하여 얻어진 것인데, 커뮤니케이션이 언어적으로만 실현되고, 비주얼 통로는 차단되고, '시작, 핵심(전달), 종료'의 세 가지 기본 단계로 진행됨에 주목하였다. 연구의 핵심은 시작과 종료 그리고 이들의 시퀀스 구조였다.

대면 대화와 전화 대화가 화자교대 조직에서 상호작용 파트너와의 공시성의 특성이 있다면, 자동응답기 커뮤니케이션은 상대방과 수신자의 신호가 없이 따로 분리되어 실현되어야 하는 특성이 있다. 전화자는 상대방의 자동응답기와 대화를 할 수는 있지만 자신의 발화를 취소할 수는 없다. 대화와는 달리, 자동응답기를 이용한 기계화된 커뮤니케이션 과정에서는 말차례들이 '인접쌍adjacency pairs' 시퀀스로 배열되므로 대화의 시작과 종료의 단계가 함께 구성된 구조는 상호작용 관계의 국면에서는 더 이상 일어나지 않는다. 중요한 것은 이런 대화 구성 자질들이 자동응답기 커뮤니케이션의 일방적인 실현 방식에서 다시 나타나는가, 그리고 만약 그렇다면 어떻게 나타나는가 하는 질문이다. 이런 관점에서 알림 텍스트와 남김 텍스트의 중요 구분 자질을 찾을 수 있다. 즉, 알림 텍스트가 폭넓은 익명의 전화자 층을 겨냥하고 있다면, 남김 텍스트는 하나 또는 극소수 사람들에 국한된 청자 층에 초점이 맞춰진다는 것이다. 이는 필연적으로 피전화자의 말차례가 전화자의 그것보다 더 다면적인 타당성을 가져야 하기 때문에 특히 '시작'과 '종료'라는 '관계 표지'의 구성에 영향을 끼친다.

전화 커뮤니케이션과 마찬가지로 자동응답기 커뮤니케이션은 "호출-대답summons-answer"(쉐그로프, 1972: 357ff) 시퀀스로 시작한다. 자동응답기는 전화벨 울림의 "상호작용-요청에 대한 대답"37)으로서 투입되고, 피전화자의 말차례, 곧 알림 텍스트가 뒤따른다. 여기서도 전화 커뮤니케이션에서처럼 "첫 번째 발화를 위한 분할 규칙distributions rule for the first utterance"(앞의 책: 351)이 적용된다. 피전화자가 먼저 말한다. 알림 텍스트의 끝은 신호음을 통해 표시되는 "말차례 양도에 중요한 공간"(삭스 외, 1978: 12)을 이룬다. 전화자는 자기의 말차례를 가져오거나 아니면 수화기를 올려놓는다. 자동응답기 커뮤니케이션은 화자교대가 공존제약을 받지 않고 신호음에 따라 기계적으로 그리고 외부적으로 통제되기 때문에 이런 국면에서 대화의 위상에는 관심이 없다. 그렇지만 이 두 말차례는 독화가 아니라 시간적으로 분리된 대화라고도 할 수 있다.38) 이런 구조적인 유사성은 '자동응답기 커뮤니케이션' 시퀀스의 일부에서도 발견될 수 있다. 즉, 알림 텍스트뿐 아니라 남김 텍스트에서도 시작과 종료가 발견되며, 그 사이에 메시지에 버금가는 무엇이 발견되는데, 알림 텍스트에서 이 '무엇'은 '자동응답기에 독특한' 시퀀스 단계의 형태로 실현된다.

따라서 자동응답기는 미디어에 제약된 변화를 겪었다. 알림 텍스트와 남김 텍스트의 시퀀스에서는 구어적, 문어적 커뮤니케이션의 틀 조건들이 동시에 나타난다. 자동응답기 커뮤니케이션에서 커뮤니케이션 참여자들은 변화된 의사소통적 요구를 적어도 원칙적으로 일상 대화나 전화 대화와 일치하는 구조로 만나게 된다.

이처럼 알림 텍스트는 전화 커뮤니케이션과 유사하기는 하지만 "기계성"과 "가상성"(하머, 2002: 136)이라는 두 가지 요인에서 전화 대

---

37) Kallmeyer/Schütze(1976: 15)는 '커뮤니케이션 호소 Kommunikationsappell로', Bergmann (1981: 36)은 '초점화 요청 Fokussierungsaufforderung'으로 번역한다.

38) Knoblauch(1995: 190)와 Dingball(1995: 135)도 참조. 텍스트 개념은 여기서 의식적으로 독화적인 문어적, 구어적 언어 산물에 사용된다(Brinker/Sager, 2001: 7). 대화 핵심자질인 '화자 교대'가 '텍스트'와 기본적으로 다르다는 점은 Brinker/Sager(2001: 7ff)에서 제시되었다.

화와 구분되는 새로운 커뮤니케이션 형태이다. 전화 대화에서는 커뮤니케이션이 기계적으로 음향적 통로를 거쳐 전달되기는 하지만, 언제나 두 개체가 '직접' 커뮤니케이션을 한다. 그래서 전화 장소에 대한 양자 간의 타협점을 찾기가 원칙적으로 가능하다. 이와는 달리 자동응답기에서는 상호작용의 장소와 시간이 모두 유동적이므로 커뮤니케이션은 기계에 의해서만 간접적으로 가능하다.

자동응답기의 피전화자는 매체 제약상 전화자의 정체를 모르기 때문에 그 모습을 그리면서 전화자의 가상 질문들에 대한 대답을 구상해야 한다. 상호작용의 실현과 성공의 열쇠는 본질적으로 목적 달성을 위해 공손어의 효과에 의지하는 피전화자에게 있다. 그래서 공손형은 의도한 상호작용의 주요 기반이기도 하다.[39)

6.4.1. 알림 텍스트의 구조와 유형

알림 텍스트는 상호작용이 가상적임에도 불구하고 전화안내 대화와 유사한 거시구조를 보인다. 이것은 원형적으로 시작, 전달 또는 핵심, 종료의 세 가지 기본 시퀀스 단계로 구성되는데, [표 16]은 이것을 정리한 것이다.

[표 16] 자동응답기의 시퀀스 구조

거시구조	미시구조
시작 단계	[1] 인사 [2] 자기 확인(참여자 확인) [3] 자동응답기 지침/정당화
핵심 단계	[4] 부재 설명 [5] 변명 표현 [6] 요청(부탁) [7] 회신 통화 약속과/나 사용자 지침
종료 단계	[8] 감사 표현 [9] 작별 인사 [10] 신호음

---

39) Hammer(2002)의 알림텍스트의 공손문체에 대한 논의도 참조.

피전화자가 알림 텍스트를 구상할 때 고려한 전화자 층에 따라 알림 텍스트는 '탈개인적apersönlich, 비개인적unpersönlich, 개인적persönlich' 텍스트의 세 유형으로 나뉠 수 있다.

'탈개인적' 알림 텍스트는 대개 발기자나 주문자의 직업적인 목적에 이용되므로, 잠재적 전화자 층은 극히 제한되어 있어서 대답도 판박이형으로 작성될 수 있다. 예컨대 개인병원에서는 환자와 업무시간 관련 내용이 주류를 이룬다.

(24) [2]Hier Praxis Dr. Anton X. [4]Sie rufen außerhalb der Sprechzeiten an. [6]Unsere Sprechzeiten sind···. [8]Vielen Dank für den Anruf.
[(여성 목소리)개인병원의 의사 안톤입니다. 업무시간 외에 전화를 하셨습니다. 업무시간은 ···입니다. 전화 주셔서 감사합니다.]

독일의 탈개인적 알림 텍스트는 주로 제보적 텍스트로서, 원형적으로 [2], [4], [6], [8]로 구성되어 있다. 대인 관계는 극히 제한되어 있다. 인사 [1]은 수의적이며, 대리자에게 전화를 하거나 다른 시간에 다시 접수하라는 요청[6]은 핵심 발화수반행위로서 전화자하고만 관련이 있다.

'비개인적' 알림 텍스트는 사적으로나 직업적으로 모두 사용된다. 권위적인 위치에서 행동하는 것이 아니므로 텍스트는 그룹 지향적임에도 거리감이 적게 작성된다. 중립적이고 규범적인 문체는 탈개인적·직업적 유형보다 전화대화에 더 가깝다.

(25) [1]Guten Tag. [2]Hier Reisebüro X Beate Peter. [4]Unser Büro ist geschlossen. [5]Leider können wir Ihren Anruf nicht entgegennehmen, [6]Sie erreichen uns ···. [6+7]Wenn Sie eine Meldung hinterlassen wollen, sprechen Sie nach dem Signalton. [7]Wir rufen gern zurück. [8]Vielen Dank für den Anruf. [9]Auf Wiederhören.(Signalton)
[안녕하세요. X 여행사의 베아테 피터입니다. 업무가 종료되었습니

다. 죄송하게도 귀하의 전화를 받을 수 없습니다. 메시지를 남기시려면 신호음이 울린 뒤에 말씀해주십시오. 기꺼이 회신 전화를 드리겠습니다. 전화 주셔서 감사합니다. 안녕히 계십시오.(신호음)]

이것은 원형적으로 (25)에서 [2]와 [6]으로 구성되고, [5]와 [7]은 지원적이고 [1]과 [9]는 부차적이다. 이 텍스트는 그러니까 잠재적인 공손표지를 탈개인적 텍스트보다 더 많이 사용한다. 이들 간의 중요한 차이는 핵심 단위인 [6]과 지원적 단위인 [7]에 있다. 탈개인적 텍스트에서 [6]이 주로 낯선 사람과 관련된, 곧 전화자만이 어떤 행위를 해야 하는 것이라면, 비개인적 텍스트에서의 [6]은 자신, 곧 피전화자와 관련된 것이다. 피전화자가 스스로 상호작용을 계속할 목적으로 메시지를 남겨달라는 부탁으로 표현된 것이기 때문이다. 전화자에 의해 수행되어야 할 낯선 사람과 관련된 행위는 부차적 기능이 있다. 따라서 상호작용 의도가 뚜렷이 부가된다. 그래서 [6]은 정보 외에 경우에 따라서는 전화를 다시 해 달라는 간접적 요청과 더불어 메시지를 남겨달라는 부탁도 포함하고 있다.

탈개인적 텍스트와 비개인적 텍스트는 상호작용의 의도성과 손익 등급에서 파트너의 자세에 차이가 있다. 사실 지향적·독화적·탈개인적 텍스트에서는 정보성이 사회성보다 우위에 있다. 상호작용이 결핍된 이 텍스트는 의례적인 공손성과 네거티브 공손성만 사용된다. 이와는 달리 비개인적 텍스트는 텍스트 단위들이 격식 있는 공손 표지와 격식없는 공손 표지로서 동시에 사용되어 정보성과 사회성을 접목시키려 한다.

'개인적' 알림 텍스트에서는 피전화자가 '의도한' 대화 파트너를 의식적으로 선별한다. 개인이나 동료들이 사용하는 자동전화기는 실제와 허구의 친구나 친지를 겨냥한다. (의식적이든 무의식적이든) 알림 텍스트를 '체면위협 행위'라고 생각할 수 있는 잠재적인 대화 파트너는 배제한다. 매체의 공공적 특성은 고려되지 않는다.

(26) [1]Guten Tag. [2]Hier spricht Max. [3]Sie sind mit dem Anschluss, xxxxxxx verbunden. [4][5]Leider bin ich zur Zeit, nicht erreichbar. [6]Sie können mir eine Nachricht, nach dem Signalton hinterlassen, [7]ich rufe sie dann umgehnd zurück, [8]vielen Dank. [9]Tschüs. [10](Signalton).

[안녕하세요. 저는 막스입니다. xxxxxxx 번호로 연결되었습니다. 유감스럽게도 저는 현재 전화를 받을 수 없습니다. 신호음이 울린 후 저에게 소식을 남겨주시면 즉시 회신전화를 드리겠습니다. 감사합니다. 안녕히 계십시오.(신호음)]

(26)은 인사[1]로 시작하여 자기 확인[2]을 하고 기계투입이 필요한 이유를 정당화한다[3]. 뒤이어 부재에 따른 변명을 하고[4~5], 소식을 남겨달라는 요청[6]과 회신 통화 약속[7]에 이어, 감사[8]로 알림 텍스트를 종료한다. 신호음[10]은 전화자의 말차례 시작신호 역할을 한다. 이것은 기본적으로 시작, 정당화, 요청, 회신 통화 약속, 종료의 다섯 핵심 시퀀스단계들을 담고 있다. 신호음은 기능면에서 일상 대화의 화자교대에 비견된다.

지금까지의 논의와 아래에서 검토할 내용의 토대로서 사용될 이 세 가지 유형들의 특징을 정리하면 [표 17]과 같다.

[표 17] 자동응답기 대화의 유형과 특징

유형 층위	탈개인적	비개인적	개인적
수신자	그룹		개인
관계	거리감		친근감
행위	상호작용적		개인간
초점	사실(사태)	청자	피전화자
수혜자	전화자	전화자/화자	피전화자
화행	지시적	지시적/호소적	호소적
언어수단	공식적	공식적/비공식적	비공식적

제9장 미디어와 언어 교육

1. 화용론적 텍스트 분석과 언어 수업

화용론적 텍스트 및 텍스트 종류 분석의 의미와 목적은 경험에 기초한 텍스트유형학을 개발하고 한 언어 공동체에서의 커뮤니케이션 실제를 효과적으로 이해할 수 있도록 하는 데 있다. 이런 텍스트언어학적 목표 외에도 화용론적 텍스트 분석은 그 성과를 교수법에도 유용하게 적용하고 이용할 수 있는 계기를 마련해준다. 텍스트언어학은 언어 수업에서 텍스트 작업에 필요한 교수법적 개념을 직접적으로 제공하지는 않고 있다. 그러나 근래에는 화용론적으로 텍스트 종류들을 기술하고자 개발된 다차원적 분석 모델들[1]에 기초하여 기본적인 장치들이 마련되고 있다. 교수법은 이 장치들에 기대어 학생들의 텍스

---

[1] 텍스트언어학의 사례로는 Brinker(1997), Heinemann/Heinemann(2002), Bachmann-Stein (2004), 박여성(2008) 등이 대표적이며, 텍스트유형학 문제와 관련한 개괄적인 논의는 이성만(2009) 참조.

트 능력을 촉진하고 또 언어 수업의 학습 영역 나름의 목적을 달성할 수 있는 토대가 되고 있다. 지난 수십 년간의 교수법 관련 연구 업적들을 살펴보면, 각각의 교수법적 노선과는 무관하게 다음과 같은 공통적인 요구 사항들이 나타나고 있다.

- 일반적으로 학생들의 의사소통 능력을 촉진하고 각 학습 영역의 목표를 달성하기 위해서는 다양한 텍스트 종류들을 더 많이 포함시킬 필요가 있다.
- 이런 지식은 학생들이 텍스트에 쉽게 접근할 수 있는 방법으로서 텍스트(종류) 분석을 통해 습득시킬 필요가 있다.

이런 텍스트 교수법적 분석 방안은 '화용', '외형', '주제', '언어'의 네 층위로 구성되는데, 화용 층위는 커뮤니케이션 상황과 텍스트 기능 및 행위 구조 국면을, 외형 층위는 텍스트 외형 국면을, 주제 층위는 주제 구조 국면을, 언어 층위는 텍스트 종류 문체와 통사 및 어휘 층위를 포함할 수 있을 것이다.

2. 화용론적 텍스트 분석 방안과 응용 가능성

화용론적 텍스트 분석 방안은 언론 텍스트, 예컨대 신문이나 잡지 또는 방송 관련 텍스트 종류들의 기술 문제와 관련하여 이런 국면들을 모두 고려할 수 있다. 이는 가능한 한 텍스트 종류의 완전한 모습을 그리기 위하여 통합적 방안에서 텍스트의 내·외적 요인들을 서로 접목시키고 있는 다차원적 분석 모델에서 가능할 것이다. 브링커(1997), 바흐만-슈타인(2004), 하이네만과 피베거(2002) 등이 개발한 다차원적 텍스트 분석 방안들에 따라 분석 층위와 분석 범주들을 고려한 화용론적 텍스트(종류) 분석 방안의 기본 틀을 제시하면 [표 18]과 같다.

[표 18] 화용론적 텍스트 분석 방안의 기본 틀

행위 분석 층위들		발화 층위 (단순 행위)	텍스트 층위 (복합 행위)	대화 층위 (행위 시퀀스)
화용 층위	상황 국면	커뮤니케이션 영역	커뮤니케이션 영역	커뮤니케이션 영역
		커뮤니케이션 형태	커뮤니케이션 형태	커뮤니케이션 형태
	의사소통 기능 국면	"발화수반 행위"	텍스트 기능 -지배적 -주변적	대화 기능 -지배적 -주변적
외형 층위	텍스트 외형		-텍스트 환경과 텍스트 위치 -(평균적인) 텍스트 규모 -타이틀/표제/제목(복합적) -타이포그래피와 이미지 구성 -본문-영상 관계와 시각적 코드	
주제 층위	주제 구조	"명제"	주제 입장	주제 관리
				주제 입장
			텍스트 주제	주제
			주제전개 형태/주제 모형(기술형, 설명형, 논증형 등등)	주제 구조 (주제 모형)
언어 층위	통사 국면	문장구조	통사-의미적 응결성(텍스트 종류 특유의 의사소통 격률 – 작성 제약)	통사구조
	어휘 국면	어휘	어휘적 응결성(예, 동위성) (작성 모형과 텍스트 종류 특유의 어휘들)	어휘 (대화 종류 특유의 어휘들)

　화용론적 텍스트 분석 방안은 방법론적으로 통제되고 체계화된 텍스트 이해라 할 수 있다. 텍스트 이해는 복합적인 지식 체계라 할 수 있는 텍스트 능력의 핵심 부분이다. 텍스트 능력의 구조와 구성 그리고 다른 언어와 의사소통 관련 지식 체계와 텍스트 능력과의 협력 관계가 여러 면에서 여전히 명쾌하게 밝혀지지는 않고 있지만, 문법적, 주제적, 화용적 텍스트 구성 원칙(구조 지식과 기능 지식) 및 이 원칙의 텍스트 종류 특유의 형성과 제약(텍스트 종류 지식)이 텍스트 능력의 핵심이라는 점에는 논란의 여지가 없을 것이다. 여기서 중요한 것은 텍스트 능력의 유일한 성분이 아니라 중심 성분들이다. 이 성분들은 텍스트를 생산하고 수용하는 토대를 이룬다. 또한 일차적으로 텍스트와 무관한 다른 지식 체계들도 있는데, 일반 언어 지식과 특수 언어 지식

및 의사소통 지식과 사실 지식이 그런 것들이다(하이네만과 피베거, 1991: 93ff). 이런 관점에서 화용론적 텍스트 분석 방안은 이론적-개념적, 방법론적 관점에서 텍스트언어학에 기대고 있는데, 언어 수업에 기본적인 의미가 있다.

화용 층위에서는 커뮤니케이션 과정에서 텍스트의 기능, 생산자와 수용자의 커뮤니케이션 관계에서 텍스트의 의미, 간단히 말해 텍스트의 행위 특성이 중요하다. 이 층위에서는 상황 국면과 기능 국면을 구분한다.

상황 국면은 텍스트 구조 형성에 영향을 미치는 맥락적 요인들과 관련이 있지만, 이에 대한 체계적인 연구는 아직 미흡하다.2) 그래서 브링커(1997)는 '커뮤니케이션 형태'와 '행위 영역/커뮤니케이션 영역'에 국한하여 서술한다. 커뮤니케이션 형태(예, 대화, 전화 대화, 라디오 방송, 편지, 신문 기사, 팸플릿, 플래카드, 서적 등)는 텍스트를 전달하기 위해 투입되는 개별 미디어의 독특한 상황 자질을 통해 뒷받침되고 있다. 행위 영역/커뮤니케이션 영역은 특수한 행위 규범과 평가 규범이 적용되는 일정한 사회 영역(예, 사적, 공적, 공공적)이다.

기능적 관점에서 보면, 이 층위의 핵심 분석 범주는 텍스트 기능이다. 이것은 규약적인 수단들을 이용하여 표현된 생산자의 지배적인 의사소통 의도(또는 '텍스트수반행위')에 해당한다. 이것은 수용자가 인식해야 하는 의도, 곧 수용자가 텍스트를 전체적으로 무엇이라고 이해해야 하는, 말하자면 생산자가 수용자에게 위임하는 일종의 지침이다. 따라서 텍스트 기능은 생산자의 '진정한' 의도와 구별해야 하는데, 후자는 텍스트 기능과 일치할 수도 있지만, 무조건 이와 일치할 필요는 없다. 화행론적 관점에서 브링커는 텍스트의 다섯 가지 기본 기능(제보, 호소, 책무, 접촉, 선언)을 설정한다.

---

2) 그러나 근래에는 Gansel/Jürgens(2008/2), Gansel(Hg. 2008) 등이 체계이론의 관점에서 다양한 연구 성과를 내고 있다.

텍스트 기능의 이런 분류는 서얼의 발화수반행위 유형과 연결되기는 하지만, 하나의 단일한 기준, 특히 생산자가 텍스트를 수단으로 수신자를 향해 표출하는 의사소통적 접촉 방식에서 출발한다. 이렇게 하면 동질적인 분류가 가능해진다(브링커, 1997: 102ff).

주제 층위에서 중요한 것은 하나 또는 그 이상의 대상들(사람, 사태 등)과 관련된 텍스트의 표상 과정을 제시하는 텍스트 내용 구조이다. 여기에서 특히 주목해야 할 것은 개별 텍스트 부분들에서 표현된 부분 내용들에 근거하여 한 텍스트의 전체 내용을 구성하는 작업이다. 이 기술 층위에서 가장 중요한 분석 범주는 '텍스트 주제'와 '주제전개 형태' 또는 '주제 모형'이다.

텍스트 주제는 텍스트 내용의 핵심이라 할 수 있다. 텍스트 주제는 한 텍스트의 다른 주제들, 이른바 부분 주제들과 함께 일종의 주제 위계구조를 이룬다. 텍스트 주제와 부분 주제들과의 관계는 주제전개의 기본 형태들('주제 모형'이라고도 함)에 의해 정해지는데, 한 언어 공동체에서 시간이 지나면서 생성되는 지식 모형이다(예, 기술형, 서사형, 설명형, 논증형 모형).

추가되어야 할 것은 주제 입장, 다시 말해 생산자가 텍스트 내용, 특히 텍스트 주제를 바라보는 태도인데, 다양한 주제 입장 유형들이 있을 수 있다. 특히 중요한 것은 긍정적, 부정적 평가를 표현하는 평가적 입장이다(예, 무엇을 좋게/나쁘게 보다, 무엇이라는 입장/전망이다 등등). 평가적 입장은 텍스트 평가 분석의 중심 범주라 할 수 있다. 주제 입장에 걸맞은 위상은 일종의 중간 위상이다. 이것은 한편으로 주제와 주제전개에 관련되어 있고, 다른 한편으로 텍스트 기능 형성에 영향을 미친다. 말하자면 이것은 기능을 만들어 내거나 기능을 변형시키는 데에도 영향을 미칠 수 있는 것이다. 주제 입장의 이런 위상 관계를 도식화하면 [그림 26]과 같다.

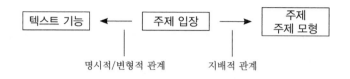

[그림 26] 텍스트 분석에서 주제 입장의 위상

언어적 기술 층위에서 중요한 것은 텍스트의 관점에서 특히 텍스트 응결성의 통사·의미적 조건들이다. 이와 관련된 것으로 두 가지 텍스트 구성 원칙이 있는데, 반복 원칙과 연결 원칙이 그것이다. 반복은 한 텍스트의 이어지는 문장들에서 언어적 단위들을 반복하고 재수용하는 것이다. 이와는 달리, 연결 관계는 명제들을 연결하는 것이다. 이 두 가지 형태의 텍스트 응결성은 명시적으로(예, 대용어나 접속사 같은 일정한 문법적 수단에 의해) 또는 암시적으로(예, 의미적-인지적으로) 실현되어 있을 수 있다.

이 방안은 한편으로 기능적 기술 방안을 중심으로 다른 기술 층위들도 고려함으로써 텍스트의 모든 측면들을 분석할 수 있는 기틀이 되고 있다. 다른 한편으로는 단계적으로 접근할 수 있는 틀, 곧 텍스트의 상황적, 기능적, 주제적, 구조적(통사적, 어휘 의미적) 특성을 탐구하고 이들의 상호 협력 관계를 기술할 수 있는 틀을 제공한다.

이런 접근법은 언어 수업에도 적용될 수 있다. 즉, 단계적으로 여러 층위들로 나누어 분석하는 것은 학생들에게 언어의 다양한 사용 방식과 언어의 각 기능과 작용 방식과의 협력 관계를 식별할 수 있는 능력을 심어줄 수 있다. 또한 이 방안은 수업에서 두 가지 점에서 유용할 수 있을 것이다(바흐만-슈타인, 2006: 87).

- 하나는 — 학급의 학년과 수준에 따라 — 교수자는 분석의 난이도에 맞게 통제할 수 있다.
- 다른 하나는 특수한 어휘적, 문법적 등등의 교수 내용도 학습 목표가 될

수 있고, 상황과 무관하게 전달할 수 있다. 원본 텍스트와 그 구조를 연계함으로써 학생들은 교수 내용의 관련성을 스스로 공감할 수 있다.

아래에서는 화용론적 텍스트 종류 분석을 수행하는 단계들로는 어떤 것이 있으며, 다양한 기술 층위들이 서로 어떻게 관계를 맺을 수 있는지 살펴보기로 한다. 이를 위한 토대로서 독일의 대중적인 청소년 인쇄 잡지이자 온라인 잡지인 〈Bravo〉의 고정 칼럼 "Dr.-Sommer-Sprechstunde"를 이용하겠다.[3]

2.1. 텍스트 종류

출발점은 텍스트 종류를 행위 수행에 필요한 언어적 수단으로 이해하는 것이다. 따라서 먼저 전체로서의 행위 상황을 기술하고, 의사소통 상황을 좀 더 자세히 살핀다. 이렇게 하여 학생에게 잡지라는 상품의 특성에 익숙하게 하려는 교수 계획의 요구 내용이 충족된다.

잡지 텍스트 종류로서 'Dr.-Sommer 텍스트'는 잡지 커뮤니케이션의 조건들을 따르고 있다. 잡지 커뮤니케이션의 특징은 대중성, 주기적으로 발간되는 매체를 통한 전달, 간접성과 일방향성이다. '일방(향)성' 자질은 텍스트의 생산자와 수용자가 일반적으로 익명으로 서로 마주하고 있다는 조건이다. 'Dr.-Sommer 텍스트'의 경우에 익명성은 온라인 미디어(http://www.bravo.de/dr-sommer)와는 달리 인쇄 미디어에서는 적어도 제한되어 있는 것 같다. 인쇄 잡지에는 양면 오른쪽 위에 Dr.-Sommer 팀의 사진이 수록되어 있기 때문이다. 다시 말해서 상황 참여자들이 적어도 부분적으로는 알려진 것임을 암시한 것이다.

편집진의 다른 텍스트 종류들과는 달리 'Dr.-Sommer-Sprechstunde [좀머 박사의 상담시간]'의 텍스트들에는 온라인이나 오프라인에 상

---

3) Bachmann-Stein(2006: 87ff)의 논의도 참조.

관없이 세 명의 상황 참여자가 등장한다.

- 조언을 구하는 사람. 이들은 — 문외한의 역할을 함 — 구두나 서면으로 Dr.-Sommer 팀에게 문의하고 그들의 문제를 작성하는 사람들이다.
- Dr.-Sommer 팀. 이들은 — 전문가의 역할을 함 — 문의 내용을 공개하고 해결책을 제시함으로써 문의에 반응하는 사람들이다.
- 〈Bravo〉 잡지의 독자. 이들은 익명의 대중으로 나타나고, 의도된 수용자들로서, Dr.-Sommer 팀이 실질적인 수신자로서 염두에 둔 사람들이다.

그래서 이런 종류의 커뮤니케이션은 '전문가-문외한 커뮤니케이션'에 해당하는데, 여기서는 조언을 구하는 사람이 익명의 대중을 대신하여 문제점을 말한다. 텍스트 생산자(Dr.-Sommer 팀)는 아래와 같은 다양한 부류의 독자들을 그들의 수용 관례와 동기를 고려하여 올바로 평가해야 한다.

- 동일한/유사한 문제를 안고 있는 조언을 구하는 사람과 독자들
- 특정 주제(예, 우정, 섹스 등의 문제)에 대한 정보를 얻고 싶은 독자들
- 텍스트가 부담 덜기의 기능을 하는 독자들
- 내용과 언어 형태를 즐기려는 독자들

커뮤니케이션 상황에서 연구해야 할 것으로는 오프라인이나 온라인 형태의 잡지 텍스트 종류에 중요한 다중수신Mehrfachadressierung도 있다. 잡지의 편집진은 예컨대 레이아웃을 마련할 때, 주제를 선택할 때, 언어 수단을 선택할 때 수신자 그룹에 초점을 맞춘다. 따라서 의도한 수신자에 대한 가정들은 직접 텍스트 외형과 'Dr.-Sommer 텍스트'에 영향을 미친다. 이질적인 수신자 그룹을 지향함으로써 다양한 발송 형태들이 선택된다는 것을 반영하는 텍스트의 다중수신이 가능해진다. 'Dr.-Sommer 텍스트'의 경우, 다음 사항들이 여기에 해당할 수 있다.

- 'Lieber Aaron'처럼 수신자를 직접 호칭하거나 조언을 구하는 사람에게 개인적으로 말을 건다는 느낌을 주는 인칭대명사 Du를 이용하여 명시적으로 발송하기.
- 일반화(예, *50% der männlichen Jugendlichen; viele Mädchen*, …)를 통하여 암시적으로 발송하기.

커뮤니케이션 상황 분석은 잡지 시장이 심한 격전장임을 명시해야 한다. 이런 격전장은 잡지의 편집진에게는 잡지의 내용이나 텍스트라는 상품을 되도록 정확하게 의도한 독자층의 수요와 기대에 부응해야 한다는 무언의 압력이 될 수 있다. 학습 영역 '텍스트와 미디어 다루기'에서 중요한 학습 목표는 경제적인 실상이 잡지 텍스트의 구성에 영향을 미치고 또 다중수신을 이끈다는 점을 인식시키는 것이다.

'텍스트와 미디어 다루기' 영역은 수동적인 수용이 아니라 "이해를 이해하는"(쉐르너, 2003: 482) 것에 중점을 둘 필요가 있다. 텍스트와 미디어 다루기가 문학 교수법에 더 가깝지만, 매스미디어의 텍스트들도 수업 대상으로 부각되고 있다. 실용 텍스트를 읽고 분석하게 되면 학생들에게 모든 층위에서 텍스트 종류의 전형적인 특성들도 전달해줄 수 있고, 또 의사소통 능력을 촉진하는 데 필요한 다양한 텍스트 종류들의 단면에 익숙해질 수도 있다. 문학 교수법적 관점에서 보면, 수업에서 실용 텍스트 종류를 분석하는 것은 문학적 교육이 문학적 지식뿐 아니라 텍스트와 텍스트 종류에 관한 구조적 지식도 전제하기 때문에 의미가 있다. 그러나 구조적 지식이 일반적으로 단순히 직관적으로 습득될 수 있는 것은 아니기 때문에, 수업에서 체계적이고 단계적으로 접근하는 것은 학생들에게 '텍스트 종류의 세계'와 그 세계의 다양성을 통찰할 수 있는 능력을 심어주는 데 필요한 기본적인 전제 조건이다.

2.2. 외형

텍스트 외형은 텍스트의 내·외적 요인들이 만나는 곳이다. 한편으로 비언어적 텍스트 특성 — 텍스트 환경과 텍스트 위치 및 평균적인 텍스트 규모 등 — 이 독서 자극을 주고, 독자가 주요 정보에 보다 빨리 접근할 수 있도록 하는 지침 역할을 할 수 있어야 한다. 다른 한편으로 타이포그래피 같은 수단은 잡지 커뮤니케이션에서 텍스트 종류를 실현하는 중요한 구성 요소이다. 이것 역시 학습 영역 '텍스트와 미디어 다루기'에 중요한 역할을 한다. 이 학습 영역에서 필요한 학습 목표가 학생이 텍스트를 시각적 요소들과 연결할 수 있는 능력을 향상시키는 데 있기 때문이다.

'Dr.-Sommer 텍스트'의 텍스트 환경과 텍스트 위치를 특성화하기 위해서는 〈Bravo〉 잡지의 차례, 곧 내용 색인을 볼 필요가 있다. 이 잡지에서는 인쇄 미디어로서 텍스트들이 'Love'라는 고정 칼럼에 소속해 있다. 이 난에는 다양한 주제들이 들어있는데, 'Bodychecks' 외에 특집 주제로 'Dr.-Sommer-Special'(예, *Petting*)이 때때로 개설되기도 한다. 상담 텍스트들은 그러니까 오락뿐 아니라 정보 — 주로 성교육 관련 정보 — 에 관련된 환경에 포진하고 있다. 온라인 미디어의 경우에는 'Dr.-Sommer'라는 풀다운 메뉴에 다양한 하위 주제들(섹스 & 예방, 신체 & 건강, 사랑 & 우정, 마음 & 감정, 가족 & 학교)이 폴더 형태로 배치되어 있다.

(1) "Bravo" 홈페이지, http://www.bravo.de/dr-sommer, 2010.09.08.15h30

또한 텍스트 외형, 특히 레이아웃에서 표제 또는 제목은 중요하다. 타이틀 복합체의 '이중' 출현에 근거해서 표제를 전국적 표제 복합체와 지국적 표제 복합체로 구분할 수 있다. 이 두 가지는 다시 다수의 요소들로 구성되어 있다.

전국적 표제 복합체는 인쇄 잡지(2)에서는 표제 'Dr.-Sommer-Sprechstunde[좀머 박사의 상담 시간]'와 하위 표제 'Was immer Dich bewegt-wir sind für Dich da![언제나 너를 감동시키는 것 - 우리가 너의 곁에 있다!]'로 함께 구성되어 있는데, 온라인 잡지에서는 (1)에서 보듯이 이런 표제 복합체가 상위 주제로서의 상위 폴더 'Dr.-Sommer'와 하위 주제들로서의 하위 폴더들(관련 사진 포함)로 위계화 되어 있다.

(2) 인쇄 잡지에서의 표제 관계

표제 'Dr.-Sommer-Sprechstunde'는 크게 두 가지 기능이 있다. 하나는 시선 잡기에 이용되면서 주의 끌기와 방향 잡기의 기능도 맡고 있다. 다른 하나는 구성 요소인 'Dr.'와 'Sprechstunde'로 독자에게 익히 알려진 프레임(의사-환자 대화)이 시작되는데, 이것은 이해의 제어 방향을 정해주는 역할을 한다.

하위 표제는 일차적으로 독자에게 확신을 심어주는 정표적 기능이 있다. 지국적 표제 복합체는 세 가지 구성 요소들로 구성되어 있다.

- 주제를 환언한 문의 내용에서 따온 이른바 인용: <u>Sie behaupten, dass ich</u>
  <u>rauche!</u>
- 조언을 구하는 사람의 이름과 나이: <u>Aaron, 13</u>
- 명칭 'Dr.-Sommer-Team'과 한 문장으로 요약한 문제 해결책: <u>Lass Dir</u>
  <u>nichts andichten!</u>

(3)

Sie behaupten, dass ich rauche!

Aaron, 13: Alle meine **Freunde** denken, dass ich rauche, weil sie ein Feuerzeug bei mir gefunden haben und ich ein Mal nach **Rauch** gerochen habe. Dabei hab ich doch nur ein einziges Mal an einer **Zigarette** gezogen, um zu wissen, wie das ist. Aber wie soll ich ihnen das beweisen? Muss ich ihnen gestehen, dass ich es bloß **probiert** habe? Bitte helft mir. Ich will nicht, dass sie schlecht über mich denken!

Dr.-Sommer-Team: Lass Dir nichts andichten!

Lieber Aaron,

es klingt, als würdest Du Deinen ersten Versuch zu rauchen selber schon bereuen. Und dann strafen Dich Deine Freunde gleich noch mit dem Gerücht, dass Du jetzt richtig rauchen würdest. Das ist natürlich echt blöd gelaufen. Tu Dir also für die Zukunft selber etwas Gutes und fass keine Zigaretten mehr an.

Wenn Du die Gerüchte nicht auf Dir sitzen lassen möchtest, kannst Du mit Deinen Freunden sprechen. Sag ihnen zum Beispiel: "Ihr seid meine Freunde. Warum erzählt ihr etwas über mich, was gar nicht stimmt? Ich rauche nicht." Ob Du noch anknüpfen möchtest: "Ich habe es nur ein Mal

이에 따라 하위 표제는 정보를 빨리 이끌어낼 수 있어서 방향 설정 기능과 제보 기능의 역할을 한다.

수업에서 표제의 기능을 주제로 다루면서 교수자가 해야 할 일은 학생들에게 개별 텍스트 구성 요소들도 드러난 위치에서 내용과 기능에 따라 검토하고 비판적으로 탐구할 수 있는 능력을 길러주는 작업이다.

타이포그래피 같은 구성 수단은 질료적인 텍스트 외형의 또 다른 국면으로서 일차적으로 시각적인 지각을 겨냥한 것이다. 'Dr.-Sommer

텍스트'가 타이포그래피의 측면에서 〈Bravo〉 잡지의 다른 텍스트들과 구분되지 않기 때문에 특히 사진은 중요한 역할을 한다.

(4)

Test: Wie wichtig ist Dir Sex?
Bleibst Du ganz entspannt, wenn Du keinen Sex hast oder macht Dich das ganz kribbelig? Mach den Test und finde heraus, welchen Stellenwert Sex in Deinem Leben hat!

Ist Dir Sex wichtig oder eher nicht?

(4)처럼 사진은 텍스트에 시각적으로 마음에 드는 레이아웃을 마련해주고, ― 특히 성적인 주제의 경우에 ― 주의를 끄는 의미가 있다. 따라서 사진은 관심 끌기 신호에 이바지하기는 하지만 동시에 텍스트라는 상품에도 변화를 준다. 사진에는 대개 묘사된 문제 상황의 장면이 그대로 모방적으로 신빙성 있게 묘사되어 있는데, 이는 질문의 진정성을 강조하는 기능이 있다.

2.3. 행위 구조

다음 분석 층위는 행위 구조이다. 텍스트나 텍스트 종류를 복합적인 언어적 행위로 이해할 때 분석의 중심이 되는 것은 텍스트에 내재하는 행위 구조를 파악하고 기술하는 것이다. 행위 구조 연구는 예컨대 중급 언어(외국어) 수업에서 텍스트의 다섯 가지 기본 기능4)에 국한될 필요가 있다. 이것은 예컨대 중급 독일어 학습 목표 달성에 필요한 기본적인 대화 의도를 인식하고 명명하기에 충분하다. 언어 행위의 규칙을 설명하기 위해 알아야 할 것은 텍스트 기능을 규정하려면어떤 (언어적) 기준들이 필요한가 하는 점이다. 이런 것으로는 텍스트 종류의 명칭, 지배적인 발화수반행위, 곧 텍스트의 의사소통 기능, 주제의 종류 및 행위 맥락 등을 들 수 있다(롤프, 1993: 146ff). 간단한 예를 들어 이들 기준을 살펴보자.

수업에서 학생들은 텍스트 종류의 명칭이 흔히 구체적인 텍스트 사례의 텍스트 기능을 추론하는 데 필수적이고, 또 텍스트 종류의 명칭을 통해 흔히 명시적으로 의사소통 기능이 암시된다는 점을 간파해야 한다. 예컨대 타이틀 'Dr.-Sommer-Sprechstunde'는 관련 텍스트들이 행위 지침을 포함하고 있기 때문에 지시적 텍스트 종류(또는 브링커의 용어를 빌리면, 호소적 텍스트 기능을 가진 텍스트 종류)에 속하는 상담 텍스트들임을 명시하고 있다. 이런 것을 강조하는 요인이 "누군가가 상담을 위해 이용하는 시간"5)이란 의미가 있는 어휘 'Sprechstunde[상담시간]'이다.

지배적 발화수반행위 또는 텍스트의 의사소통 기능은 "어떤 발화를 무엇이라고 간주하는" 텍스트 행위를 지칭하는 것이다(잔디히,

---

4) 화행론에 근거한 기본 기능으로는 단언, 지시, 정표, 선언, 책무의 화행을 들 수 있는데, 브링커(1997)는 서얼의 화행 분류를 발전시켜 제보, 호소, 책무, 접촉, 선언 기능을 제시한다. 자세한 설명은 이 책의 제3장 2절 참조.

5) Duden-Universalwörterbuch(2001: 1493).

1986: 41). 'Dr.-Sommer 텍스트'의 경우, 텍스트의 생산자와 수용자가 상이한 두 가지 필수 텍스트 부분들이 주어지고 있는데, 텍스트의 지배적인 발화수반행위도 두 개가 나타난다. 하나는 조언을 문의하는 텍스트 부분의 텍스트수반행위 '누구에게 조언구하기'이고, 다른 하나는 조언을 주는 텍스트 부분의 텍스트수반행위 '누구에게 조언하기'이다. 학생들은 서로 다른 텍스트 기능을 식별함으로써 텍스트의 의사소통 의도를 이끌어낼 수 있는 능력을 기를 필요가 있다.

주제의 종류와 주제전개의 종류는 텍스트 기능을 규정하는 데 중요한 지침 역할을 한다. 예컨대 'Dr.-Sommer 텍스트'에서 반복적인 내용이라 할 수 있는 "주제 제약"(브링커, 1997: 142)이 있다.

행위 맥락은 특히 행위 영역, 텍스트 환경 외에 수용자의 텍스트 종류 지식도 포함한다. 그래서 독자로서의 수용자는 〈Dr.-Sommer 텍스트〉의 구성과 내용에 관련된 일정한 기대치를 가지고 있다. 수용자는 자신의 '텍스트 경험'에 근거하여 어떤 주제와 주제 영역들이 다뤄지고 있으며, 또 언제든지 조언을 받을 수 있다는 사실도 알고 있다.

'텍스트 읽기 또는 텍스트 수용'의 문제와 관련시키면, 문어 텍스트의 수동적인 수용이 아니라 문장 이상의 맥락 관계를 밝히고 소화하는 능력을 신장시킬 필요가 있다. 읽기 교수법은 읽기 과정이 정보처리와 의사소통 행위의 복합적인 형태임을 보여주었다. 이때 수업에서 텍스트 구조를 파악하기 위해 응결성 장치들만 고려하는 것으로는 충분하지 않다. 수업에서 결정적인 역할을 하는 것은 특히 텍스트를 의사소통 상황에 넣어서 텍스트에 (일정한) 의사소통적 진의, 곧 텍스트 기능을 부여하는 장치와 신호들을 고려하는 것이다. 이때 중요한 역할을 하는 것이 응집력 있는 인지적 텍스트 세계를 만들어내기 위해 학생들이 사용하는 지식 창고들이다. 이런 지식 창고들 중 하나가 바로 '텍스트 종류 지식'이다.

2.4. 주제 구조

이어지는 분석 층위는 텍스트의 주제 구조 층위이다. 이것은 독특한 주제전개 형태(주제 모형)을 다룬다. 개별 텍스트 종류의 텍스트 주제를 규정하기는 쉽지 않다. 브링커(1997)는 주제를 '텍스트 내용의 핵심'으로 정의한다. 즉, "텍스트 주제(내용의 핵심으로서)는 특정 텍스트 분절문(예컨대 표제나 특정 문장)에서 실현되어 있거나, 텍스트 내용에서 유도하여 이를테면 요약식 환언 방식으로 개념화해야 한다."(앞의 책: 56). 이 정의에 따르면, 개별 텍스트 종류의 주제 규정은 예를 들면 텍스트 종류 '날씨보고'의 경우처럼 내용이 명확하게 고정되어 있을 때에만 가능하다. 그러니까 학생들은 한 텍스트 종류의 주제를 결정하려면 일정한 텍스트 종류 지식을 반드시 숙지하고 있어야 하며, 실용 텍스트 종류의 주제는 보통 이 지식에 근거해서 규정한다는 점도 숙지하고 있어야 한다. 이런 것은 앞의 'Dr.-Sommer 텍스트'에서는 분명하게 드러나는데, 이 텍스트가 학생들에게는 학교 바깥의 생활 세계를 통해 익히 알려진 것이기 때문이다. 특히 중요한 것은 실용 텍스트 종류의 경우, 텍스트 주제와 텍스트 기능이 일반적으로 서로 긴밀한 관련을 맺고 있어서 거시주제를 쉽게 규정할 수 있다는 점이다. 'Dr.-Sommer 텍스트'의 거시주제는 조언의 (내용적인) 대상이다.

또한 학생들은 텍스트 종류가 상황에 따라서는 "주제 각인성 thematische Geprägtheit"(하이네만과 피베거, 2002: 147)을 보인다는 것을 간파할 수 있는데, 'Dr.-Sommer 텍스트'의 경우도 그렇다. 'Dr.-Sommer-Sprechstunde'라는 난(오프라인에서)이나 폴더(온라인에서) 아래에서 만들어지는 텍스트는 기능적으로나 주제적으로도 고정되어 있다.6)

---

6) 'Dr.-Sommer 텍스트'에서 이런 내용들이 중심을 이룬다는 것을 인터넷 사이트에서 읽을 수 있는데, 여기서는 정해진 주제 영역들에 고유의 아이콘들(폴더들)이 배치되고 있다. 이 아이콘들은 특정 주제 영역에 직접 접근할 수 있도록 하는 구실을 한다.
예: *Zärtlichkeit, Sex, Verhütung; Körper, Wachstum, Pubertät; Eltern, Familie, Schule, Job; Beziehung, Freundschaft; Seele, Gefühle, Emotionen; Sucht, Drogen, Abhängigkeit; Rechte,*

텍스트의 주제 구조를 연구하는 것에는 일반적인 텍스트 구성 모형 (주제 모형) 분석도 있다. 'Dr.-Sommer 텍스트'를 보면, 앞에서 지적했듯이 2가지 텍스트 부분으로 전개되고 있다. 그러나 토대가 되는 것은 하나의 통일적인 텍스트 구성 모형인데, '조언 텍스트'의 모형에 전형적인 순서, 곧 '상황 기술 – 문제 표명 – 문제 해결'의 과정이 그것이다. 상황 기술(문제 제시 포함)은 첫 번째 텍스트 부분에서 일어난다. 두 번째 텍스트 부분에서는 문제 표명과 문제 해결이 나타난다. 이 텍스트 종류와 두 가지 텍스트 부분들로 분열하는 전개 구조를 고려하면 상이한 텍스트 구성 방법을 설명할 수 있다.

첫 번째 텍스트 부분에서 발견되는 것은 — 문제 상황에 따라 — 서사적, 기술적 텍스트 구성 모형이다. 서사적 텍스트 구성 모형은 (5)처럼 청소년의 시의적인 문제가 앞선 사건에서 유래한 것일 때 도입된다.

(5) Mir ist etwas voll Blödes passiert. Bei einer Party habe ich bei einem Würfelspiel ständig verloren und musste dann jedes Mal Wodka trinken. Irgendwann war ich so breit, dass ich nichts mehr gescheckt habe. Jetzt habe ich Angst, dass die Jungs über mich reden. [⋯]

이와는 달리 기술형 텍스트 구성 모형은 근본적인 질문이나 건강에 관한 시의적인 질문과 관련이 있을 때 주로 도입된다.

(6) Ich bin total fertig, denn mir wachsen seit einiger Zeit Brüste! Ist das etwa eine schlimme Krankheit? [⋯]

조언하는 텍스트 부분은 주로 기술형으로 구성되어 있다. 논증형[7]

Pflichten, Gesellschaft 등.
7) '논증형'이란 표현 대신 '논설형', '논평형'이란 용어도 사용되고 있다.

텍스트 구성 모형은 주장이나 행위 지침의 근거가 제시될 때 발견된다.

(7) [···] dafür brauchst Du Dich nicht zu schämen! Denn dabei verschaffst Du Dir angenehme Gefühle und lernst Deinen Körper und seine sexuellen Reaktionen kennen. [···]

설명형 텍스트 구성 모형은 드물다. 이것은 문제 해결을 위해 특정 배경 지식이 필요할 때에만 나타나기 때문이다.

(8) [···] Nur ganz selten kommt es zu einer sogenannten "echten Gynäkomastie". Bei dieser vergröß ert sich die männliche Brust durch Vermehrung des brustdrüsengewebes (Milchdrüsen). Die Ursache: Der Körper produziert mehr Östrogene (weibliche Sexualhormone) als Testosteron (Hormon der männlichen Keimdrüsen.[···]

수업에서는 상이한 텍스트 종류들을 보다 심도 있게 논의하는 작업도 가능하다. 이런 때는 '글쓰기 또는 텍스트 생산'이란 학습 분야에서 학생들이 조언을 구하는 텍스트 부분(쓰기 과제: 사건 서술하기 및 편지 쓰기)이나 조언하는 텍스트 부분(쓰기 과제: 직접 작성한 텍스트에서 사태에 관한 정보주기 및 문제 논하기)을 쓰도록 하기 위해 'Dr.-Sommer 텍스트'의 텍스트 부분을 출발 기저로서 선택하는 경우이다.

'글쓰기 또는 텍스트 생산' 영역에서는, 학생들에게 능동적으로 공중생활에 참여할 수 있도록 하는 언어적, 인지적, 심미적 능력을 강화하고 개발하는 훈련이 가능할 것이다. 이 때문에 수업에서는 공중생활에서 중요하고 또 사실이나 주제와 관련해서 글쓰기를 할 수 있는 능력을 학생들에게 심어줄 수 있는 그런 텍스트 종류들을 다룰 필요가 있다. 이때 텍스트 종류는 모방적으로 받아들이면 안 되고, 출발 기저로서 개인적인 텍스트 구성 능력을 개발하는 데 이바지해야 한다. 고정된 텍스트 종류에 초점을 맞춤으로써 제시할 수 있는 것은 어떤 해결 가능성들이 글쓰기 문제를 위해 사용되느냐 하는 것이다. 이를 위해 필요한 것은 텍스트 종류 자체를 명확하게 만들고, 어떤 성분들이 성공적인 커뮤니케이션을 위해 필수적이고 어떤 것이 수의적인지를 보여주는 것이다. 따라서 화용론적 텍스트 종류 분석 방안은 학생들이 텍스트 종류를 알기 쉽게 구성할 수 있도록 방향을 잡아나갈 수 있는 기준이나 틀을 제공하는 것이다.

2.5. 언어 층위

마지막으로 언어 층위는 텍스트 종류의 문체와 언어적 실현 문제를 다룬다. 특히 수업에서 이 층위는 학습 영역 '텍스트와 미디어 다루기'와 '언어 고찰, 문법 또는 언어에 관한 성찰'과 관련해서 다루는 것이 좋을 것이다. 이렇게 하면 다양한 표현 가능성을 체계적으로 제시하고 학생들과 함께 파악할 수 있기 때문이다.

예컨대 'Dr.-Sommer 텍스트'의 상담자 부분에서 내용 관련 의사소통 격률과 표현 관련 의사소통 격률을 구분할 수 있다.

- 내용 층위에서 중요한 것은 독자가 일상생활에서 혼자가 아니라는 느낌이나 독자가 이해하지 못한 것이 아니라, 그 문제에 대해 (간단한) 해결책이 있다는 느낌을 주어야 한다는 점이다.

(9) Ich verstehe Deine Angst, dass andere über Dich reden und lästern. Darum sage den Jungen, wie es ist [⋯],

- 표현 층위에서 중요한 것은 언어 수단의 선택이 되도록 간단명료해야 한다는 점이다. 일상 텍스트 종류와 관련된 것이므로 언어적인 실현 양상도 일상어적인 사용역, 곧 일상 텍스트 종류가 관습적으로 사용되는

환경에 상응해야 한다. 이는 이를테면 신체 변화에 관한 질문에 대답하기 위해 전문어 어휘(예컨대 의학 전문어의 어휘)가 도입되면 안 될 것이다. 도입되더라도 전문 용어가 근본적으로 독자의 이해를 해치지 않도록 번역해주는 것이 좋다.

(10) Der Körper produziert mehr Östrogene(weibliche Sexualhormone) [⋯]

표현 모형과 텍스트 종류 특유의 어휘를 분석하는 작업은 'Dr.-Sommer 텍스트'에서는 그리 중요하지 않다. 표현 모형과 텍스트 종류 특유의 어휘들이 조언을 구하는 텍스트 부분에는 없고 또 조언하는 텍스트 부분에도 극히 미미한 표현 모형(예, 편지 특유의 호칭 *Liebe(r) xy*)만 발견되기 때문이다.

이와는 달리, 수업에 유익한 것은 특히 조언을 구하는 텍스트 부분이 포함하고 있는 어휘적인 특성들인데, 텍스트 생산자의 나이에 따라서 수많은 청소년언어적인 요소들(예, *so breit; nichts mehr gescheckt*)과 일상어적인 강화 표현들(예, *total fertig, etwas voll Blödes, voll peinlich*) 등이 사용된다. 이런 어휘들이 사용되면서 이 텍스트 부분은 친밀한 언어적 특징을 얻게 된다. 조언하는 텍스트 부분도 상대적으로 미미하기는 하지만 청소년언어 특유의 표현들을 사용하고 있고(예, *ganz cool; den Boys; gescheckt*) 또 일상어적인 사용역에 속하는 어휘도 사용되고 있다(예, *herumquälst; okay; fies; abfüllen lassen; topfit; nicht so toll*). 이런 단어 선택은 청소년의 언어 사용에 가까워지기는 하지만 신뢰성을 유지하려는 기능이 있고, 다른 하나는 친밀감 있는 언어적 의사소통의 성격을 강화하고, 이를 통해 쓰기에 전형적인 텍스트 생산자와 수용자 간의 거리감을 암시하는 기능이 있다. 이런 것을 학생들에게 심어주는 것이 학습 영역 '언어 관찰, 문법 또는 언어에 관한 성찰'의 학습 목표이다.

텍스트 종류의 문체와 언어적인 실현 문제로는 형태통사적인 특성들도 있다. 수업에서 원본 텍스트, 예컨대 'Dr.-Sommer 텍스트'를 중심으로 다루게 되면 문법 수업의 학습 내용이 학생들에게 한층 더 공감을 줄 수 있을 것이다.8) 예를 들어 문법 수업에서의 시제 형태에 관한 학습을 생각할 수 있다. 아직도 텍스트 없이 형태와 용어를 설명하는 경우가 흔하다. 원본 텍스트의 텍스트 분석에 기대어 시제들이 텍스트에서 어떤 기능을 떠맡을 수 있는가를 제시할 수 있다. 예를 들어 학생들은 실제 텍스트 작업을 통해 단순 미래가 미래의 사태뿐 아니라 현재시제처럼 현재의 사태하고도 관련이 있음을 학습할 수 있다. 또한 단순 미래에 들어있는 양태 성분도 보다 쉽게 파악될 수 있다. 예컨대 (11)을 분석하면서 학생들은 스스로 미래 관계가 확실하지 않을 때 단순 미래가 사용되어야 하는 이유를 깨우칠 수 있다 (Duden-Grammatik, 2005: 517).

(11) Wirklich entspannen können sich die meisten dabei noch nicht. Oft wird es erst mit etwas Übung und Erfahrung – also beim zweiten oder dritten Mal – schöner. Gut möglich, dass auch bei Euch so sein wird. […]

특히 '언어 관찰, 문법 및 언어에 관한 성찰' 문제와 관련해서 중점적으로 다루어야 할 것은 언어 규범, 언어 변이 및 최근에 추가된 정보와 커뮤니케이션 테크놀로지의 역할과 그의 의사소통적인 효과를 함께 고려하는 일이다. 이 학습 영역의 목표는 규범을 따르는 언어 의식과 규범을 성찰하는 언어 의식 그리고 언어 간 차이 의식도 발전시키는 것이다. 이를 위해 필요한 것은 학생에게 언어적 다양성을 알게 하고 언어의 다양한 사용 방식을 언어의 기능 및 작용 방식과 더불어 전달하는 일이다. 이를 위해서는 학생들에게 다양한 표현 가능성들에 관한 체계적인 지식을 갖출 수 있도록 문법적, 어휘 의미적, 화용적 관점에서 언어적 수단들을 분석하는 것도 중요하다.

---

8) 텍스트 중심 문법 교육의 필요성은 제민경(2011)에서도 주장되고 있다.

3. 언어 수업을 위한 테제

이에 근거하여 우리는 텍스트화용론에 기초한 언어 수업을 위한 테제를 설정할 수 있을 것이다.

- 언어 수업에서 언어와 커뮤니케이션을 연구하는 작업은 (텍스트)언어학적 개념에 근거할 필요가 있다.
- 이런 작업은 화용론에 기초한 것이어야 하고, 구조적 국면도 적절히 포함할 필요가 있다.
- 화용적 개념은 화행론을 변형, 확장하여 얻을 수 있다. 그렇게 되면 단순 화행(발화), 복합 화행(텍스트), 언어적 행위 시퀀스(대화) 등이 통일된 이론적-개념적 관점에서 동질적인 방법론적 장치에 따라 기술될 수 있다.
- 중요한 화행 유형들(텍스트 종류, 대화 종류)이 있는 특정 커뮤니케이션 영역(연구 단위로서)과 관련 언어 수업용 프로젝트 주제들이 이 개념에서 유도될 수 있다.
- 일차 수업 단계로서 텍스트 분석은 선별된 커뮤니케이션 영역에 따라 특수한 언어학적 과제 영역들을 다룸으로써 체계적으로 확장될 수 있다. 텍스트 분석의 출발점은 핵심 커뮤니케이션 영역이다. '커뮤니케이션 영역'은 특정 행위 규범과 평가 규범이 중요한 역할을 하는 특정 사회 영역과 관련이 있다. 따라서 커뮤니케이션 영역은 상황적, 사회적으로 정의된 화행 유형(텍스트 종류 또는 대화 종류)이라 할 수 있다. 언어 수업에도 중요한 핵심 커뮤니케이션 영역으로는 '일상', '매스미디어', '기관', '학술' 같은 영역을 들 수 있다.
- 이차 수업 단계로는 예를 들면 '예시적 글쓰기'를 프로젝트 주제와 연결시킬 수 있을 것이다.

정리하면, 언어 수업의 학습 목표는 의사소통 능력을 신장시키는 것이다. 언어적 커뮤니케이션이 언제나 텍스트에서 수행되는 것이므로 언어 수업에서도 텍스트의 최적화는 핵심 원칙이라 할 수 있을 것이다. 텍스트를 교육적으로 다루는 것은 텍스트언어학적으로 다루는 것과는 다르다. 미디어 텍스트가 학습 매체와 학습 대상으로 이용되어서 원래의 행위 의미에서 벗어나 있고 또 텍스트 특유의 과정에 주로 초점이 맞춰지기 때문이다. 이 때문에 화용론적 텍스트 분석 방안을 수업에 도입하면 실제적인 텍스트 작업을 학생들을 위해 일목요연하게 제시할 수 있는 장점이 있다. 그래서 학생들은 일정한 어휘적, 문법적, 화용적 지식을 습득해야 하는 이유가 무엇인지를 어렵지 않게 깨달을 수 있다. 또한 화용론적 텍스트(종류) 분석은 학생들에게 텍스트(종류)를 적절하게 이해하고 언어사용을 적절하게 평가할 수 있는 능력을 길러 줄 수 있을 것이다.

나아가서 이 방안은 신문 텍스트와 인터넷 사이트에서 통상적인 다중수신, 상호 텍스트성, 텍스트 종류 혼합의 선호 현상 등을 학생들에게 알기 쉽게 설명하는 데에도 도움이 될 것이다. 동시에 텍스트 종류를 분석할 때 다양한 매체들(예, 언론매체, 잡지, 인터넷 등)을 고려하게 된다면 특정 미디어에 국한된 프레젠테이션이 텍스트 구조에 어떤 효과가 있는지를 제시할 수도 있을 것이다.

결론
: 전망과 과제

　지금까지의 논의에 근거할 때, 미디어 언어를 바라보고 접근하는 '시점 전환Perspektivenwechsel'이 절실히 요구된다.

　고전적인, 정보 이론에 근거한 섀넌과 위버(1949)의 커뮤니케이션 모델은 언어학적 미디어 분석에서 보면 약점이 많다. 이것으로는 언어적 상호작용의 동태적인 특성과 미디어의 생산과 수용의 복잡한 행위 맥락 그 어느 것도 파악하기 어렵다. 그래서 송신자와 수신자의 역할을 매스미디어와 관련해서 세분할 필요가 있다. 영어권 문화 연구에서 방법론적 규범으로 통하는 홀(1980)의 "코드 생산/코드 해석encoding/decoding" 모델은 생산자와 수용자가 서로 다른 지식 창고와 미디어 커뮤니케이션에 대한 태도를 보인다는 점을 강조하면서, 미디어 텍스트에 이상적인 세 가지 버전을 제시한다. 스콜론(1998)은 매스미디어의 생산자와 수용자를 직접적인 커뮤니케이션 관계의 파트너들로 보지 않고 미디어 텍스트를 각각의 목적에 따라 달리 가공하는 분리된 실천 공동체로 본다. 따라서 스콜론식 미디어 텍스트의 언어학적 분석으로는 미디어 텍스트의 언어 형태가 갖는 효과를 직접 이끌어낼 수 없게 된다.

그래서 미디어 언어를 언어학적으로 분석하기 위해서는 언어를 순수 구조적으로 바라볼 것이 아니라, (매스)미디어적 언어 사용을 기능적이고 관계적인 관점에서 바라볼 필요가 있다. 말하자면 미디어 텍스트를 복합적인 행위 과정의 결과물로, 미디어들 간의 대화, 곧 미디어들 간의 커뮤니케이션을 복합적인 행위 관계로 바라볼 필요가 있다. 따라서 언어 사용에 초점을 맞춘 화용언어학적 미디어 분석은 언어 표현의 형태와 기능 간에 성립하는 미디어 특징적인 관계를 체계적으로 부각시킬 수 있는 것이다.

또한 미디어 언어는 파트너 지향적인 커뮤니케이션 형태에 속한다. 미디어 텍스트의 정보는 파트너에 관한 지식과 직접 관련이 있다. 그러므로 미디어 언어의 언어학적 분석의 출발점은 개개의 언어 표현들이나 고립된 독화적 텍스트가 아니라 미디어라는 커뮤니케이션 맥락에서 각 텍스트 종류들이 대화적으로 사용되는 방식일 필요가 있다.

이런 시각에서 '텍스트 기능'의 사용 방식을 논의의 대상으로 삼는 일은 의미가 있다. 텍스트 유형학에서 텍스트 기능이 차지하는 비중은 두 종류의 텍스트가 그 사용 양상에 따라 서로 구별될 수 있을 때 분명해진다. 예컨대, 이미 활자화된 텍스트의 전체나 일부가 문자 그대로 새로운 방식에 따라 자료 제시나 예증 자료 등의 형태로 사용될 때 그렇다. 텍스트들 간의 이러한 차이는 매스미디어의 커뮤니케이션 관계에서 텍스트의 사용 방식에 따라 드러날 수 있다.

이런 맥락에서 미디어 텍스트의 구별 기준으로서 중요한 텍스트 기능의 적용 가능성과 범위를 텍스트들 간의 상호 커뮤니케이션 관계에서 검토하는 작업은 그동안 언어 표현에 대한 구조적 접근 방법의 한계를 극복하고 기능적, 관계적 관점에서 바라보는 언어학적 미디어 분석의 새로운 가능성을 정당화해 줄 뿐 아니라 미디어 텍스트의 유형학을 구축하기 위해서도 긴요할 것이다.

따라서 화용언어학적 미디어 분석은 미디어 텍스트들을 고립시켜 그 구성 자질들을 찾아내는 데 그치지 않고, 텍스트와 텍스트, 미디어와 미디어 간의 대화 구조의 관점에서 미디어 텍스트들의 커뮤니케이션 관계를 밝히는 영역으로 확대되어야 할 것이다. 이를 위하여 이 책에서는 다음과 같은 질문들에 대한 대답을 찾는 작업에 집중하였다.

첫째, 미디어의 기고 텍스트는 어떤 커뮤니케이션 맥락에 들어있을까? 화용언어학적 미디어 분석은 예컨대 신문 미디어에서 한 기사가 갖는 역사적인 맥락을 포함한다.

둘째, 커뮤니케이션 형태, 예컨대 신문 보도는 어떤 텍스트 종류, 곧 저널리즘의 어떤 서술 형태들로 구성되어 있을까? 첫 번째 질문이 텍스트가 사용되는 '명시적인' 결속 관계를 밝히는 작업이라면, 이 질문은 텍스트에서 수행된 발화들의 '암시적인' 결속 관계를 찾는 작업이다.

셋째, 미디어 텍스트, 예컨대 신문 기사는 언어적으로 어떻게 표현되어 있을까? 이 질문은 신문 기사의 어휘·통사적 국면과 관련이 있다.

넷째, 수용자는 미디어 텍스트, 예컨대 텔레비전 보도를 어떻게 이해할까? 독자가 텔레비전 뉴스를 이해하기 위해서는 세상 지식 외에도 전문 지식이 필요하다. 독자가 시청 과정에서 불러들일 수 있는 지식은 뉴스에서 의도한 맥락 관계를 이해하거나 텔레비전의 정보정책적인 의도를 재구성할 수 있는 수단이다.

다섯째, 텔레비전의 뉴스들은 커뮤니케이션에서 서로 어떤 연속 관계에 있을까? 여기서 중요한 것은 '시청자 인터뷰' 같은 사적인 커뮤니케이션이 아니라 공적인 커뮤니케이션이다. 공적인 커뮤니케이션의 연속 관계는 예컨대 신문이나 다른 미디어의 연속기사에서 실현된다. 시청자의 반응에 해당하는 관련 텔레비전 방송 내용에 대한 댓글이나 투고에서는 방송 내용의 이해 정도, 전형적인 연속 커뮤니케이션과 특정 주제에 대한 시청자의 지식 체계가 드러난다.

이러한 분석 범주들은 매스미디어 텍스트들 간의 커뮤니케이션 관계를 화용언어학적으로 분석할 때 고립적이 아니라 통합적으로 다루어질 필요가 있다. 이러한 이론적·방법론적 접근은 언어적 발화의 기능, 내용, 형태, 곧 화용론적, 의미론적, 통사론적 질문들을 텍스트 분석의 차원에서 통합한다는 뜻이기도 하다. 이런 맥락에서 이 책이 추구하는 미디어 언어의 텍스트화용론적 분석과 그 분석 방법의 구축은 미디어 정보의 홍수시대를 살아가는 우리에게 필수불가결한 작업이라 할 수 있다.

지금까지의 미디어 커뮤니케이션 연구는 주로 미디어 비평과 미디어 윤리에 관련된 문제에 집중하였다. 신문 텍스트의 언어비평적인 접근은 미디어 분석의 가장 오래된, 끊임없이 수행되고 있는 형태라 할 수 있다. 신문 텍스트의 언어적인 결핍에 관한 지적은 17세기에 신문보도가 시작되어 오늘에 이르기까지 나타나고 있다.[1] 이런 형태의 언어비평의 특징은 한편으로 언어표현, 곧 외래어, 문장 구조, 문체, 발음 등에 고착되어 있고, 다른 한편으로 언어 표현의 규범적인 특성이다. 비평의 토대가 제시되지 않은 상태에서 언어적인 조사 결과들이 일반적인 사회적, 문화적 경향 — 예컨대 늘어나는 물질주의, 일상의 관료화 등 — 이나 전체 미디어 시스템 몰락의 증거물로서 끌어들여지고 있다(퀴른베르거, 1967: 145ff). 이에 따라서 문체론 교재들도 치료 수단으로서 모호한 규제를 들먹인다(슈나이더, 1984).

미디어 비평의 또 다른 언어학적 형태들은 이런 학문 이전적인 방안의 전통에 있기는 하지만 방법론적인 도구를 다양한 언어 이론에서 끌어들인다. 언어학적 미디어 비평의 가장 오래된 분파는 영어권에서 발전된 이른바 '비판 언어학critical linguistics'으로 소급된다.[2] '비판 언어학'의 이론적인 토대는 할리데이Michael A.K. Halliday의 기능주의 언어학과

---

1) 독일 관련 개관은 Müller(1991) 참조.
2) Fowler(1991), Fairclough(1995), 이성만(2010) 참조.

미국의 사회언어학이다(앞의 책). 비판언어학자들의 미디어 분석은 언론 분야의 언어 사용에서는 생각, 세계관, 이념, 판박이가 표명되기 때문에 보도에서 상응하는 세계상이 구성된다는 가정에서 출발한다. 그래서 미디어 비평의 과제는 텍스트 구조에 포함된 이념적인 기호를 풀어내는 것이다. 비판 언어학의 대표자들이 체크리스트에 모은 텍스트 자질들을 이루는 것은 동사와 동사형(능동, 수동), 명사화, 화법동사와 화법부사, 대명사화, 삭제, 도치, 어휘장이나 특정 사용역 같은 어휘적인 특징이다(파울러, 1991). 이런 이념 지향적인 텍스트 자질 분석은 다양한 표현 가능성들을 고려할 때 왜 특정 표현이 선별되었느냐는 기능적인 질문에서 출발한다. 선택 과정과 텍스트의 이념적인 모형을 읽어내기 위하여 '비판 언어학'은 대조의 방법을 이용한다. 예로서 파업, 세금 충돌 같은 사회적인 갈등, 원자력 무기와 원자 에너지에 관한 논쟁, 윤리적인 갈등이나 공공 스캔들 같은 것을 끌어들이는데, 이런 문제들에서는 다양한 견해와 시각들이 명백하게 양극화되어 나타난다.[3] 이처럼 언어 표현 분석에 고착되어 있기 때문에 비판 언어학은 미디어 커뮤니케이션의 의사소통적Kommunikativ, 동태적Dynamisch, 상호 텍스트적Intertextuell 국면들은 논의 대상에서 제쳐놓고 있으며, 또한 텍스트와 영상과의 관계, 인쇄 체제와 편집, 문체적인 텍스트 자질들도 논의에서 배제하고 있다.[4]

언어학적 미디어 분석은 미디어 텍스트의 이해가 개별적이고 개방적이라는 점에 근거한다(퓌셀, 1993 참조). 미디어 텍스트가 어떻게 이해되느냐 하는 것은 수용자의 일반 세상지식, 수용자의 미디어 능력, 수용자의 특수한 주제 지식, 수용자의 수용 의도 등에 좌우될 수 있다. 언어학적 미디어 분석은 효과 개념과 기고문, 곧 미디어 텍스트들

---

[3] 이에 대한 비판은 Bucher(1991: 26ff) 참조.
[4] 그러나 근래의 비판언어학과 담론언어학은 문체 자질뿐 아니라 상호 텍스트성, 상호문화성 같은 텍스트언어학적인 현상들에도 주목하고 있다. Fairclough(1995; 2004), Warnke/Spitzmüller(2008) 참조.

과 그에 상응하는 효과와의 인과 관계의 가정에 근본적으로 회의적이다. 해석학적 수용 연구의 토대는 오히려 미디어 텍스트들의 개별적, 사회적, 정치적 결과들이 '고리'로서 그때그때의 이해의 기초가 되기는 하지만 그렇다고 곧장 미디어 텍스트 자체로부터 유도될 수 있는 것은 아니라는 가정이다(홀리와 퓌셸, 1993 참조). 마찬가지로 주제, 내용, 정보, 이념 또는 선입견은 본문과 영상(또는 그림)의 특성이 아니라 이들의 이해와 해석의 국면들이다. 이른바 '질적' 내용 분석(메르텐, 1995 참조)에서는 거시사회학적 미디어 연구가 수용의 기초로서 이해와 해석을 발견하기는 하였지만 이에 상응하는 방법론적, 개념적 성과를 이끌어내지는 못하였다.

그렇다면 화용론에 기초한 텍스트언어학, 곧 화용언어학적 미디어 분석은 어떤 장점이 있을까? 한마디로 말하면, 커뮤니케이션에 중요한 연구 국면들을 대폭 확장하여 분석에 적용하고 있다는 점이다. 예를 들면, 어휘 선택, 어휘, 통사 구조, 텍스트 종류와 서술 형태, 텍스트의 구성 원리와 거시구조, 본문-영상(또는 그림), 텍스트(종류)-텍스트(종류) 관계, 편집 형태, 주제 구조와 내용 구조, 정보 정책적 전략 등이 있다. 이들 국면에 대한 개별적 또는 통합적 분석은 언어 표현들, 본문, 영상, 그래픽이 커뮤니케이션에서 사용되고 그 사용 방식들이 각각의 미디어 텍스트 구조에 반영되어 있다는 텍스트화용론적 방안에 근거한 것이다.[5]

이런 관점에 근거한 (미디어)텍스트 분석 방안의 핵심 범주들을 정리한 것이 [표 19]이다.

---

5) 특히 Brinker(1997), Stöckl(2004), Burger(2005) 참조.

[표 19] 미디어 텍스트 분석 방안의 핵심 범주들

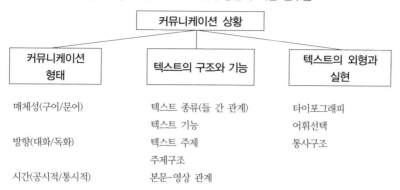

커뮤니케이션 상황		
커뮤니케이션 형태	텍스트의 구조와 기능	텍스트의 외형과 실현
매체성(구어/문어)	텍스트 종류(들 간 관계)	타이포그래피
	텍스트 기능	어휘선택
방향(대화/독화)	텍스트 주제	통사구조
	주제구조	
시간(공시적/통시적)	본문-영상 관계	

　이 방안은 네 차원(커뮤니케이션 상황, 커뮤니케이션 형태, 텍스트 특성, 텍스트 실현)으로 구성되어 있는데, 핵심 차원은 커뮤니케이션 상황이고 나머지 차원들은 직접 이 차원의 영향을 받는다. 개별 차원들은 따로 분석할 수도 있다. 구체적인 텍스트에서 의존 관계에 있는 세 차원들의 개별 요소들은 서로 영향을 주고받기도 한다. 예컨대 텍스트 문체 자질들도 문장구성이나 어휘선택 같은 실현 자질들에 직접 영향을 미친다.

　이런 관점과 방안은 다양하게 응용 가능할 것이다. 미디어 언어에서 미디어 커뮤니케이션으로 시각을 확장할 수도 있을 것이다. 그러니까 텍스트 구조 자체의 분석을 넘어 다른 미디어 텍스트들, 생산 및 수용 과정들, 그리고 편집 이전 역사, 사회적·정치적 사건들, 청취자나 시청자 또는 독자가 기고한 텍스트들의 수용 관계를 밝히는 작업도 병행할 수 있을 것이다. 이런 작업은 기본적으로 구체적인 '언어'라는 자료에 기초하여 수행되는 실증적이고 분석적인 연구라는 점에서 연구 성과는 언론 제작자뿐 아니라 언론 텍스트 연구자 모두에게도 자극제가 될 수 있을 것이다. 또한 우리가 가장 쉽게 접할 수 있고 또 세상지식의 확장을 위해 널리 이용하는 매스미디어를 외국어 수업과 모국어 수업에서 올바로 활용할 수 있는 효과도 거둘 수 있을 것이다.

참고문헌

(1) 국내문헌

강우순(2005), 「온라인 채팅에 나타난 구어적 특성과 차이점」, 『언어연구』(경희대) 22-2, 1~22.

강창우 외(2004), 『텍스트언어학의 이해』, 박이정.

강태완(2002), 「방송 3사 시사토론 프로그램의 형식, 구성 및 논증에 관한 연구」, 『한국방송학보』 16-1, 7~42.

고영근 외(2001), 『한국텍스트과학의 제과제』, 역락.

고영근(1990), 「텍스트이론과 국어통사론 연구의 방향」, 『배달말』 15, 1~33.

고영근(1999), 『텍스트이론. 언어문학통합론의 이론과 실제』, 아르케.

구명숙(2010), 「방송 3사 뉴스보도 텍스트의 비교분석」, 『텍스트언어학』 29, 51~88.

구현정(2002), 「통신언어: 언어문화의 포스트모더니즘」, 『국어학』 6, 251~277.

김갑년(1998), 「독자투고에 대한 화행론적 분석」, 『독일문학』 66, 317~350.

김경용(1994), 『기호학이란 무엇인가』, 민음사.

김도남(2002), 「상호텍스트성을 바탕으로 한 읽기 지도 방법 연구」, 한국교원대 박사논문.

김병홍(2004), 「텔레비전 정치뉴스 텍스트의 의도성」, 『한글』 264, 153~178.

김봉순(1999), 「신문기사에 반영된 필자의 주관성」, 『텍스트언어학』 7, 57~88.

김시무(2003), 「구조주의적 영화기호학 연구」, 『영화연구』 22, 35~81.

김신영(2007), 「TV뉴스 헤드라인에 대한 텍스트언어학적 고찰」, 『텍스트언어학』 23, 95~127.

김예란(2003), 「경성뉴스와 연성뉴스, 그 효용의 실제」, 미디어연구소.

김재봉(1999), 『텍스트 요약 전략에 대한 국어교육학적 연구』, 집문당.

김해연(2009), 「한국 인터넷 신문의 흥미 유발 전략의 텍스트언어학적/사회언어학적 분석」, 『텍스트언어학』 26, 107~138.

남수경(2004), 「TV 뉴스 담화의 분석」, 『관악어문연구』 29, 189~212.

민병곤(2001), 「TV 토론 담화의 논증분석」, 『텍스트언어학』 11, 73~109.

_____(2004), 「논증교육의 내용연구」, 서울대 박사논문.

박금자(2001), 「「석보상절」의 간텍스트성」, 『텍스트언어학』 10, 25~56.

_____(2002), 「간텍스트성, 변형, 다시쓰기」, 고영근 편.『문법과 텍스트』, 서울대 출판부, 509~530.

박여성(1994), 「화행론적 텍스트유형학을 위하여」, 『텍스트언어학』 2, 7~60.

_____(1995), 「간텍스트성의 문제: 현대 독일어 텍스트를 중심으로」, 『텍스트언어학』 3, 83~122.

_____(2007), 「구성주의 미디어기호학을 위한 학제적 연구」, 『텍스트언어학』 22, 33~71.

_____(2008), 「'기내잡지'에 대한 텍스트기호학적 연구」, 『텍스트언어학』 24, 225~258.

박영미(2008), 「'뉴미디어언어'에 전형적인 몇 가지 이동 유형의 통사적 분석: 독일어와 한국어의 채팅어와 핸드폰 문자메시지어 중심으로」, 『독일언어문학』 41, 73~91.

박영미·김종수(2006ㄱ), 「인터넷 통신언어의 언어학적 연구」, 독일어문학 32, 125~143.

_____(2006ㄴ), 「독일 인터넷 통신어의 비굴절어구조 연구」, 『독일언어문학』 33, 51~68.

박영준·이동혁(2006), 「텔레비전 뉴스 꼭지의 연결구조」, 『한국어학』 32,

119~143.

신명선·박재영(2004), 『신문 기사의 텍스트언어학적 분석』, 미디어연구소.

신세니(2011), 「포스트모던 그림책 파라텍스트의 특성 및 기능 연구: 유아의 그림책 읽기 과정을 중심으로」, 부산대 박사논문.

신지연(2006), 「국어텍스트의 거시구조 접속」, 『시학과 언어학』 11, 7~23.

_____(2011), 「주제분석에 기여하는 텍스트요소. 개화기 가사 자료를 중심으로」, 『텍스트언어학』 30, 111~134.

신형욱(2003), 「메타언어, 메타화행 그리고 메타의사소통」, 『텍스트언어학』 15, 483~507.

안정오(2003), 「퍼스의 기호학과 응용」, 『한국학연구』 19, 99~133.

_____(2004), 「텍스트의 이해」, 『텍스트언어학』 16, 265~288.

_____(2007), 「상호 텍스트성의 관점에서 본 표절텍스트」. 『텍스트언어학』 22, 121~142.

안태형(2010), 「인터넷 토론 게시판 댓글의 유형 연구」, 『우리말연구』 26, 311~333.

양명희(2006), 「텔레비전 뉴스기사의 특징과 텍스트성: 메인뉴스를 대상으로」, 『텍스트언어학』 20, 263~288.

_____(2011), 「토론 댓글의 텍스트언어학적 연구: 다음 아고라의 토론 댓글을 중심으로」, 『텍스트언어학』 30, 161~186.

오장근(1999), 「광고텍스트의 전략적 이해」, 『독어학』 1, 287~311.

_____(2001), 「사건보도, 사태보도, 르포르타주: 정보위주 신문텍스트의 텍스트유형분류를 위한 연구」, 『텍스트언어학』 10, 189~211.

_____(2005), 「미디어텍스트로 세상보기」, 미디어문화교육연구회(편), 『미디어콘텐츠학의 탄생』, 다홀미디어, 67~98.

왕치현(2005). 「하이퍼텍스트와 문화의 대중화」, 『독어교육』 32, 411~431.

유수연(2008), 『문화간 의사소통의 이해』, 한국문화사.

윤석민(2011), 「텍스트언어학과 화용론」, 『한국어 의미학』 34, 11~24.

이성만(1998ㄱ), 「독자편지의 텍스트 유형론적 연구: 대화적 상호 소통구조를 중심으로」, 『독어교육』 16, 149~182.

_____(1998ㄴ), 「텍스트 이해에서 바꿔쓰기의 구조와 기능」, 『텍스트언어학』 5,
　　　59~85.

_____(1999), 「「논평」의 텍스트 유형론적 연구: 재작성에 의한 텍스트 주제의
　　　전개 방식을 중심으로」, 『독어교육』 17, 279~301.

_____(2001), 「부음에서 모토의 형태와 기능」, 『독일어문학』 15, 391~412.

_____(2002ㄱ), 「대화텍스트에서 바꿔쓰기의 기능」, 『독어교육』 24, 151~174.

_____(2002ㄴ), 「텍스트는 원형인가?」 『독어학』 5, 289~310.

_____(2002ㄷ), 「신문언어의 텍스트언어학적 연구(1): 한·독 일간지 기사들의 상
　　　호 텍스트적 재작성 관계를 중심으로」, 『텍스트언어학』 13, 107~140.

_____(2002ㄹ), 「텍스트 개념의 토대를 찾아서: 텍스트의 구성과 경계를 중심으로」,
　　　『독일언어문학』 17, 123~140.

_____(2004), 「텍스트언어학의 개념과 대상」, 『언어과학연구』 29, 209~230.

_____(2006), 「'날씨예보'의 텍스트유형학적 연구」, 『텍스트언어학』 20, 333~355.

_____(2007), 「텍스트언어학의 현황과 전망」. 『우리말연구』 20, 3~49.

_____(2008), 「상호문화 텍스트언어학의 과제와 전망: 독일어권 텍스트 종류 연구
　　　의 동향을 중심으로」, 『독어학』 17, 167~195.

_____(2008), 「텍스트언어학과 작문」, 『작문연구』 7, 59~104.

_____(2009), 「텍스트유형학의 현황과 과제」, 『텍스트언어학』 26, 1~53.

_____(2010ㄱ), 「텍스트언어학의 계보, 대상 그리고 경향」, 『언어과학연구』 52,
　　　119~148.

_____(2010ㄴ), 「텍스트에서 담화로: 텍스트언어학의 확장」, 『텍스트언어학』 29.

이은경(2003), 「공지문 텍스트의 구조와 기능」, 『텍스트언어학』 15, 225~254.

이은희(2010), 「TV 시사토론에 나타나는 사회자와 토론자의 상호작용 양상」, 『텍
　　　스트언어학』 29, 341~373.

이재원(2001), 「응집성, 응집성들」, 『텍스트언어학』 10, 153~188.

_____(2004), 「언어학과 타 분야에서의 텍스트' 개념들」, 『독일문학』 91,
　　　266~286.

_____(2008), 「또 다시 텍스트성」, 『텍스트언어학』 24, 259~284.

_____(2009), 「기사제목과 분문사이의 상호 텍스트성」, 『텍스트언어학』 26, 35~78.

이정복(2003), 『인터넷 통신 언어의 이해』, 월인.

_____(2006), 「인터넷 통신 언어자료에 나타난 대구지역 고등학생들의 방언사용 실태」, 『우리말글』 38, 135~168.

이정복·양명희·박호관(2006), 『인터넷 통신 언어와 청소년 언어문화』, 한국문화사.

이효인(1997ㄱ), 「영화기호학을 위한 새로운 관점(1): 이미지와 서사의 관계 설정 을 통한 한계 극복」, 『공연과 리뷰』 11, 5~176.

_____(1997ㄴ), 「영화기호학을 위한 새로운 관점(2): 이미지와 서사의 관계 설정 을 통한 한계 극복」, 『공연과 리뷰』 12, 5~164.

임성우(2005), 「전전역의 특징과 기능에 관한 연구: 메타의사소통적 기능 '수정'을 예로 들며」, 『독일문학』 96, 284~303.

장소원(1986), 「문법기술에 있어서의 문어체 연구」, 『국어연구』 72.

_____(2003), 「TV뉴스 보도문의 텍스트언어학적 분석」, 『텍스트언어학』 15, 341~362.

_____(2009). 「문체의 측면에서 본 작문능력과 문법능력의 상관성」, 『작문연구』 9, 39~65.

_____(2011). 「한국 현대시를 통해 본 상호텍스트성 – 김춘수의 '꽃'과 장정일의 '라디오와 같이 사랑을 끄고 켤 수 있다면'의 경우」. 고영근 외(2011), 『한 국문학작품과 텍스트분석』, 집문당, 165~182.

장소원 외(2002), 『말의 세상, 세상의 말』, 월인.

제민경(2011), 「텍스트 중심 문법 교육의 방향 탐색: 신문 텍스트의 '전망이다' 구문을 중심으로」, 『국어교육』 134, 155~181.

조국현(2003), 「한국텍스트언어학 연구에 대한 성찰」, 『텍스트언어학』 15, 585~612.

_____(2005), 「메타화행의 구조와 기능」, 『독일문학』 96, 303~324.

_____(2007), 「인터넷 '댓글'의 텍스트유형학적 연구」, 『텍스트언어학』 23,

203~230.

_____(2009ㄱ), 「온라인 신문의 하이퍼텍스트 종류」, 『텍스트언어학』 27, 111~136.

_____(2009ㄴ), 「독일 온라인 신문의 독자 공간 고찰 및 댓글 분석」, 『독일문학』 109, 209~233.

_____(2009ㄷ), 「텍스트 종류와 문체: 독일어 'Lesekommentar(댓글)'와 'Kommentar (논평)'을 분석대상으로」, 『독어교육』 46, 61~82.

조원형(2006), 「신문기사 중간제목의 유형과 기능에 관한 연구: 〈한겨레〉 2006년 2월 치 기사를 대상으로」, 『텍스트언어학』 20, 463~496.

최경은(2005), 「핸드폰 문자메시지(SMS) 언어의 특성과 전망」, 『독일언어문학』 27, 1~16.

(2) 해외문헌

Adamzik, K.(2002), Zum Problem des Textbegriffs. Rückblick auf eine Diskussion. in: Fix U. et al.(Hrsg.), *Brauchen wir einen neuen Textbegriff?: Antworten auf eine Preisfrage*. Frankfurt/M; 163~182.

_____(2004), *Textlinguistik: eine einführende Darstellung*. Tübingen.

Agricola, E.(1979), *Textstruktur-Textanalyse-Informationskern*, Leipzig.

Androutsopoulos, J.(2000), Zur Beschreibung verbal konstituierter und visuell strukturierter Textsorten: Das Beispiel Flyer. in: Fix, U./Wellmann, H.(Hrsg.). a.a.O., 343~351.

Androutsopoulos, J./Schmidt, G.(2001), SMS-Kommunikation: Ethnografische Gattungsanalyse am Beispiel einer Kleingruppe.

Androutsopoulos, J.K.(1997), Intertextualität in jugendkulturellen Textsorten. in: Klein, J./U.Fix.(Hrsg.) a.a.O., 339~372.

Antos, G,/H. Tietz(Hrsg.)(1997), *Die Zukunft der Textlinguistik*, Tübingen.

Arnold, B.P.(1991), *ABC des Hörfunks*. Konstanz.

Austin, John L.(1962), *Zur Theorie der Sprechakte*. Stuttgart.

Bachmann-Stein, A.(2004), *Horoskope in der Presse. Ein Modell für holistische Textsortenanalyen und seine Anwendung*. Frankfurt/M.

_____(2006), Holistische Textsortenanalysen im Deutschunterricht. in: Spiegel, Ch./Vogt, R.(Hrsg.), *Vom Nutzen der Textlinguistik für den Unterricht*. Hohengehren, 85~101.

Bader, J.(2002), Schriftlichkeit und Mündlichkeit in Chat-Kommunikation. Net Worx 29, http://www.mediensprache.net/networx/networx-29.pdf

Ballstaedt, S.P.(2003), Technische Kommunikation mit Bildern. in: Hennig, J./Tjarks-Sobhani, M.(Hrsg.), *Visualisierung in Technischer Dokumentation*, Lübeck, 11~31.

Barry, A.M.(1997), *Visual intelligence: Perception, image, and manipulation in visual communication*. Albany: State Uni. of N.Y. Press.

Barthes, R.(1983), *Empire of Signs*. Hill and Wang.

Baumann, K.D.(1998a), Das Postulat der Exaktheit für den Fachsprachengebrauch. in: Hoffmann, L. et al.(Hrsg.), *a.a.O.*, 373~377.

_____(1998b), Fachsprachliche Phänomene in den verschiedenen Sorten von populärwissenscahftlichen Vermittlungstexten. in: Hoffmann, L. et al. *a.a.O.*, 728~735.

_____(1998c), Formen fachlicher Kommunikationsbeziehungen. in: Hoffmann, L. et al.(Hrsg.), *a.a.O.*, 109~117.

_____(1998d), Textuelle Eigenschaften von Fachsprachen. in: Hoffmann, L.(Hrsg.), *a.a.O.*, 408~416.

Baumann, K.D./Kalverkämper, H.(Hrsg.)(2004), *Pluralität in der Fachsprachenforschung*. Tübingen.

Beißwenger, M.(2000), *Kommunikation in virtuellen Welten: Sprache, Text und Wirklichkeit*. Stuttgart.

_____(2007), *Sprachhandlungskoordination in der Chat-Kommunikation*. Diss.

Uni. Dortmund.

_____(Hrsg.)(2001), *Chat-Kommunikation. Sprache, Interaktion, Sozialität &*
Identität in synchroner computervermittelter Kommunikation. Perspektiven
auf ein interdisziplinäres Forschungsfeld. Stuttgart.

Beißwenger, M./Storrer, A.(Hrsg.)(2005), *Chat-Kommunikation. in Beruf,*
Bildung und Medien. München.

Beutner, Y.(2002), *E-Mail-Kommunikation.* Stuttgart.

Biere, B.U./Henne, H.(Hrsg.)(1993), *Sprache in den Medien nach 1945.* Tübingen:
Niemeyer.

Bittner, J.(2003), *Digitalität, Sprache, Kommunikation. Eine Untersuchung zur*
Medialität vondigitalen Kommunikationsformen und textsorten und deren
varietätenlinguistischer Modellierung. Berlin.

Böhringer, J./Bühler, P./Schlaich P./Ziegler H.J.(3/2006), *Kompendium der*
Mediengestaltung für Digital-und Printmedien. Berlin.

Borstnar, et al.(2002), *Einführung in die Film-und Fernsehwissenschaft.* Konstanz.

Brandt, W.(1991), Zeitungssprache heute: Überschriften. in: Brinker, K.(Hrsg.),
Aspekte der Textlinguistik. Hildesheim, 213~244.

Breuer, U./Korhonen, J.(Hg.)(2001), *Mediensprache – Medienkritik.* Frankfurt
a.M.

Brinker, K. et al.(Hrsg.)(2000), *Text-und Gesprächslinguistik.* HSK 16-1, Berlin.

Brinker, K.(1979), Zur Gegenstandbestimmung und Aufgabenstellung der
Textlinguistik, in: Petöfi, J.(Hrsg, 1979), *Text versus Sentence*, Hamburg,
Bd.1, 3~12.

_____(1983), Textfunktionen. Ansätze zu ihrer Beschreibung. in: *Zeitschrift für*
germanistischen Linguistik 11, 127~148.

_____(1986), Strategische Aspekte von Argumentationen am Beispiel eines
Mediengesprächs. in: Hundsnurscher, F./Weigand, E.(Hrsg.), *Dialoganalyse.*
Tübingen, 173~184.

_____(1997), *Linguistische Textanalyse 4*. Aufl. Berlin.

_____(2000ㄱ), Textstrukturanalyse. in: Brinker, K. et al.(Hrsg.), *a.a.O.*, 164~175.

_____(2000ㄴ). Textfunktionale Analyse. in: Brinker, K. et al.(Hrsg.), *a.a.O.*, 175~186.

Brinker, K./Sager, S.F.(2001), *Linguistische Gesprächsanalyse. Eine Einführung*. Berlin.

Broich, U.(1985), Formen der Markierung von Intertextualität./Zur Einzeltextreferenz. in: Broich, U./M. Pfister(1985, Hrsg.), *a.a.O.*, 31~47, 48~51.

Broich, U./Pfister, M.(Hrsg.)(1985), *Intertextualität. Formen, Funktionen, anglistische Fallstudien*. Tübingen.

Bruger, H.(1999), Mediengespräche als Texte. in: Ammann, D./Moser, H./Vaissiere, R.(Hrsg.), *Medien lesen – Der Textbegriff in der Medienwissenschaft*. Zürich, 71~106.

Bucher, H.J.(1986), *Pressekommunikation*. Tübingen.

_____(1991), Pressekritik und Informationspolitik. in: Bucher, H.J./Straßner, E.(Hrsg.). *a.a.O.*, 3~109.

_____(1993), Geladene Fragen. Zur Dialoggrammatik in Fernsehinterviews mit Politikern. in: Löffler, H.(Hrsg.). *Dialoganalyse IV*. Tübingen: Niemeyer, 97~107.

_____(1994), Dialoganalyse und Medienkommunikation. in: Hundsnurscher, F.(Hg.). *Handbuch der Dialoganalyse*. Tübingen, 471~491.

_____(1996), Textdesign-Zaubermittel der Verständlichkeit? in: Hess-Lüttich, E.W.B. et al. a.a.O., 31~59.

_____(1999a), Sprachwissenschaftliche Methode der Medienanalyse. in: Leonhardt, J.-F. et al. (Hrsg.)(1999). *Medienwissenschaft*. Berlin et al., 213~231.

_____(1999b), Die Zeitung als Hypertext. Verstehensprobleme und Gestaltung–

sprinzipien für Online-Zeitungen. in: Lobin, H.(Hrsg.), *Text im digitalen Medium. Linguistische Aspekte von Textdesign, Texttechnologie und Hypertext Engineering.* Opladen, 9~32.

_____(2000), Journalismus als kommunkatives Handeln. in: Löffelholz, M.(Hrsg.), *Theorie des Journalismus.* Wiesbaden, 245~273.

Bucher, H.-J./E. Strassner(Hrsg.)(1991), *Mediensprache, Medienkommunikation,* Medienkritik. Tübingen.

Bühler, K.(1934), *Sprachtheorie.* Frankfurt/M.

Burger, H.(1990), *Sprache der Massenmedien.* 2. Aufl. Berlin.

_____(2000), *Textsorten der Massenmedien.* in: Brinker, K. et al.(Hrsg.), a.a.O., 614~628.

_____(2001), Das Zitat in Fernsehnachrichten. in: Möhn, D. u.a.(Hrsg.), *Mediensprache und Medienlinguistik.* Festschrift für Jörg Hennig. Frankfurt/M., 45~61.

_____(2005), *Mediensprache. Eine Einführung in Sprahe und Kommunikationsformen der Massenmedien.* 3. Aufl. Berlin.

De Beaugrande, R.A./Dressler, W.U.(1981), *Einführung in die Textlinguistik.* Tübingen.

DeKnop, S.(1987), *Metaphorische Komposita in Zeitungsüberschriften.* Tübingen: Niemeyer.

Dingwall, S.(1995), Telephone Answering Machine Messages: Dialogues or Monologues?. in: *Cahier de Linguistique Française* 16, 113~143.

Dittmann, J.(2006), Konzeptionelle Mündlichkeit in E-Mail und SMS. in: Reeg, U.(Hg.), *Interkultureller Fremdsprachenunterricht: Grundlagen und Perspektiven.* Bari, 79~97.

Dittmann, J./Siebert, H./Staiger, Y.(2007), Medium und Kommunikationsform – am Beispiel der SMS.

Döring, N.(1999), *Sozialpsychologie des Internet: Die Bedeutung des Internet für*

Kommunikationsprozesse, Identitäten, soziale Beziehungen und Gruppen Hogrefe, Göttingen.

_____(2002), "Kurzm. wird gesendet"-Abkürzungen und Akronyme in der SMS-Kommunikation. in: Muttersprache, 2002/2, 97~114.

_____(2003), *Sozialpsychologie des Internet. Die Bedeutung des Internet für Kommunikationsprozesse, Identitäten, soziale Beziehungen und Gruppen.* Göttingen.

Dressler, W.U.(1972), *Einführung in die Textlinguistik*, Tübingen.

Dürscheid, Ch.(1999), Zwischen Mündlichkeit und Schriftlichkeit: die Kommunikation im Internet. in: *Papiere zur Linguistik*, 60/1, 17~30.

_____(2002), E-Mail und SMS – ein Vergleich. in: Ziegler, A./Dürscheid, Ch.(Hrsg.), *Kommunikationsform E-Mail*. Tübingen.

_____(2003), Medienkommunikation im Kontinuum von Mündlichkeit und Schriftlichkeit. Theoretische und empirische Probleme. in: *Zeitschrift für angewandte Linguistik* 38, 37~56.

_____(2005), "Medien, Kommunikationsformen, kommunikative Gattungen". URL: http://www.linguistik-online.de/22_05/duerscheid.pdf [Stand 12.01. 2010].

Eberleh, E.(1990), Komplementarität von Text und Bild. in: Becker, Th./Jäger, L.(Hrsg.), *Sprache und Technik: Gestalten verständlicher technischer Text*, Aachen, 67~89.

Eckrammer, E.M.(2001), Textsortenkonventionen im Medienwechsel. in: Handler, P.(Hrsg.). *E-Text: Strategien und Kompetenzen-Elektronische Kommunikation in Wisseschaft, Bildung und Beruf.* Frankfut/M., 45~66.

Eco, U.(1972), *Einführung in die Semiotik*. München.

Ehlich, K.(1995), Funktion und Struktur schriftlicher Kommunikation. in: Günther, H./Ludwig, O.(Hrsg.). *Schrift und Schriftlichkeit*. Bd. 1. Berlin, 18~41.

Fairclough, N.(1995), *Critical Discourse Analysis*. London.

_____(1995/2004), *Media Discourse*(대중매체 담화언어학. 이원표 역). 한국문화사.

Fandrych, Ch./Thurmair, M.(2011), *Textsorten im Deutschen*. Tübingen.

Fix, U.(2008), *Texte und Textsorten-sprachliche, kommunikative und kulturelle Phänomene*. Frank & Timme.

Fix, U./Wellmann, H.(Hrsg.)(2000), *Bild im Text-Text un Bild*. Heidelberg.

Fluck, H.R.(1989), Hörfunknachrichten und ihre Vermittlung. in: *Mutersprache* 3, 249~264.

_____(1993), Zur Entwicklung von Rundfunk und Rundfunksprache in der BRD nach 1945. in: Biere, B.U./H. Henne(Hrsg.), *a.a.O.*, 87~107.

Fowler, R.(1991), *Language in the news. Discourse and ideology in the press*. London.

Franke, W.(1991), Linguistische Texttypologie. in: Brinker, K.(Hrsg.). *Aspekte der Textlinguistik*. Hildesheim, 157~182.

Fritz, G.(1982), *Kohärenz. Grundfragen der linguistischen Kommunikationsanalyse*. Tübingen.

_____(1991), Deutsche Modalverben um 1609. Epistemische Verwendungsweisen. in: *PBB* 113, 28~52.

_____(1993), Kommunikative Aufgaben und grammatische Mittel. Beobachtungen zur Sprache der ersten deutschen Zeitungen im 17. Jh. in: *SUL* 71, 34~52.

Fritz, G./Stra ß ner, E.(Hrsg.)(1996), *Die Sprache der ersten deutschen Wochenzeitungen im 17. Jh*. Tübingen.

Gansel, Ch.(2010), *Textsortenlinguistik*, Stuttgart.

Gansel, Ch.(Hg.)(2008), *Textsorten und Systemtheorie*. Göttingen.

Gansel, Ch./Jürgens, F.(2008/2), *Textlinguistik und Textgrammatik*. Wiesbaden.

Geyer, K.(2008), Modus in der deutschen Redewiedergabe aus typologischer Perspektive: eine Skizze. in: Letnes, O. et al.(Hrsg.), *Modalität und Grammatikalisierung-Modality and grammaticalization*. Trier, 181~198.

Gläser, R.(1990), *Fachtextsorten im Englischen*. Tübingen.

Gloning, Th.(1996), Bestandaufnahme zum Untersuchungsbereich "Wortschatz".
in: Fritz, G./Straßner, E.(Hg.). *a.a.O.*, 141~195.

Grice, H.P.(1975), Logic and Conversation. in: Cole, P./Morgan, J.L.(Hrsg.).
Syntax and Semantics. Vol. 3: Speech Acts. New York, 41~58.

Grosse, E.U.(1976), *Text und Kommunikation*. Stuttgart.

Gülich, E./Kotschi, Th.(1987), "Reformulierungshandlungen als Mittel der
Textkonstitution." in: Motsch, W.(Hrsg.), *Satz, Text, sprachliche
Handlung*, Berlin, 199~268.

Gülich, E./Raible, W.(1977), *Linguistische Textmodelle*, München.

Gülich, E./Th. Kotschi(1996), Textherstellungsverfahren in mündlicher
Kommunikation. in: Motsch, W.(Hrsg.), *Ebenen der Textstruktur*.
Tübingen, 37~80.

Günther H.(1993), Erziehung zur Schriftlichkeit. in: Eisenberg, P./Klotz, P.(Hsg.),
Sprache gebrauchen-Sprachwissen erwerben, Stuttgart. 85~96.

_____(1997), Mündlichkeit und Schriftlichkeit. in: Balborn, H./Niemann,
H.(Hrsg.), *Sprachen werden Schrift*, 64~73.

Günther, U./Wyss, E.L.(1996), "E-Mail-Briefe-eine neue Textsorte zwischen
Mündlichkeit und Schriftlichkeit". in: Hess-Lüttich, E.W.B. et al.(Hrsg.),
a.a.O., 61~86.

Habermas, J.(1981), *Theorie des kommunikativen Handelns*. Frankfurt/M.

Habscheid, St.(2000), Medium in der Pragmatik. Eine kritische Bestandaufnahme.
in: *Deutsche Sprache* 28/2, 126~143.

Hall, St. et al.(1980), *Culture, media, language*. London.

Haller, M.(1991), *Das Interview. Ein Handbuch für Journalisten*. München.

_____(1993), Journalistisches Handeln. Vermittlung oder Konstruktion von
Wirklichkeit? in: Bentele, G./Rühl, M.(Hrsg.), *Theorien öffentlicher
Kommunikation. Problemfelder, Positionen, Perspektiven*. München,

131~151.

_____(1995), *Die Reportage. Ein Handbuch für Journaisten*. München.

Hammer, F.(2002), Höflichkeitsstile in Anrufbeantwortertexten. in: Lüger, H.H.(Hrsg.). *Höflichkeitsstile*. Frankfurt/M., 129~146.

Hanna, O.(2003), *Wissensvermittlung durch Sprache und Bild: sprachliche Strukturen in der ingenieurwissenschaftlichen Hochschulkommunikation.* Frankfurt/M.

Harweg, R.(1968a), Textologische Analyse einer Zeitungsnachricht. in: *Replik* 1/2, 8~12.

_____(1968b), Die Rundfunknachrichten. in: *Poetica* 2, 1~14.

_____(1971), Text als linguistisches Objekt, in: Stempel, W.D.(Hrsg, 1971). *Beiträge zur Textlinguistik*, München, 9~29.

Häusermann, J.(2001), *Journalistisches Texten: sprachliche Grundlagen für professionelles Informieren*. Konstanz.

Heinemann, M./Heinemann, W.(2002), *Grundlagen der Textlinguistik*. Tübingen.

Heinemann, W.(1997), Zur Eingrenzung des Intertextualitätsbegriffs aus textlinguistischer Sicht, in: Klein, J./U. Fix(Hrsg.), *a.a.O.*, 21~38.

Heinemann, W./Viehweger, D.(1991), *Textlinguistik*. Tübingen.

Heinze, H.(1979). *Gesprochenes und geschriebenes Deutsch. Vergleichende Untersuchungen von Bundestagsreden und deren schriftlich aufgezeichneter Version*. Düsseldorf.

Hemberger, A.(1986), Geredetes··· Gedrucktes-Schreiben. in: *Der Deutschunterricht* 38/6, 53~63.

Herlyn, W.(2000), Nachrichtenangebote im Wettbewerb. in: Mast, C.(Hg.), *ABC des Journalismus. Ein Leitfaden für die Redaktionsarbeit*. 9. überarbeitete Aufl. Konstanz, 224~230.

Hess-Lüttich, E.W.B./Werner H./Püschel, U.(Hg.)(1996), *Textstrukturen im Medienwandel*. Frankfurt/M···

Hess-Lüttich, Ernest W.B.(Hg.)(1992), *Medienkultur ‐ Kulturkonflikt. Massenmedien in der interkulturellen und internationalen Kommunikation.* Opladen.

Hickethier, K.(1996), *Film-und Fernsehanalyse.* 2. Aufl. Stuttgart.

_____(1998), Narrative Navigation durchs Weltgeschehen. Erzählsturkturen in Fernsehnachrichten. in: Kamps, K./Meckel, M.(Hrsg.), *a.a.O.*, 185~202.

Hoffmann, L. et al.(Hrsg.)(1998), *Fachsprachen.* HSK, 14.1. Berlin.

Hofstede, G.(1991), *Cultures and organizations: Software of the mind.* London.

Höflich, J.R.(2001), Das Handy als ‚persönliches Medium'. Zur Aneignung des Short Message Service(SMS) durch Jugendliche. in: *kommunikation@gesellschaft.* 2, Beitrag 1. http://www.uni-frankfurt.de/fb03K.G/B1_2001.

Höflich, J.R.(2003), *Vermittlungskulturen im Wandel: Brief ‐E-Mail ‐SMS.* Frankfurt/M.

Höflich, J.R. /Rössler, P.(2001), Mobile schriftliche Kommunikation ‐ oder: Email für das Handy. in: *Medien & Kommunikationswissenscahft.* 49‐4, 437~461.

Holicki, S.(1993), *Pressefoto und Pressetext im Wirkungsvergleich: eine experimentellen Sprachverhalten eines Bundestagsabgeordneten.* Berlin.

Holly, W.(1993), Zur Inszenierung von Konfrontation in politischen Fernsehinterviews. in: Grewenig, A.(Hg.), *Inszenierte Information.* Opladen, 164~197.

_____(1997), Zur Rolle von Sprache in Medien. Semiotische und kommunika‐ tionsstrukturelle Grundlagen. in: *Muttersprache* 1, 64~75.

_____(2004), *Fernsehen.* Tübingen.

Holly, W./Biere, B.U.(Hg.)(1998), *Medien im Wandel.* Wiesbaden: WV.

Holly, W./Püschel, U.(2007), Medienlinguistik: Medialität von Sprache und Sprache in Medien. in: Reimann, S./Kessel, K.(Hg.), *Wissenschaften im Kontakt. Kooperationsfelder der Deutschen Sprachwissenschaft.* Tübingen, 147~162.

_____(Hrsg. 1993), *Medienrezeption als Aneignung: Methoden und Perspektiven qualitativer Medienforschung.* Opladen.

Holly, W./Püschel, U./Bergmann, J.(Hrsg. 2001), *Der sprechende Zuschauer. Wie wir uns Fernsehen kommunikativ aneignen*. Wiesbaden.

Holly, W./Schwitalla, J.(1995), Explosiv – der heiße Stuhl. in: Müller–Dohm, St./Neumann–Braun, K.(Hg.). *Kulturinszenierungen*. Frankfurt/M., 59~88.

Holly, W./U. Püschel(1993), Sprache und Fernsehen in der Bundesrepublik Deutschland. in: *Sprache in den Medien nach 1945*. a.a.O., 128~157.

Holthuis, S.(1993), *Intertextualität. Aspekte einer rezeptionisierten Konzeption*, Tübingen. http://www.evawyss.ch/_pdf_publikationen/wy_03_lb_alter.pdf

Huber, O.(2002), *Hyper-Text-Linguistik*. Diss. Uni. München.

Huth, L.(1985), Bilder als Elemente kommunikativen Handelns in den Fernsehnachrichten. in: *Zeitschrift für Semiotik* 7, 203~234.

in: Networx, 50. 〈http://www.mediensprache.net/networx/networx-50.pdf〉

Isenberg, H.(1983), Grundfragen der Texttypologie. in: Daneš, F./Viehweger, D.(Hrsg.), *Ebenen der Textstruktur*. Berlin, 303~342.

Jäger, S.(1968), Die Einleitungen indirekter Reden in der Zeitungssprache und in anderen Textn der deutschen Gegenwartssprache. Ein Diskussionsbeitrag. in: *Muttersprache* 68, 236~256.

_____(1993), *Kritische Diskursanalyse. Eine Einführung*. Duisburg.

Jakobs, E.M.(1998), "Mediale Wechsel und Sprache. Entwicklungsstadien elektronischer Schreibwerkzeuge und ihr Einfluß auf Kommunikationsformen". in: Hess–Lüttich, E.W.B./Holly, W./Püschel, U.(Hrsg.), *Medien im Wandel*. Opladen, 187~209.

_____(1998), Mediale Wechsel und Sprache. Entwicklungsstadien elektronischer Schreibwerkzeuge und ihr Einfluß auf Kommunikationsformen. in: Holly, W./Biere, B.U.(Hrsg.), *Medien im Wandel*. Opladen, 187~209.

_____(2003), Hypertextsorten. in: *Zeitschrift für germanistischen Linguistik*. 31-2, 232~252.

_____(2004), Hypertextsorten in: *Zeitschrift für germanistische Linguistik* 31/2, 232~252.

Jacobs, E.M./Lehnen, K.(2005), Hypertext – Klassifikation und Evaluation. in: Siever, T. et al.(Hrsg.), *Websprache.net. Sprache und Kommunikation im Internet*. Berlin/New York, 159~184.

Jakobson, R.(1960), Linguistik und Poetik. in: Blumensath, H.(Hrsg.), *Strukturalismus und Literaturwissenschaft*. Frankfurt/M., 118~147.

Janich, N.(1994), Electronic Mail, eine betriebsinterne Kommunikationsform. in: *Muttersprache* 104, 248~259.

Kallmeyer, W.(Hrsg.)(1986), Kommunikationstypologie, Handlungsmuster, Textsorten, Situationstypen. Düsseldorf.

Kallmeyer, W./Schütze, F.(1976), Konversationsanalyse. in: *Studium Linguistik* 1, 1~28.

Kalverkämper, H.(1998), Bildsemiotik: fachliche Informationsanliegen – zugleich eine diachrone Argumentation für das narrative wissenschaftliche Bild. in: Danneberg, L./Niederhauser, J.(Hrsg.), *Darstellungsformen der Wissenschaften im Kontrast*. Tübingen, 349~410.

_____(1981), *Orientierung zur Textlinguistik*, Tübingen: Niemeyer.

_____(1993), Das fachliche Bild: Zeichenprozesse in der Darstellung wissenschaftlicher Ergebnisse. in: Schröder, H.(Hrsg.), *a.a.O.*, 215~231.

Kamps, K.(1999), *Politik in Fernsehnachrichten. Struktur und Präsentation internationaler Ereignisse*. Baden-Baden.

Kamps, K./Meckel, M.(Hrsg.)(1998), *Fernsehnachrichten. Prozesse, Strukturen, Funktionen*. Opladen.

Kanzog, K.(1991), *Einführung in die Filmphilosophie*. München.

Keller, L.(1995), *Zeichentheorie. Zu einer Theorie des semiotischen Wissens*. Tübingen.

Klein, J./Fix, U.(Hrsg.)(1997), *Textbeziehungen*, Tübingen.

Klein, W./von Stutterheim, Ch.(1987), Quaestio und referentielle Bewegung in Erzählungen. in: *Linguistische Berichte* 109, 163~183.

Klopfer, R.(1882), Grundlagen des dialogischen Prinzips in der Literatur, in: Lachmann, R.(Hrsg.), *Dialogizität*, München, 85~106.

Knilli, F.(1971), *Semiotik des Films*. München.

Knoblauch, H.(1995), *Kommunikationskultur*. Berlin.

Koch, P./Oesterreicher, W.(1985), Sprache der Nähe-Sprache der Distanz. Mündlichkeit und Schriftlichkeit im Spannungsfeld von Sprachtheorie und Sprachgeschichte.-in: *Romanistisches Jahrbuch* 36, 15~43.

Koch, P./Oesterreicher, W.(1994), Schriftlichkeit und Sprache. in: Günther, H./Ludwig, O.(Hrsg.), *Schrift und Schriftlichkeit. Writing and Its Use*, Berlin, 587~604.

Koch, Peter/Oesterreicher, O.(1997), Schriftlichkeit und Sprache. in: H. Günther/O. Ludwig(Hsg.), *Schrift und Schriftlichkeit. Ein interdisziplinäres Handbuch internationaler Forschung*. 1. Halbband. Berlin. 587~604.

Koch, S.(2000), Das nackte Maske: Bild-Text-Beziehungen. in: Fix, U./Wellmann, H.(Hrsg.), *a.a.O.*, 409~414.

Krause, W.D.(2000), Kommunikationslinguistische Aspekte der Textsortenbestimmung. in: ders.(Hrsg.), *Textsorten: kommunikationslinguistische und konfrontative Aspekte*. Frankfurt/M., 34~67.

Kress, G./Leeuwen, Th. van(1996), *Reading Images. The Grammar of Visual design*. London.

Kristeva, J.(1967), Bachtin, das Wort, der Dialog und der Roman, in: Ihwe, J.(Hrsg. 1972). *Literaturwissenschaft und Linguistik*, Bd. II/2, Frankfurt/M.: Athenäum, 345~375.

_____(1971), Probleme der Textstrukturierung, in: *Tel Quel, Demaskierung der bürgerlichen Kulturideologie*, München, 135~154.

Kroker, M.(2001), LiDuMiNo? in: *Wirtschaftswoche* 24, 145~147.

Kron, O.(2002), *Probleme der Texttypologie*. Frankfurt/M.

Kübler, H.D.(2001), Kommunikative und ästhetische Dispositionen im Konsum-und Rezeptionsverhalten von Zeitungs-und Zeitschriftenlesenden. in: Leonhard, J.F./Ludwig, H.W./Schwarze, D./Straßner, E.(Hrsg.), *Medienwissenschaft: Ein Handbuch zur Entwicklung der Medien und Kommunikationsformen*. HSK 15-1-3, Berlin, 1741~1750.

Kunczik, M./Zipfel, A.(2001), *Publizistik. Ein Studienbuch*. Köln.

Kunelius, R.(1994), Order and interpretation: A narrative perspective on journalistic discourse. in: *EJC* 9, 249~270.

Kürnberger, F.(1967), Sprache und Zeitung. in: *Feuilletons. Ausgewählt von Karl Riha*. Frankfurt/M., 141~178.

Lakoff, G.(1990), The invariance hypothesis: is abstract reason based on image schemas? in: *Cognitive Linguistics* 1/1, 39~74.

Laroche, Walter von(1975), *Einführung in den praktischen Journalismus*. München.

Lenk, H.(2005), Form und Funktion von Kommentarüberschriften in deutsch-, finnisch-und englischsprachigen Tageszeitungen. in: Lenk, H./Chesterman, A.(Hrsg.), *Pressetextsorten im Vergleich*. Hildesheim u.a., 115~161.

Lenk, H.E.H.(2002), Die Form von Kommentartiteln in konventionellen Deutschschweizer Tageszeitungen. in: Sverrisdottir, O./Weiß, P.(Hg.). *Akten des V. Treffens der nordeuropäischen Germanistik*. Reykyavik, 90~107.

_____(2004), Die Textsorte 'Pressekommentar' in Boulevardzeitungen der deutschsprachigen Länder. in: Jäntti, A./Nurminen, J.(Hrsg.), *Thema mit Variationen*. Frankfurt/M., 241~256.

_____(2005), Funktionen des Texttitels in Deutschschweizer Zeitungskommentaren. in: Hammer, F./Lüger, H.-H.(Hrsg.), *Innovationen und Entwicklungen in der Regionalpresse*. Landau, 147~170.

Linke, A./Nussbaumer, M.(1997), Intertextualität. Linguistische Bemerkungen zu einer literaturwissenschaftlichen Konzept, in: Antos, G./H. Tietz(Hrsg.), *a.a.O.*, 109~126.

Lorenz, O.(1992), *Kleines Lexikon literarischer Grundbegriffe*, München: Francke.

Lotmann, J.(1972), *Die Struktur literarischer Texte*. München.

Lötscher, A.(1987), *Text und Thema. Studien zur thematischen Konstituenz von Texten*, Tübingen: Niemeyer.

Lüger, H.H.(1995), *Pressesprache*. Tübingen.

Lüger, H.H./Lenk, H.(2008), Kontrastive Medienlinguistik. Ansätze, Ziele, Analysen. in: Lüger/Lenk (Hrsg.), *a.a.O.*, 11~28.

_____(Hrsg.)(2008), *Kontrastive Medienlinguistik*. Landau.

Luginbühl, M. et al.(2002), Medientexte zwischen Autor und Publikum. Intertextualität in Prsse, Radio und Fernsehen. Zürich.

Luhmann, N.(1995), *Die Realität der Massenmedien*. Opladen.

Maibauer, J.(2001), *Pragmatik. Eine Einführung*, Tübingen.

Mair, W.(1979), Überlegungen zum Problem der gesprochenen und geschriebenen Sprache im Französischen. in: Mair, W./Sallager, E.(Hrsg.), *Sprachtheorie und Sprachenpraxis*. Tübingen, 179~206.

Maletzke, G.(1979), *Psychologie der Massenkommunikation*. 3 Aufl. Hamburg.

_____(1998), *Kommunikationswissenschaft im Überblick*. Opladen.

Mardh, (1980), *Headlinese. On the Grammar of English Front Page Headlines*. Dissertation Uni. Malmö.

Marinos, A.(2001), *"So habe ich das nicht gesagt!" Die Authentizität der Redewiedergabe im nachrichtlichen Zeitungstext*. Berlin.

Mast, C.(2003), *Wirtschaftsjournalismus*. 2. Aufl. Wiesbaden.

Merten, K.(1995/2), *Inhaltsanalyse. Einführung in Theorie, Methode und Praxis*. Opladen.

Metz, Ch.(1973), *Sprache und Film*. Frankfurt.

Michel, G.(1991), Paraphrasierung von Texten. in: PohI.l./Bartels, G.(Hrsg.), *Sprachsystem und sprachliche Tätigkeit*. Frankfurt/M., 203~215.

Möhn, D.(Hg.)(2001), *Mediensprache – Medienlinguistik*. Frankfurt a.M.: Lang.

Morris, Ch.W.(1938), *Grundlagen der Zeichentheorie*. München.

Motsch, W.(1986), Anforderungen an eine handlungsorientierte Textanalyse. in: *Zeitschrift für Germanistik* 7/3, 261~282

_____(1987), Zur Illokutionsstruktur von Feststellungstexten. in: *Zeitschrift für Phonetik, Sprachwissenschaft und Kommunikationsforschung* 40/1, 45~67.

_____(1996), Ebenen der Textstruktur. Begründung eines Forschungsprogramms. in: Motsch, W.(Hrsg.), *Ebenen der Textstruktur. Sprachliche und kommunikative Prinzipien*. Tübingen, 3~33.

Muckenhaupt, M.(1986), *Text und Bild: Grundfragen der Beschreibung von Text-Bild-Kommunikationen aus sprachwissenschaftlicher Sicht*. Tübingen.

_____(1994), Von der Tagesschau zur Information. in: Heringer, H.J.(Hrsg.), *Tendenzen der deutschen Gegenwartssprache*. Tübingen, 81~120.

_____(2000), *Fernsehnachrichten gestern und heute*. Tübingen.

Müller, G.(1991), Zeitungsdeutsch = schlechtes Deutsch? Bemerkungen zur Sprache der Presse. in: *Muttersprache* 101, 218~242.

Müller, M.(1989), *Schweizer Pressereportagen. Eine linguistische Textsortenanalyse*. Aarau.

Nail, N.(1981), *Nachrichten aus Köln, London, Moskau und Prag*. Marburg.

Nord, Ch.(1991), *Titel, Texte und Zitate. Intertextualität in Titeln und Überschriften*, mimeo.

_____(1993), *Einführung in das Funktionale Übersetzen*, Tübingen.

_____(2009), *Textanalyse und Übersetzen*, Tübingen.

Nöth, W.(2000), Der Zusammenhang von Text und Bild. in: Brinker, K. et al.(Hrsg.), *a.a.O.*, 489~496.

Nussbaumer, M.(1991), *Was Texte sind und wie sie sein sollen*, Tübingen.

Oberhauser, St.(1993), *Nur noch 65000 Tiefflugstunden – Eine linguistische Beschreibung des Handlungspotentials von hard news-Überschriften in deutschen Tageszeitungen.* Frankfurt/M.

Öhlschläger, G.(1993), Behaupten mit und ohne Vorbehalt. Linguistische Beobachtungen zur Berichterstattung in deutschen Tageszeitungen. in: Heringer, H.J./Stötzel, G.(Hrsg.), *Sprchgeschichte und Sprachkritik. Festschrift für Peter von Polenz zum 65. Geburtstag.* Berlin, 248~265.

Ong, W.(1982), *Orality and Literacy. The Technologizing of the Word.* London.

Oomen, U.(1969), Systemtheorie der Texte. in: *Folia Linguistica* 5, 12~34.

Petöfi, J.P.(1990), Language as a written medium text. in: Collinge, N.E.(Hrsg.). *An Encyclopedia of Language.* London/N.Y.

Pfister, M.(1985), Konzepte der Intertextualität./Zur Systemreferenz. in: Broich, U./Pfister, M.(Hrsg.), *a.a.O.*, 1~30, 52~57.

Plett, H.P.(1991), "Intertextualities", in: Plett, H.(Hrsg.), *a.a.O.*, 3~29.

_____(Hrsg. 1991), *Intertextuality. Research in Text Theory*, Berlin.

Posner, R.(1986), Zur Systematik der Beschreibung verbaler und nonverbaler Kommunikation. Semiotik als Propädeutik der Medienanalyse. in: Bosshardt, H.-G.(Hrsg.), *Perspektiven auf Sprache. Interdisziplinäre Beiträge zum Gedenken an Hans Hörmann.* Berlin/New York, 293~297.

_____(1992), Zitat und Zitieren von Äußerungen. Ausdrücken und Kodes. in: *Zeitschrift für Semiotik* 14, 3~16.

Pross, H.(1976), Der Kommunikationsprozess. in: Beth, H./Pross, H.(Hrsg.). *Einführung in die Kommunikationswissenschaft.* Stuttgart, 70~123.

Pürer, H.(Hrsg.)(1991), *Praktischer Journalismus in Zeitung, Radio und Fernsehen.* München.

Püschel, U.(1992), Von der Pyramide zum Cluster. Textsorten und Textsortenmischung in Fernsehnachrichten. in: Hess-Lüttich, E.W.B.(Hrsg.), *Medienkultur*

-Kulturkonflikt. Massenmedien in der multikulturellen und internationalen Kommunikation. Opladen, 233~258.

Püschel, U.(1993), "du muß t gucken, nicht so viel reden"-Verbale Aktivitäten bei der Fernsehrezeption. in: Holly, W./Püschel, U.(Hrsg.), *Medienrezeption als Aneignung.* Opladen, 115~135.

Ramge, H.(1994a), Auf der Suche nach der Evaluation in Zeitungskommentaren. in: Moilanen, M./Tittula, L.(Hrsg.), *Überredung in der Presse. Text, Strategien, Analysen.* Berlin, 101~120.

_____(1994b), Zur Funktion von Modalverben in Zeitungskommentaren. in: Leirbukt, O.(Hrsg.), *Proceedings of the 11th International Tromso Symposium on Language "Modalität im Deutschen".* Tromso, 53~68.

Rath, C.(1996), *Zitieren in Zeitungen. Dargestellt am Beispiel portugisischer und brasilianischer Zeitungstexte.* Frankfurt/M.

Rauh, R.(1987), Liebelei oder Wie Bild und Ton zusammenkamen. Bild-Sprache-Kombinationen im frühen deutschen Tonfilm. in: Strategien der Filmanalyse. in: *diskurs film. Münchner Beiträge zur Filmphilologie*(1), 99~114.

Rehm, G.(2005), *Hypertextsorten··· Definition, Struktur, Klassifikation.* Diss. Uni. Giessen.

Reineke, D./Schmitz, K.D.(2005), *Einführung in die Softwarelokalisierung.* Tübingen.

Reissmann, I.(2000), Bild im Text-Text und Bild. Aspekte eines Kolloquiums zu Bild-Text-Beziehungen. in: Fix, U./Wellmann, H.(Hrsg.), *Bild im Text -Text und Bild.* Heidelberg, 391~398.

Renner, K.N.(2006), Der journalistische Stil. Stilphänomene des Zeitungs-und des Fernsehjournalismus. in: Hess-Lüttich, E.W.B./Wenz, K.(Hrsg.), *Stile des Intermedialen.* Tübingen, 77~91.

_____(2008), *Fernsehjournalismus.* Konstanz.

Schmidt, S.J./Zurstiege, G.(2000), *Orientierung Kommunikationswissenchaft.* Reinbek.

Schmitz, U.(2001), Optische Labyrinthe im digitalen Journalismus. Text-Bild-Beziehungen in Online-Zeitungen. in: Bucher, H.J./Püschel, U.(Hrsg.), *Die Zeitung zwischen Print und Digitalisierung.* Wiesbaden, 207~232.

_____(2002), "E-Mails kommen in die Jahre. Telefonbriefe auf dem Weg zu sprachlicher Normalität". in: Ziegler, A./Dürscheid, Ch.(Hrsg.), *Kommunikationsform E-Mail.* Tübingen, 33~56.

_____(2004), *Sprache in modernen Medien. Einführung in Tatsachen und Theorien, Themen und Thesen.* Berlin.

_____(2005), Blind für Bilder. Warum sogar Sprachwissenschaftler auch Bilder betrachten müssen. in: *Osnabrücker Beiträge zur Sprachtheorie.* 69, 187~227.

Schneider, W.(1984), *Deutsch für Profis. Wege zum guten Stil.* Hamburg.

Schoenke, E.(1994), Wirtschaftskommentare: Texttitel und textsortenspezifische Themenentfaltung. in: Kreye, H. et al.(Hrsg.), *Hanseatisches Linguistik.* Bremen, 3~42.

_____(1996), Titel und Themenentfaltung in Wirtschaftskommentaren. in: ders.(Hrsg.). *Wirtschaftskommentare.* Bremen, 11~52.

Scholz, O.R.(1998), Was heiß t es, ein Bild zu verstehen? in: Sachs-Hombach, K./Rehkämper, K.(Hg.). *Bild-Bildwahrnehmung-Bildverarbeitung. Interdisziplinäre Beiträge zur Bildwissenschaft.* Wiesbaden, 105~117.

Schröder, H.(1993), Semiotische Aspekte multimedialer Texte. in: ders.(Hrsg.), *a.a.O.*, 189~213.

_____(2001), Urjala und Leppävirta: Fallstudien zum Finnlandbild in der deutschen Werbung. in: Hahn, M-/Ylönen, S.(Hrsg.), *Werbekommunikation im Wandel.* Frankfurt/M., 199~209.

_____(Hrsg.)(1993), *Fachtextpragmatik.* Tübingen,

Schulz, W.(1990), Der Kommunikationsprozeß –neubestehen. in: Wilke, J.(Hrsg.), *Fortschritte der Publizistikwissenschaft*. Freiburg, 25~37.

Schütte, D.(2004), *Homepages im World Wide Web. Eine interlinguale Untersuchung zur Textualität in einem globalen Medium*. Frankfurt/Main.

Schwarz, M.(1992), *Einführung in die Kognitive Linguistik*. Tübingen.

Schwitalla, J.(1993), Textsortenwandel in den Medien nach 1945 in der Bundesrepublik Deutschland. Ein Überblick. in: Biere, B.U./Henne, H.(Hrsg.). *a.a.O.*, 1~29.

Scollon, R.(1998), *Mediated Discourse as Social Interaction: An Ethnographic Study of News Discourse*. London.

Searle, J.(1979), A Taxonomy of Speech Acts.–in: ders., *Expression and Meaning. Studies in the Theory of Speech Acts*. Cambridge, 1~29.

Searle, J.R.(1969), *Speech Acts*. London.

_____(1995), *The construction of social reality*. New York.

Searle, J.R./Vanderveken, D.(1985), *Foundations of Illocutionary Logic*, Cambridge.

Shannon, C.E./Weaver, W.(1949), *The Mathematical Theory of Communication*. Urbana.

Siever, Th. et al.(2005), *Websprache.net: Sprache und Kommunikation im Internet*. Berlin.

Siebert–Ott, G.M.(2001), *Frühe Mehrsprachigkeit. Probleme des Grammatikerwerbs in multilingualen und multikulturellen Kontexten*. Tübingen.

Siever, T./Schlobinski, P./Runkehl, J.(Hrsg.)(2005), *Websprache.net. Sprache und Kommunikation im Internet*. Berlin/New York.

Simon, H.(1999), Wie halten wir es mit Recht und Gerechtigkeit? in: Mokrosch, R./Rogenbogen, A.(Hrsg.), *Was heißt Gerechtigkeit? Ethische Perspektiven zu Erziehung, Politik und Religion*. Donauwörth, 9–24.

Singh, N./Pereira, A.(2005), *The Culturally Custumized Web Site*. Burlington MA.

Sowinski, B.(1983), *Textlinguistik. Eine Einführung*, München.

Spillner, B.(1982), Stilanalyse semiotisch komplexer Texte. Zum Verhältnis von sprachlicher und bildlicher Information in Werbeanzeigen. in: *Kodikas/Code-Ars semiotica* 4/5, 91~106.

_____(1984), Methoden der Stilanalyse: Forschungsstand und analytische Bibliographie. in: ders.(Hrsg.), *Methoden der Stilanalye*. Tübingen, 223~240.

Stegu, M.(1988), Text und Bild im Wirtschaftsjournalismus. in: Bungarten, Th.(Hrsg.), *Sprache und Information in Wirtschaft und Gesellschaft*. Tostedt, 399~407.

_____(1989), Text und Bild in der Fachkommunikation. in: Dressler, W.U./Wodak, R.(Hrsg.), *Fachsprache und Kommunikation. Experten im sprachlichen Umgang mit Laien*. Wien, 30~46

_____(2000), Text oder Kontext: Zur Rolle von Fotos in Tageszeitungen. in: Fix, U./Wellmann, H.(Hrsg.), *Bild im Text － Text und Bild*. Heidelberg.

Stein, St.(2004), Texte, Textsorten und Textvernetzung. Über den Nutzen der Textlinguistik für die Fremdsprachendidaktik. in: Lüger, H.H./Rothenhäuser, R.(Hg.). *Linguistik für die Fremdsprache Deutsch*. Landau, 171~222.

Steyer, K.(1997), *Reformulierungen. Sprachliche Relationen zwischen Äußerungen und Texten im öffentlichen Diskurs*. Tübingen.

Stöckl, H.(2000), Bilder － stereotype Muster oder kreatives Chaos? Konstitutive Elemente von Bildtypen in der visuellen Kommunikation. in: Fix, U./Wellmann, H.(Hrsg.), *a.a.O.*, 325~341.

_____(2004), *Die Sprache im Bild － Das Bild in der Sprache. Zur Verknüpfung von Sprache und Bild im massenmedialen Text. Konzepte － Theorien － Analysemethoden*. Berlin.

_____(2004), Typographie: Körper und Gewand des Textes. Linguistische Überlegungen zu typographischer Gestaltung. in: *Zeitschrift für Angewandte Linguistik (ZfAL)*, Heft 41/2004, 5~48.

_____(2006), Zeichen, Text und Sinn – Theorie und Praxis der multimodalen Textanalyse. in: Eckkrammer, E.M./Held, G.(Hrsg.), *Textsemiotik. Studien zu multimodalen Medientexten*, Frankfurt/M., 11~26.

_____(2007), "Der gedruckte Verkäufer – Ein medienlinguistische und textstilistisches Profil des Produktkatalogs". in: Villiger, C./Gerzymisch-Arbogast, H.(Hrsg.), *Kommunikation in Bewegung, Multimedialer und multilingualer Wissenstransfer in der Experten-Laien-Kommunikation.* Frankfurt/M., 187~216.

Storrer, A.(1999), Kohärenz in Text und Hypertext. in: Lobin, H.(Hrsg.), *Text im digitalen Medium. Linguistische Aspekte von Textdesign, Texttechnologien und Hypertext Engineering.* Opladen. 33~65.

_____(2000), Was ist "hyper" am Hypertext? in: Kallmeyer, W.(Hrsg.), *Sprache und neue Medien.* Berlin/New York, 222~249.

_____(2001), Getippte Gespräche oder dialogische Texte? Zur kommunikations-theoretischen Einordnung der Chat-Kommunikation. in: Lehr, Andrea et al.(eds.). *Sprache im Alltag. Beiträge zu neuen Perspektiven der Linguistik.* Berlin/New York, 439~466.

_____(2002), "Sprecherwechsel und sprachliches Zeigen in der Chat-Kommunikation". in: Beißwenger, M.(Hrsg.), *Chat-Kommunikation. Sprache, Interaktion, Sozialität & Identität in synchroner computervermittelter Kommunikation. Perspektiven auf interdisziplinäres Forschungsfeld.* Stuttgart.

_____(2003), Kohärenz in Hypertexten. in: Zeitschrift für germanistische Linguistik 31/2, 274~292.

_____(2004), Text-Bild-Bezüge und Nutzermetaphern im World Wide Web. in: Holly, W. u.a.(Hrsg.), *Sprache und Bild I. Mitteilungen des Germanistenverbands* 51.1, 40~57.

_____(2004), Kohärenz in Hypertexten. in: *Zeitschrift für germanistische Linguistik* 31.2, 274~292.

_____(2008), Hypertextlinguistik. in: Janich, N.(Hrsg.), *Textlinguistik. 15*

Einführungen. Tübingen, 211~227.

Stra βner, E.(1980), Sprache in den Massenmedien. in: Althaus, H.P. et al.(Hg.), *Lexikon der germanistischen Linguistik*. Tübingen, 328~337.

_____(1982), Fernsehnachrichten. Tübingen.

_____(2001), Von der Korrespondenz zum Hypertext. Zeitungssprache im Wandel. in: Breuer, D./Korhonen, J.(Hrsg.), *Mediensprache-Medienkritik*. Frankfurt/M., 87~102.

_____(Hrsg.)(1975), *Nachrichten. Entwicklungen-Analyse-Erfahrungen*. München.

Tegtmeyer, H.(1997), Der Begriff der Intertextualität und seine Fassungen. in: Klein, J./Fix, U.(Hrsg.) *a.a.O.*, 49~81.

Thome, G.(2005), Zur Anschaulichkeit wissenschaftlicher Texte. in: *Fachsprache* 1-2, 115~138.

Tischler, B.(1994), Zum Einfluss der Text-Bild-Korrespondenz und der Schnittposition auf das Erinnern im Fernsehnachrichten. in: *Medienpsychologie* 3, 168~198.

Titzmann, M.(1977), *Strukturale Textanalyse*. München.

_____(2003), Semiotische Aspekte der Literaturwissenschaft: Lietratursemiotik. in: Posner, R./Robering, K./Sebok, Th.(Hrsg.). *Semiotik*. Berlin, 3028~3103.

Tschauder, G.(1989), *Textverbindungen. Ansätze zu einer Makrotextologie, auch unter Berücksichtigung fiktionaler Texte*. Bochum.

_____(1993), Fach-und Gemeinsprache als Makrotexte. Zum Transfer der Fachwörter unter besonderer Berücksichtigung von Störfaktoren. in: Bungarten, Th.(Hg.), *Fachsprachentheorie*. FST. Bd. 1-2, Tostedt, 155~188.

Ulshöfer, R.(1974), Die Theorie der Schreibakte und die Typologie der Kommunikationsmuster oder Stilformen. in: *Der Deutschunterricht* 26, 6~15.

van Dijk, T.(1980), *Textlinguistik. Eine Einführung*. München.

_____(1988), *News analysis. Case Studies of international and national news in the press*. Hillsdale.

_____(1991), *Racism and the press*. London.

van Dijk, T./ Kintsch, W.(1983), *Strategies of Discourse Comprehension*. New York.

Van Levin, T./Jewitt, C.(2001), *Handbook of visual analysis*. London.

Vater, H.(1994), *Einführung in die Sprachwissenschaft*. München.

_____(2004), *Einführung in die Textlinguistik*. München.

Viehweger, D.(1987), Illokutionswissen und Textinterpretation, in: *Vorabdruck der Plenarvorträge*, Berlin, 331~349.

Warnke, I.H./Spitzmüller, J.(eds. 2008), *Methoden der Diskurslinguistik*. Berlin.

Watzlawick, P./Beavin, J./Jackson, D.(1967), *Menschliche Kommunikation*. Bern.

Weber, U.(1984), Theoretische und empirische Probleme und Grenzen der Textklassifikation. in: Rosengren, I.(Hrsg.), *Sprache und Pragmatik*. Malmö, 109~118.

Weingarten, R.(Hrsg.)(1997), *Sprachwandel durch Computer*. Opladen.

Weinrich, H.(1966), Tempusprobleme eines Leitartikels. in: *Euphorion* 60, 263~272.

_____(1976), *Sprache in Texten*, Stuttgart.

Wilke, J.(2000), *Grundzüge der Medien-und Kommunikationsgeschichte*. Köln.

Wilpert, G. von(1989), *Sachwörterbuch der Literatur*, Stuttgart.

Wilske, L./Krause, W.D.(1987), Intertextualität als allgemeine und spezielle Texteigenschaft, in: *Wissenschaftliche Zeitschrift der Pädagogischen Hochschule Potsdam*. 5, 890~895.

Wirth, U.(2005), Chatten. Plaudern mit anderen Mitteln. in: Siever, Th. et al.(2005). *a.a.O.*, 67~84.

Wittgenstein, L.(1977), *Philosophische Untersuchungen*. Frankfurt/M.

Wittwen, A.(1995). *Infotainment. Fernsehnachrichten zwischen Information und*

    Unterhaltung. Bern.

Wolf, V.(2006), *ABC des Zeitungs-und Zeitschiftenjournalismus*. Konstanz.

Wyss, E.L.(2003), Liebesbriefe von Kindern, Jugendlichen und Erwachsenen. Eine
    Textsorte im lebenszeitlichen Wandel. in: Häcki-Buhofer, A.(Hrsg).
    Spracherwerb und Lebensalter. Basel, 71~86.

Yunker, J.(2003), *Beyond Borders. Web Globalization Strategies*. Indianapolis.

Ziegler, A.(2002), E-Mail-Textsorte oder Kommunikationsform? Eine
    textlinguistische Annäherung. in: Ziegler, A./Ch. Dürscheid(eds.).
    Kommunikationsform E-Mail. Tübingen: 9~32.

Ziegler, A./Dürscheid, Ch.(Hrsg., 2002), *Kommunikationsform E-Mail*. Tübingen.

Zifonun, G./Hofmann, L./Strecker, B. et al.(1997), *Grammatik der deutschen
    Sprache*. Berlin.

Zimmermann(1978), *Erkundungen zur Texttypologie*, Tübingen.

찾아보기